商業登記法コンメンタール

神﨑満治郎
金子登志雄　編著
鈴木龍介

一般社団法人 金融財政事情研究会

推薦のことば

　我が国の商業登記制度は、旧商法（明治23年法律第32号）が明治26年7月に施行されると同時に、その運用が開始されました。以来、商法の変遷に歩調をあわせるように、商業登記制度も進展を遂げてきたところ、昭和38年に商業登記に関する手続規定の単独の法律として「商業登記法」が制定され、昭和39年4月1日に施行されました。
　その後もビジネスの基本法である商法・会社法は、時代のニーズをくみ取り、多岐多様の改正がなされてきましたが、それに伴い商業登記法も見直しがなされ、現在に至っています。

　商業登記は、商取引の安全と円滑に資する国民経済の重要なインフラの1つとして、広く浸透、利用されているところであり、私たち司法書士の本来業務に該当します。商業登記は、商法・会社法に規定される諸手続を履践した結果が議事録等の書面として添付され、申請がなされるものであり、精緻な手続を得意とする司法書士には親和性の高い業務といえます。また、予防法務や企業法務の担い手を標榜する司法書士にとって、社会的にも意義のある業務といえます。

　法律実務に携わる者にとって、関係する法律の条文を正しく理解することが重要であることはいうまでもありません。その際に必要なのが、法律の条文ごとにその趣旨や論点を整理したコンメンタールであり、その役割は非常に大きいといえます。

　本書は、書名のとおり商業登記法のコンメンタールということになりますが、商業登記の実務家である司法書士の手による、現場目線で記されたものです。最新の商業登記法に準拠していることは勿論、近時、頻繁に改正がなされている商業登記規則や、現在も有効である従来の登記

先例を踏まえ、実務の指針となるものといえます。

　本書は、司法書士はもとより、商業登記ならびにその周辺業務に携わる方々にとって、役立つものであり、ぜひ座右に置いていただきたい1冊として推薦する次第です。末筆となりますが、本書が商業登記制度の普及と発展の一助となることを祈念しております。

　平成28年12月

　　　　　　　　　　　　　　　　　　日本司法書士会連合会
　　　　　　　　　　　　　　　　　　　　会長　　三河尻　和夫

はしがき

　会社法が施行されてはや10年が経過し、その間、何度かの改正がありました。最近では、平成27年5月に、監査等委員会設置会社制度の創設等を内容とする改正が施行されました。商業登記法は、会社法に規定されている4種類の会社と商法に規定されている個人商人に関する登記すべき事項を登記するための手続を規定した法律ですが、会社法や商法等と極めて密接な関係にあり、会社法等に規定する重要な事項の改正は、商業登記法にも重要な影響を及ぼします。しかしながら、新しい会社法に対応した商業登記法のコンメンタールは、まだ刊行されていません。

　本書は商業登記法の全条文について解説した最新のコンメンタールです。しかも、商業登記制度の利用者である会社の経営者や法務部門の担当者と常日頃から接し、相談を受けて、登記すべき事項が適法に効力を生じているか否かを真摯に判断して、登記申請書や添付書面を作成している第一線の司法書士が中心となり、ユーザーの視点から、解説したものです。正に利用者にとって、かゆい所に手が届く解説をするとともに、一方で、全条文のうち関連し合う条文等については、複数の条文をまとめて解説し読者の理解を助けています。
　また、参考文献等も充実していて、主要な商業登記関連書籍を網羅しており、現状においては、本書に勝る商業登記法のコンメンタールは他になく、この分野についての唯一の書籍であると自負しています。

　なお、執筆陣は、当職が主宰する商業登記倶楽部の関係者のほか、金子登志雄司法書士が代表を務めるＥＳＧ法務研究会の関係者、鈴木龍介司法書士のグループのメンバーほか、司法書士界を代表する錚々たる皆様で、当職が最年長者の故を以て、「はしがき」を執筆させていただきました。

最後になりましたが、本書の出版に際しては一般社団法人金融財政事情研究会の佐藤友紀登記情報編集長及び鈴木英介次長に多大なご協力をいただきました。ここに記して御礼申し上げます。

平成28年12月吉日

著者を代表して

一般社団法人商業登記倶楽部代表理事

桐蔭横浜大学法学部客員教授

日本司法書士会連合会顧問

神﨑　満治郎

凡　例

１．主な法令とその略称

法令等	略称
会社法	会
会社法施行規則	会施
会社計算規則	計
商業登記法	法
商業登記規則	規
商業登記等事務取扱手続準則	準
会社法整備法	整備法
旧商法	旧商
民法	民
民事訴訟法	民訴
破産法	破
破産規則	破規
会社更生法	会更
民事再生法	民再
金融商品取引法	金商
司法書士法	司法
登記手数料令	手数料令
行政手続法	行政手
登録免許税法	登免
租税特別措置法	租特

２．主な参考文献とその略称

書籍名	略称
松井信憲『商業登記ハンドブック〔第3版〕』（商事法務、2015年）	松井・ハンドブック3版
神﨑満治郎編集代表『商業登記全書〔第○巻〕』（中央経済社、2008年～2016年）	編者・全書（○）
神﨑満治郎＝鈴木龍介＝金子登志雄編著『商業・法人登記300問』（テイハン、2010年）	神崎ほか・300問

奥島孝康＝落合誠一＝浜田道代編『新基本法コンメンタール　会社法○』（日本評論社、2009年〜2016年）	奥島ほか・新基本法コンメンタール（○）
筧康生＝神﨑満治郎＝立花宣男編集代表『全訂第2版　詳解商業登記』（金融財政事情研究会、2015年）	筧ほか・詳解2版
相澤哲＝葉玉匡美＝郡谷大輔編著『論点解説　新・会社法』（商事法務、2006年）	相澤ほか・論点解説
小川秀樹＝相澤哲編著『通達準拠　会社法と商業登記』（金融財政事情研究会、2008年）	小川ほか・通達準拠
江頭憲治郎『株式会社法〔第6版〕』（有斐閣、2015年）	江頭・会社法6版
登記研究編集室編『商業登記書式精義〔全訂第5版〕』（テイハン、2012年）	書式精義全訂5版
鴻常夫ほか編『商業登記先例判例百選』（有斐閣、1993年）	百選
服部栄三ほか『注釈商業登記法』（金融財政事情研究会、1983年）	服部ほか・注釈商登法
商業登記実務研究会編著『新版商業登記法逐条解説』（日本加除出版、2005年）	商登法逐条解説

雑誌名	略称
最高裁判所民事判例集	民集
最高裁判所裁判集民事	裁判集民
高等裁判所民事判例集	高民集
下級裁判所民事裁判例集	下民
行政事件裁判例集	行集
大審院民事判決録	民録
大審院民事判例集	民集
法律新聞	新聞
金融法務事情	金法
判例時報	判時
旬刊商事法務	商事
金融・商事判例	金判
民商法雑誌	民商
登記情報	登情
登記研究	登研

目　次

推薦のことば
はしがき
凡　例

第1章　総　則

第1条（目的） ……………………………………………………… 1
第1条の2（定義） ………………………………………………… 4

第1章の2　登記所及び登記官

第1条の3（登記所） ……………………………………………… 8
第2条（事務の委任） ……………………………………………… 11
第3条（事務の停止） ……………………………………………… 12
第4条（登記官） …………………………………………………… 13
第5条（登記官の除斥） …………………………………………… 16

第2章　登記簿等

第6条（商業登記簿） ……………………………………………… 19
第7条（会社法人等番号） ………………………………………… 21
第7条の2（登記簿等の持出禁止） ……………………………… 23
第8条（登記簿の滅失と回復） …………………………………… 25
第9条（登記簿等の滅失防止） …………………………………… 27
第10条（登記事項証明書の交付等） ……………………………… 29
第11条（登記事項の概要を記載した書面の交付） ……………… 32
第11条の2（附属書類の閲覧） …………………………………… 34
第12条（印鑑証明書） ……………………………………………… 37

第12条の2（電磁的記録の作成者を示す措置の確認に必要な事項等の証明）………………………………………………………… 39
第13条（手数料）…………………………………………………… 44

第3章　登記手続

第1節　通　則

第14条（当事者申請主義）………………………………………… 47
第15条（嘱託による登記）………………………………………… 50
（第16条　削除）
第17条（登記申請の方式）………………………………………… 52
第18条（申請書の添付書面）……………………………………… 56
第19条………………………………………………………………… 59
第19条の2（申請書に添付すべき電磁的記録）………………… 62
第19条の3（添付書面の特例）…………………………………… 63
第20条（印鑑の提出）……………………………………………… 65
第21条（受付）・第22条（受領証）……………………………… 70
第23条（登記の順序）……………………………………………… 74
第23条の2（登記官による本人確認）…………………………… 75
第24条（申請の却下）……………………………………………… 78
第25条（提訴期間経過後の登記）………………………………… 87
第26条（行政区画等の変更）……………………………………… 89

第2節　商号の登記

第27条（同一の所在場所における同一の商号の登記の禁止）………… 92
第28条（登記事項等）・第29条（変更等の登記）・第30条（商号の譲渡又は相続の登記）………………………………………… 95
第31条（営業又は事業の譲渡の際の免責の登記）……………… 99
第32条（相続人による登記）……………………………………… 102
第33条（商号の登記の抹消）……………………………………… 103

第34条（会社の商号の登記）……………………………………… 105

　　第3節　未成年者及び後見人の登記

第35条（未成年者登記の登記事項等）・第36条（申請人）・第37条（添
　　付書面）・第38条・第39条………………………………………… 108
第40条（後見人登記の登記事項等）・第41条（申請人）・第42条（添
　　付書面）……………………………………………………………… 114

　　第4節　支配人の登記

第43条（会社以外の商人の支配人の登記）……………………………… 122
第44条（会社の支配人の登記）…………………………………………… 125
第45条……………………………………………………………………… 129

　　第5節　株式会社の登記

第46条（添付書面の通則）………………………………………………… 132
第47条（設立の登記）……………………………………………………… 148
第48条（支店所在地における登記）……………………………………… 162
第49条……………………………………………………………………… 166
第50条……………………………………………………………………… 169
第51条（本店移転の登記）………………………………………………… 171
第52条……………………………………………………………………… 176
第53条……………………………………………………………………… 178
第54条（取締役等の変更の登記）………………………………………… 179
第55条（一時会計監査人の職務を行うべき者の変更の登記）………… 206
第56条（募集株式の発行による変更の登記）…………………………… 208
第57条（新株予約権の行使による変更の登記）………………………… 224
第58条（取得請求権付株式の取得と引換えにする株式の交付による
　　変更の登記）………………………………………………………… 227

第59条（取得条項付株式等の取得と引換えにする株式の交付による
　　　変更の登記）……………………………………………………… 230
第60条（全部取得条項付種類株式の取得と引換えにする株式の交付
　　　による変更の登記）……………………………………………… 237
第61条（株式の併合による変更の登記）………………………………… 239
第62条（株式譲渡制限の定款の定めの設定による変更の登記）……… 244
第63条（株券を発行する旨の定款の定めの廃止による変更の登記）… 251
第64条（株主名簿管理人の設置による変更の登記）…………………… 254
第65条（新株予約権の発行による変更の登記）………………………… 257
第66条（取得請求権付株式の取得と引換えにする新株予約権の交付
　　　による変更の登記）……………………………………………… 268
第67条（取得条項付株式等の取得と引換えにする新株予約権の交付
　　　による変更の登記）……………………………………………… 270
第68条（全部取得条項付種類株式の取得と引換えにする新株予約権
　　　の交付による変更の登記）……………………………………… 272
第69条（資本金の額の増加による変更の登記）………………………… 273
第70条（資本金の額の減少による変更の登記）………………………… 276
第71条（解散の登記）……………………………………………………… 287
第72条（職権による解散の登記）………………………………………… 293
第73条（清算人の登記）…………………………………………………… 295
第74条（清算人に関する変更の登記）…………………………………… 300
第75条（清算結了の登記）………………………………………………… 301
第76条（組織変更の登記）………………………………………………… 304
第77条………………………………………………………………………… 307
第78条………………………………………………………………………… 312
第79条（合併の登記）……………………………………………………… 313
第80条………………………………………………………………………… 322
第81条………………………………………………………………………… 334
第82条………………………………………………………………………… 337

第83条 ·· 339
第84条（会社分割の登記）·· 341
第85条 ·· 350
第86条 ·· 357
第87条 ·· 362
第88条 ·· 364
第89条（株式交換の登記）·· 365
第90条（株式移転の登記）·· 373
第91条（同時申請）·· 377
第92条 ·· 378

　　第6節　合名会社の登記

第93条（添付書面の通則）·· 380
第94条（設立の登記）··· 383
第95条（準用規定）·· 390
第96条（社員の加入又は退社等による変更の登記）······················ 392
第97条（合名会社を代表する社員の職務を行うべき者の変更の登記）
　　　 ·· 405
第98条（解散の登記）··· 409
第99条（清算人の登記）·· 411
第100条（清算人に関する変更の登記）······································· 414
第101条（清算持分会社を代表する清算人の職務を行うべき者の変
　　更の登記）··· 415
第102条（清算結了の登記）·· 416
第103条（継続の登記）··· 416
第104条（持分会社の種類の変更の登記）···································· 418
第105条 ··· 419
第106条 ··· 421
第107条（組織変更の登記）·· 422

第108条（合併の登記） ………………………………………………… 427
第109条（会社分割の登記） …………………………………………… 431

第7節　合資会社の登記

第110条（設立の登記） ………………………………………………… 437
第111条（準用規定） …………………………………………………… 437
第112条（出資履行の登記） …………………………………………… 437
第113条（持分会社の種類の変更の登記） …………………………… 438
第114条（組織変更の登記） …………………………………………… 442
第115条（合併の登記） ………………………………………………… 443
第116条（会社分割の登記） …………………………………………… 443

第8節　合同会社の登記

第117条（設立の登記） ………………………………………………… 444
第118条（準用規定） …………………………………………………… 444
第119条（社員の加入による変更の登記） …………………………… 445
第120条（資本金の額の減少による変更の登記） …………………… 445
第121条（清算結了の登記） …………………………………………… 451
第122条（持分会社の種類の変更の登記） …………………………… 452
第123条（組織変更の登記） …………………………………………… 454
第124条（合併の登記） ………………………………………………… 454
第125条（会社分割の登記） …………………………………………… 454
第126条（株式交換の登記） …………………………………………… 455

第9節　外国会社の登記

第127条（管轄の特例） ………………………………………………… 458
第128条（申請人） ……………………………………………………… 459
第129条（外国会社の登記） …………………………………………… 471
第130条（変更の登記） ………………………………………………… 490

第131条（準用規定）……………………………………………… 496

  第10節 登記の更正及び抹消

第132条（更正）・第133条 ……………………………………… 511
第134条（抹消の申請）…………………………………………… 517
第135条（職権抹消）・第136条・第137条・第138条 …………… 523

 第4章 雑 則

第139条（行政手続法の適用除外）……………………………… 531
第140条（行政機関の保有する情報の公開に関する法律の適用除外）
 ………………………………………………………………… 532
第141条（行政機関の保有する個人情報の保護に関する法律の適用
 除外）……………………………………………………………… 533
第142条（審査請求）・第143条・第144条（審査請求事件の処理）・
 第145条・第146条・第146条の2・第147条（行政不服審査法
 の適用除外）……………………………………………………… 534
第148条（省令への委任）………………………………………… 538

 編著者・著者紹介

第1章 総　則

> （目的）
> 第1条　この法律は、商法（明治32年法律第48号）、会社法（平成17年法律第86号）その他の法律の規定により登記すべき事項を公示するための登記に関する制度について定めることにより、商号、会社等に係る信用の維持を図り、かつ、取引の安全と円滑に資することを目的とする。

本条の概要

　本条は、商業登記法の目的について規定した「目的規定」である。すなわち、商業登記法の目的は、商法、会社法その他の法律の規定により登記すべき事項とされた事項を公示するための登記に関する制度について定めることにより、商号、会社等の商人に係る信用の維持を図り、かつ、取引の安全と円滑に資することを明らかにしたものである。

　昭和38年制定当初の商業登記法（昭和38年法律125号）には目的規定はなく、1条は「管轄登記所」（現行の1条の3「登記所」）であったが、平成16年改正（平成16年法律124号）により新設されたものである。

第1条

> **解 説**

1．商業登記法の目的
(1) 法律と目的規定
　近時制定される法律には、1条に「目的規定」又は「趣旨規定」が置かれることが一般的であるが、古い法律には、通常、目的規定又は趣旨規定はなく、その後の法律改正の際に必要に応じて設けられるのが一般的である。

　商業登記法は、昭和38年に制定された法律であるので、制定当初には目的規定がなく、1条は「管轄登記所」（現行の1条の3「登記所」）であったが、平成16年改正（平成16年法律124号）の際に目的規定を新設し、商業登記法の制定目的を明らかにしたものである。

　商業登記制度は、商号及び会社に関する取引上重要な事項を商業登記簿に記録して公示し、取引の安全と円滑に寄与するためのものである。もし商業登記制度がなければ、自然人たる商人（個人商人）及び会社と取引をしようとする者は、商人の法的存在（法人格の有無、所在場所等）、商人の組織、代表権を有する者等の確認の方法がなく、円滑迅速な取引及び取引の安全に重大な支障を来たすことになる。つまり、商業登記制度は、経済社会におけるインフラといえる。

(2) 商業登記の機能
　商業登記の機能には、公示機能及び予防的機能がある。

① 公示機能
　商業登記制度が「商号及び会社に関する取引上重要な事項を商業登記簿に記録して公示し、取引の安全と円滑に寄与するためのものである。」ことからも明らかなように、商業登記の機能としては、商人に関する取引上重要な事項を商業登記簿に記録して公示する公示機能が最も重要な機能である。公示機能を十分に果たすためには、商業登記には、正確性、明瞭性及び迅速性が必要とされる。

② 予防的機能

　予防的機能とは、商業登記制度があることによって法律関係の形成が適法に行われ、後に無用の混乱が生じることを未然に防止する機能である（筧ほか・詳解2版（上）6頁）。この機能は、商業登記にいわゆる形成力が与えられている設立の登記等の場合に顕著である。

(3)　商業登記の手続に関する法令

　商業登記法は、昭和39年4月1日から施行された法律であるが、それ以前は、旧非訟事件手続法（明治31年法律14号）3篇商事非訟事件5章商業登記に規定されていた。現在では、商業登記に関する手続を規定した法令としては、商業登記法及び同法148条の委任に基づく法務省令として商業登記規則（昭和39年法務省令23号）がある。

　なお、商業登記等事務取扱手続準則は、登記所内部の取扱手続を定めた法務省民事局長通達（平17・3・2民商500号通達）であり、法令ではないが、登記官の上級官庁から発せられた行政命令として登記官を拘束する結果、間接的に申請人にも影響を及ぼすことになる。

2．登記すべき事項・登記事項

　登記すべき事項とは、商法、会社法等によって登記することが義務付けられている事項（絶対的登記事項）又は登記することができるとされている事項（任意的登記事項）をいう。商法、会社法等によって登記することが義務付けられていない事項又は登記することができるとされていない事項は登記をすることができない。なお、商法で定める登記すべき事項のうち、自然人たる商人（個人商人）の商号の登記及び支配人の登記については、登記が強制されておらず、登記するか否かは当該商人の自由であるが、登記をした後に変更を生じた場合は、変更の登記を申請しなければならない（商10条）。ただし、会社の支配人の選任又は代理権の消滅については、登記申請義務が課されている（会918条）が、登記期間の定めはない。

3．登記すべき事項を規定する法律

(1) 商法

　商法に規定する商業登記は、未成年者登記、後見人登記、商号に関する登記、自然人たる商人（個人商人）の支配人等、いずれも自然人たる商人（個人商人）に関する商業登記であり、その具体的な登記すべき事項は、商法ではなく商業登記法に規定されている（商5条、6条、法28条2項、35条1項、40条1項、43条1項、44条2項）。

(2) 会社法

　会社法に規定する登記すべき事項は、会社法7編4章2節以下に規定されている。

　ただし、会社の支配人の登記すべき事項は、商業登記法44条2項に規定されている。

(3) その他の法律

　その他の法律による登記すべき事項には、破産法257条1項（破産手続開始の登記）、同条4項（保全管理命令の登記）、会社更生法258条（更生会社についての登記）、261条（更生計画の遂行等に関する登記）、民事再生法11条3項（再生手続開始の登記）等がある。

（定義）
第1条の2　この法律において、次の各号に掲げる用語の意義は、それぞれ当該各号に定めるところによる。
　一　登記簿　商法、会社法その他の法律の規定により登記すべき事項が記録される帳簿であつて、磁気ディスク（これに準ずる方法により一定の事項を確実に記録することができる物を含む。）をもつて調製するものをいう。
　二　変更の登記　登記した事項に変更を生じた場合に、商法、会社法その他の法律の規定によりすべき登記をいう。
　三　消滅の登記　登記した事項が消滅した場合に、商法、会社法

その他の法律の規定によりすべき登記をいう。
　四　商号　商法第11条第１項又は会社法第６条第１項に規定する商号をいう。

本条の概要

　本条は、商業・法人登記事務のコンピュータ化の進展に伴い、登記簿が紙による登記簿から磁気ディスクをもって調製する登記簿へ変更されたことに伴い、平成16年の商業登記法の改正（平成16年法律124号）により新設されたものである。

　本条では、登記簿等重要な用語の定義を明らかにしている。

解　説

１．商業・法人登記事務のコンピュータ化

　商業・法人登記事務のコンピュータ化については、平成元年５月１日、不動産登記法及び商業登記法の一部を改正する法律（昭和63年法律81号）の一部及び商業登記規則等の一部を改正する省令（平成元年法務省令15号）の施行により、電子情報処理組織による登記に関する特例（改正前商業登記法３章の２、改正前商業登記規則３章）が新設され、これにより、コンピュータによる商業・法人登記事務の処理が可能となり、平成２年６月14日、改正前商業登記法113条の２第１項による指定登記所として東京法務局墨田出張所が指定された。これがコンピュータ庁第１号である。その後、全国の登記所中、会社・法人数の多い登記所から順次旧登記簿（紙の登記簿）からコンピュータ登記簿（磁気ディスクによる登記簿）への移行作業が行われ、平成19年５月25日、全ての登記所の移行作業が完了し、商業・法人登記事務のコンピュータ化が完成した。

2. 登記簿
(1) 登記簿の意義

　登記簿とは、商法、会社法その他の法律の規定により登記すべき事項が記録される帳簿で、磁気ディスク（これに準ずる方法により一定の事項を確実に記録することができる物を含む。）をもって調製されたものをいう。

　商業登記は、商号及び会社に関する取引上重要な事項を「登記簿」に記録して公示し、取引の安全と円滑に寄与するためのものであるので、「登記簿」は、商業登記が機能を果たすために最も重要なものである。本号は、コンピュータ登記所における登記簿の記録媒体が磁気ディスクであることを明らかにしたものであるが、「これに準ずる方法により一定の事項を確実に記録することができる物」とは、電子的又は磁気的方法により磁気ディスクと同程度の精度をもって記録を保存し得る媒体をいう。具体的には、光ディスク等がこれに該当する。本号は、改正前商業登記法113条の2第1項に規定していた登記簿の意義をそのまま規定したものである。

(2) 登記簿の編成

　商業登記簿は、商業登記法6条に規定する登記簿の種類に従い、商業登記規則別表1から8までの上欄に掲げる各区に区分した登記記録をもって編成する。ただし、外国会社登記簿は、日本に成立する会社で当該外国会社と同種又は最も類似するものの登記簿の種類に従い、別表5から8までの上欄に掲げる各区に区分した登記記録をもって編成する。以上の区には、その区分に応じ、別表1から8までの下欄に掲げる事項を記録する（規1条）。

3. 変更の登記及び消滅の登記

　商法10条及び会社法909条は、「この編（法律）の規定により登記した事項に変更が生じ、又はその事項が消滅したときは、当事者は、遅滞なく、変更の登記又は消滅の登記をしなければならない。」と規定している。そこで、商業登記法でも、商法及び会社法の規定を受け、変更の登

記及び消滅の登記について、定義規定を設けたものと思われる。

　なお、会社が変更の登記又は消滅の登記の義務を懈怠すると過料の制裁がある（会976条1項）が、自然人たる商人（個人商人）の場合は登記期間の定めはなく（商10条参照）、したがって過料の制裁もない。

　また、登記の種類を登記の事由によって分類すると、①発生の登記、②変更の登記、③消滅の登記、④更正の登記及び⑤抹消の登記がある（筧ほか・詳解2版（上）16頁以下）。

4．商号

　商業登記法1条の2第4号に規定する「商号」については、自然人たる商人（個人商人）の商号と会社の商号があり、自然人たる商人（個人商人）の商号の登記は「商号登記簿」に登記し、会社の商号は「会社の登記簿」に登記することとされている（法6条1号、34条1項）ので、これらのことを明確にするために「商法11条1項又は会社法6条1項に規定する商号をいう。」旨の規定を設けたものと思われる。

第1章の2　登記所及び登記官

> （登記所）
> 第1条の3　登記の事務は、当事者の営業所の所在地を管轄する法務局若しくは地方法務局若しくはこれらの支局又はこれらの出張所（以下単に「登記所」という。）がつかさどる。

本条の概要

　本条は、登記の事務を取り扱う登記所という官庁が、具体的にどの国家機関かを明らかにするとともにその管轄の基準を明らかにしたものである。すなわち、法務省の地方支分部局である法務局若しくは地方法務局若しくはこれらの支局又はこれらの出張所が登記所として商業登記の事務を担当することを規定するとともに、具体的には、自然人たる商人（個人商人）又は会社の営業所の所在地を管轄する法務局若しくは地方法務局若しくはこれらの支局又はこれらの出張所が管轄登記所となることを規定している。

解　説

1．登記所という名前の官庁

　登記所とは、登記事務を取り扱う国家機関のことであるが、「〇〇登記所」という看板を掲げた役所はどこにもない。そこで、登記所とは、具体的にどの国家機関をいうかが問題になるが、商法8条は「この編の規定により登記すべき事項は、当事者の申請により、商業登記法（昭和38年法律125号）の定めるところに従い、商業登記簿にこれを登記する。」と規定し、会社法907条は「この法律の規定により登記すべき事項（938

条3項の保全処分の登記に係る事項を除く。）は、当事者の申請又は裁判所書記官の嘱託により、商業登記法（昭和38年法律125号）の定めるところに従い、商業登記簿にこれを登記する。」と規定している。本条は、これら商法及び会社法の規定を受けた規定である。本条は、法務局若しくは地方法務局若しくはこれらの支局又はこれらの出張所が登記所であると規定し、当事者の営業所の所在地を管轄する法務局若しくは地方法務局若しくはこれらの支局又はこれらの出張所が管轄登記所となることを規定している。つまり、登記所とは、法務局・地方法務局・これらの支局又はこれらの出張所ということになるが、商業登記法上は、これらの登記所間に上下の関係はない。

なお、例えば東京法務局には、不動産登記部門と第一法人登記部門及び第二法人登記部門があるが、登記所は、東京法務局不動産登記部門や第一法人登記部門等ではなく、東京法務局である。したがって、登記申請書に記載する登記所の表示（法17条2項8号）も、東京法務局不動産登記部門や第一法人登記部門ではなく、東京法務局ということになる。

2．法務局・地方法務局又はこれらの支局又は出張所
(1) 法務局・地方法務局

法務局及び地方法務局は法務省の地方支分部局であり、それらの名称、位置、及び管轄区域は、法務省令で定められ（法務省設置法18条2項・3項）、法務局は、札幌・仙台・東京・名古屋・大阪・広島・高松・福岡の8か所に設置され（法務省組織令69条）、地方法務局は、前記以外の府県庁所在地と函館・旭川及び釧路の合計42か所に設置されている（法務省組織令71条・別表1）。なお、法務局と地方法務局の関係は、法務局の長は地方法務局の事務を指揮監督する関係にある（法務省設置法18条5項、法務省組織令69条2項）が、個々の登記事件について指揮命令する権限は有していない。

(2) 法務局・地方法務局の支局

法務大臣は、法務局又は地方法務局の所掌事務の一部を分掌させるた

め、所要の地に、法務局又は地方法務局の支局を置くことができ（法務省設置法19条1項）、その名称、位置、管轄区域、所掌事務及び内部組織は、法務省令で定めるとされている（法務省設置法19条2項）。

(3) **法務局・地方法務局又はその支局の出張所**

　法務大臣は、法務局若しくは地方法務局又はその支局の所掌事務の一部を分掌させるため、所要の地に、法務局若しくは地方法務局又はその支局の出張所を置くことができ（法務省設置法20条1項）、その名称、位置、管轄区域、所掌事務及び内部組織は、法務省令で定めるとされている（法務省設置法20条2項）。

　ところで、法務局及び地方法務局の支局及び出張所の設置については、「法務局及び地方法務局の支局及び出張所設置規則」の別表に全国の法務局及び地方法務局の支局及び出張所について定められている。

3．当事者

　本条にいう当事者は、これによって商業登記の管轄が定まるので、不動産登記の場合と異なり、商法に規定する登記の場合は当該自然人たる商人（個人商人）であり、会社法に規定する登記の場合は、当該会社である。

4．営業所

　本条にいう営業所とは、自然人たる商人に関する登記の場合は、主たる営業所及び従たる営業所、会社に関する登記の場合は、本店及び支店をいう。

5．つかさどる

　「つかさどる」とは、法務局若しくは地方法務局若しくはこれらの支局又はこれらの出張所が所管官庁として商業登記の事務を担当するという趣旨である。具体的に商業登記の事務を処理するのは、当該登記所に勤務する登記官及びその補助者である法務事務官である（法4条）。

(事務の委任)
第2条　法務大臣は、一の登記所の管轄に属する事務を他の登記所に委任することができる。

本条の概要

本条は、一の登記所の管轄に属する事務を他の登記所に委任することができる旨を定めたものである。

解説

登記所の管轄は、法務局及び地方法務局の支局及び出張所設置規則の別表に定められているが、全ての登記所において登記事件のコンピュータ処理が可能になり、オンライン申請が可能になったことに鑑み、法務省では、全国の商業登記所を原則として法務局及び地方法務局の本局に集中化して、多くの複雑・困難化した登記申請事件等への対応を通じて、担当職員の専門的能力の一層の向上を図ることにより、充実した体制を構築するため、商業登記所の数を全国で約90庁程度にする施策を進めてきたが、現在では、この集中化は、おおむね完了している。

ところで、この商業登記所の集中化で用いられている方法が本条の「登記事務の委任」である。例えば、神奈川県を管轄区域とする横浜地方法務局には、登記所としては、横浜地方法務局本局のほかに6支局、9出張所があるが、商業・法人登記を取り扱う登記所は、横浜地方法務局本局及び湘南支局の2か所である。これは、法務省令である登記事務委任規則2条で、次のように定めているためである。

「第2条　横浜地方法務局川崎支局、神奈川出張所、金沢出張所、港北出張所、戸塚出張所、旭出張所、栄出張所、青葉出張所及び麻生出張所の管轄に属する商業登記の事務(商業登記法(昭和38年法律第125号)第10条第2項(同法第12条第2項において準用する場合を含む。以下同じ。)

第3条

の規定による交付の請求に係る事務を除く。）は、横浜地方法務局で取り扱わせる。

2　横浜地方法務局横須賀支局、西湘二宮支局、相模原支局、厚木支局及び大和出張所の管轄に属する商業登記の事務（商業登記法第10条第2項の規定による交付の請求に係る事務を除く。）は、横浜地方法務局湘南支局で取り扱わせる。」

（事務の停止）
第3条　法務大臣は、登記所においてその事務を停止しなければならない事由が生じたときは、期間を定めて、その停止を命ずることができる。

本条の概要

　本条は、水害又は火災等の事故その他の事由により登記所においてその事務を停止しなければならない場合に、法務大臣が、期間を定めて登記事務の停止を命ずることができる旨を定めた規定である。

解　説

1．登記事務の停止

　登記事務の停止とは、登記所における登記事務の取扱いを停止することであるが、登記事務の停止は、社会・経済に与える影響が大きいところから、必要やむを得ない場合に、法務大臣が期間を定めて命令することによって停止することができる。停止の期間は、必要やむを得ない最小限の期間である。

2．事務停止の事由

　登記事務の停止の事由は、水害、火災、地震等、登記所において登記

事務を取り扱うことができない事由が生じた場合である。近時の事例では、東日本大震災及び福島第一原子力発電所の事故がある。この場合は、仙台法務局気仙沼支局、盛岡地方法務局一関支局及び同局大船渡出張所については庁舎等の損壊により、福島地方法務局富岡出張所については福島第一原子力発電所における緊急事態宣言に伴う避難指示により、平成23年3月14日から同月18日までの間、法務大臣の命令により登記事務が停止された。なお、その後は、事務委任（法2条）等によって対処された。

3．事務停止の手続
(1) 登記官による報告
　登記官は、水害又は火災等の事故その他の事由により登記所においてその事務を停止しなければならない場合には、直ちに、当該登記官を監督する法務局又は地方法務局の長にその旨及び事務停止を要する期間を報告する（準4条1項）。なお、この報告は、緊急時におけるものなので、書面によることを要しない。
(2) 法務局又は地方法務局の長による法務大臣への意見書の提出
　(1)の報告を受けた法務局又は地方法務局の長は、当該登記所の事務を停止しなければならない事由があると認めるときは、直ちに、法務大臣に商業登記等事務取扱手続準則別記4号様式による意見書を提出する（準4条2項）。
(3) 法務大臣の命令
　法務大臣の命令は、官報に告示してなされているようである。

（登記官）
第4条　登記所における事務は、登記官（登記所に勤務する法務事務官のうちから、法務局又は地方法務局の長が指定する者をいう。以下同じ。）が取り扱う。

第4条

> 本条の概要

　本条は、登記所における事務を取り扱うのは登記官であり、その登記官の資格及び登記官の任命権者を定めた規定である。

> 解　説

1．登記所における事務

　登記所とは、法務局若しくは地方法務局若しくはこれらの支局又はこれらの出張所のことであり、登記所における事務には、登記に関する事務及びそれ以外の事務があるが、本条にいう「登記所における事務」とは、商業登記法、商業登記規則及び商業登記等事務取扱手続準則に規定する登記官の権限に属する事務である。登記の事務処理に要する物品の購入や登記官への給与の支給等は、本条にいう登記所における事務ではない。登記官以外の者がした登記所における事務の処理、例えば登記官以外の者がした登記の却下処分や受理処分は無効であるが、登記に関する事務以外の事務は、登記官以外の者がすることができる。

　なお、現実には、登記官に指定されていない法務事務官（法務局若しくは地方法務局若しくはこれらの支局又はこれらの出張所に勤務する常勤の事務系の公務員を法務事務官という。）も登記事務の処理を分担しているが、これは、登記官の補助者として事務処理に当たっているわけである。

2．登記官

　登記官とは、登記所に勤務する法務事務官のうちから、法務局又は地方法務局の長が指定した者である（法務局及び地方法務局組織規則23条、42条及び東京法務局管内統括登記官の指定事務及び登記官等の事務分担に関する訓令参照）。登記所には、通常、登記官が複数居るが、商業登記法上は、各登記官は独立して登記所を構成し、それぞれ独立して登記事務を処理する権限を有する。

　登記官は、法務局又は地方法務局の長によって任命されるが、個々の

事件の処理について、任命権者である法務局又は地方法務局の長の指揮命令を受けることはない。法務局又は地方法務局の長は、商業登記法4条による登記官の指定又は商業登記法146条に基づく審査請求に基づく処分によって、登記官の職務の執行を監督するにすぎない。ただし、登記官も国家公務員であるので、法務局長等の国家公務員法上の監督に服することはいうまでもない。

3．首席登記官・次席登記官・統括登記官と商業登記法上の登記官

　法務局及び地方法務局の本局には、首席登記官及び次席登記官（東京法務局・大阪法務局の第一法人登記部門）が置かれているが、これらは、商業登記法に規定するものではなく、総務課長等と同じように法務局及び地方法務局組織規則に定める官職（ポスト）であり（同規則14条2項、34条3項）、首席登記官及び次席登記官も、当然商業登記法4条による登記官の指定を受けている。

　また、法務局及び地方法務局の本局、支局、出張所に統括登記官が置かれているが、これも、商業登記法に規定するものではなく、法務局及び地方法務局組織規則に定める官職（ポスト）であり（同規則51条）、統括登記官も、当然商業登記法4条による登記官の指定を受けている。

4．登記官の権限

　登記官は、法務局又は地方法務局の長によって任命されるが、個々の事件の処理について、任命権者である法務局又は地方法務局の長の指揮命令を受けることはなく、独立してその権限を行使できる。法務局若しくは地方法務局若しくはこれらの支局又はこれらの出張所に勤務する登記官の商業登記法上の権限は、全て同じであって、上下の関係はない。

　ところで、登記官の審査権については、商業登記法が制定される前の旧非訟事件手続法151条が登記申請の却下事由について、「登記所ハ登記ノ申請カ商法、有限会社法又ハ本章ノ規定ニ適セサルトキハ理由ヲ附シタル決定ヲ以テ之ヲ却下スヘシ…」と規定していたところから、実質審

査主義と形式審査主義の対立があった。しかし、商業登記法24条が、却下事由を個別的に列挙したので、登記官の審査権の問題は、同条の解釈の問題となったが、同条は、申請手続の違法性という形式面にとどまらず、申請の内容である実体関係の効力についても登記官の審査権が及ぶことを明定した（法24条10号）。しかし、登記官の審査権は、登記簿、申請書及びその添付書類に限られるので、この点においては、登記官に形式審査権しかないといえる（筧ほか・詳解2版（上）145頁）。

5．登記官の責任

登記官が、その職務の執行について、故意又は過失により違法に申請人その他の者に損害を与えたときは、国がこれを賠償する責任を負う（国賠法1条1項）。登記官も公権力の行使に当たる国家公務員であるので、違法な職務の執行については国家賠償の対象になる。

なお、以上の場合において、登記官に故意又は重大な過失があったときは、国は、登記官に対して求償権を有する（国賠法1条2項）。

6．登記官の交替

登記官は、その事務を交替する場合には、登記簿及びその附属書類その他の帳簿等を点検した上で、事務を引き継がなければならない（準5条1項）。

事務の引継ぎを受けた登記官は、引き継いだ帳簿等を調査し、監督法務局又は地方法務局の長にその調査結果を記載した商業登記等事務取扱手続準則別記5号様式による報告書を提出しなければならない（準5条2項）。

（登記官の除斥）

第5条 登記官又はその配偶者若しくは4親等内の親族（配偶者又は4親等内の親族であつた者を含む。以下この条において同じ。）が

登記の申請人であるときは、当該登記官は、当該登記をすることができない。登記官又はその配偶者若しくは4親等内の親族が申請人を代表して申請するときも、同様とする。

本条の概要

　本条は、登記官による恣意的な登記事務の処理を防止するための規定であり、除斥とは、職務執行の資格を失うことをいう。

　なお、平成16年改正（平成16年法律124号）前は、「登記官は、その配偶者及び4親等内の親族以外の成年者2人以上の立会いがなければ、登記をすることができない。」と規定されていたものを、平成16年改正により、立会いによる登記の部分を削除し、登記官の除斥を厳格化したものである。このように、登記官の除斥を厳格化しても、登記所には複数の登記官が配置されているので、登記事務の処理に支障はない。

解　説

1．配偶者

　配偶者とは、民法739条により婚姻の届出をした夫婦の一方の者をいう。婚姻の届出をせず事実婚の状態にある内縁の夫婦の一方の者は、本条にいう配偶者ではない。

2．4親等内の親族

　民法725条は、親族を、「6親等内の血族、配偶者、3親等内の姻族」と規定しているので、4親等内の親族とは、配偶者のほかは、4親等内の血族又は3親等内の姻族ということになる。

3．代表して申請

　商業登記の申請人は、そのほとんどが会社であるが、会社の商業登記は、その代表者が当該会社を代表して申請することになる。そこで、登

第5条

記官又はその配偶者若しくは4親等内の親族が会社を代表して申請する場合も、登記官による恣意的な登記事務の処理がなされるおそれがあるので、これを防止するために、登記官に職務の執行を禁止したものである。ただし、登記官又はその配偶者若しくは4親等内の親族が会社の代表者である場合であっても、申請人たる会社にほかに代表者がおり、その者が会社を代表して登記の申請をするときは、本条の適用はない。

4．代理人として申請

登記官又はその配偶者若しくは4親等内の親族が代理人として申請する場合は、登記官は除斥されないと解されている（莧ほか・詳解2版（上）144頁）。例えば、登記官の配偶者が司法書士の場合には、不公正な登記が行われるおそれがないかどうか疑問のあるところである。

5．本条の規定に反する登記の効力

登記官が、本条の規定に違反して登記をした場合も、当該登記は有効であり、このことをもって当該登記が抹消されることはない（法134条1項参照）。

第2章　登記簿等

(商業登記簿)
第6条　登記所に次の商業登記簿を備える。
　一　商号登記簿
　二　未成年者登記簿
　三　後見人登記簿
　四　支配人登記簿
　五　株式会社登記簿
　六　合名会社登記簿
　七　合資会社登記簿
　八　合同会社登記簿
　九　外国会社登記簿

本条の概要

　本条は、商法8条が「この編の規定により登記すべき事項は、当事者の申請により、商業登記法（昭和38年法律第125号）の定めるところに従い、商業登記簿にこれを登記する。」と規定し、会社法907条が「この法律の規定により登記すべき事項（第938条第3項の保全処分の登記に係る事項を除く。）は、当事者の申請又は裁判所書記官の嘱託により、商業登記法（昭和38年法律第125号）の定めるところに従い、商業登記簿にこれを登記する。」と規定しているので、その登記をすべき登記簿の種類について規定したものである。

第6条

> **解 説**

1．商業登記簿の種類

　商業登記簿とは、商法、会社法その他の法律の規定により登記すべき事項が記録される帳簿であって、磁気ディスク（これに準ずる方法により一定の事項を確実に記録する物を含む。）をもって調製するものをいい、9種類ある。どの登記簿にどのような登記すべき事項を記録するかは、登記簿の種類によって定まる。すなわち、商号登記簿には商号に関する登記事項、未成年者登記簿には未成年者に関する登記事項、後見人登記簿には後見人に関する登記事項、支配人登記簿には支配人に関する登記事項、会社の登記簿にはそれぞれ会社の種類に対応した登記事項が登記される。ただし、会社の商号の登記は会社の登記簿にし（法34条1項）、会社の支配人の登記は会社の登記簿にする（法44条1項）。

2．登記記録の閉鎖

　登記記録は、商業登記規則に定める事由があるときは、これを閉鎖しなければならない。登記記録の閉鎖は、当該登記所において当該登記記録に登記されることがなくなったときに行われる（規54条2項、55条2項、57条2項、65条4項、80条2項、81条1項、89条、90条、92条、96条2項）。

　なお、解散登記の後10年が経過したことにより当該登記記録を閉鎖した場合（規81条1項1号）において、当該会社から本店の所在地を管轄する登記所に清算が結了していない旨の申出がなされたときは、登記官は、当該登記記録を復活させなければならない（規81条3項）。

3．副登記記録

　磁気ディスクをもって調製される登記簿については、法務大臣は、これらの記録と同一の事項を記録する副登記記録を調製するものとされている（規3条1項）。登記記録のバックアップである。

> **(会社法人等番号)**
> **第7条** 登記簿には、法務省令で定めるところにより、会社法人等番号（特定の会社、外国会社その他の商人を識別するための番号をいう。第19条の3において同じ。）を記録する。

本条の概要

　行政手続における特定の個人を識別するための番号の利用等に関する法律の施行に伴う関係法律の整備等に関する法律13条により商業登記法7条の規定が新設され、登記簿には、特定の会社、外国会社その他の商人を識別するための番号として会社法人等番号を記録することとされた。

解　説

1．会社法人等番号の記録

　会社法人等番号とは、特定の会社、外国会社その他の商人を識別するための番号であり、12桁の番号で構成され、株式会社、合名会社、合資会社、合同会社、外国会社、商号使用者、支配人、未成年者及び後見人につき、新たに起こす登記記録（支店の所在地における登記の登記記録を除く。）を起こすときに、登記所及び商業登記規則1条の2第1項各号に掲げる区分ごとに、登記記録を起こす順序に従って付されたものが記録される（規1条の2第1項）。会社法人等番号は、商号登記簿、株式会社登記簿、合名会社登記簿、合資会社登記簿及び合同会社登記簿にあっては商号区に、未成年者登記簿にあっては未成年者区に、後見人登記簿にあっては後見人区に、支配人登記簿にあっては支配人区にそれぞれ記録することとされている。

　なお、支店の所在地における登記の登記記録には、会社法人等番号が付されないことになるが、この場合には、管理番号が付されることになる（準7条1項）。

第7条

　また、行政手続における特定の個人を識別するための番号の利用等に関する法律42条１項により会社法その他の法令の規定に基づき設立の登記をした法人に指定される法人番号（13桁）は、登記簿に記録された会社法人等番号の前に１桁の数字を付したものである。

２．１の記録方法の例外

(1)　株式会社、合名会社、合資会社及び合同会社につき、新たに起こす登記記録を起こす登記（支店の所在地における登記及び新設合併による設立の登記を除く。）と同時に申請された登記により閉鎖された登記記録（新たに起こす登記記録を起こす登記と同時に申請された規65条５項の規定による記録をする登記記録があるときは、当該登記記録。以下「閉鎖登記記録等」という。）があるときは、新たに起こす登記記録に記録する会社法人等番号は、閉鎖登記記録等に記録されている会社法人等番号と同一のものである（規１条の２第２項）。

(2)　外国会社につき新たに登記記録を起こす場合において、当該外国会社につき他の登記所において既に起こされた登記記録であって、現に効力を有するもの（以下「外国会社先行登記記録」という。）があるときは、新たに起こす登記記録に記録する会社法人等番号は、外国会社先行登記記録に記録されている会社法人等番号と同一のものとする（規１条の２第３項）。

(3)　商号使用者、支配人、未成年者及び後見人（以下「商号使用者等」という。）につき新たに登記記録を起こす場合において、当該登記記録に記録されるべき商号使用者、商人、未成年者又は被後見人の氏名及び住所が商号使用者等につき既に起こされた他の登記記録であって、現に効力を有する登記記録（商号使用者等がその営業所を他の登記所の管轄区域内に移転した場合にあっては、その旧所在地における登記記録（以下「商人先行登記記録」という。）に記録されているときは、新たに起こす登記記録に記録する会社法人等番号は、商人先行登記記録に記録されている会社法人等番号と同一のものとする（規１条の２第４項）。

3．登記事項証明書等の記載事項

商業登記法7条により、登記簿には、会社法人等番号を記録することとされ、登記事項証明書等に記載する「現に効力を有する登記事項」には、会社法人等番号を含むこととされた（規30条1項1号等）。

4．商号の譲渡又は相続の登記

商号の譲渡による変更の登記をする場合には、譲渡人につきその商号の登記記録に商号の譲渡があった旨、譲受人の氏名及び住所並びに譲渡の年月日を記録し、当該登記記録を閉鎖するとともに、譲受人につき新たに登記記録を起こして、①商業登記法28条2項各号に掲げる事項、②商号の譲渡があった旨、③譲渡人の氏名及び住所並びに④譲渡の年月日を記録しなければならない（規52条の2第1項）。

これらの登記すべき事項（法28条2項各号に掲げる事項を除く。）は、各登記記録中の登記記録区に記録しなければならない（規52条の2第2項）。

なお、以上は、商号の相続による変更の登記について準用される（規52条の2第3項）。

（登記簿等の持出禁止）

第7条の2　登記簿及びその附属書類（第17条第4項に規定する電磁的記録（電子的方式、磁気的方式その他人の知覚によつては認識することができない方式で作られる記録であつて、電子計算機による情報処理の用に供されるものをいう。以下同じ。）及び第19条の2に規定する登記の申請書に添付すべき電磁的記録（以下「第19条の2に規定する電磁的記録」という。）を含む。以下この条、第9条、第11条の2、第140条及び第141条において同じ。）は、事変を避けるためにする場合を除き、登記所外に持ち出してはならない。ただし、登記簿の附属書類については、裁判所の命令又は嘱託があつたときは、

第7条の2

> この限りでない。

本条の概要

本条は、事変を避けるためにする場合を除き、登記簿及びその附属書類の登記所外への持ち出しを禁止したものである。ただし、登記簿の附属書類については、裁判所の命令又は嘱託があれば、登記所外への持ち出しは可能である。

解　説

1．登記簿

商業登記簿とは、商法、会社法その他の法律の規定により登記すべき事項が記録される帳簿であって、磁気ディスク（これに準ずる方法により一定の事項を確実に記録する物を含む。）をもって調製するものをいう（法1条の2第1号）が、登記簿は、たとえ裁判所の命令があっても登記所外へ持ち出すことはできない。これは、登記簿は、常に公開して一般の用に供する状態に置く必要があるためである。

2．登記簿の附属書類

登記簿の附属書類とは、登記簿に附属して、登記がされる過程を明らかにし、登記の真実性を担保し、登記簿の公示機能を補完するためのものである。登記簿の附属書類には、申請書、嘱託書、通知書、許可書及びこれらの添付書類をいう（規10条1項）。

なお、登記簿の附属書類については、裁判所の命令又は嘱託があれば、登記所外に持ち出すことができる。

3．事変を避けるためにする場合

本条に事変とは、地震、火災、風水害等登記簿の安全性が害される状態をいう。事変を避ける場合に限って、登記簿及びその附属書類は、登

記所外に持ち出すことができる。

　なお、登記官は、事変を避けるために登記簿又はその附属書類を登記所の外に持ち出したときは、速やかに、その旨を当該登記官を監督する法務局又は地方法務局の長に準則別記15号様式による報告書により、報告しなければならない（規13条、準27条）。ただし、登記所の庁舎の移転等に伴う登記簿等の持出は、本条の報告の対象にはならない。

4．裁判所の命令又は嘱託

　登記簿の附属書類については、裁判所の命令又は嘱託（民訴220条、223条等）があったときは、登記所外に持ち出すことができる。また、裁判所又は裁判官の令状に基づき検察官、検察事務官又は司法警察職員が関係書類を押収する場合も同様とされている（準28条4項参照）。

　ところで、登記官は、裁判所から登記簿の附属書類を送付すべき命令又は嘱託があったときは、その関係がある部分に限り送付すれば足りる（規14条）。この場合には、送付する書類の写しを作成し、裁判所からの送付に係る命令書又は嘱託書及びこれらの附属書類とともに申請書類つづり込み帳の当該関係書類をつづり込んであった箇所につづり込み（準28条2項）、裁判所から返還された場合には、前記命令書又は嘱託書の次に返還された関係書類をつづり込み、送付した書類の写しは、適宜廃棄する（準28条3項）。

　なお、登記簿の附属書類について没収の裁判が確定し、刑事訴訟法498条2項ただし書の規定により検察官から通知があったときは、検察官の没収通知書による処理をすればよい（昭32・12・27民甲2426号民事局長通達）。

（登記簿の滅失と回復）

第8条　登記簿の全部又は一部が滅失したときは、法務大臣は、一定の時間を定めて、登記の回復に必要な処分を命ずることができ

第8条

> る。

[本条の概要]

　本条は、登記簿の全部又は一部が滅失したときの登記の回復に必要な処分に関する規定である。

　なお、商業登記規則3条に規定する副登記記録によって登記を回復することは、本条に規定する登記簿の回復には該当しない。

[解　説]

1．登記簿の全部又は一部の滅失

　登記簿の全部の滅失とは、一登記記録の全部が滅失することで、例えば株式会社登記簿は、商号区、目的区、株式・資本区、役員区、役員責任区、会社支配人区、支店区、新株予約権区、会社履歴区、企業担保権区、会社状態区、登記記録区の各区に区分した登記記録をもって編成されている（規1条1項）が、この全てが滅失することである。

　登記簿の一部の滅失とは、前記12の区の一部の区が滅失することである。

　なお、会社の登記簿が滅失しても当該会社の法人が消滅することはない。登記簿が滅失した場合に登記の効力がどうなるかは困難な問題であるが、有力説は、「登記簿が滅失しても、いったん登記した事実は消滅しないから、登記の効力は残存すると考えるべきではなかろうか。」と解している（筧ほか・詳解2版（上）155頁）。

2．登記官等の対応

　登記官は、登記簿の全部又は一部が滅失した場合には、副登記記録によって登記を回復する場合を除き、速やかに、その状況を調査した上、滅失の事由、年月日及び滅失した登記簿の種類その他登記簿の回復に必要な処分をするのに必要な事項を記載し、かつ、回復登記の期間を予定

し、当該登記官を監督する法務局又は地方法務局の長に報告しなければならない（規15条1項、準29条1項）。

　登記官から報告を受けた監督法務局又は地方法務局の長は、相当の調査をし、法務大臣に対し、意見を述べなければならない（規15条2項、準29条1項）。

　なお、報告書及び意見書には、滅失の事由を詳細かつ具体的に記載しなければならない（準29条2項）。

3．登記の回復に必要な処分

　登記簿の全部又は一部が滅失した場合に、登記官が職権で登記を回復すべきか又は申請によって回復すべきかについて、商業登記法には規定がないが、「商業登記は、不動産登記と異なり、商人及び会社に関する法律関係を一般に公示することを主要な目的としていて、法律関係が存続する以上これを公示することが取引の安全を保つ上に必要であるから、職権をもって登記を回復すべきであり、残存する申請書及びその添付書面等によって滅失した登記の内容を知ることができる限り、これによって登記を回復することができる。しかし、登記所においては滅失した登記の内容が判明しない場合には、当事者の申請を待たなければならない。」と解されている（筧ほか・詳解2版（上）154頁）が、以上の登記簿の回復は法務大臣の命令によらなければならない。

　なお、回復登記は現に効力を有する事項のみを回復すれば足り、申請によって回復する場合も登録免許税は徴収できないと考える。

（登記簿等の滅失防止）
第9条　登記簿又はその附属書類が滅失するおそれがあるときは、法務大臣は、必要な処分を命ずることができる。

第9条

> 本条の概要

　本条は、登記簿又はその附属書類が、水害、火災、地震等により滅失するおそれがある場合に、法務大臣が滅失を防止するために必要な処分を命ずることができることを定めた規定である。

> 解　説

1．登記簿又はその附属書類が滅失のおそれがあるとき

　登記簿又はその附属書類が滅失のおそれがあるときとは、水害、火災、地震等により登記簿又はその附属書類が滅失するおそれがある場合のことである。この場合には、登記官は、法務大臣の命令により、滅失を防止するために必要な避難措置を取ることになる。

2．登記簿等が滅失するおそれがあるときの措置

　登記官は、登記簿又はその附属書類が滅失のおそれがあるときは、速やかに、その状況を調査した上、滅失のおそれがある事由及び滅失するおそれがある登記簿又はその附属書類の種類、その他登記簿等の滅失の防止に必要な処分をするために必要な事項を記載し、かつ、滅失の防止に必要な期間を予定し、当該登記官を監督する法務局又は地方法務局の長に報告しなければならない（規16条、15条1項、準30条、29条1項）。

　登記官から報告を受けた監督法務局又は地方法務局の長は、相当の調査をし、法務大臣に対し、意見を述べなければならない（規16条、15条2項、準30条、29条1項）。

　なお、報告書及び意見書には、滅失のおそれがある事由を詳細かつ具体的に記載しなければならないとされている（規16条、準30条、29条2項）が、この場合は、一刻を争い、急を要する場合と思われるので、弾力的な対応をすべきと考える。

> **(登記事項証明書の交付等)**
> 第10条　何人も、手数料を納付して、登記簿に記録されている事項を証明した書面(以下「登記事項証明書」という。)の交付を請求することができる。
> 2　前項の交付の請求は、法務省令で定める場合を除き、他の登記所の登記官に対してもすることができる。
> 3　登記事項証明書の記載事項は、法務省令で定める。

本条の概要

　商業登記制度は、商号、会社等に係る信用の維持を図り、かつ、取引の安全と円滑に寄与することを目的とするものであるが、その最大の機能は、会社及び自然人たる商人に関する取引上重要な事項を公示することであり、商業登記法は、その方法として、登記事項証明書の交付及び登記事項の概要を記載した書面の交付の2つの制度を設けているが、本条は、そのうちの登記事項証明書について規定するとともに登記事項証明書交付の請求は他の登記所の登記官に対してもすることができる登記情報交換制度について規定したものである。
　なお、登記事項証明書の記載事項は、法務省令で定めることとし、商業登記規則30条に定められている。

解説

1. 登記事項公示の方法

　商業登記法は、登記事項の公示方法として、登記事項証明書の交付及び登記事項の概要を記載した書面の交付の2つの制度を設けているが、登記事項証明書には、①現在事項証明書、②履歴事項証明書、③閉鎖事項証明書及び④代表者事項証明書の4つがある。
　なお、登記簿が磁気ディスクをもって調製される前は、前者は登記簿

第10条

謄本又は登記簿抄本と称され、後者は登記簿の閲覧と称されていた。

2．登記事項証明書

登記事項証明書は、登記簿に記録されている事項を証明した書面で、これには証明する事項により次の4つがある。なお、登記事項証明書は、会社の登記記録の全部又は一部の区について請求することができ、代表者事項証明書にあっては全部の代表者又は一部の代表者について交付を請求することができる（規30条2項）。

(1) 現在事項証明書

現に効力を有する登記事項（会社法人等番号を含む。）、会社成立の年月日、取締役、会計参与、監査役、代表取締役、特別取締役、委員、執行役、代表執行役及び会計監査人の就任の年月日並びに会社の商号及び本店の登記の変更に係る事項で現に効力を有するものの直前のものを記載し、これを証明したものである（規30条1項1号）。なお、会社の登記記録の一部の区について登記事項証明書の交付の請求があったときは、その登記事項証明書には、商号区、会社状態区及び請求に係る区について前記事項（請求に係る区が会社支配人区である場合において、一部の支配人について証明を求められたときは、当該支配人以外の支配人に係る事項を除く。）が記載される（規30条2項）。

(2) 履歴事項証明書

(1)の事項、当該証明書の交付の請求があった日（「請求日」という。）の3年前の日の属する年の1月1日（「基準日」という。）から請求日までの間に抹消する記号を記録された登記事項及び基準日から請求日までの間に登記された事項で現に効力を有しないものを記載し、これを証明したものである（規30条1項2号）。なお、会社の登記記録の一部の区について履歴事項証明書の交付の請求があったときは、その履歴事項証明書には、商号区、会社状態区及び請求に係る区について前記事項（請求に係る区が会社支配人区である場合において、一部の支配人について証明を求められたときは、当該支配人以外の支配人に係る事項を除く。）が記載さ

れる（規30条2項）。

(3) 閉鎖事項証明書

　閉鎖した登記記録に記録されている事項を記載し、証明したものである（規30条1項3号）。なお、会社の登記記録の一部の区について閉鎖事項証明書の交付の請求があったときは、その閉鎖事項証明書には、商号区、会社状態区及び請求に係る区について閉鎖した登記記録に記録されている事項（請求に係る区が会社支配人区である場合において、一部の支配人について証明を求められたときは、当該支配人以外の支配人に係る事項を除く。）が記載される（規30条2項）。

(4) 代表者事項証明書

　会社の代表者の代表権に関する事項で現に効力を有するものを記載し、これを証明したものである（規30条1項4号）。なお、一部の代表者について代表者事項証明書の交付の請求があったときは、その証明書には、その請求に係る代表者について現に効力を有するものが記載される（規30条2項）。

　ところで、代表者事項証明書には、代表者事項全部証明書と代表者事項一部証明書がある。

3．登記情報交換制度

　登記事項証明書の交付の請求は、法務省令で定める場合を除き、他の登記所の登記官に対してもすることができる。すなわち、全国どの登記所からでも、全国どの登記所の管轄に属する会社の登記事項証明書を請求できるわけである。これは、商業・法人登記事務コンピュータ化の大きなメリットであり、この制度を登記情報交換制度という。

4．登記事項証明書請求の方法

　登記事項証明書の交付を請求するには、次に掲げる事項を記載した申請書を提出しなければならない（規18条、19条）。

(1) 申請人又はその代表者（当該代表者が法人である場合にあっては、

第11条

　　　その職務を行うべき者）若しくは代理人の氏名
　(2)　請求の目的
　　　請求の目的としては、①登記事項証明書の交付を請求する登記記録、②交付を請求する登記事項証明書の種類、③会社の登記記録の一部の区について登記事項証明書の交付を請求するときは、その区（商号及び会社状態区を除く。）、④③の請求に係る区が会社支配人区である場合において、一部の支配人について証明を求めるときは、その支配人の氏名、⑤一部の代表者について代表者事項証明書の交付を請求するときは、その代表者の氏名
　(3)　請求に係る書面の通数
　(4)　手数料の額
　(5)　請求の年月日
　(6)　登記所の表示

5．手数料

　登記事項証明書の手数料は、1通につき600円である。ただし、1通の枚数が50枚を超えるものについては、600円にその超える枚数50枚までごとに100円を加算した額である（手数料令2条1項）。

（登記事項の概要を記載した書面の交付）
第11条　何人も、手数料を納付して、登記簿に記録されている事項の概要を記載した書面の交付を請求することができる。

本条の概要

　何人も、手数料を納付して、登記簿に記録されている事項の概要を記載した書面（登記事項要約書）の交付を請求することができることを明らかにしたものである。これは、登記簿がブック方式時代の閲覧に代わ

る制度として設けられたものである。

> **解　説**

1．登記事項要約書

　登記事項要約書の制度は、登記簿がブック方式時代の閲覧に代わる制度として設けられたものであるところから、その記載事項も、登記簿を閲覧した申請人が備忘のためにするメモに相当する観点から定められており、作成年月日の記載も認証文も付されていない。

　ところで、登記事項要約書の記載事項としては、現に効力を有する登記事項を記する（規31条1項）が、会社については、商号区、会社状態区、及び請求に係る区に記録されている事項中現に効力を有する事項を記載して作成することになる。この場合、役員区については、取締役、会計参与、監査役、代表取締役、特別取締役、委員、執行役、代表執行役及び会計監査人の就任の年月日も記載しなければならないとされている（規31条2項）。

2．請求の方法

　登記事項要約書の交付を請求するには、次に掲げる事項を記載した申請書を提出しなければならない（規18条、20条）。

(1) 申請人又はその代表者（当該代表者が法人である場合にあっては、その職務を行うべき者）若しくは代理人の氏名

(2) 請求の目的

　請求の目的としては、①登記事項要約書の交付を請求する登記記録、②会社についての登記事項要約書の交付を請求するときは、その請求する区（商号及び会社状態区を除く。）を記載しなければならない。ただし、区の数は3を超えることができない。

(3) 請求に係る書面の通数

(4) 手数料の額

(5) 請求の年月日

第11条の2

(6) 登記所の表示

3．手数料

登記事項要約書の手数料は、1登記記録につき450円である。ただし、1登記記録に関する記載部分の枚数が50枚を超えるものについては、当該登記記録については、450円にその超える枚数50枚までごとに50円を加算した額である（手数料令2条2項）。

（附属書類の閲覧）

第11条の2　登記簿の附属書類の閲覧について利害関係を有する者は、手数料を納付して、その閲覧を請求することができる。この場合において、第17条第4項に規定する電磁的記録又は第19条の2に規定する電磁的記録に記録された情報の閲覧は、その情報の内容を法務省令で定める方法により表示したものを閲覧する方法により行う。

本条の概要

本条は、登記簿の附属書類の閲覧に関する規定である。旧商業登記法10条では、登記簿及び附属書類の閲覧について規定していたが、磁気ディスクをもって調製された登記簿は、物理的に閲覧が不可能であるところから、平成17年の商業登記法の改正により旧商業登記法10条を改正して、11条の2とし、登記簿の閲覧に関する規定を削除し、登記簿の附属書類の閲覧のみ可能としたものである。

ところで、附属書類であっても、電磁的記録で作成されている17条4項（登記すべき事項）に規定する電磁的記録又は19条の2（定款、議事録等）に規定する電磁的記録に記録された情報の閲覧は、直接閲覧することができないので、その情報の内容を用紙に出力して閲覧に供すること

とされている（規32条2項）。

なお、登記簿の附属書類の閲覧は、法律上利害関係を有する者が手数料を納付して請求することになる。

解　説

1．登記簿の附属書類

登記簿の附属書類とは、申請書、嘱託書、通知書、許可書及びこれらの附属書類をいう（規10条1項参照）。

登記簿の附属書類は、登記すべき事項が効力を生じ、登記簿に登記された経緯等を証明する書類であるので、法律上利害関係を有する者に限って閲覧が許される。

法律上の利害関係とは、事実上の利害関係ではなく、当該登記がなされたことについての法律上の利害関係をいう。例えば、株主は、株主総会の決議に基づきなされた登記については、原則として法律上の利害関係を有することになる。なお、税務官署から法人税や事業税賦課の必要上、会社の設立・資本の増減、本店移転、解散等の状態を調査するため、申請書つづり込み帳の閲覧の請求があった場合には、登記事務に支障のない限り応じて差し支えないものとされている（昭35・2・23民甲434号回答）。

登記簿の附属書類は、申請書類つづり込み帳につづり込まなければならない（規10条1項）。登記事件の申請書つづり込み帳とその他の事件の申請書つづり込み帳は別冊とし、その表紙にその種類を示すべき文字を記載しなければならない（規10条2項）。行政手続等における情報通信の技術の利用に関する法律3条1項に規定する電子情報処理組織を使用する方法により登記の申請があった場合は、閲覧に供するため、申請書つづり込み帳に、申請書情報、添付書面情報及び商業登記規則103条2項に規定する登記情報の内容を表示した書面をもつづり込まなければならない（規104条）。

登記簿の附属書類は、事変を避けるためにする場合を除くほか、登記

第11条の2

所外に持ち出すことができないが、裁判所の命令又は嘱託があるときは登記所外に持ち出すことができる（法7条の2）。また、登記簿の附属書類が滅失するおそれがあるときは、法務大臣は、必要な措置を命ずることができる（法9条）。

なお、登記事件の申請書その他の附属書類の保存期間は、受付の日から5年間、登記事件以外の事件の申請書の保存期間は、受付の日から1年間である（規34条4号・5号）。

2．閲覧を請求する方法

登記簿の附属書類の閲覧を請求するには、次に掲げる事項を記載した申請書を提出しなければならない（規18条、21条）。なお、この申請書には、申請人又はその代表者若しくは代理人が署名し、又は押印し（規21条2項）、申請人が法人であるときは、当該法人（当該登記所の管轄区域内に本店若しくは主たる事務所を有するもの又は申請書に会社法人等番号を記載したものを除く。）の代表者の資格を証する書面及び次の(3)の利害関係を証する書面を添付しなければならない（規21条3項）。

(1) 申請人又はその代表者（当該代表者が法人である場合にあっては、その職務を行うべき者）若しくは代理人の氏名及び住所
(2) 請求の目的
請求の目的としては、閲覧しようとする部分を記載しなければならない。
(3) 閲覧しようとする部分について利害関係を明らかにする事由
(4) 手数料の額
(5) 請求の年月日
(6) 登記所の表示

3．閲覧の方法

登記簿の附属書類の閲覧は、登記官の面前でしなければならない（規32条1項）。

4．手数料

登記事項要約書の手数料は、1事件に関する書類につき450円である（手数料令5条1項）。

（印鑑証明書）

第12条　第20条の規定により印鑑を登記所に提出した者又は支配人、破産法（平成16年法律第75号）の規定により会社につき選任された破産管財人若しくは保全管理人、民事再生法（平成11年法律第225号）の規定により会社につき選任された管財人若しくは保全管理人、会社更生法（平成14年法律第154号）の規定により選任された管財人若しくは保全管理人若しくは外国倒産処理手続の承認援助に関する法律（平成12年法律第129号）の規定により会社につき選任された承認管財人若しくは保全管理人でその印鑑を登記所に提出した者は、手数料を納付して、その印鑑の証明書の交付を請求することができる。

2　第10条第2項の規定は、前項の証明書に準用する。

本条の概要

本条は、登記所に対して印鑑証明書の交付が請求できる者に関する規定である。

解　説

1．登記所に対して印鑑証明書の交付が請求できる者

本店の所在地の登記所に対して印鑑を提出でき、その印鑑の証明書の交付を請求できるのは、次の者である。

(1)　商業登記法20条の規定により印鑑を登記所に提出した者
(2)　破産法の規定により会社につき選任された破産管財人又は保全管

第12条

　　　理人
　(3)　民事再生法の規定により会社につき選任された管財人又は保全管
　　　理人
　(4)　会社更生法の規定により会社につき選任された管財人又は保全管
　　　理人
　(5)　外国倒産処理手続の承認援助に関する法律の規定による会社につ
　　　き選任された承認管財人又は保全管理人

２．印鑑証明書交付請求の手続

　印鑑証明書の交付を請求するには、次に掲げる事項を記載した申請書を提出しなければならず、この場合には、印鑑カードを提示しなければならない（規18条、22条）。
　(1)　申請人又はその代表者（当該代表者が法人である場合にあっては、
　　　その職務を行うべき者）若しくは代理人の氏名
　(2)　請求の目的
　　　請求の目的としては、印鑑届出事項を記載し、証明を請求する印鑑を特定しなければならない。
　(3)　請求に係る書面の通数
　(4)　手数料の額
　(5)　請求の年月日
　(6)　登記所の表示

３．印鑑の証明

　登記官は、印鑑の証明書を作成するときは、請求に係る印鑑及び印鑑届出事項を記載した書面に証明文を付した上で、作成の年月日及び職氏名を記載し、職印を押さなければならない（規32条の２）。

４．印鑑の情報交換制度

　印鑑の証明書の交付の請求は、他の登記所の登記官に対してもするこ

とができる。すなわち、全国どの登記所からでも、全国どの登記所の管轄に属する印鑑の証明書を請求できるわけである。これは、商業・法人登記事務コンピュータ化の大きなメリットであり、この制度を印鑑の情報交換制度という。

5．手数料

　印鑑の証明書の交付の手数料は、1件につき450円である。ただし、行政手続等における情報通信の技術の利用に関する法律3条1項に規定する電子情報処理組織を使用して行う印鑑の証明書の交付の請求に関する手数料は、1件につき390円（当該印鑑の証明書の送付を求める場合にあっては、410円）である（手数料令10条）。

（電磁的記録の作成者を示す措置の確認に必要な事項等の証明）
第12条の2　前条第1項に規定する者（以下この条において「印鑑提出者」という。）は、印鑑を提出した登記所が法務大臣の指定するものであるときは、この条に規定するところにより次の事項（第二号の期間については、法務省令で定めるものに限る。）の証明を請求することができる。ただし、代表権の制限その他の事項でこの項の規定による証明に適しないものとして法務省令で定めるものがあるときは、この限りでない。
一　電磁的記録に記録することができる情報が印鑑提出者の作成に係るものであることを示すために講ずる措置であつて、当該情報が他の情報に改変されているかどうかを確認することができる等印鑑提出者の作成に係るものであることを確実に示すことができるものとして法務省令で定めるものについて、当該印鑑提出者が当該措置を講じたものであることを確認するために必要な事項
二　この項及び第3項の規定により証明した事項について、第8

第12条の2

　　項の規定による証明の請求をすることができる期間
2　前項の規定による証明の請求は、同項各号の事項を明らかにしてしなければならない。
3　第1項の規定により証明を請求した印鑑提出者は、併せて、自己に係る登記事項であつて法務省令で定めるものの証明を請求することができる。
4　第1項の規定により証明を請求する印鑑提出者は、政令で定める場合を除くほか、手数料を納付しなければならない。
5　第1項及び第3項の規定による証明は、法務大臣の指定する登記所の登記官がする。ただし、これらの規定による証明の請求は、第1項の登記所を経由してしなければならない。
6　第1項及び前項の指定は、告示してしなければならない。
7　第1項の規定により証明を請求した印鑑提出者は、同項第2号の期間中において同項第1号の事項が当該印鑑提出者が同号の措置を講じたものであることを確認するために必要な事項でなくなつたときは、第5項本文の登記所に対し、第1項の登記所を経由して、その旨を届け出ることができる。
8　何人でも、第5項本文の登記所に対し、次の事項の証明を請求することができる。
　一　第1項及び第3項の規定により証明した事項の変更（法務省令で定める軽微な変更を除く。）の有無
　二　第1項第2号の期間の経過の有無
　三　前項の届出の有無及び届出があつたときはその年月日
　四　前3号に準ずる事項として法務省令で定めるもの
9　第1項及び第3項の規定による証明並びに前項の規定による証明及び証明の請求は、法務省令で定めるところにより、登記官が使用する電子計算機と請求をする者が使用する電子計算機とを接続する電気通信回線を通じて送信する方法その他の方法によつて行うものとする。

10　前項に規定する証明及び証明の請求については、行政手続等における情報通信の技術の利用に関する法律（平成14年法律第151号。以下「情報通信技術利用法」という。）第3条及び第4条の規定は、適用しない。

本条の概要

　本条は、平成12年の商業登記法の改正（平成12年法律40号）によって新設されたものである。同時に新設された商業登記法19条の2の規定により「登記の申請書に添付すべき定款、議事録若しくは最終の貸借対照表が電磁的記録で作成されているとき、又は登記の申請書に添付すべき書面につきその作成に代えて電磁的記録の作成がされているときは、当該電磁的記録に記録された情報の内容を記録した電磁的記録（法務省令で定めるものに限る。）を当該申請書に添付しなければならない。」とされたが、これらの電磁的記録については、作成者の電子署名がなされていることが必要である。そこで、本条は、これらの措置について定めたものである。すなわち、法務大臣の指定する登記所に印鑑を提出した者の請求により、電子認証登記所は、秘密鍵（印鑑提出者が秘密に管理するデータ）により暗号化された情報を復号できる公開鍵が当該印鑑提出者のものであることを証明する電子証明書を発行する制度である。

解　説

1　管轄登記所における事務の取扱い
(1)　電子証明書の発行の請求
①　電子証明書の発行の請求をすることができる者
　電子証明書の発行の請求をすることができる者は、登記所に印鑑の提出をした者である（法12条の2第1項）。ただし、次の者は、発行の請求をすることができない（規33条の3）。
　　ⅰ　代表権又は代理権の範囲又は制限に関する定めがある者

ⅱ　未成年者登記簿、後見人登記簿又は支配人登記簿に登記された者
　　　ⅲ　管財人等の職務を行うべき者として指名された者
　② 電子証明書発行申請
　　電子証明書の発行の請求は、申請書及び電磁的記録（電子的方式、磁気的方式その他人の知覚によっては認識することができない方式で作られる記録であって、電子計算機による情報処理の用に供されるものをいう。）を提出し、印鑑カードを提示しなければならない（規33条の6第1項）。
　　なお、申請書の記載事項（規33条の6第2項）、電磁的記録媒体の構造（規33条の6第4項）、記録事項等（規33条の6第5項・6項・7項）も規定されている。
　③ 申請書の処理
　　登記官が申請書及び電磁的記録を受け取ったときは、申請書に受付の年月日を記載した上、受付の順序に従って、電磁的記録に記録された事項その他当該事件の処理に必要な事項を電子認証登記所（法12条の2第5項の指定がされた登記所）に通知しなければならない（規33条の7第1項）。

(2) その他の手続
　以上の外、次のような手続きが定められている。
　① 電子証明書の使用廃止の届出（法12条の2第7項、規33条の10）
　② 電子証明書の使用再開の届出（規33条の13第5項）
　③ 識別符号の変更の届出（規33条の14第1項）
　④ 電子証明書の再発行（法12条の2第8項1号かっこ書）
　⑤ 変更登記申請等に伴う通知（規33条の12第1項1号）

2　電子認証登記所における取扱い
(1) 電子証明書の発行
　登記官から電子証明書発行の請求の通知を受けた電子認証登記所は、法務大臣の指定する方式に従い、電磁的記録に記録することができる情報に電子認証登記所の登記官が商業登記規則33条の4に定める措置を講

じたものを申請人に送信する方法によらなければならない（規33条の8第1項、33条の9）。

なお、電子証明書には、法務大臣の指定する方式に従い、次に掲げる事項を表さなければならない（規33条の8第2項）。

① 商業登記規則33条の6第5項1号から3号まで及び同条6項の規定により同条1項の電磁的記録に記録された事項
② 電子証明書の番号
③ 電子証明書の作成年月日時
④ 商業登記法12条の2第1項の登記所
⑤ 電子認証登記所及び登記官
⑥ その他法務大臣の指定する事項

なお、電子認証登記所の登記官は以上の送信をしたときは、商業登記規則33条の8第2項に掲げる事項を磁気ディスクをもって調製された電子証明書ファイルに記録しなければならない（規33条の9）。

(2) **電子証明書の使用の廃止の届出**

電子証明書の使用の廃止の届出をするには、商業登記規則33条の10第2項に掲げる事項を記載した書面を提出し、印鑑カードを提示しなければならない（規33条の10第1項・2項・3項）。

(3) **電子証明書の使用の休止の届出**

商業登記規則33条の8第1項の規定による送信を受けた者は、商業登記法12条の2第1項2号の期間中において、電子証明書の使用を休止したときは、電子認証登記所に対し、その旨を届け出ることができる（規33条の13第1項〜4項）。

(4) **電子証明書の使用の再開の届出**

電子証明書の使用の休止の届出をした者は、商業登記法12条の2第1項2号の期間中において、電子証明書の使用を再開したときは、電子認証登記所に対し、同項の登記所を経由して、その旨を届け出ることができる（規33条の13第5項）。

(5) 識別符号の変更

　商業登記規則33条の8第1項の規定による送信を受けた者は、商業登記法12条の2第1項2号の期間中において、商業登記規則33条の6第5項4号の識別符号を変更しようとするときは、電子認証登記所に対し、商業登記法12条の2第1項の登記所を経由して、その旨を届け出ることができる（規33条の14第1項）。

(6) 電子証明書に係る証明

　何人でも、電子認証登記所に対し、所定の事項の証明を請求することができ（法12条の2第8項）、商業登記法12条の2第8項第4号にいう法務省令は商業登記規則33条の15第1項である。

（手数料）
第13条　第10条から前条までの手数料の額は、物価の状況、登記事項証明書の交付に要する実費その他一切の状況を考慮して、政令で定める。
2　第10条から前条までの手数料の納付は、収入印紙をもつてしなければならない。ただし、法務省令で定める方法で登記事項証明書又は印鑑の証明書の交付を請求するときは、法務省令で定めるところにより、現金をもつてすることができる。

本条の概要

　本条は、登記事項証明書、登記事項要約書、附属書類の閲覧、印鑑証明書及び電子証明書の手数料額は、物価の状況、登記事項証明書等の交付に要する実費その他一切の状況を考慮して、政令（登記手数料令）で定めることを明らかにしたものである。

解 説

　登記事項証明書等の手数料額は、物価の状況、登記事項証明書の交付に要する実費その他一切の状況を考慮して、登記手数料令（昭和24年政令140号）に、次のように規定されている。

1．登記事項証明書の手数料

　登記事項証明書の交付についての手数料は、1通につき600円である（手数料令2条1項）。ただし、1通の枚数が50枚を超えるものについては、600円にその超える枚数50枚までごとに100円を加算した額である（同項）。ただし、登記所の使用に係る電子計算機（入出力装置を含む。以下同じ。）と請求人の使用に係る電子計算機とを電気通信回線で接続した電子情報処理組織を使用して行う登記事項証明書の交付の請求に関する手数料は、1通につき、480円（当該登記事項証明書の送付を求める場合にあっては、500円）である。ただし、1通の枚数が50枚を超えるものについては、480円（当該登記事項証明書の送付を求める場合にあっては、500円）にその超える枚数50枚までごとに100円を加算した額である（手数料令3条1項）。

　なお、登記事項証明書の送付を書留又は速達により行うことを求める場合の手数料は、当該取扱いに要する額を加算した額である（手数料令3条6項）。

2．登記事項要約書の手数料

　登記事項要約書の交付についての手数料は、1登記記録につき450円である。ただし、1登記記録に関する記載部分の枚数が50枚を超える場合においては、当該登記記録については、450円にその超える枚数50枚までごとに50円を加算した額である（手数料令2条2項）。

第13条

3. 閲覧の手数料

登記簿の附属書類（電磁的記録にあっては、記録された情報の内容を法務省令で定める方法により表示したもの）の閲覧についての手数料は、一登記用紙又は一事件に関する書類につき450円である（手数料令5条1項）。

4. 印鑑証明書の手数料

印鑑の証明書の交付についての手数料は、1件につき450円である（手数料令10条1項）。

なお、情報通信技術利用法3条1項の規定により同項に規定する電子情報処理組織を使用して行う印鑑の証明書の交付の請求に関する手数料は、1件につき390円（当該印鑑の証明書の送付を求める場合にあっては、410円）であり（手数料令10条2項）、登記事項証明書の送付を書留又は速達により行うことを求める場合の手数料は、当該取扱いに要する額を加算した額である（手数料令10条3項、3条6項）。

5. 電子証明書の手数料

商業登記法12条の2第1項（他の法令において準用する場合を含む。）の規定による同項各号に掲げる事項の証明についての手数料は、1件につき2500円である。ただし、同項2号の期間が3か月を超えるものについては、2500円にその超える期間3か月までごとに1800円を加算した額である（手数料令11条）。

第3章　登記手続

第1節　通　則

（当事者申請主義）
第14条　登記は、法令に別段の定めがある場合を除くほか、当事者の申請又は官庁の嘱託がなければ、することができない。

▌本条の概要

　本条は、登記の申請方法に関して規定したものである。
　当事者の申請又は官庁の嘱託による登記が原則であり、職権による登記が法令に別段の定めがある場合に限られることについて定めている。

▌**解　説**

1．当事者の申請

　登記の申請人である当事者とは、会社の登記においては会社、支配人の登記においては営業主、商号の登記においては商号使用者、未成年者の登記においては未成年者、後見人の登記においては後見人が代理する成年被後見人である。
　会社の登記は、会社の代表者が会社を代表して申請するものの、申請人である当事者とは、代表者ではなく会社であると解されている（神﨑ほか・300問60頁、書式精義全訂5版上13頁）。従来は、非訟事件手続法が会社の登記の申請人を個々に規定していたため、当事者が会社であるか代表者であるかについて見解が分かれていた（大判昭2・5・4新聞2704号9頁、青森地判昭33・9・25下民9巻9号1927頁）。一方、現行法は、会社の登記の申請人が会社であることを前提としており（筧ほか・詳解2

第14条

版（上）28頁）、設立登記における設立後会社の代表者（法47条等）、合併により消滅した会社の解散登記における存続会社又は設立会社の代表者（法82条）、外国会社の登記における日本における代表者（法128条）など、会社を代表すべき者が明確でない場合に限って、会社を代表すべき者を規定している。

2．登記請求権

　商業登記における登記請求権については、不動産登記と異なり、(i)申請義務が公法上の義務であること、(ii)登記権利者と登記義務者の概念がないこと、(iii)判決による登記が規定されていないことなどを理由に否定する見解も存在する（東京地判大3・12・10評論3商法330頁）。しかし、(i)公法上の義務と私法上の義務は併存し得るものであること、(ii)手続上の登記義務者でないことや明文の規定がないことが登記請求権の成立を直ちに否定する根拠にならないこと、(iii)当事者が登記の申請をしないこと又は不実の登記がされることによって、第三者が不利益を被る場合があることから、一定の場合には、登記請求権の成立が認められている。

　登記請求権の成立の可否は、事案によって個別に判断されるものであるが、その成立の要因によって以下のとおり大別される。登記申請の当事者を相手方として登記手続をなすべき旨の判決を得た場合には、原告自らが登記を申請することができる（昭30・6・15民甲1249号回答）。

(1) 入社契約、委任契約などの契約の成立・解約に伴う登記請求権

　合資会社に新たな出資又は持分譲受により社員が入社したものの、入社の登記がされない場合に、当該入社した社員が入社登記をすることを請求できるとしたもの（大判大6・1・16民録23輯55頁、東京控判大6・11・19判例3巻民事145頁）、株式会社の監査役を辞任したものの、辞任登記がされない場合に、当該辞任した監査役が辞任登記をすることを請求できるとしたものがある（東京高判昭30・2・28高民集8巻2号142頁）。

(2) 社員の地位に基づく登記請求権

　招集権者の招集によらない株主総会決議に基づく解散登記がされた場

合に、株主が解散登記の抹消を請求できるとしたものがある（大判昭7・12・17民集11巻2349頁）。

(3) 人格権に基づく不実登記の抹消登記請求権

　入社の事実がないにもかかわらず有限責任社員の入社登記がなされた場合に、当該有限責任社員として登記がされた者が、入社登記の抹消を請求できるとしたものがある（東京地判昭35・11・4下民11巻11号2373頁）。

(4) 他の者の協力がなければ登記義務を履行できない場合における登記請求権

　合名会社が解散して解散登記の申請に協力しない社員がいる場合、株式会社が解散して解散登記の申請に協力しない取締役又は監査役がいる場合に、それぞれ他の社員又は他の取締役及び監査役に対して、解散登記をすることを請求できるとしたものがある（大判大15・1・13民集5巻1頁、東京高判昭33・9・29下民9巻9号1949頁）。なお、これらは、現行法と異なり、合名会社の総社員、株式会社の総取締役及び総監査役に解散登記の申請義務が課されていたため、当該登記を怠った場合には、これらの各社員等が処罰の対象となっていたことから、他の社員等に対する登記請求権を認めたものであると解されている（筧ほか・詳解2版（上）126頁）。

(5) 商号の抹消登記請求権

　法令（商12条2項、不正競争2条1項1号・2号、3条1項）又は契約により第三者の商号の使用差し止めを請求することができる場合に、当該第三者に対する商号の抹消登記請求権を認めたものがある（最二小判昭36・9・29民集15巻8号2256頁、大阪高判昭38・8・27下民14巻8号1610頁）。さらに、利害関係人による商号登記の抹消の請求（法33条）が、実質的な要件を満たしているにもかかわらず、形式的な審査により却下された場合には、当該利害関係人は、商号の抹消を請求できるものと解すべきとされている（筧ほか・詳解2版（上）129頁）。

3．嘱託による登記

　嘱託による登記が認められるのは、法令に規定がある場合に限られる。主なものとして、ⅰ）会社設立無効の訴えなどの一定の訴えに関する認容判決が確定したとき（会937条1項1号）、ⅱ）一時取締役、会計参与、監査役、代表取締役、委員、執行役又は代表執行役の職務を行う者を選任する裁判など一定の裁判があったとき（会937条1項2号）、ⅲ）会社解散又は清算人解任の裁判を取り消す裁判が確定したとき（会937条1項3号）、ⅳ）外国会社の日本における取引の継続の禁止又は営業所の閉鎖を命ずる裁判が確定したとき（会937条2項）、ⅴ）組織再編に関する無効の訴えに関する認容判決が確定したとき（会937条3項）、ⅵ）特別清算（会938条1項・2項）・会社更生（会更258条、259条、261条）・民事再生（民再11条）・破産（破257条）に関する登記などがある。

　嘱託登記の具体的手続については、15条を参照されたい。

4．職権による登記

　登記官の職権による登記が認められるのは、法令に規定がある場合に限られる。主なものとして、ⅰ）利害関係人の請求による商号登記の抹消（法33条）、ⅱ）未成年者が成年に達したときの未成年者登記の抹消（法36条4項）、ⅲ）休眠会社の解散（法72条）、ⅳ）登記に錯誤又は遺漏があるときの職権更正（法133条）、ⅴ）職権抹消（法135条）に関する登記などがある。

　行政区画、郡、区、市町村内の町若しくは字又はそれらの名称の変更があったときには、その変更登記があったものとみなされ（法26条）、登記官は職権で登記簿に変更があったことを記録することができるが（規42条）、これは職権による登記とは区別される。

（嘱託による登記）

第15条　第5条、第17条から第19条の2まで、第21条、第22条、第

23条の２、第24条、第48条から第50条まで（第95条、第111条及び第118条において準用する場合を含む。）、第51条第１項及び第２項、第52条、第78条第１項及び第３項、第82条第２項及び第３項、第83条、第87条第１項及び第２項、第88条、第91条第１項及び第２項、第92条、第132条並びに第134条の規定は、官庁の嘱託による登記の手続について準用する。

> [!NOTE]
> **本条の概要**

　本条は、官庁の嘱託による登記手続について、当事者の申請による登記手続の規律が準用されることを規定したものである。

　具体的には、登記の受付（法21条）・受領証（法22条）・登記官による本人確認（法23条の２）・登記の却下事由（法24条）などの登記所の取扱いに関する規定、支店所在地の登記に関する規定（法48条～50条、95条、111条、118条）、本店移転及び組織再編における同時申請又は経由申請に関する規定（法51条１項・２項、52条、82条２項・３項、83条等）、組織変更における同時申請に関する規定（法78条１項・３項）、更正登記に関する規定（法132条）、抹消登記に関する規定（法134条）などが、官庁の嘱託による登記に準用されている。

> [!NOTE]
> **解　説**

１．添付書面

　登記申請の方式（法17条）、代理権限証書（法18条）、官庁の許可を要する書面（法19条）及び申請に添付する電磁的記録（法19条の２）に関する規定は、嘱託による登記の手続に準用されている。一方、設立登記（法47条）、取締役等の変更登記（法54条）、募集株式の発行による変更登記（法56条）等の登記すべき事項の存在を証する書面に関する規定は準用されていない。これは、嘱託による登記では、裁判書の謄本（会社非訟事件等手続規則42条、破規78条、会更施行令３条等）などの嘱託登記の

種類に応じた登記すべき事項に関する書面が添付されることから、それらの事実が判明するためである。

2．印鑑の提出

官庁について、登記申請人の同一性を確認する必要性が乏しいことから、印鑑の提出（法20条）に関する規定は、準用されていない。

3．登録免許税

官庁の嘱託による登記の場合であっても、登記の種類に応じて課税される登記であるときには、登録免許税を納付しなければならない。この場合の納税義務者は登記の効力を受ける当事者であり、当事者が登録免許税額を国に納付し、納付に係る領収証書を当該官庁に提出しなければならない（登免23条1項）。登録免許税の額が3万円以下である場合には、収入印紙で納付することも可能であり、この場合には、嘱託書に当該印紙が貼付される（登免23条2項）。

（登記申請の方式）

第17条　登記の申請は、書面でしなければならない。

2　申請書には、次の事項を記載し、申請人又はその代表者（当該代表者が法人である場合にあつては、その職務を行うべき者）若しくは代理人が記名押印しなければならない。

　一　申請人の氏名及び住所、申請人が会社であるときは、その商号及び本店並びに代表者の氏名又は名称及び住所（当該代表者が法人である場合にあつては、その職務を行うべき者の氏名及び住所を含む。）

　二　代理人によつて申請するときは、その氏名及び住所

　三　登記の事由

　四　登記すべき事項

五　登記すべき事項につき官庁の許可を要するときは、許可書の到達した年月日
　　六　登録免許税の額及びこれにつき課税標準の金額があるときは、その金額
　　七　年月日
　　八　登記所の表示
3　会社の支店の所在地においてする登記の申請書には、その支店をも記載しなければならない。
4　第2項第4号に掲げる事項又は前項の規定により申請書に記載すべき事項を記録した電磁的記録が法務省令で定める方法につき提出されたときは、前二項の規定にかかわらず、申請書には、当該電磁的記録に記録された事項を記載することを要しない。

本条の概要

　本条は、登記申請の方式に関して規定したものである。
　1項では書面申請の原則について、2項では登記申請書の記載事項について、3項では支店の登記申請の記載事項について、4項では登記すべき事項等の電磁的記録の特則について定めている。

解　説

1．書面申請の原則

　商業登記の申請は、一種の要式行為として書面主義が採用されており、口頭による申請は認められない（法17条1項）。
　書面申請の特則として、行政手続等における情報通信の技術の利用に関する法律3条1項の規定に基づく、いわゆるオンライン申請が認められている（規101条）。オンライン申請では、申請情報に申請人又は申請代理人が、いわゆる電子署名をしてオンラインにより送信しなければならない（規102条1項）。また、添付書面が紙で作成されている等の理由

第17条

からオンラインで送信することができないときには、別途、登記所に提出又は送付することができる（規102条2項ただし書）。その他オンライン申請に関する具体的な取扱いについては、「商業登記オンライン申請等事務取扱規程」（平24・3・30民商886号通達）を参照されたい。

２．登記申請書
(1) 記名押印
　登記申請書には、申請人又はその代表者若しくは代理人が記名押印しなければならない（法17条2項）。申請人又はその代表者の押印は、登記所に提出した印鑑（法20条）でしなければならないが、司法書士等の代理人によって申請する場合には、申請人又はその代表者は記名のみで押印することは要さず、当該代理人が記名押印することになるが、印鑑については格別の指定はない。

(2) 記載事項
① 申請人（法17条2項1号）
　申請人である会社等の代表者が複数人いるときであっても、当該登記申請について会社を代表する者一人を記載すれば足りる。なお、通常の契約書等への記載と異なり、代表者の個人の住所の記載も必要となる。

② 申請代理人（法17条2項2号）
　司法書士が申請代理人となる場合には、当該司法書士の個人の住所または事務所の所在場所のいずれを記載しても差し支えない（昭40・10・14民甲2910号通達）。

③ 登記の事由（法17条2項3号）
　登記の事由については、当該登記申請をする内容が判明する程度に記載すれば足りる。具体的には、「募集株式の発行」、「取締役の変更」といったかたちで記載することになる。

④ 登記すべき事項（法17条2項4号）
　登記すべき事項とは、会社法等の法令の規定により登記しなければならない事項又は登記することができる事項であり、区（規別表）ごとに

整理して記載しなければならない（規35条2項）。

⑤　**許可書の到達年月日**（法17条2項5号）

　官庁の許可が登記すべき事項の効力要件となる場合には、当該許可書が申請人に到達した日から登記期間が起算される（会910条）。そこで、その起算日を明らかにするために登記申請書には許可書の到達日を記載しなければならない。ただし、登記申請において、当該許可書が到達したことを証する書面を添付することは要しない。

⑥　**登録免許税**（法17条2項6号）

　例えば、株式会社の設立の登記（登免別表1、24(1)イ）のように登録免許税額の算定に当たり課税標準が定められている場合には、課税標準額を記載した上で、登録免許税額を記載しなければならない。

　租税特別措置法等の規定により登録免許税額が免除又は軽減されるときには、その根拠法令を記載するものとされる。

⑦　**申請年月日**（法17条2項7号）

　登記申請について、登記申請書を登記所に提出する場合にはその提出日を、送付する場合には発送日を記載することになる。

⑧　**管轄登記所**（法17条2項8号）

　当該登記申請を管轄する登記所について、支局・出張所まで記載しなければならない。例えば、「東京法務局　新宿出張所　御中」と記載することになる。

(3)　**登記申請書作成上のルール**

①　**横書き**

　登記申請書は、横書きで記載しなければならない（規35条1項）。

②　**記載文字**

　登記申請書に記載すべき文字は字画を明確にしなければならない（規48条1項）。数字については、いわゆる多角文字である「壱、弐、参、拾」を用いなければならないが、アラビヤ数字を用いることもできる（規48条2項）。なお、漢数字とアラビヤ数字の併用も認められる。

第18条

③　訂正等

　登記申請書の記載について、訂正・加入・削除したときには、いわゆる直接方式と間接方式による修正が認められる（規48条3項）。

④　契印

　登記申請書が複数枚にわたる場合には、申請人等は各用紙のつづり目に契印をしなければならない（規35条3項）。なお、申請人が複数人の場合であっても、そのうち1人が契印すれば足りる（規35条4項）。

3．支店の記載

　会社の支店所在地に登記申請をする場合、管轄登記所を明らかにするため、登記申請書には当該支店所在地における支店を記載しなければならない（法17条3項）。ただし、当該支店が本店所在地と同一の管轄である場合には記載することを要しない。また、支店所在地において複数の支店があるような場合には、1箇所の支店のみを記載すれば足りる。

4．電磁的記録の提出

　登記申請書の記載事項のうち登記すべき事項（法17条2項4号）と支店（法17条3項）については、登記の記入事務の合理化を図るため、登記申請書に記載せずに電磁的記録をした所定の磁気ディスク（規36条）を提出することができる（法17条4項）。

（申請書の添付書面）
第18条　代理人によつて登記を申請するには、申請書（前条第4項に規定する電磁的記録を含む。以下同じ。）にその権限を証する書面を添付しなければならない。

> 本条の概要

　本条は、代理人によって登記を申請する場合の添付書面に関して規定したものである。
　具体的には、代理人によって登記を申請する場合、登記申請の権限のある者からの申請であることを明らかにするため、代理人の権限を証する書面を添付しなければならないことについて定めている。

> 解　説

1．任意代理人の場合
(1)　代理人の資格
　登記申請の代理人は、意思能力を有する者でなければならないものの、行為能力を有する者であることまでは要しない（民102条）。
　登記申請代理を業として行うことができる者は、原則として司法書士又は司法書士法人に限られている（司法3条1項1号、29条1項、73条1項）。
　会社が申請人となる場合には、その代表者が登記を申請することとなるものの、代理人と異なり、代表者には、本条が適用されない。代表者は登記事項であり（会911条3項14号等）、登記申請に先立って又は同時に代表者就任の登記申請をしなければならず、代表者としての権限があることが明らかとなるためである。ただし、解散登記については、会社を代表する清算人の就任登記との同時申請が義務付けられていないため、定款、株主総会議事録及び就任承諾書等の代表者の資格を証する書面を添付しなければならない（法71条3項）。
(2)　代理人の権限を証する書面
　代理人の権限を証する書面として、具体的には、委任状が該当する。委任状の形式に制限はないものの、代理人の権限を直接証明する書面でなければならない。代理権を授与していることを証明する旨を記載した登記所あての「代理権限授与証明書」は、代理人の権限を間接的に証明

第18条

しているにすぎないため、代理人の権限を証する書面に該当しない（昭56・10・5民四5686号回答）。

委任状には、申請人又はその代表者が登記所に提出した印鑑（法20条。以下、「届出印」という。）を押印しなければならず、届出印を押印していない場合には却下される（法24条7号）。

委任状に複数の代理人が記載されている場合には、特に共同代理である旨の記載がない限り、それぞれの代理人が単独で登記申請の代理を行う権限があるものとして取り扱われる（昭40・8・31民甲2476号回答）。

(3) 添付を要しない場合
① 支店所在地への登記申請

支店所在地における登記申請では、本店所在地において申請権限がある者からの申請であることが確認されているため、代理人によって申請する場合であっても、代理人の権限を証する書面の添付を要しない（法48条1項、49条1項・4項）。

② 合併等による解散登記申請

ⅰ）合併による解散登記、ⅱ）組織変更前の会社の解散登記、ⅲ）種類変更前の持分会社の解散登記、ⅳ）株式会社への商号変更による特例有限会社の解散登記は、それぞれ、ⅰ）合併による変更登記、ⅱ）組織変更後の会社の設立登記、ⅲ）種類変更後の持分会社の設立登記、ⅳ）商号変更後の株式会社の設立登記と同時に申請しなければならず、同時申請する登記において申請権限がある者からの申請であることが確認されているため、いずれも添付書面に関する規定が適用されない（法82条、78条、107条2項、114条、123条、106条2項、113条3項、122条3項、整備法136条21項・22項）。したがって、代理人によって申請する場合であっても、代理人の権限を証する書面の添付を要しない。

(4) 委任状の援用

同一の登記所に対し、同時に複数の登記申請をする場合において、各申請に添付する委任状が同一のものであるときは、1件の申請のみに委任状を添付すれば足りる（規37条1項）。委任状を添付しない申請には、

「前件添付」や「後件添付」など他の申請に添付したものを援用する旨を付記しなければならない（規37条2項）。

　他の登記所の管轄区域内への本店移転登記では、新所在地における登記を、旧所在地の管轄登記所を経由して旧所在地における登記と同時に申請するが（法51条1項・2項）、同一の登記所に登記申請をする場合に限って添付書面の援用が認められるため（規37条1項）、旧所在地における登記申請に添付した委任状を、新所在地における登記申請に援用することはできない（筧ほか・詳解2版（上）197頁）。

2．法定代理人の場合

　法定代理人が代理人として申請する登記には、営業の許可を受けた未成年者の登記（商5条）が例として挙げられる。具体的には、ⅰ）営業の許可の取消しによる消滅の登記、ⅱ）営業の許可の制限による変更の登記、ⅲ）未成年者の死亡による消滅の登記が該当する。ⅰ）及びⅱ）の登記については、未成年者又は法定代理人が申請人となり（法36条1項・2項）、ⅲ）の登記については、法定代理人のみが申請人となる（法36条3項）。法定代理人の権限を証する書面には、親権者であることを明らかにする戸籍謄本等が該当する。

> **第19条**　官庁の許可を要する事項の登記を申請するには、申請書に官庁の許可書又はその認証がある謄本を添附しなければならない。

本条の概要

　本条は、官庁の許可を要する事項の登記を申請する場合における添付書面について規定したものである。

　官庁の許可を受けたことを明らかにするため、官庁の許可書又はその認証がある謄本（以下「許可書等」という。）を添付しなければならない

第19条

ことについて定めている。

> **解　説**

1．許可書等の要否
(1)　適用範囲
　「官庁の許可を要する事項」とは、官庁の許可が登記すべき事項の効力要件である場合に限られ、営業の許可のように登記すべき事項の効力要件でない場合は該当しない（昭26・8・21民甲1717号通達）。官庁の許認可が効力要件であるか否かについては、許認可等の根拠法の趣旨に従って個別に判断される。「官庁」には、行政庁のみならず、裁判所も含まれる（神﨑ほか・300問71頁、書式精義全訂5版29頁）。「許可を要する事項」には、認可を要する事項も含まれる（神﨑ほか・300問71頁、筧ほか・詳解2版（上）200頁、書式精義全訂5版29頁）。「認証がある謄本」とは、許認可をした官庁が認証したものでなければならない（筧ほか・詳解2版（上）200頁）。
　登記申請書には、許認可書の到達年月日を記載しなければならないが（法17条2項5号）、許認可書が到達したことを証する書面の添付までは要しない（昭36・8・16民甲1984号回答）。

(2)　許可書等の添付を要する場合
　銀行が合併、会社分割、事業譲渡又は解散をする場合には、内閣総理大臣の認可が効力要件であるため（銀行30条、37条）、登記申請には内閣総理大臣の認可書の添付を要する。
　構造改革特別区域法の規定により株式会社が学校を設置する場合の目的変更の登記には、文部科学大臣の認可書（学教4条1項）を添付しなければならないものとされている（平16・6・18民商1765号回答、松井・ハンドブック3版178頁）。

(3)　許可書等の添付を要しない場合
　銀行が営業開始、資本金額の減少又は商号変更をする場合など、内閣総理大臣の認可を受けなければならないが（銀行4条1項、5条3項、6

条3項)、当該認可が効力要件ではない場合には、登記申請には内閣総理大臣の認可書の添付を要しない（昭31・11・15民甲2633号回答、昭39・5・13民甲1729回答）。

　公正取引委員会への事前届出を要する合併、会社分割又は株式移転（以下「合併等」という。）を行う場合には、届出が受理された日から原則として30日間を経過するまで、合併等をすることができない（独禁15条2項・3項、15条の2第2項・3項・4項、15条の3第2項・3項、10条8項）。合併等が禁止される期間の経過を明らかにするため、当該登記申請書には届出日を記載し、公正取引委員会において当該期間が短縮された場合には、短縮後の期間をも記載しなければならない（規110条）。ただし、届出受理書の添付までは要しないものとされている（昭39・6・12民甲2071号回答）。

2．目的上事業者の取扱い

　官庁の許認可が合併等の効力要件とされている事業目的を登記しているものの、現実には当該事業に関する許認可を受けていない事業者（以下「目的上事業者」という。）が合併等の登記を申請する場合には、目的上事業者であることを明らかにするため合併等の認可を要しない旨の主務官庁の証明書等を添付する取扱いがされている例がある（松井・ハンドブック3版179頁）。主なものとして、一般貨物自動車運送事業者、第二種貨物利用運送事業者又は一般旅客定期航路事業者に関する事業目的を登記している法人が消滅会社となる吸収合併（貨物自動車運送事業法30条2項、貨物利用運送事業法29条2項、海上運送法18条2項）の登記申請において、当該法人が目的上事業者である場合には、当該合併が認可を要しないものであることの主務官庁の証明書を添付するものとされている（平5・8・20民四5554号通知、平15・8・18民商2291号通知、平6・1・10民四311号通知）。

第19条の2

> （申請書に添付すべき電磁的記録）
> 第19条の2　登記の申請書に添付すべき定款、議事録若しくは最終の貸借対照表が電磁的記録で作られているとき、又は登記の申請書に添付すべき書面につきその作成に代えて電磁的記録の作成がされているときは、当該電磁的記録に記録された情報の内容を記録した電磁的記録（法務省令で定めるものに限る。）を当該申請書に添付しなければならない。

本条の概要

本条は、添付書面の電子化に関して規定したものである。

具体的には、登記申請の添付書面が電磁的記録で作成されている場合に当該電磁的記録を添付することについて定めている。

解　説

1．対象となる添付書面

平成17年3月7日施行の商業登記法改正（平成16年法律124号）前は、委任状、商号譲渡人の承諾書及び営業の譲渡人の承諾書について、電磁的記録の添付が認められていなかった。しかし、現行法では、添付書面の根拠法令で特に書面で作成することが規定されているものを除き、全ての添付書面について、電磁的記録によることが認められている。具体的には、定款や電子公告調査結果通知書（会946条4項）が電磁的記録で作成され、当該電磁的記録を登記申請に添付する例などがある。

2．電磁的記録の媒体

登記申請に添付する電磁的記録は、次のいずれかに該当する構造の記録媒体を用いなければならない（規36条1項、33条の6第4項1号）。

ⅰ）日本工業規格Ｘ0606に適合する120mm光ディスク

（CD-ROM 又は CD-R）
　ⅱ）日本工業規格Ｘ0610に適合する120mm光ディスク
　　（DVD-ROM 又は DVD-R）
　記録媒体には、商号を記載した書面を貼り付けなければならない（規36条7項、35条の2第3項）。なお、フレキシブルディスクカートリッジ（FD）の使用は、平成28年3月1日より廃止されている。

3．電磁的記録に記録する情報

　登記申請に添付する電磁的記録には、ⅰ）電磁的記録に記録された情報の内容、ⅱ）電子署名、ⅲ）電子証明書を記録しなければならない（規36条2項〜4項）。

　電子署名は、作成権限のある作成者のものを記録しなければならない。具体的には、会社の定款及び貸借対照表については会社の代表者が、株式会社の取締役会議事録については出席取締役及び出席監査役（会369条3項）が作成者に該当する（書式精義全訂5版32頁）。

　電子証明書は、電子署名が作成者のものであることを明らかにするために記録するものである。具体的には、記録する情報の種類に応じて、ⅰ）電子認証登記所の登記官発行の電子証明書、ⅱ）公的個人認証サービス（電子署名等に係る地方公共団体情報システム機構の認証業務に関する法律3条1項）により作成された電子証明書、ⅲ）指定公証人の電子証明書、ⅳ）その他法務大臣の指定する電子証明書のいずれかを記録しなければならない（規36条4項、書式精義全訂5版32頁）。

（添付書面の特例）
第19条の3　この法律の規定により登記の申請書に添付しなければならないとされている登記事項証明書は、申請書に会社法人等番号を記載した場合その他の法務省令で定める場合には、添付することを要しない。

第19条の3

> 本条の概要

　本条は、会社法人等番号に関する添付書面の特則について規定したものである。
　平成27年10月5日より会社法人等番号が登記簿に記録されたこと（法7条）に併せて新設されたものであり、登記申請書に会社法人等番号を記載することによって、登記事項証明書の添付を省略できることを定めている。

> 解　説

1．適用範囲

　後見人、会計参与、会計監査人又は持分会社の代表社員が法人である場合における当該法人の登記事項証明書（法42条1項3号、47条2項11号ロ、54条2項2号、77条6号イ、94条2号イ、111条、118条）、吸収合併・新設合併・吸収分割・新設分割・株式交換・株式移転の登記を申請する場合における吸収合併消滅会社・新設合併消滅会社・吸収分割会社・新設分割会社・株式交換完全子会社・株式移転完全子会社の登記事項証明書（法80条5号、81条5号、85条5号、86条5号、89条5号、90条5号）、外国会社の登記における他の登記所の登記事項証明書（法129条3項）のように登記事項証明書が添付書面として明記されている場合のほか、旧所在地において登記をしたことを証する書面（法38条）、代理人の権限を証する書面（法18条）として登記事項証明書を添付する場合にも、会社法人等番号を記載することによって、登記事項証明書の添付を省略することが認められる（平27・9・30民商122号通達）。
　印鑑提出及び印鑑カードの交付請求などの登記申請以外の手続において登記事項証明書の添付を要する場合にも、届出書等に会社法人等番号を記載することによって、登記事項証明書の添付を省略することができる（規9条5項・9項、9条の4第2項）。

2．登記所の処理

　本条により会社法人等番号を記載して登記申請をした場合には、登記所において、登記事項証明書と同一内容が記載された帳票を出力した上で調査が行われる。当該帳票は、申請書とともに編綴される（平27・9・30民商122号通達）。

3．他の登記制度との比較

　不動産登記においては、申請人が法人であるときに、原則として会社法人等番号を提供し、登記事項証明書を提供した場合には会社法人等番号の提供を要しないものとする旨の改正が行われ（不登令7条1項1号、不登規36条1項）、平成27年11月2日から施行されている。代理人が法人である場合の代理権限証明情報（不登規37条の2）、住所証明情報（不登規36条4項）、法人の合併による承継又は名称変更を証する書面などその他の場合についても、おおむね会社法人等番号の提供により、登記事項証明書の添付を省略することが認められている（平27・10・23民二512号通達）。ただし、平成24年5月20日（外国法人については平成27年3月1日）以前は、組織変更や管轄外の本店移転の登記をした場合に会社法人等番号が変更されていたため、会社法人等番号の提供により、変更前の会社法人等番号が記録された閉鎖事項証明書の添付を省略することは認められていない（法務省「不動産登記令等の改正に伴う添付情報の変更について（平成27年11月2日施行）」http://www.moj.go.jp/MINJI/minji05_00232.html（2016.12.14））。

　動産・債権譲渡登記においては、会社法人等番号を記載することによって、登記事項証明書の添付を省略することは認められていない。

（印鑑の提出）

第20条　登記の申請書に押印すべき者は、あらかじめ、その印鑑を登記所に提出しなければならない。改印したときも、同様とする。

第20条

> 2　前項の規定は、委任による代理人によつて登記の申請をする場合には、委任をした者又はその代表者について適用する。
> 3　前二項の規定は、会社の支店の所在地においてする登記の申請については、適用しない。

本条の概要

　本条は、印鑑提出制度に関して規定したものである。
　1項では印鑑の提出義務について、2項では任意代理人による登記申請の取扱いについて、3項では支店所在地における登記申請の特則について定めている。

解　説

1．印鑑提出制度

　印鑑提出制度は、申請人の同一性を確認することによって、登記内容の真実性を担保することを目的としている。印鑑を提出しない場合、提出した印鑑と申請書又は委任状に押印した印鑑が異なる場合、商号譲渡又は営業譲渡に関する譲受人の免責登記の申請について、譲渡人の承諾書に押印された印鑑と譲渡人が登記所に提出した印鑑とが異なる場合には、いずれも登記申請が却下される（法24条7号）。

2．対象者

　ⅰ）登記の申請人、ⅱ）会社が申請人である場合の代表者、ⅲ）当該代表者が法人である場合の職務執行者、ⅳ）申請人の法定代理人は、登記申請に先立って、登記所に印鑑を提出しなければならない（法17条2項、本条1項）。印鑑を提出した後、改印したときは、改印後の印鑑を提出しなければならない（本条1項後段）。
　会社における印鑑提出の対象者は、会社ではなく、代表者の地位にある特定の自然人である。したがって、会社の代表者が交替した場合には、

新任者が前任者と同じ印鑑を使用する場合であっても、改めて印鑑の提出をしなければならない（広島地判昭56・5・6行集32巻5号753頁）。複数の会社の代表者がある場合には、その全員が印鑑の提出をする必要はない。

　外国人が登記申請をする場合には、印鑑の提出義務はないものの、任意に印鑑の提出をすることができる（昭48・1・29民四821号通達）。印鑑を提出していない外国人が登記を申請する場合には、登記申請の都度、登記申請書又は委任状の署名について、本国官憲の証明書を添付しなければならない（同通達）。

　支配人、破産法による破産管財人・保全管理人、民事再生法による管財人・保全管理人、会社更生法による管財人・保全管理人、外国倒産処理手続の承認援助に関する法律による承認管財人・保全管理人については、印鑑の提出義務はないものの、任意に印鑑を提出することができる（法12条1項、規9条1項3号・5号）。

　司法書士等の任意代理人が登記申請代理人となる場合、印鑑の提出を要するのは、任意代理人ではなく、委任をした申請人又はその代表者である（本条2項）。

3．添付書面
(1) 原則

　印鑑の提出には、印鑑提出者の区分に応じて、それぞれ次の書面を添付しなければならない（規9条5項）。

① 　商号使用者、未成年者、後見人（法人である場合を除く。）、支配人を選任した商人（会社である場合を除く。）、会社の代表者（法人である場合を除く。）又は管財人等（法人である場合を除く。）

　市町村長作成の印鑑証明書で3か月以内のものを添付する（規9条5項1号）。ただし、登記申請と同時に印鑑の提出をする場合には、登記申請に添付した市町村長作成の印鑑証明書を援用することが認められている。

第20条

② 後見人である法人の代表者（当該代表者が法人の場合にはその職務を行うべき者）

　登記所作成の当該代表者の資格を証する書面及び登記所作成の印鑑証明書でいずれも3か月以内のものを添付する（規9条5項2号）。

③ 支配人

　支配人を選任した商人が支配人の印鑑に相違ないことを保証した書面及び登記所作成の印鑑証明書で3か月以内のものを添付する（規9条5項3号）。

④ 法人である会社代表者の職務を行うべき者（当該法人の代表者の場合に限る。）

　登記所作成の代表者の資格を証する書面及び登記所作成の印鑑証明書でいずれも3か月以内のものを添付する（規9条5項4号）。

⑤ 法人である会社代表者の職務を行うべき者（当該法人の代表者以外の場合に限る。）

　当該法人の代表者が職務を行うべき者の印鑑に相違ないことを保証した書面及び登記所作成の印鑑証明書で3か月以内のものを添付する（規9条5項5号）。

⑥ 法人である管財人等の職務執行者（当該法人の代表者の場合に限る。）

　登記所作成の代表者の資格を証する書面及び登記所作成の印鑑証明書でいずれも3か月以内のものを添付する（規9条5項6号）。

⑦ 法人である管財人等の職務を行うべき者（当該法人の代表者以外の場合に限る。）

　当該法人の代表者が職務を行うべき者の印鑑に相違ないことを保証した書面及び登記所作成の印鑑証明書で3か月以内のものを添付する（規9条5項7号）。

(2) 例外

① 登記所作成の書面

　印鑑を提出する登記所で登記されている法人（当該登記所の管轄区域内に本店又は主たる事務所を有するものに限る。）又は届出書に会社法人等

番号が記載された法人に関する登記所作成の代表者の資格を証する書面及び当該登記所に提出された印鑑に係る印鑑証明書については、添付を要しない（規9条5項ただし書）。

② 管轄外の本店移転

新所在地の登記所に、旧所在地の登記所に提出したものと同一の印鑑を提出する場合には、届出書に押印した印鑑について市町村長作成の印鑑証明書の添付を要しない（昭48・1・29民四821号通達）。

③ 外国人

市町村長作成の印鑑証明書に代えて、本国官憲の証明書を添付することができる（昭48・1・29民四821号通達）。さらに、外国人の本国の法制上の理由等の真にやむを得ない事情により、本国官憲の証明書を取得することができない場合には、その旨の上申書及び署名が本人のものであることの日本の公証人又は当該外国人が現に居住している国の官憲の作成した証明書の添付をもって、市町村長作成の印鑑証明書に代えることができるものとされている（平28・6・28民商100号通達）。

4．印鑑

印鑑は、辺の長さが1センチメートルの正方形に収まるもの又は辺の長さが3センチメートルの正方形に収まらないものであってはならず（規9条3項）、照合に適する鮮明なものでなければならない（規9条4項）。

会社に複数の代表者がいる場合、それぞれ印鑑を提出することはできるが、同一の印鑑を提出することはできない（昭43・1・19民甲207号回答）。

5．支店所在地における取扱い

支店所在地への登記申請については、本店所在地で登記したことを証する登記事項証明書を添付して申請するか（法48条）、又は本店所在地を経由して申請するため（法49条1項・4項）、いずれも本店所在地の登記申請において申請人の同一性が確認されていることから、印鑑の提出を要しない（本条3項）。

6．印鑑証明書

　本条に基づき印鑑を提出した者又は支配人、破産法による破産管財人・保全管理人、民事再生法による管財人・保全管理人、会社更生法による管財人・保全管理人、外国倒産処理手続の承認援助に関する法律による承認管財人・保全管理人で任意に印鑑を提出した者は、手数料を納付して、印鑑証明書の交付を請求することができる（法12条）。詳細については、12条を参照されたい。

（受付）

第21条　登記官は、登記の申請書を受け取つたときは、受付帳に登記の種類、申請人の氏名、会社が申請人であるときはその商号、受付の年月日及び受付番号を記載し、申請書に受付の年月日及び受付番号を記載しなければならない。

2　情報通信技術利用法第３条第１項の規定により同項に規定する電子情報処理組織を使用してする登記の申請については、前項の規定中申請書への記載に関する部分は、適用しない。

3　登記官は、二以上の登記の申請書を同時に受け取つた場合又は二以上の登記の申請書についてこれを受け取つた時の前後が明らかでない場合には、受付帳にその旨を記載しなければならない。

（受領証）

第22条　登記官は、登記の申請書その他の書面（第19条の２に規定する電磁的記録を含む。）を受け取つた場合において、申請人の請求があつたときは、受領証を交付しなければならない。

本条の概要

　21条及び22条は、登記申請の受付及び受領証について規定したものである。

21条1項では受付帳及び申請書に記載すべき事項について、同条2項ではオンライン申請の特則について、同条3項では登記申請を同時に受け取った場合又は受取りの前後が不明な場合の取扱いについて定めている。

22条では、申請人の請求により、受領証が交付されることについて定めている。

> 解　説

1．登記の受付
(1)　受付帳

登記官が登記申請を受け取った場合、ⅰ) 受付年月日、ⅱ) 受付番号、ⅲ) 登記の種類、ⅳ) 申請人の氏名又は商号が受付帳に記載される（準40条1項）。登記申請に不備がある場合であっても、受付の手続を省略して便宜申請人又はその代理人に申請書を返却することは認められていない（準40条3項）。受付番号は、1年ごとに新しい番号に更新され（規4条）、2つ以上の登記申請が同時に提出された場合には、連番の受付番号が付される（準40条2項）。

登記官の職権による登記の場合であって、受付帳に記録することを要しない事件については、磁気ディスクで調製される立件簿に記録される（準42条）。

(2)　申請書の処理

書面申請の場合には、申請書の1枚目の用紙の表面の余白に印版が押印され、該当欄に受付年月日及び受付番号が記載されるか、又はこれらを記載した書面が貼り付けられる（準43条1項）。当該印版又は貼り付けられた書面には、受付・調査・印鑑照合・記入・校合等の都度、該当欄に取扱者によって押印がなされる（準43条2項）。

オンライン申請の場合には、書面による申請書が提出されないため、申請ごとに受付年月日及び受付番号を表示した書面が印刷され、当該書面に書面申請の場合に準じた処理がなされる（準43条3項）。

(3) 申請の受付が同時又は前後不明な場合

　登記官が2つ以上の登記申請を同時に受け取った場合、又は受け取った時の先後が明らかでない場合には、それぞれの登記申請に異なる受付番号が付された上で、受付帳に当該事実が記載される（法21条3項）。この場合において、一方の登記申請を受理することにより、他方を登記することができなくなるときには、双方の登記申請が却下される（法24条5号）。

　登記申請を同時に受け取った場合とは、合併による変更登記と解散登記のように同時申請が義務付けられている登記申請（法82条3項等）の場合のほか、同一の郵便配達により無関係の2つ以上の登記申請が同時に提出された場合などが該当する（筧ほか・詳解2版243頁）。

　登記申請の受取りの先後が不明な場合とは、書面による登記申請が提出されてから受付の処理がされるまでの間に、同時期にされたオンラインによる登記申請が提出されたことにより、登記所における受取りの先後が不明となった場合などが該当する（筧ほか・詳解2版243頁）。

(4) 登録免許税の納付の取扱い

　書面申請の場合には、登記申請書に領収証書又は収入印紙を貼付することにより、登録免許税を納付する。領収証書を貼付した場合には、領収証書に「使用済」と記載され、領収証書の余白中適宜の箇所に、申請の受付年月日及び受付番号が記載される（準45条1項・2項）。収入印紙を貼付した場合には、当該印紙に再使用を防止することができる消印器で消印がなされる（準45条1項）。

　オンライン申請の場合には、歳入金電子納付システムにより登録免許税を納付することができるため、歳入金電子納付システムにより納付することができる期限、納付に必要な納付番号、納付金額等の納付情報が登記・供託オンライン申請システムに掲示される（平24・3・30民商886号通達）。歳入金電子納付システムにより登録免許税が納付された場合には、登記所において納付状況情報が書面に印刷され、印刷を行った者と登記官が押印した上で、当該書面と申請書情報等の内容を表示した書

面が一括して管理される（同通達）。オンライン申請の場合にも、領収証書又は収入印紙を貼付した書面の提出により登録免許税を納付することも可能である。この場合には、提出した領収証書又は収入印紙について書面申請の場合と同様の取扱いがなされる（準45条3項）。

2．受領証
(1) 受領証の交付
　登記の申請書その他の書面の受取りの有無は、申請人にとって重要な意味を有するため、申請人は、登記官に対し、受領証の交付を請求することができる（法22条）。受領証は、登記申請書その他の書面を登記官が受け取った事実を証明するものであり、登記が受理されたこと、すなわち登記が実行されることを証明するものではない（筧ほか・詳解2版244頁）。

(2) 請求の方法
　書面申請において受領証の交付を請求する場合には、申請人は、受領証の対象となる書類及び登録免許税を記載した書面を提出しなければならない（準44条1項）。支店所在地の登記申請を本店所在地の管轄法務局を経由して申請するときには（法49条1項）、登記手数料も記載しなければならない（準44条1項）。登記官は、当該書面に、受付の年月日及び受付番号を記載して押印し、これを受領証として交付する（同項）。

　オンライン申請において受領証の交付を請求する場合には、申請人は、受領証となるべき書面を提出する必要はなく、登記官が申請情報の内容を表示した書面に受付年月日及び受付番号を記載し、これに押印して受領証を作成する（準44条2項）。オンライン申請が登記所で受け付けられた場合には、登記・供託オンライン申請システムに受付のお知らせが掲示される。当該お知らせは、受領証とは異なるものであるものの、便宜、受領証の代わりに利用される例も散見される。

　郵送によって受領証の交付を請求する場合には、送付に要する費用を納付しなければならない（規9条の4第4項～6項、38条の2）。

第23条

(3) 対象となる書面の範囲

　受領証の対象となるのは、登記申請書、添付書面、職権抹消に関する通知又は公告（法135条）に対する異議申立書、登記官の処分に対する審査請求書（法142条）など登記所に提出された書面である（筧ほか・詳解2版244頁）。

> （登記の順序）
> 第23条　登記官は、受附番号の順序に従つて登記をしなければならない。

本条の概要

　本条は、登記処理の順序に関して規定したものである。
　具体的には、受付番号が先のものから順に登記をすべきことについて定めている。

解　説

1．登記の順序

　商業登記では、不動産登記と比べて、登記の順序がその効力に影響を与える事態が生じることは少ないものの、同一の所在場所における同一の商号の登記が同日に申請されるなど相互に抵触する複数の登記が申請された場合には、その順序に従って、先の登記は受理され、後の登記が却下されることとなる（法24条13号、27条）。

2．本店移転登記の特則

　他の登記所の管轄区域内への本店移転登記をする場合、新所在地における登記が完了した旨の通知があるまでは、旧所在地における登記の実行が留保される（法52条4項）。さらに、本店移転登記をしなければ処理

できない他の登記が、本店移転登記と同時に申請されている場合には、本店移転登記が完了するまでの間、当該他の登記の処理も留保される。具体的には、本店移転登記と商号変更登記を同時に申請した場合において、旧本店所在場所と同一の住所地に変更後の商号と同一商号の登記があるときには、本店移転登記が処理されれば旧所在地における商号変更登記が却下事由（法24条13号、27条）に該当しないものとされている。そのため、旧所在地における商号変更登記は、新本店所在地における登記が完了した旨の通知を待って本店移転登記と同時に処理するのが相当であるとされている（昭40・6・28民甲1466号通達、百選150頁〔梶原周逸〕）。

（登記官による本人確認）
第23条の2　登記官は、登記の申請があつた場合において、申請人となるべき者以外の者が申請していると疑うに足りる相当な理由があると認めるときは、次条の規定により当該申請を却下すべき場合を除き、申請人又はその代表者若しくは代理人に対し、出頭を求め、質問をし、又は文書の提示その他必要な情報の提供を求める方法により、当該申請人の申請の権限の有無を調査しなければならない。
2　登記官は、前項に規定する申請人又はその代表者若しくは代理人が遠隔の地に居住しているとき、その他相当と認めるときは、他の登記所の登記官に同項の調査を嘱託することができる。

[本条の概要]

　本条は、登記官による本人確認について規定したものである。
　1項では登記官の本人確認の義務と調査方法について、2項では他の登記所への調査の嘱託について定めている。

第23条の2

> **解　説**

1．登記官による本人確認
(1)　調査の対象

　申請人となるべき者以外の者が登記申請していると疑うに足りる相当な理由があると登記官が判断した場合には、本人確認の調査がなされる。登記官による本人確認の調査とは、申請人となるべき者が申請しているかどうかという事実を確認するものであり、申請された登記事由が真実に合致しているかどうかを確認するものではない（平17・3・2民商501号通達）。

　次に掲げる場合には、本人確認の調査の対象となる（準47条1項）。
　ⅰ）捜査機関その他の官庁又は公署から、不正事件が発生するおそれがある旨の通報があったとき
　ⅱ）不正登記防止申出（準49条1項）に基づき、不正登記防止申出書類つづり込み帳の目録に本人確認の調査を要する旨の記載がされている場合において（準49条7項）、当該申出日から3か月以内に当該申出に関する登記が申請されたとき
　ⅲ）同一の申請人に関する他の不正事件が発覚しているとき
　ⅳ）その他登記官が職務上知り得た事実により、申請人となるべき者に成りすました者が申請していることを疑うに足りる客観的かつ合理的な理由があると認められるとき

(2)　調査の方法

　登記官による本人確認の調査は、申請人となるべき者以外の者が申請していると疑う契機となった事由等に応じて、登記官が適切と判断する方法で行われる。電話等による事情の聴取又は資料の徴求等により当該申請人の申請の権限の有無を確認することができる場合には、必ずしも本人の出頭を求める必要がないものとされている（平17・3・2民商501号通達）。

　登記官による本人確認の調査が行われた場合には、「本人確認調書」

が作成され、登記申請書とともに保管される（準47条3項）。本人確認の調査において申請人から提示した文書等については、提示した者の了解を得て、当該文書の写しが本人確認調書に添付される（準47条4項）。ただし、提示した者が了解しない場合には、文書の種類、証明書番号その他文書を特定することができる番号等の文書の主要な内容が本人確認調書に記録される（同項ただし書）。

(3) 調査の嘱託

申請人又はその代表者若しくは代理人が遠隔の地に居住しているとき、その他相当の理由があるときは、他の登記所の登記官に本人確認の調査が嘱託される場合がある（本条2項）。

調査の嘱託がされる場合には、嘱託書が作成され、登記事項証明書、印鑑証明書及び申請書の写しのほか、委任状等の本人確認の調査に必要な添付書面の写しが、嘱託先の登記所に送付される（準48条2項）。調査の嘱託を受けた登記官による本人確認の調査の終了後に、嘱託元の登記所に本人確認調書及び嘱託書が送付される（準48条3項）。

2．不正登記防止申出

(1) 意義

登記官による本人確認の調査を促す契機とするため、当事者は、登記所に対し、不正な登記が申請される可能性がある旨の不正登記防止申出をすることができる（準49条）。

(2) 申出の方法

不正登記防止申出は、登記の申請人となるべき者又はその代表者若しくは法定代理人が、登記所に出頭してしなければならない（準49条1項）。ただし、やむを得ない事情がある場合には、任意代理人の出頭によることができる（同項ただし書）。

(3) 申出の処理

ⅰ）申出人が申出に関する登記の申請人となるべき者本人であること、ⅱ）申出に至った経緯、ⅲ）申出が必要となった理由に対応する措

第24条

置をとっていることが登記官によって確認され（準49条4項）、当該申出が相当と認められた場合には、「不正登記防止申出書類つづり込み帳」の目録に、本人確認の調査を要する旨が記載される（準49条7項）。当該申出日から3か月以内に申出に関する登記が申請された場合には、本人確認の調査が行われ（準47条1項2号）、申出人に適宜の方法で通知される（準49条8項）。

（申請の却下）
第24条 登記官は、次の各号のいずれかに掲げる事由がある場合には、理由を付した決定で、登記の申請を却下しなければならない。ただし、当該申請の不備が補正することができるものである場合において、登記官が定めた相当の期間内に、申請人がこれを補正したときは、この限りでない。
一 申請に係る当事者の営業所の所在地が当該申請を受けた登記所の管轄に属しないとき。
二 申請が登記すべき事項以外の事項の登記を目的とするとき。
三 申請に係る登記がその登記所において既に登記されているとき。
四 申請の権限を有しない者の申請によるとき。
五 第21条第3項に規定する場合において、当該申請に係る登記をすることにより同項の登記の申請書のうち他の申請書に係る登記をすることができなくなるとき。
六 申請書がこの法律に基づく命令又はその他の法令の規定により定められた方式に適合しないとき。
七 第20条の規定による印鑑の提出がないとき、又は申請書、委任による代理人の権限を証する書面若しくは第30条第2項若しくは第31条第2項に規定する譲渡人の承諾書に押された印鑑が第20条の規定により提出された印鑑と異なるとき。

八　申請書に必要な書面（第19条の2に規定する電磁的記録を含む。）を添付しないとき。

九　申請書又はその添付書面（第19条の2に規定する電磁的記録を含む。以下同じ。）の記載又は記録が申請書の添付書面又は登記簿の記載又は記録と合致しないとき。

十　登記すべき事項につき無効又は取消しの原因があるとき。

十一　申請につき経由すべき登記所を経由しないとき。

十二　同時にすべき他の登記の申請を同時にしないとき。

十三　申請が第27条の規定により登記することができない商号の登記を目的とするとき。

十四　申請が法令の規定により使用を禁止された商号の登記を目的とするとき。

十五　商号の登記を抹消されている会社が商号の登記をしないで他の登記を申請したとき。

十六　登録免許税を納付しないとき。

本条の概要

本条は、登記申請の却下の事由とその手続に関して規定したものである。

各号において具体的な却下事由について定めているが、1号から9号に掲げる手続上の事由、10号に掲げる実体上の事由、11号から16号に掲げる特別の事由に大別される。

なお、本条では関連事項の補正と取下げについても言及する。

解　説

1．却下

(1) 意義

登記申請をしたときは、遅滞なく申請に関する全ての事項が調査され

る（規38条）。調査の結果、却下事由があるときは、理由を付した決定により申請が却下され、却下事由がないときは、申請が受理される（本条柱書）。本法で規定された却下事由は、限定列挙であると解されている（筧ほか・詳解2版245頁、書式精義全訂5版39頁）。

(2) 手続

登記申請が却下される場合には、決定書2通が作成され、1通が申請人又は代理人（以下、「申請人等」という。）に交付又は送付され、1通が登記所で保管される（準53条1項～3項）。登記所で保管される決定書には、原本の欄外に決定告知の年月日及びその方法が記載された上で押印され、日記番号の順序に従って、「決定原本つづり込み帳」につづり込まれる（準53条4項）。受付帳には「却下」と記録され、申請書（オンライン申請の場合には申請情報の内容を表示した書面）に却下した旨が記載された上で、「申請書類つづり込み帳」につづり込まれる（準53条6項）。

却下事由が簡単で明瞭なものであるときを除き、管轄登記所の登記官を監督する法務局又は地方法務局の長に対し、決定書の謄本を添えて、登記申請を却下した旨が報告される（準53条5項）。

申請人等に送付した決定書が所在不明等を理由として登記所に返送された場合であっても、再送する等の特段の措置は要せず、返送された決定書が当該登記の申請書とともに申請書類つづり込み帳につづり込まれる（準53条7項）。

(3) 却下事由

① 管轄違い（1号）

商業登記は当事者の営業所の所在地を管轄する登記所が取り扱うものであるため（法1条の3）、管轄登記所以外になされた登記申請は却下される。会社の登記の場合には、その本店所在地を管轄する登記所が管轄登記所である。

② 非登記事項（2号）

登記すべき事項は、法令に規定されたものに限られるため、登記すべき事項以外のものを目的とする登記申請は却下される。登記すべき事項

とは、抽象的な登記事項を意味するため、登記事項に無効原因があるときは、本号ではなく10号の却下事由に該当する。

　具体的には、新株予約権付社債以外の社債は登記すべき事項ではないため、かかる登記申請は本号の却下事由に該当する。

③　二重登記（3号）

　既に登記されているものと同一の登記申請は却下される。

　具体的には、ある会社で取締役として登記されている者が、同一の会社の取締役に就任する登記を重ねて申請する場合には、本号の却下事由に該当する。

④　無権限者による申請（4号）

　登記申請は、法令に別段の定めがある場合を除き、当事者の申請又は官庁の嘱託によりなされるべきものであるため（法14条）、申請権限を有しない者による登記申請は却下される。申請権限を有する者は、原則として当事者であるが（同条）、商号の変更等の登記（法29条）、商号譲渡の登記（法30条1項）、営業又は事業の譲渡の際の免責登記（法31条1項）、未成年者の登記（法36条）、後見人の登記（法41条）、会社以外の商人の支配人の登記（法43条2項）、会社の支配人の登記（法44条）など個別に申請人となるべき者が規定されている場合には、それらの者が申請権限を有する。

　具体的には、会社の代表者として登記されていない者が、会社を代表して登記申請をする場合には、同時に代表者の就任登記を申請する場合を除き、本号の却下事由に該当する。官庁の嘱託によるべき登記を当事者が申請した場合又は当事者の申請によるべき登記を官庁が嘱託した場合も本号の却下事由に該当する。

⑤　同時到達又は先後不明の申請（5号）

　登記官による登記申請の受領が同時又は先後不明である2つ以上の登記申請がなされた場合に、一方の登記を受理することにより、他方の登記申請が却下事由に該当するときは、いずれか一方の登記を受理することが不公平であることから、双方の登記申請が却下される。

第24条

　具体的には、同一所在場所における同一商号の会社設立の登記について、その申請を同時に受け取った場合又は受取りの先後が不明である場合には、双方の登記申請が本号の却下事由に該当する。
⑥　申請方式の不適合（6号）
　登記申請は、商業登記法、商業登記規則及びその他の法令に規定された方式に従ってしなければならないため、これらの方式に適合しない登記申請は却下される。
　具体的には、登記申請を口頭でしたとき（法17条1項）、申請書を縦書きとしたとき（規35条1項）、申請書が2枚以上の場合に契印をしていないとき（規35条3項）、字画が明瞭でないとき（規48条1項）、加除訂正の方式が定められた方式と異なるとき（規48条3項）は、本号の却下事由に該当する。また、オンライン申請において、申請書情報に作成者として表示された申請人等と電子署名をした者とが異なる場合も本号の却下事由に該当する（平17・3・18民商741号通達）。
⑦　印鑑の不提出又は印鑑の相違（7号）
　申請権限のある者からの申請であることを担保するため、登記申請書又は委任状に押印する者は、あらかじめ登記所に印鑑を提出しなければならない（法20条）。ⅰ）印鑑を提出しない場合、ⅱ）提出した印鑑と申請書又は委任状に押印した印鑑が異なる場合、ⅲ）商号譲渡又は営業譲渡に関する譲受人の免責の登記申請に添付された譲渡人の承諾書に押印された印鑑と譲渡人が登記所に提出した印鑑とが異なる場合、本号の却下事由に該当する。
⑧　必要な書面の不添付（8号）
　登記申請の権限及び内容の真実性を担保するため、登記申請には、商業登記法及び商業登記規則その他の法令により規定された書面を添付しなければならないことから、これらの書面を添付しない登記申請は却下される。
　オンライン申請において、ⅰ）添付書面情報の作成者と電子署名をした者が異なる場合、ⅱ）添付書面情報が改ざんされていることが検知さ

れた場合も本号の却下事由に該当する（平17・3・18民商741号通達）。

⑨　申請書等の記載の抵触（9号）

　ⅰ）申請書と添付書面の記載又は記録が合致しない場合、ⅱ）申請書と登記簿の記載又は記録が合致しない場合、ⅲ）同一の登記申請に添付された添付書面の記載又は記録が合致しない場合、ⅳ）添付書面と登記簿の記載又は記録が合致しない場合には、当該申請は却下される。

　具体的には、申請書に記載された会社代表者の住所が登記簿の記載と異なる場合や、登記申請に添付した株主総会議事録に記載された発行済株式総数が登記簿の記載と異なる場合（昭41・3・22民甲982号回答）は、本号の却下事由に該当する。

⑩　無効又は取消しの原因（10号）

　登記すべき事項について無効又は取消しの原因がある場合及び登記事項が不存在の場合には、登記申請は却下される。

　具体的には、発行可能株式総数を超える募集株式の発行に係る変更登記や、権利義務役員の退任に係る変更登記（最三小判昭43・12・24民集22巻13号3334頁）は、本号の却下事由に該当する。

　訴えをもってのみ無効又は取消しの主張をすることができる場合に、その訴えが提訴期間内に提訴されなかったときには、本号の却下事由に該当しない（法25条）。具体的には、25条を参照されたい。

⑪　経由すべき登記所の不経由（11号）

　管轄登記所以外の登記所を経由して申請しなければならない登記について、直接管轄登記所に申請した場合には、当該申請は却下される。

　具体的には、他の登記所の管轄区域内へ本店を移転する場合には、新所在地における登記を、旧所在地の管轄登記所を経由して申請しなければならないため（法51条1項）、直接新所在地の管轄登記所に申請した場合には、本号の却下事由に該当する。

⑫　同時申請義務の違反（12号）

　同時申請が義務付けられた登記を同時に申請しない場合には、当該申請は却下される。

第24条

　具体的には、吸収合併において存続会社の変更登記と吸収合併消滅会社の解散登記は同時に申請しなければならないため（法82条3項）、同時に申請しない場合には、本号の却下事由に該当する。

　ⅰ）監査役設置会社の定めの設定の登記申請において、監査役の就任登記を申請しない場合、ⅱ）取締役会設置会社となる登記申請において、取締役が3名以上となる登記を申請しない場合には、いずれも当該申請が却下されるものの、本号ではなく、6号（申請方式の不適合）又は9号（申請書等の記載の抵触）の却下事由に該当するものと解されている（松井・ハンドブック3版374頁）。一方、取締役会設置会社の定めを廃止する登記申請において、譲渡承認機関を取締役会とする株式譲渡制限規定を変更していない場合には、取締役会廃止の効力自体は生じており、株式の譲渡制限規定は機関設計と密接な関係の登記事項ではないことから、却下事由に該当しないものとして取り扱われている（松井・ハンドブック3版375頁）。

⑬　同一所在場所における同一商号の登記（13号）

　同一所在場所における同一商号の登記の禁止（法27条）に反した登記申請がされた場合には、当該申請は却下される。

　本店移転登記と商号変更登記を同時に申請した場合において、旧本店所在場所と同一の住所地に変更後の商号と同一の商号の登記があるときには、旧所在地における商号変更登記は、新本店所在地における登記が完了した旨の通知を待って本店移転登記と同時に処理されるため、本号に定める却下事由に該当しないものとされている（昭40・6・28民甲1466号通達、百選150頁〔梶原周逸〕）。

⑭　使用禁止商号の登記（14号）

　各種の法令により禁止された商号を使用した登記申請は却下される。

　具体的には、銀行は「銀行」の文字を、保険会社は「生命保険」、「火災保険」、「海上保険」、「傷害保険」、「自動車保険」、「再保険」、「損害保険」の文字を、信託会社は「信託会社」の文字を商号中に使用しなければならず、銀行、保険会社、信託会社以外の者がこれらの者であると誤

認されるような商号を使用することは、禁止されているため（銀行法6条1項・2項、保険業法7条、保険業規13条、信託業法14条）、本号の却下事由に該当する。さらに、「銀行」の文字に限らず、「バンク」という商号も銀行であることを示す文字として本号の却下事由に該当するとされているものの（昭54・11・12民四5754号回答）、「血液銀行」（昭28・11・5民甲2082号回答）など業種等を示す他の文字を付加することにより、明確に誤認のおそれがなくなるような場合には、本号の却下事由に該当しないものとして取り扱われている。

⑮　商号抹消会社における商号以外の登記（15号）

　利害関係人の申請により商号が抹消された会社が（法33条1項）、新たに商号の登記をする前に他の登記を先に申請した場合には、当該申請は却下される。

⑯　登録免許税の不納付（16号）

　登記を受ける者は登録免許税を納める義務があるため（登免3条）、登録免許税を納付しない場合又は納めた登録免許税の額が不足する場合には、当該申請は却下される。

⑰　その他の事由

　本条に定める却下事由のほか、本支店一括申請において登記手数料を納付しない場合（法50条1項）、管轄外の本店移転・組織変更・合併・会社分割・株式交換・株式移転の登記において、それぞれ同時申請した登記のいずれか一方に却下事由がある場合には、双方の登記申請が却下される（法52条1項、78条3項、83条1項、88条1項、92条1項及びこれらの準用規定）。

(4)　却下事由に該当する登記が誤って受理された場合

　却下事由に該当する登記が誤って受理された場合、ⅰ）1号から3号又は5号の却下事由に該当するとき、ⅱ）無効の原因のあるとき（ただし、訴えをもってのみ無効を主張することができる場合を除く。）は、当該登記は無効であるため、抹消登記の対象となる（法134条）。その他の却下事由に該当する登記は、抹消登記の対象とならないため、誤って受理

第24条

された場合には、その登記を抹消することができない（筧ほか・詳解2版300頁）。

2．補正
(1) 意義

登記申請に却下事由がある場合であっても、その不備を補正することができるものであり、登記官が定めた相当な期間内にその不備が補正されたときには、当該申請は受理される（本条ただし書）。

補正は申請の同一性を害しない範囲でのみ認められるため、申請事項を追加したり、変更することはできないものと解されている（筧ほか・詳解2版（上）236頁）。

(2) 方法

登記官が申請人等に対し補正の機会を与える旨を通知するときには、ⅰ）補正を要する事項、ⅱ）補正期限、ⅲ）補正期限内に補正がなされなければ申請を却下する旨、ⅳ）補正の方法、ⅴ）管轄登記所の電話番号が告知される（準50条1項）。書面申請については、電話その他の適宜の方法により、オンライン申請については、補正コメントを法務省オンラインシステムに掲示する方法により告知される（準50条1項）。

補正期間内に補正されず、かつ申請が取り下げられなかったときは、補正期間経過後に当該申請は却下される（準50条3項）。

3．取下げ
(1) 意義

申請人は、登記の完了又は却下の決定がなされるまで、いつでも登記申請を取り下げることができる（準54条2項参照）。登記官は、登記申請を却下しなければならない場合であっても、事前にその旨を申請人等に通知し、取下げの機会を与えることができる（準40条4項）。

(2) 方法

登記申請の取下げは、書面申請の場合には、書面によってしなければ

ならず、オンライン申請の場合には、電子情報処理組織を使用して取下げに関する情報を提供する方法によってしなければならない（準54条1項）。「取下書」には取下げの理由を記載しなければならない（昭29・12・25民甲2637号通達）。

　登記の申請代理人が取下げをする場合には、取下げに関する権限を証する委任状を添付しなければならないが、申請の不備を補正するための取下げであるときには、申請に関する代理権の範囲内であるため、当該委任状の添付を要しない（同通達）。

　登記申請を取り下げた場合には、受付帳に「取下げ」と記録され、取下書に申請の受付年月日及び受付番号が記載された上で、申請書類つづり込み帳につづり込まれる（準54条3項・4項）。この場合には、申請書に記載された受付年月日及び押印が朱抹され、偽造その他不正の疑いのある書類を除き、申請書類及びその添付書面が申請人に還付される（準54条5項）。

　同一の申請書によって数個の登記を申請したときは、その一部を取り下げることができる。この場合には、受付帳に「一部取下げ」と記録され、申請書（オンライン申請の場合には申請書情報の内容を表示した書面）には、取下げに関する申請についての登記すべき事項の記載の左に「一部取下げ」を表す印版が押印される（準54条8項）。

（提訴期間経過後の登記）
第25条　登記すべき事項につき訴えをもつてのみ主張することができる無効又は取消しの原因がある場合において、その訴えがその提起期間内に提起されなかつたときは、前条第10号の規定は、適用しない。
2　前項の場合の登記の申請書には、同項の訴えがその提起期間内に提起されなかつたことを証する書面及び登記すべき事項の存在を証する書面を添附しなければならない。この場合には、第18条

第25条

の書面を除き、他の書面の添附を要しない。
3　会社は、その本店の所在地を管轄する地方裁判所に、第1項の訴えがその提起期間内に提起されなかつたことを証する書面の交付を請求することができる。

> 本条の概要

　本条は、登記すべき事項に訴えをもってのみ主張することができる無効又は取消しの原因がある場合について、提訴期間経過後の取扱いに関して規定したものである。
　1項では提訴期間経過後の登記が却下事由に該当しないことについて、2項では添付書面の特則について、3項では提訴されなかったことを証する書面の交付請求について定めている。

> 解　説

1．無効又は取消の原因

　登記すべき事項について無効又は取消しの原因がある場合には、原則として登記申請を却下しなければならない（法24条10号）。しかし、無効又は取消しの原因が訴えをもってのみ主張できるものである場合において、提訴期間が経過したときには、登記すべき事項に関する法律関係が確定的に有効となるため、登記することが認められている（本条1項）。訴えが提訴期間内に提起されなかった場合のほか、訴えが却下、棄却又は取り下げられ、提訴期間が経過した場合も同様である。
　具体的には、株主総会決議取消しの訴え（会831条）、並びに株式会社の成立後における株式の発行、自己株式の処分、新株予約権の発行、資本金の額の減少、組織変更、吸収合併、吸収分割及び株式交換の無効の訴え（会828条1項）の提訴期間が経過した場合が該当する。訴えをもってのみ主張できる無効又は取消しの原因に該当する場合であっても、会社設立、新設合併、新設分割及び株式移転の無効の訴えについては、登

記により効力が発生してから提訴期間が始まるため（同項）、株主総会決議の不存在又は無効確認の訴えについては、提訴期間の定めがないため（会830条）、いずれも本条が適用されない。

２．添付書面

本条に基づく登記申請をする場合には、訴えが提訴期間内に提訴されなかったことを証する書面及び登記すべき事項の存在を証する書面を添付しなければならならない（本条２項）。

訴えが提訴期間内に提訴されなかったことを証する書面については、本店所在地を管轄する地方裁判所に交付を請求することができる（本条３項）。訴えが却下、棄却又は取り下げられた場合には、当該書面として、それぞれ却下決定書の謄本、棄却判決の謄本又は取下書を添付しなければならない。却下又は取下げの場合には、ほかに訴えが提起されていないことを明らかにする必要があるため、前記の裁判所から交付される書面（本条３項）を併せて添付しなければならない。

登記すべき事項の存在を証する書面については、登記すべき事項について株主総会の決議を要する場合における株主総会議事録（法46条２項）、取締役等の変更登記における就任承諾書（法54条１項）等の登記すべき事項に応じて法令により添付が求められている書面を添付する。当該添付書面の記載内容から、登記すべき事項について無効又は取消しの原因があることが明らかになる場合であっても、当該書面を添付して差し支えない。

（行政区画等の変更）
第26条　行政区画、郡、区、市町村内の町若しくは字又はそれらの名称の変更があつたときは、その変更による登記があつたものとみなす。

第26条

> 本条の概要

　本条は、行政区画、郡、区、市町村内の町若しくは字又はそれらの名称（以下、「行政区画等」という。）が変更された場合の取扱いについて規定したものである。
　具体的には、行政区画等の変更があった場合に登記簿の表示が従前のままであっても、変更の登記があったものと読み替えることを定めている。

> 解　説

１．行政区画等の変更と登記申請の義務
(1)　申請義務が生じない場合
　行政区画等の変更により、本店又は支店の所在場所や代表取締役の住所等が変更された場合には、本条により変更の登記があったものとみなされるため、当事者に変更登記の申請義務が生じない。国名の変更の場合にも、本条の趣旨に準じて、変更の登記があったものとみなされる（大3・1・30民1217号通牒）。

(2)　申請義務が生じる場合
　行政区画等の変更による地番の変更（昭4・9・18民8379号回答）、土地改良事業又は土地区画整理事業の施行による地番の変更又は住居表示の実施により、本店又は支店の所在場所や代表取締役の住所等が変更された場合には、本条が適用されないため、当事者に変更登記の申請義務が生じる（松井・ハンドブック3版207頁）。
　当該登記申請に、変更が生じた原因を証する市町村長の証明書、土地改良事業等の施行者の証明書又は住居表示の実施等に関する住居番号決定通知書等を添付した場合は、登録免許税は課されない（登免5条4号・5号、登免規1条、昭37・9・11民甲2609号通達）。
　変更登記を怠った場合には、過料の対象となるものの（会976条1号）、会社が関与しない事由に基づく変更であるため、手続上懈怠があると認

めるものに限って、管轄裁判所への過料事件の通知（規118条）をするものとされている（大13・3・26民5429号回答、昭38・7・27民甲2206号回答、百選〔芦原利治〕148頁）。

2．登記官による職権登記

　本条により変更の登記があったものとみなされる場合には、登記官は、職権で変更があったことを記録することができる（規42条1項）。当事者は、登記官に対して、当該変更の記録を促す申出をすることができ、当該申出は変更登記申請の様式に準じるものとされている（昭39・9・26民四308号回答）。申出によって職権登記がされる場合であっても、登録免許税は課されない（登免5条2号）。

　当該変更の記録がされる場合には、変更後の事項、変更年月日のほか、登記年月日に代えて「年月日修正」と記録され、変更前の事項を抹消する記号が記録される（規39条、41条、42条2項、準56条）。

第2節　商号の登記

> （同一の所在場所における同一の商号の登記の禁止）
> 第27条　商号の登記は、その商号が他人の既に登記した商号と同一であり、かつ、その営業所（会社にあっては、本店。以下この条において同じ。）の所在場所が当該他人の商号の登記に係る営業所の所在場所と同一であるときは、することができない。

本条の概要

　本条は、商人又は会社が既に登記した商号（以下、「同一商号」という。）と営業所や本店場所が同一（以下、「同一本店」という。）である登記の禁止について定めている。

　商号新設登記や会社設立登記のほか、商号変更や営業所（本店）移転の場合にも適用があり、清算会社もその対象になる（松井・ハンドブック3版8頁）。

解説

1．類似商号規制の廃止

　会社法施行前、商号の登記は、同一市町村内においては、同一の営業のため他人が登記したものと判然区別することができないときは登記することができないもの（以下「類似商号規制」という。）と規定されていたが（旧商業登記法（平成17年法律87号以前。以下、「旧法」という。）27条）、商取引の範囲も広域化し、同一市町村という狭い範囲で商号の規制をする必要性は乏しく、不正の商号使用については会社法8条又は商法12条若しくは不正競争防止法（不正競争2条、3条、4条、5条）や商標法（商標2条、36条、37条、38条）によって保護できるとの理由から、会社法施行に伴い類似商号規制が廃止された。

類似商号規制が廃止されたことに伴い商号の仮登記制度は廃止された（旧法35条〜41条。会社法及び会社法の施行に伴う関係法律の整備等に関する法律の施行に伴う法務省関係政令の整備等に関する政令（平成17年12月14日政令366号）1条1号）。

2．同一商号と同一本店の判断基準

　類似商号規制が廃止され、同一市町村内であっても同一商号の登記をすることが可能となったが、一方で、同一商号かつ同一本店の登記まで認めてしまうと取引に混乱をきたすおそれがある。例えば、会社について不動産登記で記録される事項は、商号と本店であることから、同一商号かつ同一本店の会社が複数存在すると公示上判然と区別することができず、取引の安全を害することになるので、同一商号かつ同一本店の登記が禁止されることとなった。

　同一商号かつ同一本店の登記についての判断基準は以下のとおりである。

(1)　同一商号

　商号の同一性は形式的に見て、会社の種類を表す部分を含めた全体の表記が同一であるか、否かで判断することになる。具体的には、「Ａ株式会社」と「株式会社Ａ」、「株式会社Ａ」と「合同会社Ａ」、「株式会社ＡＢＣ」と「株式会社エービーシー」は、いずれも同一商号には該当せず、本条の規制の対象とはならない（神﨑ほか・全書(1)309〜311頁）。

　一方で、読み方が違っていても表記が同一の場合は同一商号に該当する。具体的には、「日本」と表記し「にほん」若しくは「にっぽん」と読む場合や、「大和」と表記して「だいわ」若しくは「やまと」と読む場合であっても表記上は判然と区別することはできないことから、同一商号に該当し、本条の規制の対象となる。

(2)　同一本店

　本店の同一性は、同一の場所でないことが明らかであるか、否かで判断することになる。具体的には、「新宿区〇〇一丁目1番1号」と「新

第27条

宿区〇〇一丁目1番1号－101号」、「中央区〇〇一丁目1番1号」と「中央区〇〇一丁目1番1号5階」、「港区〇〇一丁目1番1号」と「港区〇〇1－1－1」は同一の場所でないことが明らかでないとして同一本店に該当し、本条の規制の対象となる。

一方で、「千代田区〇〇一丁目1番1号－101号」と「千代田区〇〇一丁目1番1号－201号」は同一の場所でないことが明らかであることから、同一本店に該当せず、本条の規制の対象とはならない（神﨑ほか・300問99頁、筧ほか・詳解2版（下）512頁）。

3．商号選定の制限

商号の選定は、原則として自由であるが（商11条）、以下の制限があり、法令の規定により使用を禁止された商号を使用した登記申請は却下事由に該当する（法24条14号）。ただし、後述する「③誤認させる名称等の使用の禁止」については、却下事由に該当するか登記申請上からは判明しないため事後的な救済に委ねられる。

(1) 会社法・商法

① 会社の種類と商号

会社は、その商号中に会社の種類に従い株式会社等の文字を使用しなければならない（会6条2項）。具体的には、株式会社である場合、「日本商事株式会社」又は「株式会社日本商事」としなければならないが、「日本株式会社商事」とすることもできる。

② 会社と誤認させる名称等の使用の禁止

会社はその商号中に他の会社であると誤認されるおそれのある文字を使用できず（会6条3項）、会社でない者は株式会社等の会社の文字を使用することや誤認するような文字を使用できない（会7条）。

③ 誤認させる名称等の使用の禁止

何人も不正の目的をもって、他の商人や会社と誤認するおそれのある商号を使用することはできない（会8条、978条、商12条、13条）。

(2) 他の法令

　銀行、証券、信託等の名称等を使用することはそれぞれの法令で制限されている。例えば、「株式会社バンク」や「株式会社○○信託」の商号を使用した登記申請は受理されない（昭51・5・6民四2909通知）。なお、法令により使用制限されている名称等は300以上ある。

（登記事項等）

第28条　商号の登記は、営業所ごとにしなければならない。

2　商号の登記において登記すべき事項は、次のとおりとする。
　一　商号
　二　営業の種類
　三　営業所
　四　商号使用者の氏名及び住所

（変更等の登記）

第29条　商号の登記をした者は、その営業所を他の登記所の管轄区域内に移転したときは、旧所在地においては営業所移転の登記を、新所在地においては前条第2項各号に掲げる事項の登記を申請しなければならない。

2　商号の登記をした者は、前条第2項各号に掲げる事項に変更を生じたとき、又は商号を廃止したときは、その登記を申請しなければならない。

（商号の譲渡又は相続の登記）

第30条　商号の譲渡による変更の登記は、譲受人の申請によつてする。

2　前項の登記の申請書には、譲渡人の承諾書及び商法第15条第1項の規定に該当することを証する書面を添付しなければならない。

3　商号の相続による変更の登記を申請するには、申請書に相続を証する書面を添付しなければならない。

第28条～第30条

> 本条の概要

　28条から30条は、個人商人の商号の登記について規定したものである。
　28条では商号の登記は営業所ごとにすること及び商号の登記の登記事項について、29条では登記した商号に変更等が生じた場合の登記申請の手続について、30条では商号を譲渡した場合又は商号使用者が死亡してその相続人が商号を続用した場合の商号の承継による登記申請の手続について定めている。

> 解　説

1．登記申請の方法

　個人商人の商号の登記は営業所ごとにしなければならないが（法28条1項）、例えば営業内容が同一で複数の営業所がある場合に、それぞれ同一の商号を使用するときには、営業所ごとに商号の登記の申請をすることになる。個人商人の商号の登記は、個人商人が申請する。

2．登記事項

　個人商人の商号登記の登記事項は、ⅰ）商号、ⅱ）営業の種類、ⅲ）営業所、ⅳ）商号使用者の氏名・住所である（法28条2項）。
ⅰ）商号とは商人の名称であり、文字を用いて表記しなければならず、図形、紋様などを使用することはできない。商号には日本文字しか使用することはできないが、ローマ字とアラビヤ数字の使用は許容されており、字句（日本文字を含む。）を区切る際に限り、「＆」（アンパサンド）、「'」（アポストロフィー）、「,」（コンマ）、「−」（ハイフン）、「.」（ピリオド）、「・」（中点）の各符号も使用することができる（規50条、平14・7・31民商1839号通達）。なお、符号については、会社の種類を表す部分を除いた商号の先頭又は末尾に使用することはできないが、「.」（ピリオド）については、省略を表すものとして会社の種類を表す部分を除いた商号の末尾にも用いることができる。

ⅱ）営業の種類としては、商行為であること（商4条1項、501条、502条）、店舗その他これに類似する設備によって物品を販売することを業とする者又は鉱業を営む者（商4条2項）であることのいずれかに該当することが必要である。

ⅲ）営業所とは、商人の営業活動の拠点であり、主たる営業所と従たる営業所とがある。

ⅳ）商号使用者の氏名・住所について、2人以上の者が共同して営業をしている場合には、商号使用者の氏名及び住所の記載は2人以上でも差し支えない（昭37・10・12民甲2927号回答）。住所地に営業所を置き氏名を商号に使用した場合、商号使用者の氏名・住所が商号及び営業所と同一になるが、絶対的登記事項のため省略はできない。

3．変更等の登記

(1) 管轄外への営業所移転

　営業所を管轄区域以外の登記所に移転した場合、旧所在地においては営業所の移転登記を、新所在地においては商号新設に準ずる登記（法28条2項各号）をすべきこと、新所在地での登記申請は、商号新設登記でなく、営業所移転登記であることが登録免許税算定上からも判明するよう、旧所在地で登記したことを証する書面（登記事項証明書）を添付しなければならないと規定している（法29条1項、規52条）。なお、登記事項証明書は、申請書に会社法人等番号を記載すれば、添付を省略できる（法19条の3、規36条の3）。

(2) 登記事項の変更

　商号使用者は、商業登記法28条2項各号の商号の登記事項に変更が生じ又は商号を廃止したときは遅滞なくその登記を申請しなければならない（商10条）。登記期間の定めはない。商号使用者の氏名・住所の変更については、婚姻による氏名変更や転居による住所移転のほか、商号の譲渡による変更や相続による商号を続用した場合の承継があり、商号の譲渡の原因は「譲渡」、相続の原因は「相続」となる。変更登記は商号

使用者が申請するが、商号廃止の登記は利害関係人もすることができる（法33条）。

4．商号の譲渡又は相続の登記

商号の譲渡の変更登記の申請人が譲受人であること（法30条1項）、特定承継の場合（法30条2項）と相続の場合（法30条3項）の添付書面について定めている。

(1) 譲渡登記の効力

商号の譲渡の登記は、登記期間の定めがないので、遅滞なく申請すればよいが（商10条）、その登記をしなければ第三者に対抗することができない（商15条2項）。

(2) 特定承継

商号を営業と別に単独で譲渡することを認めず、営業とともにする場合や営業を廃止する場合に限って譲渡することができる（商15条1項）。譲受人が登記申請人となることから（法30条1項）、登記の真正担保のため、譲渡人の登記所届出印を押印した承諾書を添付する（法24条7号）。なお、具体的な添付書面としては、商法15条1項に該当することを証する書面及び営業譲渡契約書等であるが、当該書面は商号譲渡の事実を証明できることから譲渡人の登記所届出印を押印したものであれば承諾書を兼ねることができる。

(3) 相続

商号の相続による変更の登記は、相続人が申請する。複数の相続人がある場合には、遺産分割協議により特定の相続人が承継するときは当該相続人、数人で共有するときは共同相続人全員が申請人となる。なお、相続を証する書面としては、戸籍謄本、遺産分割協議書、相続放棄申立受理証明書、遺言書等が該当する。

> （営業又は事業の譲渡の際の免責の登記）
> 第31条　商法第17条第2項前段及び会社法第22条第2項前段の登記は、譲受人の申請によつてする。
> 2　前項の登記の申請書には、譲渡人の承諾書を添付しなければならない。

本条の概要

本条は、営業又は事業の譲渡があった場合、譲受人が責任を負わないとする旨の登記（以下、「免責の登記」という。）の手続について規定したものである。

1項では免責の登記の申請人について、2項では免責の登記の申請における添付書面について定めている。

解　説

1．免責の登記の意義

営業又は事業の譲渡がされ、譲渡契約で債務引受等がなければ譲受人又は譲受会社（以下、「譲受人」という。）は譲渡人又は譲渡会社（以下、「譲渡人」という。）の債務を負担するものではないが、会社法22条1項は商号の続用により外観を信頼した債権者を保護する観点から譲受人が責任を負う旨が定められている（商17条1項、会22条1項）。一方、当該責任を免責の登記をすることにより免責される旨が定められている（商17条2項前段、会22条2項前段）。

免責の登記の要件は、ⅰ）営業又は事業の譲渡がなされていること、ⅱ）商号（又は屋号）の続用がなされていること、ⅲ）譲渡人の承諾があること、である。

2．商号の続用

　商号の続用とは、譲渡人の商号と同一の商号を使用する場合のほか、その同一性を失わない限度で使用することをいい、主要部分が共通するなどの類似の商号を使用する場合も含まれると解されている（奥島ほか・新基本法コンメンタール会社法Ⅰ62頁）。具体例として、「〇〇商店」という商号を譲り受け、「株式会社」という文字を付加し「株式会社〇〇商店」とした場合（東京地判昭34・8・5下民10巻8号1634頁）や「株式会社日進堂」と「有限会社カメラの日進堂」については商号の続用に該当するとされる（東京地判昭28・9・7金法32号7頁）。一方で、「有限会社米安商店」の営業を承継して「合資会社新米安商店」の商号を使用したときには、「新」の字句は取引通念上、継承的な字句とはいえず、むしろ新会社が旧会社の債務を承継しないことを示すための字句であるとの理由から商号の続用に該当しないとされる（最二小判昭38・3・1民集17巻2号280頁）。

3．免責の登記の適用範囲

　免責の登記をするためには営業又は事業の譲渡が要件の1つとされるが、会社分割や現物出資についても会社法22条1項が類推適用される（最一小判昭47・3・2民集26巻2号183頁）。

　直接的には商号の続用がなくても、屋号の続用がある場合にも、外観を信頼した債権者を保護する趣旨から会社法22条1項が類推適用される。具体的には、営業の現物出資を受けて設立された会社が出資者の商号を続用した場合（前掲昭47最一小判）、ゴルフ場の営業譲渡がされ、「〇〇カントリークラブ」という屋号を続用した場合（最二小判平16・2・20民集58巻2号367頁）、ゴルフ場の事業を行う会社の会社分割による分割会社の「〇〇カントリークラブ」という屋号を続用する場合があげられる（最三小判平20・6・10裁判集民228号195頁）。

　商業登記実務では、一連の判例を踏まえ、事業譲渡の譲受会社が屋号のみを続用する場合（「商業登記の栞13」登研674号97頁（2004年））、会社

分割に伴い承継会社又は設立会社が分割会社の商号又は屋号（商号は全く類似しない）を続用する場合であっても免責の登記ができるものとされている（質疑応答【7792】登研675号247頁（2004年）、塚田佳代＝前田和樹「商業・法人登記実務の諸問題(2)」登研740号21頁（2009年））。なお、その場合の免責の登記申請の登記すべき事項には、具体的な屋号を記載する必要はないと解されている（「商業登記の栞13」登研674号97頁（2004年））。

4．免責の登記の効力

免責の登記が行われると譲受人は譲渡人の債務を弁済する責任を負わない。この効力は、登記されることで、正当な事由によって免責の登記を知らない債権者に対しても主張できると解されている（筧ほか・詳解2版（下）548頁）。

5．登記申請

(1) 申請人

① 譲受人が商人の場合（商17条）

免責の登記は譲受人である商人が申請人となる。譲受人は、譲渡人が商人の場合には商号譲渡の登記と、譲渡人が会社の場合には商号新設の登記と同時又は遅滞なく免責の登記を行うことになる。

商人が営業譲渡を受けたものの、免責の登記をせずに死亡した場合には、相続を証する戸籍謄本等を添付して相続人が登記申請をすることができる（法32条）。

② 譲受人が会社の場合（会22条）

免責の登記は譲受人である会社が申請人となる。会社については商号の譲渡による変更の登記を行うことはできないが、営業又は事業譲受した後、商号変更の登記と同時又は遅滞なく本店所在地において譲渡会社の債務を負わない旨の免責の登記を行うことになる。

(2) 登記すべき事項

免責の登記は、譲受人が商人の場合には商号登記記録にされ（規53条

第32条

１項）、譲受会社が会社の場合は会社登記記録にされる（規53条２項）。

① 譲受人が商人の場合

「譲受人〇〇は、譲渡人〇〇の債務については責に任じない」のように記載する。

② 譲受人が会社の場合

「当会社は、平成〇年〇月〇日事業の譲渡を受けたが、譲渡会社である〇〇株式会社の債務については、責に任じない」のように記載する。

(3) 添付書類

免責の登記の申請には、譲渡人の債務について譲受人が責任を負わない旨を譲渡人が承諾したことを証する書面を添付しなければならない。

承諾書には譲渡人の登記所に提出している印鑑を押印し（法24条７号）、譲渡人の管轄が異なる場合には印鑑証明書（登記事項証明書又は会社法人等番号の記載）を添付する（準46条１項、法19条の３）。

（相続人による登記）

第32条　相続人が前三条の登記を申請するには、申請書にその資格を証する書面を添附しなければならない。

本条の概要

本条は、相続人による登記について規定したものである。

商業登記法29条の営業所の管轄外移転や商号の登記事項の変更の場合、30条の商号の譲渡又は相続の登記の場合、31条の営業又は事業譲渡の際の免責の登記の場合に相続人が登記の申請をする際の添付書面について定めている。

> **解　説**

1．登記義務の承継

　商業登記においては、原則として、いわゆる中間省略的登記を許容されていない（神﨑ほか・300問67頁）。それは、商業登記簿の公示機能を通じて取引の安全に寄与するため、実行される登記は正確・明瞭であることが求められるからである。したがって、商号の登記の登記事項について変更が生じたものの、商号の登記をした商人がその登記の変更をしないまま相続が開始したときには、相続人が登記申請義務を承継することになる。相続人とは共同相続人全員を指し、相続人が複数人いる場合には、各相続人が連帯して登記義務を負担することになる。

　具体的には、相続人が商号を承継する場合には、被相続人の未了の登記を相続人により行った上で、商号使用者の氏名及び住所の相続による商号の変更登記を申請することになる（法29条2項）。また、相続人が商号を承継しない場合にも、被相続人の未了の登記を相続人により行った上で、商号の変更又は廃止の登記を申請することになる（法29条2項）。

2．添付書面

　相続人による登記申請に添付する資格証明書とは、相続人の全員が判明する戸籍謄本等であり、不動産登記申請における登記原因証明情報を構成する、いわゆる「相続証明書」と同一のものが必要となる。なお、商号の相続による変更登記（法30条3項）をする場合には、添付書面が重複するので援用できる場合がある（規37条）。

（商号の登記の抹消）

第33条　次の各号に掲げる場合において、当該商号の登記をした者が当該各号に定める登記をしないときは、当該商号の登記に係る営業所（会社にあつては、本店。以下この条において同じ。）の所在

第33条

> 場所において同一の商号を使用しようとする者は、登記所に対し、当該商号の登記の抹消を申請することができる。
> 一　登記した商号を廃止したとき　当該商号の廃止の登記
> 二　商号の登記をした者が正当な事由なく２年間当該商号を使用しないとき　当該商号の廃止の登記
> 三　登記した商号を変更したとき　当該商号の変更の登記
> 四　商号の登記に係る営業所を移転したとき　当該営業所の移転の登記
> 2　前項の規定によつて商号の登記の抹消を申請する者は、申請書に当該商号の登記に係る営業所の所在場所において同一の商号を使用しようとする者であることを証する書面を添付しなければならない。
> 3　第135条から第137条までの規定は、第１項の申請があつた場合に準用する。
> 4　登記官は、前項において準用する第136条の規定により異議が理由があるとする決定をしたときは、第１項の申請を却下しなければならない。

本条の概要

本条は、商号の登記の抹消について規定したものである。

１項では抹消ができる場合と申請人について、２項では添付書面について、３項では登記手続の方法について、４項では登記申請の却下について定めている。

解　説

１．申請人

商業登記は、法令に別段の定めがある場合を除き、当事者の申請又は官庁の嘱託が原則である（法14条）。本条はその特則であり、その抹消

の対象となる商号の登記に係る営業所の所在場所において同一の商号を使用しようとする商人（商号未登記の商人を含む。）や会社（設立中であるものを含む。）は、当該商号の登記の抹消登記の申請人となることができる（昭37・11・19民甲3316号通達）。

　商号の登記が抹消された会社については、抹消された商号に「抹消前商号」の文字を表示するものとされる（準57条）。なお、商号の登記を抹消された会社は、改めて商号の登記をしなければ他の登記をすることはできない（法24条15号）。

２．添付書面

　商号の抹消登記申請には、抹消対象の商号の登記と同一の所在場所において同一の商号とする商号変更や本店移転を決議した株主総会議事録、取締役会議事録、取締役の決定書等の添付が考えられる。また、設立中の株式会社であれば公証人の認証のある定款が、それに該当し（昭40・3・27民甲656号回答）、自然人であれば上申書を提出することになる（書式精義全訂5版1721頁）。

> （会社の商号の登記）
> 第34条　会社の商号の登記は、会社の登記簿にする。
> 2　第28条、第29条並びに第30条第1項及び第2項の規定は、会社については、適用しない。

本条の概要

　本条は、会社の商号の登記について規定したものである。
　1項では会社の商号の登記が会社の登記簿に記録されることについて、2項では会社の商号について個人商人の商号の登記の適用除外について定めている。

第34条

> **解　説**

1．会社の商号の登記

　会社の名称が商号であり、その商号中には会社の種類に従って、株式会社、合名会社、合資会社又は合同会社という文字を使用しなければならない（会6条）。

　会社の登記は、それぞれの種類の会社の登記簿に記録されることになり、会社の商号の登記は商号登記簿に記録されることはない（本条1項）。

2．商人に関する規定の不適用

(1)　商号の新設登記

　会社の商号について、商号の新設に関する規定は適用されない（法28条、本条2項）。個人商人の商号の登記は営業所ごとになされ、一人の個人商人から複数の商号の登記の申請があったときには、各商号について各別の登記記録に登記されるが（規51条）、会社は1個の商号しか使用することができず、本店と支店で使用する商号も同一でなければならない。

(2)　商人の変更等の登記

　個人商人の変更等の登記に関する規定は、会社の商号には適用されない（法29条、本条2項）。

　個人商人の商号の変更の登記については、当該個人商人の意思により自由に変更することができることから、変更したことを証する書面の添付は不要であるが、会社の場合には、定款変更等の手続をしたことを証する書面である株主総会議事録等の添付が必要になる。

(3)　商人の商号の譲渡

　個人商人の商号の譲渡に関する規定は、会社の商号には適用されない（法30条1項・2項、本条2項）。

　会社が商号の譲渡を受けた場合には、譲受会社は定款変更をし、商号変更の登記を行うことになる（会27条、466条、576条、909条、915条）。

一方、営業又は事業譲渡の際の免責の登記に関する規定（法31条）は会社にも適用される（会22条2項、規53条2項）。

第3節　未成年者及び後見人の登記

(未成年者登記の登記事項等)
第35条　商法第5条の規定による登記において登記すべき事項は、次のとおりとする。
　一　未成年者の氏名、出生の年月日及び住所
　二　営業の種類
　三　営業所
2　第29条の規定は、未成年者の登記に準用する。

(申請人)
第36条　未成年者の登記は、未成年者の申請によつてする。
2　営業の許可の取消しによる消滅の登記又は営業の許可の制限による変更の登記は、法定代理人も申請することができる。
3　未成年者の死亡による消滅の登記は、法定代理人の申請によつてする。
4　未成年者が成年に達したことによる消滅の登記は、登記官が、職権ですることができる。

(添付書面)
第37条　商法第5条の規定による登記の申請書には、法定代理人の許可を得たことを証する書面を添付しなければならない。ただし、申請書に法定代理人の記名押印があるときは、この限りでない。
2　未成年後見人が未成年被後見人の営業を許可した場合において、未成年後見監督人がないときはその旨を証する書面を、未成年後見監督人があるときはその同意を得たことを証する書面を、前項の申請書に添付しなければならない。
3　前二項の規定は、営業の種類の増加による変更の登記の申請に準用する。

第38条　未成年者がその営業所を他の登記所の管轄区域内に移転した場合の新所在地における登記の申請書には、旧所在地においてした登記を証する書面を添付しなければならない。

第39条　未成年者の死亡による消滅の登記の申請書には、未成年者が死亡したことを証する書面を添付しなければならない。

本条の概要

　商業登記法35条から39条は、未成年者登記について規定したものである。
　35条では、未成年者登記の登記事項及び登記した未成年者登記の変更等の登記申請手続について定めているが、変更等の登記申請手続は商号の登記の規定が準用されている。36条では申請人について、37条、38条、39条では各登記申請における添付書面について定めている。

解　説

1．未成年者登記の意義

　未成年者が自己の名をもって、ⅰ）商行為をする場合、ⅱ）店舗その他これに類似する設備によって物品を販売することを業とする場合、ⅲ）鉱業を営む場合には、未成年者の登記をしなければならない（商4条、5条、法35条）。
　未成年者が法律行為をするには、その法定代理人の同意を得なければならないが、一種又は数種の営業を許された未成年者は、その営業に関しては成年者と同一の行為能力を有するものとされることから（民5条、6条）、未成年者が営業について許可を得た場合、単独で法律行為ができることを公示するために登記をする。

2．登記事項
(1) 未成年者の氏名・生年月日・住所

　未成年者の氏名・住所のほか出生の年月日は、成年到達時を明らかに

するために登記させるものとしている。
(2) 営業の種類
　登記をすることができる営業の種類は、商法4条に規定する営業であり、それ以外の営業に許可を与えたとしても登記をすることはできない。また、営業の許可は一種又は数種の営業であって、営業のうち一部という制限をすることはできない。例えば、取引額等に制限を付けることはできないと解されている（我妻榮『民法講義1（民法総則）〔新訂版〕』70頁（岩波書店、1965年）、中川準之助編『註釈親族法（下）』57頁（有斐閣、1952年））。

(3) 営業所
　営業所の「所在場所」を登記することになるが、営業所が複数ある場合には、他の登記所の管轄区域内の営業所であっても登記する。

3．変更等の登記
(1) 管轄外への営業所移転
　未成年者の営業所を管轄外の登記所に移転した場合、旧所在地においては営業所移転登記を、新所在地においては未成年者の新設の登記に準ずる登記（法35条1項各号）を申請しなければならない（法29条1項準用）。なお、後述5(4)参照。

(2) 未成年者登記の変更
　未成年者は、商業登記法35条1項各号の未成年者の登記事項に変更が生じたときは遅滞なくその登記を申請しなければならない（商10条）。具体的には、氏名又は住所の変更、営業の種類の増加又は営業の許可の制限（民6条2項）、営業所の管轄内の登記所での移転があった場合には、当該変更登記を申請しなければならない。

4．申請人
(1) 原則
　未成年者の登記は、原則として未成年者自身が行う。営業の許可を得

た未成年者はその営業に関しては成年者とみなされるからである（商6条、法36条1項）。

(2) **法定代理人**

① **通則**

　未成年者登記について、法定代理人が申請人となる場合がある。その場合に父母が共同親権者であるときには、父母が共同して申請しなければならない（民818条）。未成年者の法定代理人には親権者のほか未成年後見人が該当する（民838条、857条、法36条2項）。

② **営業の許可の取消し**

　未成年者が営業の許可を取り消された場合、法定代理人の同意なしに営業をする行為能力を失う。その場合、法定代理人の代理権が復活することとなり、未成年者のみならず法定代理人による申請も認められている（法36条2項前段）。

③ **営業の許可の制限**

　未成年者が営業の許可を制限された場合、未成年者は制限された範囲内でのみ行為能力を有することになる。その場合、未成年者が当該登記申請を怠って自己に不利益を及ぼす可能性があるため、未成年者を保護する要請から未成年者のみならず法定代理人による申請も認められている（民6条2項、823条2項、857条、法36条2項後段）。

④ **未成年者の死亡**

　未成年者が死亡した場合には、未成年者自身が申請することはできないことから、法定代理人が当該登記の申請をしなければならない（法36条3項）。

⑤ **職権**

　未成年者が成年に達したことによる未成年者登記の消滅の登記は、原則として成年に達した未成年者自身が行う。一方、登記官は、登記記録上未成年者が成年に達したことが確認できることから、職権で未成年者登記の消滅の登記をすることができる（法36条4項）。その場合、登記官の職権に基づく登記であることから登録免許税は課せられない（登免5

条2号)。

　未成年者が婚姻により成年に達したときには(民753条)、登記官はその事実を知ることができないので職権による未成年者登記の消滅の登記はできず、成年に達したとみなされる未成年者が申請することになる。

5．添付書面
(1)　法定代理人の許可
　未成年者が商法5条の規定に基づき初めて未成年者登記の申請を行うときは、法定代理人の許可を得たことを証する書面を添付しなければならない。

　具体的には、法定代理人の作成した許可書と法定代理人であることを証する戸籍謄本等である。なお、共同親権に服する場合には共同で作成した許可書となるが、申請書に法定代理人が記名押印したときには、許可書の添付を要せず、法定代理人であることを証する書面の添付のみで足りる(法37条1項)。

(2)　未成年後見人の許可
　改正前の民法(明治29年法律89号)においては、未成年後見人は一人でかつ個人と限定されていたが(旧民法842条)、民法等の一部を改正する法律(平成23年法律61号)により、家庭裁判所は必要があると認めるときは数人の未成年後見人を選任することができるとされるとともに、社会福祉法人等の法人を未成年後見人に選任することができることを前提とする規定が設けられた(民840条2項・3項、平24・3・8民商433号通達)。

　未成年後見人が数人あるときには、共同してその権限を行使するとされた(民857条の2第1項)。なお、家庭裁判所は、職権で、一部の者について、財産に関する権限のみを行使すべきことを定めることができるとされた(民857条の2第2項)。また、未成年後見人が数人あるときは、財産に関する権限について、未成年後見人が事務を分掌して、その権限を行使すべきことを定めることができるとされた(民857条の2第3項)。

以上については、家事審判法9条1項甲類18号の規定に基づく審判の対象であり、審判書が作成されることになる（家審規16条）。
　未成年被後見人が商法5条の規定に基づき初めて未成年者登記の申請を行うときは、未成年後見人の許可を得たことを証する書面のほかに未成年後見監督人がないときはその旨を証する書面、未成年後見監督人があるときはその同意を得たことを証する書面を添付しなければならない（民857条、864条）。なお、未成年後見人が数人いる場合は共同で作成した許可書の添付を要するが、一部の未成年後見人について、財産に関する権限を付与していることや事務を分掌してその権限を行使することができると定められているときには、それを証するために家庭裁判所の審判書を添付することになる。
　未成年後見人の許可を得たことを証する書面とは具体的には未成年後見人の作成した許可書と許可をした者が未成年後見人であることを証する戸籍謄本等である。なお、未成年後見人については、後見登記簿には記録されない。また、未成年後見監督人がいないときには戸籍謄本等を、未成年後見監督人がいるときにはその同意を得たことを証する書面として未成年後見監督人の作成した同意書と戸籍謄本等を添付する。
　未成年後見人や未成年後見監督人が法人である場合、当該法人の登記事項証明書の添付を要する。なお、登記事項証明書は、申請書に会社法人等番号を記載すれば添付を省略できる（法19条の3、規36条の3）。

(3)　営業の種類の増加等の変更

　営業の種類の増加による変更登記は、未成年者の申請による（法36条1項）。その場合、法定代理人又は未成年後見人の許可を得たことを証する書面のほかに未成年後見監督人がないときはその旨を証する書面、未成年後見監督人があるときはその同意を得たことを証する書面を添付しなければならない（民857条、864条）。
　それ以外の変更等の登記については、委任状以外の添付書面は不要である。

(4) 新所在地における営業所移転

　営業所を他の登記所の管轄区域内に移転し、新所在地の管轄登記所に既存の営業所がない場合、新所在地において登記を申請するには、旧所在地において登記したことを証する書面を添付しなければならない（法38条）。具体的には、旧所在地において営業所移転の登記を完了した登記事項証明書が該当する。当初の未成年者登記の添付書面である法定代理人の許可を得たことを証する書面の適用がないことから、旧所在地において登記したことを証する書面の添付がないと、未成年者の営業について法定代理人等の営業の許可の有無を確認することができないからである。なお、申請書に会社法人番号等を記載した場合（法19条の3、規36条の3）や営業所を他の登記所の管轄区域内に移転し、新所在地の管轄登記所に既存の営業所がある場合、新所在地において登記を申請するには、旧所在地において登記したことを証する書面の添付は要しない。

(5) 未成年者の死亡

　未成年者の死亡による消滅の登記には、未成年者が死亡したことを証する書面と法定代理人の資格証明書を添付しなければならない（法39条）。死亡したことを証する書面としては、戸籍謄本、死亡診断書、親族からの死亡届が該当する。

(6) その他事由による消滅

　未成年者の死亡による場合以外、未成年者に関する消滅の登記申請について、法定代理人の資格証明書以外の添付書面を必要としない。

　例えば、営業の許可の取消しによる消滅の登記にあっては、その許可の取消しがされたことを証する書面の添付は不要とされる。仮に、当該登記が虚偽であったとしても、未成年者登記がない状態となるだけであり、未成年者の保護という趣旨を損なうことにならないからである。

（後見人登記の登記事項等）

第40条　商法第6条第1項の規定による登記において登記すべき事

項は、次のとおりとする。
一　後見人の氏名又は名称及び住所並びに当該後見人が未成年後見人又は成年後見人のいずれであるかの別
二　被後見人の氏名及び住所
三　営業の種類
四　営業所
五　数人の未成年後見人が共同してその権限を行使するとき、又は数人の成年後見人が共同してその権限を行使すべきことが定められたときは、その旨
六　数人の未成年後見人が単独でその権限を行使すべきことが定められたときは、その旨
七　数人の後見人が事務を分掌してその権限を行使すべきことが定められたときは、その旨及び各後見人が分掌する事務の内容
2　第29条の規定は、後見人の登記に準用する。

（申請人）
第41条　後見人の登記は、後見人の申請によつてする。
2　未成年被後見人が成年に達したことによる消滅の登記は、その者も申請することができる。成年被後見人について後見開始の審判が取り消されたことによる消滅の登記の申請についても、同様とする。
3　後見人の退任による消滅の登記は、新後見人も申請することができる。

（添付書面）
第42条　商法第6条第1項の規定による登記の申請書には、次の書面を添付しなければならない。
一　後見監督人がないときは、その旨を証する書面
二　後見監督人があるときは、その同意を得たことを証する書面
三　後見人が法人であるときは、当該法人の登記事項証明書。ただし、当該登記所の管轄区域内に当該法人の本店又は主たる事

務所がある場合を除く。
2　後見人が法人であるときは、第40条第1項第1号に掲げる事項の変更の登記の申請書には、前項第3号に掲げる書面を添付しなければならない。ただし、同号ただし書に規定する場合は、この限りでない。
3　第1項（第1号又は第2号に係る部分に限る。）の規定は、営業の種類の増加による変更の登記について準用する。
4　第38条の規定は、後見人がその営業所を他の登記所の管轄区域内に移転した場合の新所在地における登記について準用する。
5　前条第2項又は第3項の登記の申請書には、未成年被後見人が成年に達したこと、成年被後見人について後見開始の審判が取り消されたこと又は後見人が退任したことを証する書面を添付しなければならない。

本条の概要

　40条から42条は、後見人登記について規定したものである。
　40条では、後見人登記の登記事項及び登記した後見人登記の変更等の登記申請手続について定めているが、変更等の登記申請手続は商号の登記の規定が準用されている。
　41条では申請人について、42条では登記申請における添付書面について定めている。

解　説

1．後見人登記の意義

　後見人は、被後見人の財産に関する法律行為について被後見人を代表するもので、被後見人のために営業をすることができるが（民859条1項）、後見人が被後見人のために商法4条の営業をするときは後見人の登記をしなければならない（商6条）。

後見監督人があるときには、その同意を得なければならないが（民864条本文）、後見人がその同意を得ないでした営業は、後見人又は被後見人が取り消すことができる（民865条1項）。被後見人を保護する趣旨から後見人の規定について、後見人の権限の範囲等に細やかな定めがあるが、取引の安全を害するおそれもある。後見人が被後見人を代理して営業をする権限を有することとその営業の内容を公示するために登記をする。

2．登記事項

(1) 後見人の表示

被後見人を代表して営業をする後見人が誰であるかを明らかにするために氏名・住所を登記する。後見人が法人であるときは名称・住所を登記する。

民法等の一部を改正する法律（平成23年6月3日法律61号）により「後見人が未成年後見人又は成年後見人のいずれであるかの別」についてが登記事項とされた。後見人が数人いる場合、各後見人の権限について両者で基本的な考え方が相違することから登記を要すると解する。

(2) 被後見人の氏名・住所

後見人の営業による権利義務の帰属主体である被後見人を明らかにするために氏名・住所を登記する。なお、被後見人は未成年者とは限らないため、被後見人の生年月日は登記されない。

(3) 営業の種類

登記をすることができる営業の種類は、商法4条に規定する営業であり、それ以外の営業に許可を与えたとしても登記をすることはできない。また、営業の許可は一種又は数種の営業であって、営業のうち一部という制限をすることはできない。例えば、取引額等に制限を付けることはできないと解されている（前掲（110頁）我妻70頁、前掲（同）中川57頁）。

(4) 営業所

営業所の「所在場所」を登記することになるが、営業所が複数ある場合には、他の登記所の管轄区域内の営業所であっても登記する。

(5) 複数後見人の共同権限

　未成年後見人が数人あるときは、原則として、共同してその権限を行使するが（民857条の2第1項）、この場合は、その旨を登記する。

　成年後見人が数人あるときは、原則として、単独で各後見人がその権限を行使するが、家庭裁判所は、職権で数人の成年後見人が共同してその権限を行使すべきことを定めることができ（民859条の2第1項）、この場合は、その旨を登記する。

(6) 複数未成年後見人の単独権限

　未成年後見人が数人いるときは、原則として、共同してその権限を行使するが（民857条の2第1項）、家庭裁判所は職権で財産に関する権限について、各未成年後見人が単独でその権限を行使すべきことを定めることができる（民857条の2第3項）。この場合は、その旨を登記する。

(7) 複数成年後見人の権限分掌

　家庭裁判所は、職権で、数人の後見人が事務を分掌してその権限を行使すべきことを定めることができる（民859条の2第1項）。この場合は、その旨を登記する。

3．変更等の登記

(1) 管轄外への営業所移転

　後見人の営業所を管轄区域以外の登記所に移転した場合、旧所在地においては営業所移転登記を、新所在地においては後見人登記新設に準ずる登記（法40条1項各号）を申請しなければならない（法29条1項準用）。なお、後述5(2)③参照。

(2) 後見人登記の変更

　後見人は、商業登記法40条1項各号の後見人の登記事項に変更が生じたときは遅滞なくその登記を申請しなければならない（商10条）。具体的には、氏名又は名称及び住所の変更、営業の種類の増加又は営業の許可の制限、営業所の管轄内の移転があった場合には、当該変更登記を申請しなければならない。

4．申請人

(1) 原則

　後見人登記は、原則として、後見人が申請する。後見人は自己の名で登記を申請するのであり、未成年者や成年被後見人を代理して申請するものではない（商6条1項、法41条1項）。

(2) 被後見人

　未成年被後見人が成年に達したとき又は成年被後見人について後見開始の審判が取り消された場合、後見人は退任する。この場合、後見人のみならず成年に達した未成年者や後見開始の審判が取り消された被後見人による申請も認められている（法41条2項）。なお、未成年後見人登記では、未成年者登記の場合と異なり、被後見人の生年月日が登記されないため、未成年者が成年に達したことによる消滅の登記を登記官が職権申請することはできない。

(3) 新後見人

　後見人の退任による消滅の登記は、新後見人も申請することができる（法41条3項）。

　後見人の退任事由には、死亡、解任（民846条）、欠格事由に該当することとなったとき（民847条）など、後見人による消滅の登記が不可能又は困難な場合が少なくないことから、新後見人にも消滅の登記の申請権限を付与したものである。なお、この場合、新後見人は、後見人の消滅の登記のほか当然自身についての後見人登記も申請すべきである（商6条1項）。

5．添付書面

(1) 初めてする後見人の登記

① 後見監督人がないときは、その旨を証する書面

　後見監督人がないときは、後見人はその同意を得ることなく、被後見人を代表して営業をすることができる（民859条1項、法42条1項1号）。後見監督人がいないことの証明を求めることで、後見監督人があるにも

かかわらず、これをないとする虚偽の申請を防止する趣旨である。

　具体的には、未成年後見の場合は戸籍謄本等、成年後見の場合は成年後見に関する登記事項証明書を添付する。

② 後見監督人があるときは、その同意を得たことを証する書面

　後見監督人があるときは、後見人はその同意を得て、被後見人を代表して営業をすることができる（民864条、法42条1項2号）。

　具体的には、後見監督人が作成した同意書及びその同意をした者が後見監督人であることを証する戸籍謄本等（未成年後見の場合）や成年後見に関する登記事項証明書（成年後見の場合）を添付する。

③ 後見人が法人の場合の当該法人の登記事項証明書

　後見人が法人であるときは、法人の実在や名称、住所などを証するため、当該法人の登記事項証明書の添付を要する。ただし、登記申請をする登記所の管轄区域内にその法人の本店又は主たる事務所がある場合には、その法人の実在等は登記官において明らかなので添付を要しない（法42条1項3号）。

(2) 変更登記

① 後見人が法人の場合

　後見人が法人である場合、名称又は住所の変更があったときの登記には、当該法人の登記事項証明書を添付する（法42条2項）。これは、登記記録上の後見人と名称又は住所の変更後の法人が同一法人であることを証明するためである。なお、申請書に会社法人番号等を記載した場合（法19条の3、規36条の3）や登記をする登記所の管轄区域内にその法人の本店又は主たる事務所がある場合は、登記事項証明書の添付を要しない（法42条2項ただし書）。

② 営業の種類の増加

　営業の種類の増加による変更の登記については、ⅰ）後見監督人がないときはその旨を証する書面、又はⅱ）後見監督人があるときは、その同意を得たことを証する書面のうちいずれかの添付を要する（法42条3項）。

後見監督人がいる場合の営業の同意は、営業の種類を特定して与えられる。したがって、営業の種類を増加するためには、後見監督人がいるときは、その営業についての新たな同意を要する。

③ 新所在地における営業所移転

後見人がその営業所を他の登記所の管轄区域内に移転した場合の新所在地における登記の申請書には、旧所在地においてした登記を証する書面を添付しなければならない（法42条4項、38条／114頁参照）。なお、申請書に会社法人番号等を記載した場合（法19条の3、規36条の3）や営業所を他の登記所の管轄区域内に移転し、新所在地の管轄登記所に既存の営業所がある場合、新所在地において登記を申請するには、旧所在地において登記したことを証する書面の添付は要しない。

(3) 消滅の登記

① 未成年者が成年に達した場合

未成年者が成人に達したことを証する書面として戸籍謄本等を添付する。

② 後見開始の審判が取り消された場合

後見開始の審判の取消しに関する家庭裁判所の審判書の謄本を添付する（民10条）。

③ 後見人が退任した場合

ⅰ）辞任の場合は家庭裁判所の辞任許可審判書の謄本（民844条）を、ⅱ）解任の場合は家庭裁判所の解任審判書の謄本及び確定証明書（民846条、家審規87条）を、ⅲ）欠格事由該当の場合は後見人の破産手続開始決定を証する破産手続開始決定書の謄本、後見人、その配偶者又は直系血族が被後見人に対して訴訟をしたことを証する訴状の謄本と戸籍謄本等、後見人の死亡の場合は戸籍謄本、死亡診断書等を添付する（民847条）。

後見人が営業を廃止した場合や後見監督人が営業の同意を取り消したときについても後見登記の消滅登記を要するが、添付書面は不要である。

第4節　支配人の登記

(会社以外の商人の支配人の登記)
第43条　商人(会社を除く。以下この項において同じ。)の支配人の登記において登記すべき事項は、次のとおりとする。
　一　支配人の氏名及び住所
　二　商人の氏名及び住所
　三　商人が数個の商号を使用して数種の営業をするときは、支配人が代理すべき営業及びその使用すべき商号
　四　支配人を置いた営業所
２　第29条の規定は、前項の登記について準用する。

本条の概要

　本条は、商人の支配人の登記について規定したものである。会社の支配人については次条に規定されており、本条の適用はない。
　1項では自然人である商人の支配人選任の登記における登記事項について、2項ではその登記事項に変更が生じた場合の登記の取扱いについて定めている。

解　説

1．支配人選任登記の登記事項（1項）

　個人商人が支配人を選任したときは、その支配人を置いた営業所の所在地において、その登記をしなければならない（商22条、法1条の3、43条）。この登記の申請人は、当該支配人を選任した営業主である個人商人である（商22条）。無能力者が営業主である場合には、法定代理人が無能力者を代理して申請することとなる。なお、後見人が被後見人のために営業する場合については、前提として後見人の登記（法40条、商

6条）があることが必要であり、また未成年者が営業主である場合については、同様に未成年者の登記（法35条、商5条）があることが必要であると解されている（筧ほか・詳解2版（下）588頁）。

　支配人を選任することができる者は商人に限られているが、小商人は商業登記制度の適用がないため（商7条）、支配人の選任はできないと解されている（「商登法逐条解説」187頁）。

　支配人選任の登記における登記事項は、次のとおりである。

(1)　**支配人の氏名及び住所（1号）**

① 　支配人の意義

　支配人とは、営業主である商人に代わってその営業に関する一切の裁判上又は裁判外の行為をする権限を有する商業使用人である（商21条1項）。したがって、支配人は営業主と雇用関係にあることとなるが、雇用関係のない者であっても、営業主に代わって営業に関する一切の裁判上又は裁判外の権限を与えられたときには、支配人の規定を類推適用すべきであると解されている（筧ほか・詳解2版（下）587頁）。

② 　支配人の資格

　支配人は、自然人であることを要するが、意思能力があれば行為能力まで必要とはされていない。したがって、制限行為能力者を支配人に選任することはできる（民102条）。

(2)　**商人の氏名及び住所（2号）**

　本条は、自然人たる個人商人の支配人登記について定めたものであるから、自然人である商人の氏名及び住所が登記事項とされている。

(3)　**支配人が代理すべき営業及びその使用すべき商号（3号）**

　自然人である営業主が数種の営業を営む場合には、数個の商号を使用することができる（法28条2項／95頁参照）。この場合、支配人がどの営業について代理権を有するかを明らかにするため、本号の規定が設けられている。なお、自然人である営業主が数種の営業を行う場合に1個の商号だけを使用しているときには、営業のみが登記事項となる。

第43条

(4) 支配人を置いた営業所（4号）

　支配人の代理権の範囲は、営業主の一切の営業ではなく、各営業所の営業に限られている（商21条）。したがって、支配人の代理権の範囲を特定する必要があり、本号により、支配人を置いた営業所が登記事項とされている。

　支配人の登記は、支配人ごとにされるため、1営業所に2人以上の支配人を置いたときには、支配人ごとに支配人の登記をしなければならない（規56条）。なお、同一登記所の管轄区域内で2以上の営業所について同一人を支配人に選任した場合は、その営業所を一括して登記することができるとされている（筧ほか・詳解2版（下）592頁）。

2．変更等の登記（2項）

　本条1項各号に掲げる登記事項に変更が生じたとき、又は支配人の代理権が消滅したときには、それらの登記を申請しなければならない。

(1) 支配人を置いた営業所を移転した場合

　個人商人が、支配人を置いた営業所を他の登記所の管轄区域内に移転したときには、旧所在地においては営業所移転の登記を、新所在地においては本条1項各号の登記事項を登記しなければならない（法29条）。この登記の添付書面として、「旧所在地においてした登記を証する書面」が必要とされているが、具体的には旧所在地の管轄登記所の作成した登記事項証明書が該当する。新所在地の管轄登記所では、支配人選任の登記なのか、営業所移転による登記なのかを区別することができず、登録免許税算定のため必要とされている。なお、個人商人が、支配人を置いた営業所を同一登記所の管轄区域内に移転した場合は、営業所移転の登記のみを行えば足りる。

(2) 支配人の代理権が消滅した場合

　支配人の代理権が消滅したときには、その登記をしなければならない（商22条、法29条2項、43条2項）。支配人の代理権消滅事由としては、ⅰ）辞任（民651条1項）、ⅱ）解任（民651条1項）、ⅲ）営業主の破産手続開

始（民653条2号）、iv）営業又は営業所の廃止、v）支配人の死亡、後見開始又は破産手続開始（民111条1項2号）が挙げられる。このうち、iii）営業主の破産手続開始、及びv）のうち支配人の破産手続開始の場合については、裁判所書記官の嘱託によることから（破258条1項）、申請によって代理権消滅の登記を行う必要はない。

(3) **その他の登記事項に変更が生じた場合**

本条1項各号に掲げる事項に変更を生じたときには、その変更等の登記を申請しなければならない（商10条、法29条2項、43条2項）。なお、この登記の際の添付書面としては、代理人の権限を証する書面のみである。

(4) **登記記録の閉鎖**

支配人の代理権の消滅及び営業所が他の登記所の管轄区域内に移転した場合の旧所在地においてする営業所移転の登記をしたときには、その登記記録を閉鎖しなければならない（規57条1項各号・2項）。

（会社の支配人の登記）
第44条 会社の支配人の登記は、会社の登記簿にする。
2 前項の登記において登記すべき事項は、次のとおりとする。
一 支配人の氏名及び住所
二 支配人を置いた営業所
3 第29条第2項の規定は、第1項の登記について準用する。

本条の概要

本条は、会社の支配人の登記について規定したものである。会社以外の商人の支配人については前条に規定されており、本条の適用はない。

1項では、会社の支配人登記の公示方法について、2項では会社の支配人選任の登記における登記事項について、3項ではその登記事項に変

第44条

更が生じた場合の登記の取扱いについて定めている。

解説

1．会社の支配人登記の公示方法（1項）

　会社の支配人の登記は、支配人登記簿（法6条4号）ではなく、会社の登記簿（法6条5号～9号）にされる。会社の登記簿は、商業登記規則別表5から8までに掲げる各区に区分した登記記録をもって編成されており（規1条）、会社の支配人の登記は、それぞれの会社の会社支配人区にすることとなる。

2．支配人選任登記の登記事項（2項）

　会社が支配人を選任したときは、その支配人を置いた営業所の所在地ではなく、たとえ、それが支店に置いた支配人であっても会社の本店所在地において登記をする（会918条）。この登記の申請人は、当該支配人を選任した会社であり（会10条、918条）、会社の代表者が会社を代表して登記申請を行う。

　会社の支配人選任の登記における登記事項は、次のとおりである。会社の支配人登記は、会社の登記簿にされることから、「商人の氏名及び住所」は登記事項となっておらず、また会社にあっては数個の商号の使用は認められていないので、「支配人が代理すべき営業及びその使用すべき商号」についても登記事項とはなっていない。

　支配人の登記は、独立の登記であり、その選任の登記において就任年月日は公示されない。

(1)　支配人の氏名及び住所（1号）

①　支配人の意義

　会社の支配人とは、会社に代わってその事業に関する一切の裁判上又は裁判外の行為をする権限を有する会社の使用人である（商21条1項、会11条1項）。したがって、支配人は会社と雇用関係にあることとなる（123頁参照）。

② 支配人の資格

　支配人は、自然人であることを要するが、意思能力があれば行為能力まで必要とはされていない。したがって、制限行為能力者を支配人に選任することはできる（民102条）。

　会社の取締役は支配人の地位を兼ねることができるが、代表取締役を支配人とする支配人選任の登記申請は、代表取締役が支配人を兼任することは、法律上許されないものであって、これに反する代表取締役を支配人とする選任行為は無効であるとして、商業登記法24条10号により却下するのが相当であるとされている（昭40・1・19民甲104号回答）。また、一部役員の資格要件との関係から兼任・選任が禁じられる場合がある。具体的には、監査役（会335条2項）、監査等委員である取締役（会331条3項）、監査委員（会400条4項）は支配人を兼任することはできず、現在あるいはその就任の前10年間に就任する会社又はその子会社の支配人である、又はあった者は社外取締役や社外監査役には該当しない（会2条15号・16号）。その他、独占禁止法では、支配人が他の会社の役員の地位を兼ねることにより一定の取引分野における競争を実質的に制限する場合には、その兼任を禁じている（独禁13条・2条3項）。

(2) 支配人を置いた営業所（2号）

　支配人の代理権は、ⅰ）支配人は本店又は支店に設置されること（会10条）、ⅱ）支配人を設置した営業所が登記事項であることから、その範囲は支配人が置かれた営業所の事業に限られている。したがって、支配人の代理権の範囲を特定する必要があり、本号により、支配人を置いた営業所が登記事項とされている。

3．変更等の登記（3項）

　本条2項各号に掲げる登記事項に変更が生じたとき、又は支配人の代理権が消滅したときは、それらの登記を申請しなければならない。

(1) 支配人を置いた営業所を移転した場合

　支配人を置いた本店又は支店について、移転又は変更があったとき

第44条

は、本店又は支店に関する移転又は変更の登記申請と、支店を置いた営業所に関する移転又は変更の登記申請とは同時にしなければならない（規58条）。同時に申請すべき登記の申請を同時にしないときは却下される（法24条12号）。

　支配人の登記は本店所在地においてすることとされているため（会918条）、支配人を置いた本店を他の登記所の管轄区域内に移転する場合は、ⅰ）旧所在地においては、本店移転の登記と支配人を置いた営業所の変更登記を（法29条2項）、ⅱ）新所在地においては、本店移転の登記を申請しなければならない。なお、この場合新所在地における登記は、本店移転の登記のみで足り、支配人を置いた営業所の移転の登記をすることを要しないとされている（平18・3・31民商782号通達第7部第4、3⑵130頁）。支配人の登記は、これを置いた営業所の所在地でなく、本店の所在地において登記すべき事項と整理されており、新所在地への申請は、登記事項全体として本店移転の登記と評価されているものと解されている（松井・ハンドブック3版211頁）。

(2)　支配人の代理権が消滅した場合

　支配人の代理権が消滅したときは、その登記をしなければならない（法29条2項）。支配人の代理権消滅事由には、ⅰ）辞任（民651条1項）、ⅱ）解任（民651条1項、会348条2項、362条4項、590条2項、591条2項）、ⅲ）会社の破産手続開始（民653条1号）、ⅳ）営業所の廃止、ⅴ）支配人の死亡、ⅵ）支配人の後見開始、ⅶ）支配人の破産手続開始（民111条1項2号）、ⅷ）会社の解散（規59条参照）が挙げられる。このうち、ⅲ）営業主の破産手続開始、ⅴ）のうち支配人の破産手続開始の場合については、裁判所書記官の嘱託によって行われ（破258条1項）、ⅵ）会社の解散の場合については、登記官が職権で支配人の登記を抹消することから（規59条）、当事会社の申請によって代理権消滅の登記を行う必要はない。支配人を置いた支店を廃止したときは、支店廃止の登記と営業所廃止による支配人の代理権消滅の登記とは同時に申請しなければならないのは前述のとおりである（規58条）。

会社が解散した場合には、登記実務上、解散時における支配人の代理権は消滅するとして取り扱われているが（規59条）、支配人の選任や支店の設置など、清算中の株式会社が行い得るかどうかにつき解釈上争いがあった行為についても、これを可能とすることを前提とした規定が設けられている（相澤哲＝郡谷大輔「新会社法の解説（11）定款の変更、事業の譲渡等、解散・清算」商事1747号17頁（2005年）、会489条6項3号・4号）。議論のあり得るところであるが、この趣旨が実質改正を意味するものか否か明らかでないことから、商業登記規則59条では会社法制定前と同様の整理がされている（松井・ハンドブック3版214頁）。

(3)　その他の登記事項に変更が生じた場合

　本条2項各号に掲げる事項に変更を生じたときは、その変更等の登記を申請しなければならない（法29条2項）。なお、この登記の際の添付書面としては、代理人の権限を証する書面（法18条）のみである。

第45条　会社の支配人の選任の登記の申請書には、支配人の選任を証する書面を添付しなければならない。
2　会社の支配人の代理権の消滅の登記の申請書には、これを証する書面を添付しなければならない。

本条の概要

　本条は、会社の支配人の選任又は代理権の消滅の登記の申請に添付する書面を規定したものである。会社以外の支配人については、代理人によって登記を申請する場合のその権限を証する書面（法18条）のほか、商業登記法29条1項の規定による新所在地でする登記の申請に旧所在地においてした登記を証する書面の添付を要する（規60条、52条準用）ことについて規定されているが、その他の登記の申請に添付すべき書類についての規定は設けられていない。

第45条

　1項では、会社の支配人の選任の登記について、2項では会社の支配人の代理権消滅の登記について、それぞれの申請に添付しなければならない書面について定めている。

> 解　説

1．支配人の選任を証する書面（1項）

　株式会社が支配人を選任する場合、非取締役会設置会社では取締役が複数いるときには取締役の過半数の同意をもって決定し、取締役会設置会社では取締役会決議が必要であり、各取締役に決定を委任することはできない（会348条3項1号、362条4項3号）。なお、監査等委員会設置会社で取締役会決議によって重要な業務執行の決定を取締役に委任することができる場合で、委任があった場合は、当該委任を受けた取締役が選任権を持つこととなり（会399条の13第5項・6項）、指名委員会等設置会社の場合は執行役に決定を委任することができ、委任があった場合は、代表執行役が選任権を持つこととなる（会416条4項）。また、持分会社の場合、定款に別段の定めがない限り社員の過半数をもって決定する（会591条2項）。

　会社の支配人の選任の登記に際しては、選任の決定等を行ったことを証する書面として、取締役の過半数の一致を証する書面、取締役会議事録、社員の過半数の一致を証する書面、取締役の決定書の添付が必要となる。なお、就任承諾書の添付は要しない。

　支配人には他の使用人の選解任権もあるが、支配人は当然には他の支配人の選解任権はないと解されている（商21条、会11条、江頭憲治郎編『会社法コンメンタール1総則・設立(1)』163頁〔髙橋美加〕（商事法務、2008））。

2．支配人の代理権消滅を証する書面（2項）

　会社の支配人の代理権消滅の登記申請に際しては、代理権消滅事由を証する書面として、次の書面を添付する。ⅰ）辞任の場合には辞任届、ⅱ）解任の場合には解任手続を証する社員の過半数の一致を証する書面

又は取締役の過半数の同意を証する書面若しくは取締役会議事録、取締役決定書、ⅲ）会社の破産手続開始の場合には裁判所の嘱託により登記されるため申請によることを要せず、ⅳ）営業所の廃止の場合には本店所在地において支配人を置く支店廃止を証する書面、ⅴ）支配人の死亡の場合には死亡診断書又は戸籍謄本等、ⅵ）支配人の後見開始の場合には後見開始の審判書の謄本及び確定証明書等、ⅶ）支配人の破産手続開始の場合には裁判所の嘱託により登記されるため申請によることを要せず、ⅷ）会社の解散の場合には職権で支配人の登記を抹消することから申請によることを要しない。

第5節　株式会社の登記

（添付書面の通則）

第46条　登記すべき事項につき株主全員若しくは種類株主全員の同意又はある取締役若しくは清算人の一致を要するときは、申請書にその同意又は一致があつたことを証する書面を添付しなければならない。

2　登記すべき事項につき株主総会若しくは種類株主総会、取締役会又は清算人会の決議を要するときは、申請書にその議事録を添付しなければならない。

3　登記すべき事項につき会社法第319条第1項（同法第325条において準用する場合を含む。）又は第370条（同法第490条第5項において準用する場合を含む。）の規定により株主総会若しくは種類株主総会、取締役会又は清算人会の決議があつたものとみなされる場合には、申請書に、前項の議事録に代えて、当該場合に該当することを証する書面を添付しなければならない。

4　監査等委員会設置会社における登記すべき事項につき、会社法第399条の13第5項又は第6項の取締役会の決議による委任に基づく取締役の決定があつたときは、申請書に、当該取締役会の議事録のほか、当該決定があつたことを証する書面を添付しなければならない。

5　指名委員会等設置会社における登記すべき事項につき、会社法第416条第4項の取締役会の決議による委任に基づく執行役の決定があつたときは、申請書に、当該取締役会の議事録のほか、当該決定があつたことを証する書面を添付しなければならない。

第46条

> 本条の概要

　登記の申請に当たっては、その登記原因を証明するため、会社の意思決定を証する書面等の添付を要する場合が多いが、本条は、添付書面の通則規定である。なお、本条は会社に関する最初の規定であるため、添付書面一般についても解説した。

> 解　説

1．株式会社の登記事項と本条の位置付け
(1)　登記事項

　株式会社の登記すべき事項（以下、「登記事項」という。）は、会社法911条3項等や商業登記法（以下、「本法」という。）に規定されており、目的、商号、本支店所在場所、資本金の額、発行可能株式総数、発行済株式の総数、役員に関する事項や吸収合併事項などである。

　登記する際は、登記記録の「商号区」、「目的区」、「株式・資本区」、「役員区」などの該当箇所に変更事項を記録する。合併・会社分割などは「会社履歴区」、解散の事由、○○設置会社である旨などは「会社状態区」、設立等で新規に登記記録を起こした場合や清算の結了で閉鎖したような場合は「登記記録区」というところに記録される。詳細は商業登記規則別表5を参照されたい。

(2)　本条の適用範囲

　本条は、株式会社の登記の添付書面の通則であるから、本来であれば、設立や組織再編における登記申請人以外の議事録等も含むと解されるが、それらについては本法47条以下に別規定が存在するため、本条を適用するまでもない。

　これに関連して、例えば、新設分割において、新設分割計画や設立会社の定款で、本店の所在場所や株主名簿管理人等を定めなかった場合に、新設分割による設立の登記申請には、本条を根拠に、新設分割会社の取締役会議事録（非取締役会設置会社では取締役の過半数の一致があっ

第5節　株式会社の登記

第46条

たことを証する書面）の添付を要するとの見解があるが（小川ほか・通達準拠393頁、394頁）、株式会社が発起人になり子会社を設立した場合の決定方式と均衡を逸し（法47条3項参照）、疑問である（本書360頁(2)(3)参照）。

　なお、本条1項は、株式会社が組織変更する際の総株主の同意があったことを証する書面を添付する根拠規定でもあると解されている。組織変更では法人格の同一性が維持されるため（法76条）、組織変更による持分会社の設立登記を株式会社の登記と同視するためだと思われる。

(3)　添付書面として会社の意思決定書面

① 　大別して2種類の意思決定方法

　株式会社の意思決定の方法としては、代表取締役が単独で決定した場合を除くと、株主総会と取締役会の決議がよく知られているが、これらの会議体の決定方法のほかに、非会議体の決定方法として、株式会社が持分会社に組織変更する場合の総株主の同意（会776条1項）や、非取締役会設置会社の業務執行の決定である取締役の過半数の同意（会348条2項）などがある。いわゆる書面決議（会319条等）でも会議を開催しない。

　会議体と非会議体の意思決定で、どのような差があるかというと、会議体での決定方式には、「会議の招集→招集場所で審議→多数決決議」という一連の手続が必要だが、非会議体の同意方式は、これらの過程が必要なく、招集場所で同時に決定という概念もなく、議題についての同意の数だけが問題とされる。

　また、非会議体の場合は、本条1項のとおり「証する書面」の添付で足りるが、登記事項につき、会議体で決定した場合には、本条2項により、その議事録自体（原本）を添付しなければならないという差がある。

② 　会議方法の変質

　会議体方式は、招集された日時に指定場所に集合して議論することを原則としているが、情報伝達手段の発達とともに、株主総会の議決権行使において、株主総会に出席しない株主のために書面投票や電子投票の方法が認められただけでなく（会298条1項3号・4号）、株主総会の場

所に補助的な別室を設け、そこに第 1 会議場の画面を写し、出席者の音声が即時に他の場所の出席者に伝わり、相互に適時・的確な質疑応答が可能な仕組みとなっていれば、このような会議方式も認められている（会議体として一体性があれば 2 か所の会場も肯定されている。相澤哲＝細川充「新会社法の解説(7)株主総会等」商事1743号22頁（2005年））。同様に、会議場所が距離的に離れていても、テレビ会議方式や電話会議方式による会議の開催も可能である（平成14・12・18民商3045号通知）。会社法319条等の書面決議も、この発展形の 1 つと思われるが、招集と議論がなされない点で、非会議体方式に近い。

(4) 添付書面としての定款

商業登記規則61条 1 項に、要旨「定款の定めがなければ登記すべき事項につき無効又は取消しの原因が存することとなる申請については、申請書に、定款を添付しなければならない。」と規定されている。

これは会社法に「原則はAである。ただし、定款に定めればBも許容する。」とあった場合を前提に、Bに関する事項を申請する際には定款を添付しなければならないという意味である。

したがって、非取締役会設置会社の代表取締役を会社法の原則どおり株主総会で定めずに、取締役の互選で定めた場合には、会社法349条 3 項に基づき定款にその旨を許容する定めがあることを示すため、定款の添付が必要になるが、既に有効に登記された事項の効力の判断には適用されないため、取締役の任期満了による退任や辞任の登記申請の際に、任期中かどうかの判定のために定款を添付する必要はない（松井・ハンドブック 3 版415頁以下、419頁）。

また、定款の変更を決議した株主総会議事録など他の証明手段により無効又は取消しの原因が存しないことが証明されれば、商業登記規則61条 1 項を適用する必要もない（土手敏行「商業登記実務Ｑ＆Ａ(3)」登情549号52頁（2007年））。

(5) 添付書面としての代表者の証明書、原本化と原本還付

添付書面としては資本金の計上を証する書面や株券を発行していない

第46条

ことを証する書面など、代表取締役が登記所への届出印を押印して証明したものや、運転免許証の写しに本人が「原本と相違ない。氏名・印」とした本人確認証明書（本書159頁(9)・192頁①参照）などがある。当事者が記名押印（署名を含む。以下同じ。）することによって、添付書面として有効化（原本化）をはかったものといえる。

　このように、登記の添付書面は、記名押印付原本であるのを原則とするが、登記申請人（申請代理人も可）が原本と相違ない旨を記載（原本証明）した写し（登記に関係する部分だけの抄本も可。昭52・11・4民四5546号回答）を提出し、登記所が原本とその写しとを照合し一致を確認した後に、原本だけを還付することができる（規49条）。印鑑届書に添付された印鑑証明書についても、原本還付が可能である（平11・2・24民四378号通知）。

２．非会議体の同意又は一致があったことを証する書面（１項）
(1)　全員の同意があったことを証する書面

　「株主全員若しくは種類株主全員の同意を要するとき」とは、特定の株主（議決権株主、種類株主など）や総株主を対象として、会社法に①「株主の全員の同意」（会300条、783条４項）、②「株主全員の同意」（会110条、111条１項、164条２項、322条４項）、③「総株主の同意」（会424条、776条１項、783条２項など）と規定されている場合が主な例である。明文の規定はないが、いわゆる「期間短縮の同意」などもこれに含まれる。

　「同意があったことを証する書面」としては、全員の個々の同意書に限られるものではなく、「決定書」の表題で１枚にしたものや、株主全員が一堂に集合し、全員一致で決定した場合の会議の議事録形式の書面もこれに該当する。法務省のウェブサイトにある「株式会社の組織変更（株式会社→持分会社）の登記申請書」の添付書面がこの例だが、その他には、既存株式の一部を配当優先株式に変更する場合等の株主全員の同意や、株主総会招集手続の省略に関する株主全員の同意を株主全員が出席した株主総会議事録内に記載した場合も、その議事録が「同意があっ

たことを証する書面」として扱われている。

　なお、平成28年10月１日施行の改正商業登記規則により、登記事項につき株主又は種類株主全員の同意を要する場合には、申請書に、株主（又は種類）全員リストを添付しなければならないとされた（規61条２項）。前記に関する総会招集通知期間短縮の全員同意は、登記事項の議案に対する同意ではないので、株主全員リストの添付の対象外だと考える。

(2)　過半数の一致があったことを証する書面

　「ある取締役若しくは清算人の一致を要するとき」とは、非取締役会設置会社あるいは非清算人会設置会社において、ある取締役若しくは清算人の一致であって、過半数の同意（意見）が一致した場合を指す。条文でいえば、会社法348条２項の「取締役が２人以上ある場合には、株式会社の業務は、定款に別段の定めがある場合を除き、取締役の過半数をもって決定する。」（清算人の場合は、会482条２項）のことである。会社法349条３項の「定款の定めに基づく取締役の互選（中略）によって、取締役の中から代表取締役を定める。」場合も、これに該当する。「互選」というのは、自らも被選定者になれる場合の選定方法であって、協議が必要だという意味合いはない。なお、登記申請に添付する「一致があったことを証する書面」としては、「決定書」という形式の書面にすることが多い。

3．各種の会議体（２項）と条件付・期限付決議

(1)　株主総会

①　株主総会の権限と決議要件

　株主総会は、原則として、会社法に規定する事項及び株式会社の組織、運営、管理その他株式会社に関する一切の事項について決議をすることができるが、取締役会設置会社においては、株主総会は、会社法に規定する事項及び定款で定めた事項に限り、決議をすることができる（会295条１項・２項）。

　株主総会の決議には、決議要件に応じて、３種類の決議方法がある（会

309条)。会社法309条1項の普通決議（通常決議）、同2項の特別決議、同3項・4項の特殊決議といわれるものだが、説明は省略する。

② 定時株主総会と臨時株主総会

株主総会には定時株主総会と臨時株主総会の2種類がある。

定時株主総会には毎事業年度の終了後一定の時期に招集するだけでよいのか、あるいは、計算書類の報告又は承認を議案として掲げないと定時株主総会といえないのかという論点がある。取締役等の任期は、「定時株主総会の終結の時まで」（会332条1項等）とされているため、招集された株主総会が定時株主総会かどうかによって任期満了時期に影響する。

これについては、平成27年6月25日開催の株式会社東芝の株主総会で問題になった。計算書類の確定がその時期までに間に合わず、後日の臨時株主総会で計算書類を報告することにし、6月25日に「第1号議案 取締役16名選任の件」として第176期定時株主総会が開催された。結果は、取締役の任期は、この平成27年6月25日までとされ、登記も無事完了した。

これから推測して、計算書類の報告又は承認を議案として掲げなくとも、掲げたいが掲げられない事情を明らかにして一定の時期に開催した場合には、これを定時株主総会として扱ってよいということであろう。

③ 株主総会議事録の記載事項

a）会社法施行規則72条3項

株主総会議事録の記載事項は、会社法施行規則72条3項（会施95条で種類株主総会に準用）に規定されている。出席役員等の氏名は必要的記載事項だが、署名又は記名押印までは必要とはされていない。取締役会議事録では出席した取締役等の個々の賛否を明白にする必要があるが、株主総会議事録にはこのような効果がないためである（相澤ほか・論点解説495頁）。

したがって、何らの署名押印もない株主総会議事録も添付書面として有効だが、誤字脱字等があった際は、訂正印による処理ができず、差替

えになるため、登記用には、議事録作成者が押印した株主総会議事録が提出されることが多い。

株主総会議事録の作成者については、旧商法244条3項と同様に株主総会に出席した取締役（その総会終結時に退任した者を含む。）に限るとの見解（総会時点説）と議事録作成時点の取締役だとの見解（作成時点説）がある。会社法施行規則72条3項4号には役員等につき「出席した」という記載があるが、議事録作成者に関する同条同項6号にはその記載がなく、同条4項の書面決議の議事録作成者についての規定と同一表現であること、議事録は株主総会日の数日後に作成することが多く、退任者にも作成権限があるとする総会時点説には疑問があることなどからして、後者の作成時点説が正当である。もっとも、登記実務では両説ともに肯定している。

b）代表取締役選定議事録の場合

株主総会又は種類株主総会の決議によって代表取締役を定めた場合は、議長及び出席した取締役が株主総会又は種類株主総会の議事録に押印した印鑑につき市町村長の作成した印鑑証明書を添付しなければならないが、当該印鑑と変更前の代表取締役が登記所に提出している印鑑とが同一であるときは、この限りでないとされている（規61条6項）。しかし、上記のとおり、会社法施行規則72条3項は、株主総会議事録に記名押印を要求していない。

そこで折り合い点が問題となるが、株主総会の議長及び出席した取締役の全員が議事録に個人実印を押し印鑑証明書を添付するか、変更前の代表取締役が議事録作成者となり、当該代表取締役が登記所に提出している印鑑を押印すれば、他の取締役の記名押印は省略することができるとされている（小川ほか・通達準拠179頁、松井・ハンドブック3版392～394頁）。

④　株主総会議事録に関するその他の問題点

a）主要株主リストが必要になった

平成28年10月1日施行の改正商業登記規則により、登記事項につき株

第46条

主総会又は種類株主総会の決議を要する場合には、申請書に、議決権の多い順に10名又はその決議の総議決権の3分の2に達するまでの人数のいずれか少ない人数の主要株主リスト（株主の氏名・名称及び住所、所有株式数・議決権数・議決権割合を証する書面）を添付しなければならないとされた（規61条3項）。会社法319条1項（会325条で準用する場合を含む。）の書面決議の場合も同様である。

b）可否同数の際に議長に一任する決議の有効性

可否同数の際に議長に一任する決議は、議長の議決権数を増やす結果となるため、原則として無効だが、決議対象の議案の決議の際に議長が中立を保つため、意識的に議決権の行使を控える前提である場合には、議長が株主総会であれば株主として、取締役会であれば取締役として議決権を行使し、その結果として決議要件を充足した場合には一概に無効とする必要はないと考える。

c）取締役会決議事項を株主総会決議事項とすることができる

取締役会設置会社の株主総会は、「定款で定めた事項」についても決議することができる（会295条2項）。したがって、取締役会決議事項（例えば、代表取締役の選定や本店移転先の場所の決定など）についても、定款で株主総会の権限とすれば、非取締役会設置会社と同様に株主総会の権限を万能化することができる（松井・ハンドブック3版160頁、葉玉匡美編著『新・会社法100問〔第2版〕』270頁（ダイヤモンド社、2006年）参照）。

このように定めた場合でも、会社法による取締役会の決定権限を定款で奪うことができず、ちょうど、非取締役会設置会社で取締役が決定すれば済むことも株主総会で決議することができるのと同じく、取締役会でも株主総会でも決定することができる（相澤ほか・論点解説265頁）。

d）取締役会決議事項を任意に株主総会で決議した場合

公開会社の募集株式や新株予約権の発行等で、いわゆる有利発行にならないと会社は想定しながら、株主の意思を問うために任意に株主総会に付議した場合に、この株主総会議事録が適法だといえるかという問題がある。

結論としては、募集事項を決定した取締役会議事録のみを添付し、株主総会議事録を添付せずに済ませるか、法定の添付書面ではないが、取締役会議事録とともに任意に参考資料として登記申請に添付することは可能だが、取締役会議事録を添付せずに株主総会議事録だけの添付では添付書面が不足した違法の申請になる。

(2) 種類株主総会
① 株式の種類と種類株式発行会社
ａ) 株式の内容と種類

株式の内容については、会社法107条と108条で法定されており（その他としては、会322条２項の定めや単元株式数の定めがある。）、任意に定めることはできない。企業所有権の権能（使用・収益・処分）の見地から、会社法108条による株式の内容を分類すると、次のようになる（個別の解説は省略する。）。

ⅰ) 自益権関連として、配当優先株式や残余財産分配優先株式等
ⅱ) 共益権関連として、議決権制限株式、黄金株、役員選解任権付株式等
ⅲ) 処分権関連として、譲渡制限株式、取得請求権付株式、取得条項付株式、全部取得条項付種類株式

実際には、これらを組み合わせたものが多く、種類株式の名称も、Ａ種（又は甲種、第１種）種類株式などと内容が不明の名称にすることが多い。

株式の内容のうち、譲渡制限株式、取得請求権付株式、取得条項付株式については、非種類株式発行会社にあっても、全株式にその内容を持たせることができる。これが会社法107条の規定である。現実には、単一種類の非種類株式発行会社で全株式が譲渡制限株式という会社（非公開会社）が圧倒的多数である。

種類株式を定款に定める際に、「当会社は、本種類株式について株式の併合、分割、株式無償割当て又は新株予約権無償割当ては行わない。」あるいは「株式の分割や併合は普通株式と同率で行う。」などと定める

例が少なくないが、これは「株式の内容」には含まれないため、この部分を除いて申請するよう求められる場合もあるので、要注意である。

株式の内容の詳細を定款に定めずに、会社法108条3項の定めの限度で、定款に要綱（概要）だけ定めておき、詳細は、当該種類の株式を初めて発行する時までに、株主総会（取締役会設置会社にあっては株主総会又は取締役会、清算人会設置会社にあっては株主総会又は清算人会）の決議によって定める旨を定款で定めることができる。したがって、1の種類の株式につきその発行時期に応じて異なる優先配当額を定める取扱い（旧商222条3項、平2・12・25民四5666号通達参照）は、することができないことになった（平18・3・31民商782号通達第2部第2、2(2)14頁）。

この結果、例えば、配当優先株式の優先配当額につき、定款で「1株当たり300円を限度として」と定めて登記したとしても、当該配当優先株式を発行する際に「1株当たり300円」と具体的金額を定めた場合には、その旨をまた登記しなければならないことに要注意である（平18・3・31民商782号通達第2部第2、2(3)16頁、平18・4・26民商1110号依命通知）。

b）種類株式発行会社

種類株式発行会社とは、内容の異なる2以上の種類の株式を発行する株式会社をいう（会2条13号）。定款の定めにより2種類以上の株式を発行することができるようになっていれば、発行前から種類株式発行会社である。

c）株式内容の登記位置

会社法107条の取得請求権付株式と取得条項付株式は「株式・資本区」の「発行する株式の内容」に、譲渡制限株式を除く会社法108条の種類株式は「発行可能種類株式総数及び発行する各種類の株式の内容」に記録される。譲渡制限株式だけは、種類株式かどうかを問わず、「株式の譲渡制限に関する規定」に記録される（平18・3・31民商782号通達第2部第2、2(3)15頁）。旧商法時代からの慣例と、公開会社かどうかの基準として重要だからである。その他、種類株式ごとの単元株式数について

も、独立して「単元株式数」の項目に記録される。

d) 発行可能株式総数と発行可能種類株式総数

　種類株式を定款で定める場合には、その種類株式の発行数の限度を意味する発行可能種類株式総数を定めなければならない（会108条2項）。時折、「当会社の発行可能株式総数は〇〇〇株とし、その内訳は普通株式△△株、A種種類株式××株とする。」と定めた定款を見受けるが、発行可能種類株式総数と発行可能株式総数との間には直接の関係はない。発行可能種類株式総数の合計が発行可能株式総数を上回ることも下回ることも自由である（相澤哲＝岩崎友彦「新会社法の解説(3)株式（総則・株主名簿・株式の譲渡等）」商事1739号41頁（2005年））。

e) 種類株式発行会社の単元株式数と譲渡制限

　単元株式数は種類株式ごとに定められ（会188条3項）、1種類だけに定めることも可能である（松井・ハンドブック3版39頁）。ただし、数において1000株、率において発行済株式の総数の200分の1に当たる株数が上限だとされている（会施34条）。「1単元1株」も意味があるかは別として、実例もあり、肯定されている。

　全種類が同一の単元株式数だった場合や、全種類の株式に同一の譲渡制限の内容が設定されていた場合には、登記記録上、種類ごとに分けて記録する必要はなく、一括した表示が肯定されている。

② 種類株主総会と共催問題

　種類株主総会は、会社法に規定する事項及び定款で定めた事項に限り、決議をすることができる（会321条）。決議要件及び議事録の記載事項は、株主総会に準じる（会324条、325条、会施95条9号）。

　種類株主総会の決議が必要な場合は多岐にわたり全部を説明することは困難だが、平18・3・31民商782号通達第2部第3、2(6)43頁に、会社法の規定により種類株主総会の決議を要する場合が列挙されているので参照されたい。

　なお、株主総会と普通株主の種類株主総会は、議決権行使者が完全に一致する場合には共催にすることが多いが、議決権行使者が一致しない

第46条

場合でも共催自体は可能である。その際の議事録だが、旧商法時代は、株主総会議事録に単に「種類株主総会と共催になる」旨とか「種類株主総会を兼ねる」旨を挿入するだけで十分だったが、会社法になってからは、共催は可能だが、根拠条文が異なるのだから議事録を別々に作成せよという登記所もないわけではない。

しかし、議事録は登記所に提出するものばかりではなく、これをどう作成するかは会社の任意であり、法定要件を充足していれば問題がないはずである。

(3) 取締役会・清算人会
① 取締役会議事録と清算人会議事録

取締役会の議事録の作成方法は会社法施行規則101条3項、清算人会議事録は同143条3項にそれぞれ規定されている。いずれにも、出席した取締役又は清算人及び監査役が議事録に署名又は記名押印しなければならない（会369条3項、490条5項）。出席した取締役等の議題に対する個々の賛否を明白にする必要があるためである（相澤ほか・論点解説495頁）。

なお、監査の範囲を会計に関するものに限定されている監査役（会389条）は、取締役会及び清算人会に出席義務はないが、出席した場合には議事録に署名又は記名押印が必要である（相澤ほか・論点解説365～366頁）。

② 取締役会決議と特別利害関係人

取締役会決議の公正を担保するため、特別の利害関係を有する取締役は、取締役会の議決に加わることができず、定足数の算定からも除外されている（会369条2項）。この特別利害関係の範囲・程度は1つの大きな論点だが、仮に特別利害関係人が取締役会に参加していても、その者を除いても決議要件を充足していれば、登記実務上は受理される取扱いである（詳細は、松井・ハンドブック3版165頁以下）。取締役会の議案が数個あり、その1つにだけ特別利害関係があるといえる場合もあるため、取締役会に出席していたこと自体を問題にすれば別の支障が生じる

ため、登記実務の取扱いは正当である。

　複数の特別利害関係人が存在した場合の決議方法については、本書250頁4部分を参照されたい。

③　取締役会議事録に署名不可又は拒否があった場合

　取締役中に死亡その他やむを得ない事由により署名できない者がある場合には、これを証するに足る書面を添付しその他の出席取締役の署名した議事録がある場合や、出席取締役の過半数（定款をもって決議の要件を加重した場合にはその加重された数以上）の署名がある場合は有効だとされている（昭28・10・2民甲1813号回答、昭38・12・18民四313号回答）。

(4)　条件付・期限付決議問題

　一般に条件付あるいは期限付決議も有効だが、合理的期間内の期限付決議や合理的理由に基づく条件付決議に限ると解されている。もっとも、その合理性の判定については論者によって大きく異なる傾向があり、それなりの恣意性を排した基準が望まれる。一応の基準を示すと、次のとおりである。

　第1に、官庁の許認可手続の関係や合併等の一定の手続期間を要するものと同時に効力を発生させる場合は、条件付・期限付決議に合理的理由が認められる。6月の定時株主総会で翌年4月1日付の合併を決議し、同時に商号等の変更や役員の選任を決議した上場会社の実例は少なくない。

　第2に、商号変更等の定款の変更議案や募集株式の発行等の議案に関しては、半年以上先に効力が発生するものであっても、それを肯定することに特段の支障はない。9か月先の商号変更を決議した実例もある。

　これに対して、役員の選任議案については、取締役会での選任の場合を含めて、長期に浮動状態とするのは避けるべきだとされているが、会社が合理性も必要性もあるとして決議した結果を登記所で否定することについては問題もあろう。なお、期限付解散決議については、本法71条の解説を参考にされたい。

4. いわゆる書面決議の場合（3項）

(1) 書面決議とは

　会社法319条1項は株主総会につき、同370条は取締役会につき、議決権のある者全員の同意による決定を認めている。これを書面決議ということが多い。

　いずれも、決議があったことをみなすものであり、実際に会議は開催していないため、本条1項の非会議体の決定方式に類似しているが、議案が会議で決する事項とされていること、会議の招集権者の代わりに議案の提案者が法定されていること、議決権のない者は除外されていることからして本条2項の会議の代用であるため、独自に本条3項に規定されている。決定結果についても、前項の議事録と一緒に保管する必要性から、議事録に準じた書面の作成が求められている（会施72条4項1号、101条4項参照）。登記申請には、この書面の提出でよく、個々の同意書は会社で保管するだけでよい。

　会社法施行規則72条4項1号、同101条4項によると、議事録の記載事項は、①決議があったものとみなされた事項の内容、②提案者、③決議があったものとみなされた日、④議事録の作成に係る職務を行った取締役の氏名の4点である。議事がなされないため、株主数、議決権数、取締役数などを記載しないで済ませる会社も少なくない。

　会社法319条1項の見出しに「株主総会の決議の省略」、同370条には「取締役会の決議の省略」とあるとおり、会議体の意思決定そのものではないため、取締役会等による招集決定などの必要はない（江頭・会社法6版360頁は反対。詳細は金子登志雄『改正会社法と商業登記の最新実務論点』201頁以下（中央経済社、2015年））。また、会社法345条4項によると、辞任した監査役等は「辞任後最初に招集される株主総会に出席して、辞任した旨及びその理由を述べることができる。」とあるが、会社法319条は、この株主総会に該当しない。

(2) 定時株主総会の省略の可否

　定時株主総会は計算書類の承認や任期満了役員の改選などの決議事項

のほか、事業報告などの報告事項もあるため、会社法319条だけでは株主総会の省略をすることができないが、同320条が報告事項の省略を認めているため、両条を根拠にすれば定時株主総会の省略も可能である。

(3) 代表取締役選定議事録の書面決議

① 会社法319条1項の方法で代表取締役を選定した場合

　株主総会の決議を省略しているので、「議長」も「出席した取締役」も不在のため、会社法施行規則72条と商業登記規則61条6項1号の折り合い点として、議事録作成者を「議長」に相当するものとして扱い、その者が個人の実印を押し、個人の印鑑証明書を添付するか、又はその者が変更前の代表取締役の場合には当該代表取締役が登記所に提出している印鑑を押し、個人の印鑑証明書の添付を省略するかのいずれかの方法が認められている（松井・ハンドブック3版399頁）。

② 会社法370条の方法で代表取締役を選定した場合

　実際に取締役会を開催した場合に準じて取締役全員が取締役会議事録に記名押印し印鑑証明書を添付するか、変更前の代表取締役が議事録作成者となり登記所に提出している印鑑を押印していない限り、議事録は会社法施行規則101条4項のとおり作成し、取締役（監査役は不要）の全員の同意書の印に印鑑証明書を添付し、それも一緒に添付することになる（前掲松井399頁参照）。

5．監査等委員会設置会社の取締役の決定があったことを証する書面（4項）

　監査等委員会設置会社の取締役会は、監査役制度を採用する会社と相違し、業務執行の監督機能（モニタリング機能）を中心とした役割を担い、業務執行自体は専ら業務執行取締役に委ねる仕組みだから、取締役の過半数が社外取締役である場合や定款で定めた場合は、会社法399条の13第5項に列挙した最重要の事項を除いた重要な業務執行の決定を業務執行取締役に委任することができ、それが登記事項に関する決定である場合は、当該取締役会の議事録のほか、委任された取締役による当該決定

第47条

があったことを証する書面の添付が必要となる。

　なお、会社法399条の13第6項の定款の定めをした場合は、会社状態区に「重要な業務執行の決定の取締役への委任についての定款の定めがある旨」を登記しなければならないとされているので（会911条3項22号ハ）、登記記録で判明するため定款の添付は不要である。

6．指名委員会等設置会社の執行役の決定があったことを証する書面（5項）

　指名委員会等設置会社の取締役会は、監査等委員会設置会社以上に、業務執行の決定とその監督の機能を分離した仕組みの株式会社であり、取締役会の決議によって、最重要な業務執行の決定を除き、業務執行の決定を執行役に委任することができる（会416条4項）。それが登記事項に関する決定である場合は、当該取締役会の議事録のほか、委任された執行役による当該決定があったことを証する書面の添付が必要となる。

（設立の登記）

第47条　設立の登記は、会社を代表すべき者の申請によつてする。

2　設立の登記の申請書には、法令に別段の定めがある場合を除き、次の書面を添付しなければならない。

一　定款

二　会社法第57条第1項の募集をしたときは、同法第58条第1項に規定する設立時募集株式の引受けの申込み又は同法第61条の契約を証する書面

三　定款に会社法第28条各号に掲げる事項についての記載又は記録があるときは、次に掲げる書面

　　イ　検査役又は設立時取締役（設立しようとする株式会社が監査役設置会社である場合にあつては、設立時取締役及び設立時監査役）の調査報告を記載した書面及びその附属書類

ロ　会社法第33条第10項第2号に掲げる場合には、有価証券（同号に規定する有価証券をいう。以下同じ。）の市場価格を証する書面

　　ハ　会社法第33条第10項第3号に掲げる場合には、同号に規定する証明を記載した書面及びその附属書類

四　検査役の報告に関する裁判があつたときは、その謄本

五　会社法第34条第1項の規定による払込みがあつたことを証する書面（同法第57条第1項の募集をした場合にあつては、同法第64条第1項の金銭の保管に関する証明書）

六　株主名簿管理人を置いたときは、その者との契約を証する書面

七　設立時取締役が設立時代表取締役を選定したときは、これに関する書面

八　設立しようとする株式会社が指名委員会等設置会社であるときは、設立時執行役の選任並びに設立時委員及び設立時代表執行役の選定に関する書面

九　創立総会及び種類創立総会の議事録

十　会社法の規定により選任され又は選定された設立時取締役、設立時監査役及び設立時代表取締役（設立しようとする株式会社が監査等委員会設置会社である場合にあつては設立時監査等委員である設立時取締役及びそれ以外の設立時取締役並びに設立時代表取締役、設立しようとする株式会社が指名委員会等設置会社である場合にあつては設立時取締役、設立時委員、設立時執行役及び設立時代表執行役）が就任を承諾したことを証する書面

十一　設立時会計参与又は設立時会計監査人を選任したときは、次に掲げる書面

　　イ　就任を承諾したことを証する書面

　　ロ　これらの者が法人であるときは、当該法人の登記事項証明書。ただし、当該登記所の管轄区域内に当該法人の主たる事

第47条

>   　務所がある場合を除く。
>   ハ　これらの者が法人でないときは、設立時会計参与にあつては会社法第333条第１項に規定する者であること、設立時会計監査人にあつては同法第337条第１項に規定する者であることを証する書面
> 十二　会社法第373第１項の規定による特別取締役（同項に規定する特別取締役をいう。以下同じ。）による議決の定めがあるときは、特別取締役の選定及びその選定された者が就任を承諾したことを証する書面
> 3　登記すべき事項につき発起人全員の同意又はある発起人の一致を要するときは、前項の登記の申請書にその同意又は一致があつたことを証する書面を添付しなければならない。
> 4　会社法第82条第１項（同法第86条において準用する場合を含む。）の規定により創立総会又は種類創立総会の決議があつたものとみなされる場合には、第２項の登記の申請書に、同項第９号の議事録に代えて、当該場合に該当することを証する書面を添付しなければならない。

[本条の概要]

　株式会社の設立の登記申請の際の添付書面について定めた原則的規定である。１項は登記申請人につき規定し、２項で具体的な添付書面を定めるものである。３項及び４項は、２項以外の設立段階での添付書面として機関決定の書面を要求するものである。

[解　説]

１．発起設立と募集設立
(1)　株式会社の２つの設立方法
　株式会社の設立には、自ら１株以上を引き受けて最初の株主になる発

起人だけで設立する「発起設立」と、発起人だけでなく外部から出資者（株式引受人）を募ってする「募集設立」という2つの方法があるが（会25条1項）、現実には、手続の容易な発起設立が採用されることがほとんどである。すなわち、基本的には、社団の最初の構成員となる発起人が定款を作成し（会26条）、公証人による定款の認証を受け（会30条）、社団の基礎財産（資本）につき発起人が出資（金銭出資が通常）し（会34条）、社団の運営者である取締役等の役員を定めて（会38条）、役員が設立事項を調査し（会46条以下）、続いて、法人化のために設立の登記をするだけである（会49条）。

　これが募集設立になると、株式引受人の募集行為が必要なだけでなく（会57条以下）、創立総会の開催が必要となる（会65条以下）。金銭出資についても銀行等の払込保管証明書が必要となり（会64条）、発起人に信用力がないと、困難な手続となる。

　なお、種類株式発行会社の設立において、種類株式の内容が役員の選解任を対象としていた場合には、会社法40条以下の適用に注意すべきである。

(2)　発起設立における出資後の意思決定方法

　発起人が複数の場合に、発起人が出資するまでは、全員の同意又は頭数の過半数の同意で決定し、発起人が出資した後は、株式会社型の営利社団性が重視され、発起設立においては、設立時役員等の選解任については、1株1議決権の原則に基づく資本多数決で決定することになる（会40条以下）。

　この関係で、本条3項に「ある発起人の一致を要するときは、その一致があつたことを証する書面」とあるが、この「ある発起人の一致」とは、発起人の「頭数」の過半数の同意を意味するのか（相澤ほか・論点解説15頁参照）、あるいは、資本多数決原則に従った「議決権」の過半数の同意を意味するのかという論点があるが、登記実務は後者である（平18・3・31民商782号第2部第1、1⑼5頁の立場）。会社法40条1項に「設立時役員等の選任は、発起人の議決権の過半数をもって決定する。」と

第47条

明文で規定されていることを前提として、本条3項が規定されていると考えられるため登記実務が正当である。

　したがって、発起人が出資した後の決定であることを前提に、株主名簿管理人の決定、特別取締役の選定、本店や支店の所在場所の決定、支配人の選任などは、定款に何らの定めもない限り、発起人の議決権の過半数の同意が必要だと解する。非取締役会設置会社の設立時取締役が複数存在した場合に、発起人の決定により、その一部を代表取締役に選定する場合も同様である。

(3)　発起人の資格

　発起人の資格には制限がないが、定款認証の際に印鑑証明書等が必要なことから、法人格のない民法上の組合が発起人となることは事実上困難である。組合員全員を発起人にするしかない。

2．設立の登記は、会社を代表すべき者の申請によってする（1項）

　発起人の代表ではなく、設立後に会社の代表者となる者が申請すべきであるとした。したがって、登記申請人の肩書は「代表取締役」とする。本法20条1項に基づき、印鑑届を提出すると同時に申請するのが実務慣行である。

3．設立登記の添付書面としての定款（2項1号）

(1)　原始定款の作成と記載事項

　定款とは、株式会社の根本規則であり、会社の基本構造図でもあるため、会社法27条は、①目的、②商号、③本店の所在地、④設立に際して出資される財産の価額又はその最低額、⑤発起人の氏名又は名称及び住所を原始定款（最初の定款）の絶対的記載事項と定めている。

a）目的について

　現に営む予定がなくとも、また、不動産仲介業のように営業免許を取得しないと営めないものでも、目的として掲げること自体は問題ない。この目的の範囲が会社の権利能力の範囲を画するため、いたずらに制限

すべきでもない。

　目的は一般に、1、2、3、……と箇条書きで、様々な事業を列挙するが、その際に、目的としての適格を有するためには、一般に適法性、営利性、明確性、具体性の4つが必要だとされている。

　このうち、明確性とは、日本語として意味が通じるかどうかである。この明確性は時代とともに変化し、例えば、昭和の時代には、M&A仲介業についても、世人に意味が通じないとされ、企業間の資本提携の仲介などにしないと登記が受理されなかったが、現在は、その用語が一般化したため明確性に問題はない（M&AやOA機器などといったローマ字表記も肯定されている。平14・10・7民商2364号回答）。今後も新事業で問題になろうが、少なくとも現代用語辞典やインターネット等で調べれば即座に意味が判明するような用語であれば、登記審査上も問題がない（松井・ハンドブック3版10頁参照）。

　具体性に関しては、会社法の施行で、商号と目的の類似性で判定された「類似商号の禁止」が廃止されたため、事実上、目的の適格性から除外された。登記の審査の対象でもない（平18・3・31民商782号通達第7部第2、129頁）。現在は単に「事業」という単一の目的でも差し支えなく、附帯事項の部分を「適法な一切の事業」とする実例も多数存在する。

b）商号について

　株式会社であるためには、必ず商号中に株式会社という用語を挿入しなければならない（会6条2項）。株式会社A（マエ株）やA株式会社（アト株）だけでなく、○○センター株式会社A（ナカ株）などという挿入でも差し支えない。商号にローマ字やアラビア数字、（&）、（'）、（,）、ハイフン、ピリオド及び中点を用いることもできる（規50条、平成14年法務省告示315号）。法務省告示は、インターネットで「ローマ字商号」で検索していただきたい。

　商号については、不正競争防止の面から制約があることに注意すべきだが、登記上は、同一住所・同一商号以外については、受理される（法27条）。

第47条

c）本店の所在地について

定款に記載が要求されるのは、何丁目何番何号という具体的な所在場所までは必要はなく最小行政区画（市町村、東京では23区）までである（明34・8・15民刑863号回答）。任意に所在場所まで記載することは、もとより差し支えない。ビル名や何階、何号室についても同様である。また、政令指定都市や市の名称と県名が一致する場合には、都道府県名を省略して「○○市に置く。」で差し支えない（昭32・12・24民甲2419号通達）。ただし、それ以外で申請書に都道府県名の記載がない場合にも、これだけでは却下事由に該当しないとされている（同通達）。

d）設立に際して出資される財産の価額又はその最低額について

「最低額」の記載でもよいとしたのは、設立手続の過程で、発起設立を取り止めて募集設立に移行し出資額を大きくしたいということや、逆に出資を履行しない者が出現する可能性もあるからである（会36条、63条）。

e）発起人の氏名又は名称及び住所について

上記d）ととも、発起人の氏名等については定款の附則に定めるのが一般的である。設立段階でしか重要な意味を有しないからである。

この原始定款の附則につき、設立時点における事実の記載だから削除する定款の変更はできないとの見解（相澤哲「会社登記実務から見た定款認証の諸問題」公証151号18頁（2008年））もあるが、定款から削除したところで過去の事実が消えることはなく、将来に向けての定款の文面から除外するという決定にすぎないため、削除を決議する例も少なくない。

f）発行可能株式総数について

発行可能株式総数とは、その会社の株式の発行限度数であって、旧商法時代の「会社が発行する株式の総数」のことである。旧商法時代は原始定款の必要的記載事項であったが、会社法の下では、定款に「設立に際して出資される財産の最低額」の記載でもよいとしたことに鑑み、発行可能株式総数を増加したい可能性や株式の引受けが失権することもあるので、後日の決定又は変更でよいとした（会37条1項・2項参照）。

なお、公開会社は「設立時発行株式の総数は、発行可能株式総数の4分の1を下ることができない。」（会37条3項）とされている。公開会社では、募集株式の発行が原則として取締役会に授権されているため、取締役会への授権範囲を制限したものである。この関係で発行可能株式総数のことを授権資本や授権株式数あるいは授権枠ということもある。

g）公告方法について

公告方法は、①官報又は②時事に関する事項を掲載する日刊新聞紙に掲載する方法と③電子公告による方法の3つが認められているが（会939条1項）、定款に定めない場合は官報に掲載する方法とみなされる（会939条4項）。

公告方法として「A及びBに掲載する。」はもちろん可能であるが、「A又はBに掲載する。」は、いずれかに掲載されるのか不明のため許されない（大5・12・19民1952号回答）。日刊新聞紙を公告方法とする場合に「東京都で発行する○○新聞」などと地域限定にすることは可能である。

電子公告の場合、定款では電子公告にする旨だけを定めることで足り、実際のURLについては代表取締役が決定することになり、代理人によって申請する場合は、委任状にそのURLを記載することで足りる。なお、電子公告による場合に限り、「ただし、事故その他やむを得ない事由により電子公告をすることができない場合には、○○新聞に掲載してする。」などといった予備的方法を定款に定めて登記することができる（会939条3項後段）。

h）相対的記載事項

種類株式など定款に定めないと効力を認められない事項を相対的記載事項というが、大量に存在する。会社法の条文に「定款で定めなければならない。」や「定款に別段の定めがある場合」などと規定された事項である。後記する変態設立事項（会28条）もこの1つである。

i）任意的記載事項

以上のほか、会社法29条が任意的記載事項を認めている。実務上多い

第47条

のは、定時株主総会の招集時期、株主総会や取締役会の招集権者や議長、取締役や監査役の員数限度、事業年度（決算期）等だが、登記事項である設立時役員の氏名や資本金の額、本店所在場所などを定款の附則に定める例も少なくない。これらに関して発起人の決定書を不要とする効果があるためである。なお、会社法29条は設立時に限定された規定ではなく、設立後にも適用される。

(2) 定款の認証

　原始定款に限り、法人の本店又は主たる事務所の所在地を管轄する法務局又は地方法務局に所属する公証人の認証が必要である（会30条）。公証人の認証手数料は5万円（公証人手数料令35条）である。

　定款の認証後は、原則として認証された定款そのものを変更することはできないが、些細な誤字脱字等であれば、無料で「誤記証明書」を発行してもらうことができ、これは登記申請後にも登記が完了していない限り可能である。

4．定款以外の設立登記の添付書面（2項2号から12号まで）

(1) 設立時募集株式の引受けの申込み又は会社法61条の契約を証する書面（2号）

　募集設立の場合に必要となる。設立後の本法56条1号に対応した規定である。設立時募集株式の割当ては各発起人の権限だとされている（会60条、前掲（135頁）土手50頁）。

(2) 定款に変態設立事項が記載又は記録されていたとき（3号）

　定款に記載された会社法28条所定の事項（現物出資事項、財産引受け、発起人の報酬等、設立費用）を変態設立事項というが、これらの場合は財産を過大に評価して会社の基礎を危うくする危険があるため、それらの調査を目的として、原則として、裁判所に対し、検査役の選任の申立てをしなければならない（会33条）。ただし、本号のロやハの場合は、例外として検査役の選任の申立てを要しないとされている。

　以上は設立後の本法56条3号に対応した規定であるため、現物出資の

詳細は、そちらを参考にしていただきたい（本書221頁(4)部分）。いずれにしろ、定款に変態設立事項が記載又は記録されていたときは、検査役の調査報告書又は取締役等の設立調査報告書（会46条）や本号所定の書面、資本金の額が法令の規定に従って計上されたことを証する書面（規61条9項、以下「資本金計上証明書」と略すことがある。）が設立登記の添付書面となる。

したがって、これを回避するため、実際の会社設立手続では金銭のみの出資とし、変態設立事項を定款に定めないのが一般的である。

(3) **検査役の報告に関する裁判があったときは、その謄本（4号）**

変態設立事項の変更を命ずる会社法33条7項の裁判があった場合である。

(4) **金銭出資の払込みがあったことを証する書面（5号）**

① 払込みの方法

発起設立では会社法34条2項に定める銀行等の金融機関を払込みの取扱いの場所として払い込まなければならない。この場合、銀行等は「払込みの取扱いの場所」にすぎず、払込みの事務を取り扱う機関ではないから、設立時代表取締役作成の払込みがあったことを証する書面に出資金が払い込まれた事実が記載されている発起人の「銀行名・口座番号・口座名義人の分かる預金通帳の表紙、支店名が記載された頁、入金が記録された頁」の写しを合綴したものが使われることが多い。設立中の会社の機関は各発起人個々であるため、払込取扱場所の発起人の預金口座に支払えばよいとされているためである。

払込みがなされれば、それで払込みは完了したから、設立登記前であっても、払い込まれた金銭を設立手続のために利用することは差し支えない（小川ほか・通達準拠65頁以下）。

また、払込取扱場所は1つ、発起人は1人とは限らないから、発起人が複数の場合に、各発起人の口座にそれぞれが各人の出資金を払い込み、それらの預金通帳の写しを合綴したものでも差し支えない。払込みも振込みである必要はなく、払込人名が通帳に記載されない単なる入金

第47条

でも差し支えない。他の支払と合算して支払うことも可能である。結果的に発起人自身が自身の銀行口座に払い込んだ形になっても、出資者たる発起人が設立中の会社の機関である発起人に払い込んだものだから、特段の問題も生じない。

この点で、設立時代表取締役の個人の預金口座に支払をすることもあるが、設立時代表取締役は設立中の会社の機関ではないから、この場合には発起人代表が設立時代表取締役に対し払込金の受領権限を委任した代理権限証書をも添付する取扱いである。もっとも、発起人の一人から委任があれば足りるとされている（小川ほか・通達準拠66頁以下）。

募集設立では、銀行等の保管証明書が必要である（会64条）。

② 払込みの時期

払込みは、定款の認証によって定款が有効になり（会30条1項）、また発起人全員の同意による「発起人が割当てを受ける設立時発行株式の数とそれと引換えに払い込む金銭の額」（会32条1項1号・2号）の決定後でなければならない。そうでなければ、決定されていないのに出資したことになる。

しかし、現実には、払込額について定めた定款作成後又は発起人全員の同意で以上を決定後で定款認証前に出資する例も少なくなく、これを全て無効とするのは適当ではない。定款の認証を条件に事前に払い込んだともいえるからである。登記実務もこれを肯定している。

(5) 株主名簿管理人との契約を証する書面（6号）

設立時取締役の権限は限定されているため、発起人代表との契約書になろうが、設立の登記申請人が「代表取締役」として申請するのに合わせ、代表取締役の名で契約しても、受理されるものと考える（新設型再編ではこの方法が多い。書式精義全訂5版180頁以下も同様）。

(6) 設立時代表取締役を選定したときは、これに関する書面（7号）

取締役会設置会社でも会社の成立前は取締役会が存在しないため、設立時取締役の互選で選定することになる（会47条1項）。非取締役会設置会社では設立時取締役が複数人存在しても、互選で定める旨の会社法の

規定がないため、発起人が選定する（本書151頁(2)部分参照）。

　定款に「当会社の代表取締役は取締役の互選によって定める。」とあっても、これは「設立時」代表取締役には適用されない。会社法29条に基づき定款で直接定めることや、定款に選定方法（例えば、設立時代表取締役は設立時取締役の互選で定める旨）を定めて、それによることはもとより差し支えない。

(7)　指名委員会等設置会社を設立するときは、8号の書面（8号）

　本号に規定する設立時執行役の選任並びに設立時委員及び設立時代表執行役の選定は、いずれも設立時取締役の過半数をもって決定するため（会48条）、その決定書を添付することになる。指名委員会等設置会社は取締役会設置会社でなければならないが（会327条1項）、会社成立前には取締役会も設立時取締役会というものも存在しないからである。

　なお、設立時執行役が1人であるときは、その者が設立時代表執行役に選定されたものとされている（会48条1項3号ただし書）。

(8)　募集設立のときは、創立総会及び種類創立総会の議事録（9号）

　募集設立で創立総会や種類創立総会の決議があった場合は、その議事録を添付する必要がある。書面決議という場合もある（会82条、86条）。

(9)　設立時取締役等の役員が就任を承諾したことを証する書面（10号）

　会社と取締役等との関係は委任関係であるため、就任の承諾が必要である。設立時取締役等の選任に関しては、本条3項や本項9号による。

　非取締役会設置会社の設立時取締役及び取締役会設置会社の設立時代表取締役の就任承諾書には同人の個人実印を押し、印鑑証明書の添付が必要である（規61条4項・5項）。また、その他の設立時取締役、設立時監査役、設立時執行役の場合は就任承諾書には住所を記載し、その氏名・住所につき市町村長その他の公務員が職務上作成した証明書（当該取締役等が原本と相違がない旨を記載した謄本を含む。）を添付しなければならない（規61条7項）。これを一般に「**本人確認証明書**」というが、具体的には住民票の写しや運転免許証の写し（本人の原本証明付）が利用されている（詳細は本書192頁①部分）。

第47条

⑽　設立の会計参与又は会計監査人を選任したときは、11号の書面（11号）

　設立後の本法54条2項に準じた規定であるため、同条項を参照されたい。

⑾　特別取締役による議決の定めがあるときは、12号の書面（12号）

　設立段階では取締役会が存在しないため、発起設立にあっては、発起人の議決権の過半数をもって議決の定めを決定し、特別取締役を選定し（本書151頁(2)部分参照）、募集設立にあっては、創立総会で議決の定めの設定を決議し、特別取締役を選定するものと思われる（会88条）。

　また、定款で定めることも、定款で定めた方法（例えば、設立時取締役による過半数の決定）によることも可能である。それらに応じた選定書面と就任を承諾したことを証する書面を添付することになる。

5．発起人全員の同意又はある発起人の一致があったことを証する書面（3項）

⑴　全員又は過半数の同意があったことを証する書面

　株式会社の設立前には、株主総会も取締役会も存在せず、発起人会という法定の会議体も存在しないことから、設立に関する事項は発起人が決定するのが原則だから、登記事項に関する決定があった場合には、その決定を証する書面の添付が必要となる。決定方法に関しては、発起人全員の同意については、本法46条解説内の本書136頁(1)部分、ある発起人の一致については、その決定事項を含め、本条解説内の本書151頁(2)部分を参照されたい。

　発起人全員の同意を要する事項としては、定款に定めていない場合に、

　　一　発起人が割当てを受ける設立時発行株式の数
　　二　前号の設立時発行株式と引換えに払い込む金銭の額
　　三　成立後の株式会社の資本金及び資本準備金の額に関する事項

が主なものだが（会32条1項）、発行可能株式総数の定めの設定又は変更（会37条）もある。定款をもって、設立時役員を定める場合（会38条4項）

も、定款での定めであることを理由に同じである。

(2) **設立時発行株式の数と払込金額と資本金の額**

　株式会社を設立する際に、1株当たりの払込金額を何円とするかは発起人次第である。旧商法時代の最低額が5万円だったためか、5万円とする例が多いが、上限も下限もない。

　出資金総額のうち2分の1以上は資本金の額にしなければならない（会445条2項）。株式会社の設立登記の登録免許税の額は資本金の額で決まり、その1000分の7を基本として最低額は15万円である。

　会社法の下では資本金の額に制限はないが（旧商168条ノ4には、1000万円を下ることができないとする最低資本金制度があった。）、通常の設立の場合、最低額は1円である。平成18年5月の会社法施行当初は会社計算規則に費用控除の規定（出資金総額から設立費用を控除することができる旨の規定）があったため資本金の額0円も認められていたが、この費用控除の規定は、凍結中であり（計附則11条）、現在では認められない。ただし、新設型再編（新設合併・新設分割・株式移転）の際は、費用控除は無理でも、資本金の額を0円とすることは肯定されている。

(3) **出資の時期と役員選任時期**

　設立時役員等は発起人の出資後に資本多数決原理に基づき選任するのが会社法の建前であるが、現実には、発起人全員の同意により出資前に選任することも少なくない。出資を暗黙の条件にした選任と解釈することもできようが、登記実務は厳格に対応することが多い。定款で設立時役員等を定めた際は、会社法38条4項で、「出資の履行が完了した時に選任されたものとみなす。」とされているため、定款以外で定めた場合も、消極に解するためである。

6．創立総会又は種類創立総会を省略し書面決議をした場合（4項）

　募集設立の場合だが、創立総会議事録等の代わりに、書面決議（会82条）をしたことを証する書面を添付することでもよい。

7．資本金計上証明書

　商業登記規則61条9項に「設立の登記の申請書には、資本金の額が会社法及び会社計算規則の規定に従つて計上されたことを証する書面を添付しなければならない。」とあるが、金銭出資のみの場合は、添付不要とされている（平19・1・17民商91号通達）。計上される資本金の額の計算に当たり、設立に要した費用を控除することができるとする規定（計43条1項3号）は凍結されているだけでなく（計附則11条）、設立の場合には資本金の額の増加にならない自己株式が交付されることもないため、払込みがあったことを証する書面だけで十分に計算できるからである。

（支店所在地における登記）
第48条　本店及び支店の所在地において登記すべき事項について支店の所在地においてする登記の申請書には、本店の所在地においてした登記を証する書面を添付しなければならない。この場合においては、他の書面の添付を要しない。
2　支店の所在地において会社法第930条第2項各号に掲げる事項を登記する場合には、会社成立の年月日並びに支店を設置し又は移転した旨及びその年月日をも登記しなければならない。

本条の概要

　本条1項は、本店及び支店の双方の所在地において登記すべき事項については、本店の所在地で登記を先行して完了させ、それを証する書面のみを支店所在地での登記申請に添付することを求めたものである。
　本条2項は、新たに支店の所在地で登記記録を起こす場合の登記事項につき定めたものだが、本稿では、支店の廃止についても触れた。

解　説

1．支店の所在地において登記すべき事項と添付書面（1項）
(1) 支店とは

　支店とは営業活動において一定の独立性を備えた会社の従たる営業所である。古くは、営業地域を中心とした本店と場所を異にする概念だとされていたが、現在では担当事業内容の相違を基準に本店と同一場所であることや、同一場所に複数の支店（○○担当支店と△△担当支店など）の存在も認められている。

　支店に大阪支店や名古屋支店と名称をつける場合もあるが、それは法律上の登記事項ではなく、その所在場所だけが登記事項である（同一場所に複数の支店が存在する際は、識別の基準として所在場所の末尾に支店名等をかっこ書で付す習わしである。）。

(2) 支店所在地の登記事項

　支店の所在地における登記事項（会930条2項）は、支店所在地を管轄する登記所に備えられた株式会社登記簿に記録される。支店の所在地ごとではなく、支店所在地を管轄する登記所ごとに支店の登記記録が存在する。

　登記所単位で登記記録が編成されるのは、支店が本店所在地を管轄する登記所内にある場合も同様であり、本店の登記記録のほかに独自に支店所在地の登記記録が存在するわけではない（会930条1項本文かっこ書）。外国にある支店は、本店所在地における登記記録に登記されるだけである。

　会社法が定める本店所在地と登記所の管轄を異にする日本国内の支店所在地における登記事項は、「商号、本店の所在場所、支店（その所在地を管轄する登記所の管轄区域内にあるものに限る。）の所在場所」の3点のみである（会930条2項）。その他として、本法が定める登記事項として、本条2項により支店所在地で最初に登記記録を起こす際には、「会社成立の年月日並びに支店を設置し又は移転した旨及びその年月日をも登記

第5節　株式会社の登記　　163

しなければならない。」とされている。「会社成立の年月日」を登記させる理由は、会社の住所とともに、会社を特定し識別する機能を果たさせるためだと思われる。

　これらの登記事項は、いずれも本店及び支店の所在地において共通する登記すべき事項であって、支店独自の登記事項というものは存在しない。いわば、支店登記記録は本店登記記録の抄本の機能しか有しない。支店に支配人（支店長）が存在しても、本店所在地における登記記録に記録され（会918条）、支店所在地における登記記録には記録されない。

　その他、商業登記等事務取扱手続準則60条2項・3項に基づき同一登記所管内に複数の支店が存在するときは、便宜、登記した順序に従い、1、2、3………という支店番号が付される。同じ支店でありながら、本店所在地での支店番号と支店所在地での支店番号の間には直接の関係はない。

(3)　**本店の所在地においてした登記を証する書面の添付**

　本店所在地での登記と支店所在地での登記は、本来、それぞれ独自のものである。極端な場合、本店所在地における登記記録には支店が登記されていながら、支店所在地には当該会社の支店所在地における登記記録が見当たらないという例さえ存在する。登記所の管轄が相違するため、このような違法状態も見過ごされがちである。

　本店所在地での登記と支店所在地での登記が必要な場合における支店所在地での登記の方法は本条1項に定められており、まず本店所在地での登記を先行させ、その登記の完了後に、その登記をしたことを証する書面を添付し支店所在地で登記を申請することになる。この場合においては、他の書面の添付を要しない。申請代理人が申請する際でも委任状さえ不要である。虚偽登記のおそれがないからである。

　また、その際に「登記すべき事項は、本店の所在地においてした登記を証する書面の記載を引用して記載することができる。（中略）引用するには、登記すべき事項を明らかにしてしなければならない。」（規62条）とされている。

もっとも、この商業登記規則62条は、支店所在地における登記すべき事項が原則として本店所在地における記録すべき事項と共通であった会社法施行（平成18年5月）以前の紙（書面）申請が主流の時代の遺物であり、現在は、本法19条の3により、申請書に会社法人等番号を記載した場合は登記事項証明書の添付さえ不要とされている（平27・9・30民商122号通達）。

2．支店の設置、廃止及び移転（2項）
(1) 支店の設置
　既に支店登記記録が存在する登記所内で、新支店を設ける場合には、既存の支店記録に、支店所在場所が記載され、登記所によって支店番号が付されるだけだが（登記申請の原因は「平成○年○月○日設置」）、支店登記記録の存在しない登記所内に最初の支店を設ける場合には、会社法930条2項各号に掲げる事項（商号、本店の所在場所、支店の所在場所）以外に、「会社成立の年月日並びに支店を設置し又は移転した旨及びその年月日」も登記しなければならない。会社成立年月日以外の「支店を設置し又は移転した旨及びその年月日」は、登記記録を起こした事由だから登記記録区に「平成○年○月○日支店設置」や「平成○年○月○日○県○市○町○丁目○番○号から支店移転」と記録される（規64条参照）。会社の成立と同時に支店を設けた場合は、登記記録区に「設立」と記録される。

(2) 支店の廃止と管轄外への支店移転
　本店所在地での登記記録上は、支店の廃止も移転も、支店区に「平成○年○月○日廃止」あるいは移転先を記録し登記原因に「平成○年○月○日移転」とするだけだが、支店所在地における登記は、実に複雑である。以下のとおりである。

ⅰ）支店所在地の登記記録に他の支店が記録されている場合
　この場合は、本店所在地への申請と同様に、登記の対象となった支店に抹消線を引き、その横に「平成○年○月○日廃止」あるいは「平成○

第49条

年〇月〇日移転」と登記するだけである。移転先の所在場所は、本店所在地の登記記録で確認するほかない。

　ⅱ）支店所在地の登記記録に他の支店が記録されていない場合

　不要になった支店登記記録を閉鎖するため、登記記録区に「平成〇年〇月〇日〇県〇市〇町〇丁目〇番〇号の支店廃止」あるいは「平成〇年〇月〇日〇県〇市〇町〇丁目〇番〇号の支店を△県△市△町△丁目△番△号に移転」と記録する。

　ⅲ）支店移転先の支店登記記録に他の支店が記録されている場合

　支店移転先の登記所で初めての支店の登記になる場合は、登記記録区に「平成〇年〇月〇日〇県〇市〇町〇丁目〇番〇号から支店移転」と記録し新たに登記記録が起こされるが、既に他の支店が存在し支店登記記録が存在する場合には、本店所在地への申請と同様に「平成〇年〇月〇日移転」と記録するだけである。移転元の所在場所については記録されないため、本店所在地の登記記録で確認するほかない。

3．支店に支配人が存在する場合（規58条）

　会社の支配人を置いた支店について移転、変更又は廃止があったときは、本店又は支店に関する移転、変更又は廃止の登記の申請と支配人を置いた営業所に関する移転、変更又は廃止の登記の申請とは、同時にしなければならないとされている（規58条）。しかし、支配人の登記は本店の登記記録の支配人区に登記されるだけであるため、支店所在地における登記記録に影響することはない。

第49条　法務大臣の指定する登記所の管轄区域内に本店を有する会社が本店及び支店の所在地において登記すべき事項について支店の所在地においてする登記の申請は、その支店が法務大臣の指定する他の登記所の管轄区域内にあるときは、本店の所在地を管轄する登記所を経由してすることができる。

2　前項の指定は、告示してしなければならない。
3　第１項の規定による登記の申請と本店の所在地における登記の申請とは、同時にしなければならない。
4　申請書の添付書面に関する規定は、第１項の規定による登記の申請については、適用しない。
5　第１項の規定により登記を申請する者は、手数料を納付しなければならない。
6　前項の手数料の額は、物価の状況、次条第２項及び第３項の規定による通知に要する実費その他一切の事情を考慮して、政令で定める。
7　第13条第２項の規定は、第５項の規定による手数料の納付に準用する。

本条の概要

「本支店一括登記申請」と一般的にいわれているものだが、本店と支店で共通の登記事項があった場合には、本店での登記を完了した後に支店で改めて登記を申請する必要もなく、時間を節約するため、一括して同時経由申請を認めたものである。

解　説

1．全ての商業登記庁で本支店一括申請が可能（１項・２項・３項）
(1) 本支店一括申請とは

本条は本店と支店が所在地を異にして登記所の管轄が異なった場合を前提に、両登記所の共通の登記事項につき、支店での登記申請を本店所在地の管轄登記所経由で、本店での登記と同時に申請することを認めたものである。

その方法としては、「支店の所在地においてする登記の申請と本店の所在地においてする登記の申請とは、同一の書面でしなければならな

第49条

い。」とし（規63条1項）、申請内容につき「その所在地を管轄する登記所ごとに整理してしなければならない。」とされている（同2項）。すなわち、本店での登記申請書と支店での登記申請書に分けずに、1つの申請書に一括して記載するが、本店と支店ごとに整理して全申請事項を記載しなければならないということである。支店の管轄外移転であれば、本店管轄と支店移転元管轄、移転先管轄の3つの登記所向けの記載が必要である。

なお、本条1項には、法務大臣の指定する登記所とあるが、現在では全ての商業登記庁で対応可能であり、指定登記所かどうかを調べる必要はない。オンラインによる本支店一括登記申請も、もちろん可能である。

(2) 他の申請事項とともに申請可能

本店での登記申請においては、本店と支店で共通の登記事項以外が加わっても差し支えない。他の同時申請も含む。例えば、A株式会社がB株式会社を合併消滅会社として吸収合併による変更登記を申請すると同時にC株式会社に商号を変更する場合は、A株式会社の本店所在地の申請は吸収合併と商号変更になるが、この商号変更部分につき本支店一括申請が可能である。

合併消滅会社B株式会社に支店が存在するときは、B株式会社の本店所在地がA株式会社の本店所在地と登記所の管轄を同一とする限り、この吸収合併による解散の登記につき本支店一括申請が可能である。

A株式会社が本店移転する場合でも、支店での本店移転登記申請と本支店一括登記申請をすることができる。管轄外への本店移転の場合は、移転先の登記所の審査を待って本店の移転登記がなされるが（法52条4項）、この点は、本支店一括登記申請の場合も同様である。

ただし、本店の移転先が支店所在地を管轄する登記所内にあるときは、本支店一括登記申請をする意味がない。それをせずに、支店所在地を管轄する登記所の支店記録は、新たに起こされる本店登記記録と併存する事態になるため、登記官の職権によって、閉鎖されるからである（規65条4項）。

2．支店所在地の登記に関する添付書面の規定は不適用（4項）

　本法48条1項では「支店の所在地においてする登記の申請書には、本店の所在地においてした登記を証する書面を添付しなければならない。」とされているが、本支店一括登記申請には、適用されない。本支店一括登記申請では、支店の所在地においてする登記の申請も本店の所在地においてする登記の申請と同一の書面でなされているからである（規63条1項）。

3．登記手数料が必要である（5項・6項・7項）

　手数料令（昭和24年5月31日政令140号）が定められており、その12条で本書発行時現在、1件300円の手数料が必要である。収入印紙での納付が原則だが（法49条5項・7項、13条2項、規63条3項、106条2項）、登録免許税ともども電子納付等（登免24条の2、登免規23条）も可能である。

第50条　本店の所在地を管轄する登記所においては、前条第1項の登記の申請について第24条各号のいずれかに掲げる事由があるときは、その申請を却下しなければならない。前条第5項の手数料を納付しないときも、同様とする。

2　本店の所在地を管轄する登記所においては、前条第1項の場合において、本店の所在地において登記すべき事項を登記したときは、遅滞なく、同項の登記の申請があった旨を支店の所在地を管轄する登記所に通知しなければならない。ただし、前項の規定によりその申請を却下したときは、この限りでない。

3　前項本文の場合において、前条第1項の登記の申請が設立の登記の申請であるときは、本店の所在地を管轄する登記所においては、会社成立の年月日をも通知しなければならない。

4　前2項の規定による通知があつたときは、当該支店の所在地を

第50条

> 管轄する登記所の登記官が前条第1項の登記の申請書を受け取つたものとみなして、第21条の規定を適用する。

本条の概要

　本支店一括登記申請とは、本店での登記と支店での登記の2つを登記所の管轄が異なるにもかかわらず本店所在地の登記所に1つの申請で一括してなすものだが、一括申請が成り立たない場合は、却下される。また、一括申請は、同一の書面（規63条1項）で1つの申請でなされているため、申請書の送付という問題が生じる余地がない。そのため、2項以下が定められている。

解　説

1．本支店一括申請の却下とは（1項）

　1つの申請書内の一括申請の対象のうち、無効部分だけの一部却下であり、同時に申請した一括申請と無関係な役員変更等まで却下されるわけではない。

2．申請書送付方式ではなく通知方式（2項・3項）

　本店移転や合併などの同時かつ経由申請では、「同時申請1／2」と「同時申請2／2」などという複数の申請書を提出し、当該登記所の審査が終わったら、同時に申請された他管轄の「2／2」の申請書を管轄登記所に送付する仕組みだが（法52条2項、83条2項ほか）、本支店一括登記申請では、申請書自体が1つしかない。したがって、申請書の送付の代わりに「遅滞なく、同項の登記の申請があった旨を支店の所在地を管轄する登記所に通知しなければならない。」とされている（2項）。会社の設立と同時に支店を設けた場合には、その一括した申請書に会社成立の年月日（登記した日）が記載されていないため、これについても通知が必要である（3項）。

3．申請書のみなし受付（4項）

登記の申請は、原則として書面でしなければならないため（法17条1項）、本条2項及び3項を書面申請の例外と位置付けるかが問題となるが、「登記の申請書を受け取ったものとみなして」、原則を維持した規定である。

（本店移転の登記）
第51条　本店を他の登記所の管轄区域内に移転した場合の新所在地における登記の申請は、旧所在地を管轄する登記所を経由してしなければならない。第20条第1項又は第2項の規定により新所在地を管轄する登記所にする印鑑の提出も、同様とする。
2　前項の登記の申請と旧所在地における登記の申請とは、同時にしなければならない。
3　第1項の登記の申請書には、第18条の書面を除き、他の書面の添付を要しない。

本条の概要

現（旧）登記所管轄外への本店移転の登記申請につき、他（新）管轄分の申請も現（旧）登記所経由ですること（1項）、それも同時に申請すること（2項）、その際の添付書面等について定めたもの（3項）である。

解説

1．本店移転及び移転日とは
(1) 本店の移転と変更

本店移転とは、本店の所在場所を別の場所に移転することである。場所の移転を伴わなければならないから、「○○町1－2－3」を「○○町一丁目2番3号」と表記を改めた場合や、本店所在場所として登記済

第51条

みのビル名の削除などは本店の変更であって移転には該当しない。念のため、前者の単なる表記の変更は代表取締役の権限だが、後者は、どの範囲まで登記するかという価値判断に基づくため、取締役会議事録等を添付する必要があると考える。

(2) 管轄内本店移転と管轄外本店移転

　同一登記所管轄内での本店移転の場合は、現在使用中の登記記録を閉鎖しないため、商号区の「本店」部分に本店移転事項を記載する。登記原因は、「平成○年○月○日移転」である。

　管轄外への場合は、旧管轄の登記記録を閉鎖し（旧管轄に支店が存在した場合を除く。規80条）、新管轄で新たに登記記録を起こす必要上、登記記録に本店移転事項が記録される。旧管轄の登記記録区には「平成○年○月○日△県△市△町△丁目△番△号に本店移転」とし登記記録を閉鎖し、移転先の新登記記録には「平成○年○月○日○県○市○町○丁目○番○号から本店移転」と記録し新登記記録が編成される。

　新管轄で新たに登記記録を起こす関係で、新管轄の登記所に対して、印鑑届を提出し（法20条）、かつ現に効力を有する登記事項の全部について申請しなければならない（平19・11・7民商2404号回答参照）。旧管轄の登記記録の内容は、以後、閉鎖された登記記録となり、旧管轄と新管轄の登記記録は連続した1つの本店に関する登記記録として機能する。

(3) 本店移転日とは

　本店を移転した日とは現実に移転した日だと解されているが、その日が本店の移転の日であると法的な意味付けをするのは会社（取締役会、非取締役会設置会社では株主総会又は取締役の過半数の一致）の決定であるから、移転日については、会社の決定と現実の移転の双方（2つの要件の具備）が必要である。

　会社で定めた日より前に現実に移転した場合は、2つの要件が具備した会社で定めた日を移転日として登記する。言い換えれば、事実上の移転を法律上の移転の日に高めた日は会社で決定した日である（昭35・12・6民甲3060号回答）。

会社で定めた日より後に現実に移転した場合は、会社の決定が失効しているので、現実に移転した日をもって本店の移転日と評価することができず、登記は受理されない（法24条9号）。再度、会社で、その移転日以降の日をもって移転の日と定め、登記しなければならない。

会社で定める移転の時期は、ある程度の幅が許される。例えば、平成〇年〇月初旬と定め、実際に移転した日が平成〇年〇月1日から10日までの日であれば、登記も受理される（支店の移転日に関する昭41・2・7民四75号回答参照）。

2．同時経由申請（1項・2項・3項）

(1) 同時経由申請とは

管轄外への本店移転では、旧管轄登記所宛申請書と新管轄登記所宛申請書の2つが必要である。この2つを「同時」に旧管轄登記所に提出する。新管轄宛は旧管轄登記所「経由」で新管轄登記所に送付されるのであって、旧管轄登記所宛に申請するわけではない。これを定めたのが本条1項と2項である。

実務上は、旧管轄宛申請書の欄外に「同時申請1／2」、新管轄宛申請書の欄外に「同時申請2／2」とメモ書きして、同時申請の1通目か2通目かを明記した上で、2つの申請書を同時に提出するが、新管轄登記所には、印鑑届が提出されていないため、「2／2」には印鑑の提出も一緒にする（法20条）。ただし、印鑑届への押印に必要な印鑑証明書は旧管轄登記所に提出済みであるため、その添付は不要である（平11・4・2民四667号通達）。したがって、印鑑届の申請人の印は、この場合に限り、個人の実印である必要はない。

「同時申請1／2」と「2／2」は、事実上1つの申請といえなくもないため、議事録等の添付書面は前者に添付し、後者には添付する必要がない。しかし、旧管轄登記所で審査後に新管轄登記所に「2／2」を送付する際に（法52条2項）、適正な申請人による申請であることを証明するため、「2／2」に委任状だけは添付する必要がある（本条3項）。

第51条

委任状の押印との印鑑照合は１項で提出された届出印の役割である。
(2) 「同時申請１／２」と他の登記事項との一括申請
① 支配人を置いた営業所との強制同時申請

「会社の支配人を置いた本店」の場合には、「同時申請１／２」の登記の事由を「本店移転及び支配人を置いた営業所の移転」としなければならないが（規58条）、「支配人を置いた営業所の移転」については、経由申請の問題は生じない。旧管轄の登記所で登記すれば、新管轄の登記所に送付される登記記録に反映され、それで完結する。

② 吸収合併等との任意一括申請

本店移転と同時に商号や目的、役員変更を「同時申請１／２」で任意に一括して申請することができる。組織再編における合併存続会社等が吸収合併等の変更登記と管轄外に本店移転登記をする場合も同様だが、吸収合併等の同時申請と本店移転の同時申請が重なり煩雑となるため、また、本店移転登記の登録免許税の節約にもならず一括申請にする意味もないため、実務上は、次の順序にし、組織再編登記を先行させる方法を採用することが多い。

「同時申請１／４：吸収合併による変更」（同時に商号等の変更も）
「同時申請２／４：吸収合併による解散」
「同時申請３／４：旧管轄での本店移転」
「同時申請４／４：新管轄での本店移転」

この場合、１つの申請書内の書面上の整合性の観点から、「１／４」の申請書の申請人の住所は委任状を含め旧本店所在場所にすべきである。これに抵抗がある場合には、旧本店と新本店を連記した委任状とすることもできる。

(3) 移転先登記記録には役員の就任日を記載する

移転前の本店登記記録と移転後のそれは連続しているため、現に有効な登記記録だけを移転先で登記すればよく、商号等の変更年月日や新株予約権の発行日などまでは移転後の登記記録に記録する必要はないのが原則である。しかし、これでは、役員等の任期計算で移転前の登記記録

を確認しなければならないという不都合が生じるため、商業登記規則65条2項で、新所在地における登記においては、役員等の就任の年月日をも登記しなければならないと規定している。本店移転元の登記記録に就任年月日が記録されていないとき（設立直後など）は、その必要はない。

3．管轄外への本店移転登記申請での注意点

(1) 移転元の管轄に支店が存在するとき

旧本店登記記録を支店用の登記記録に改編するため（規65条5項）、本店移転事項は、商号区の「本店」に「平成○年○月○日移転」で申請する。登記記録区は、従前どおり「設立」などと記録されたままになる。

(2) 移転先の管轄に支店が存在するときと商号変更

本店移転を独自に申請すれば足りる。そうすると、移転先で、新本店住所が記録された本店の登記記録と旧本店住所が記録された支店の登記記録が併存する事態になるため、後者については、登記官の職権により本店移転事項が記入されて閉鎖される（規65条4項、平18・4・26民商1110号依命通知）。

商号変更と本店移転を一括・同時申請したい場合には、①商号変更（本支店一括申請）、②旧管轄での本店移転、③新管轄での本店移転と3連件にする。①を受けて移転先管轄の登記所で支店登記記録に新商号を記録した後に、③を受けて支店登記記録を職権閉鎖することになる。もっとも、先に本店移転し、移転先で商号の変更を申請すれば、①で必要だった支店所在地での登録免許税9000円（登免別表1、24(2)イ）を節約することができる。時間と費用のどちらを重視するかである。

(3) 移転先の管轄に存在する支店を同時に廃止するとき

迅速性を重視し、①支店廃止（本支店一括申請）、②旧管轄での本店移転、③新管轄での本店移転と3連件申請するか、経費の節約を重視して、本店移転を先行させ職権による支店登記記録の閉鎖を求めるかである。

(4) 組織変更又は株式会社への移行と本店移転

持分会社による株式会社への組織変更あるいは特例有限会社による通

第52条

常の株式会社への移行と同時に本店を移転したいとのニーズがある。ともに実体法上は商号の変更であり、法人格としては同一性が維持されているため、組織変更又は株式会社への移行の効力発生を条件にして本店の移転の決議をすること自体は可能である。

問題は、登記上、いずれも「旧法人の解散と新法人の設立」の方法を採用し、旧登記記録を閉鎖し新登記記録を起こす関係上、いきなり移転後の新住所で設立登記を申請することができないことである。

したがって、旧登記所の管轄外への本店移転の場合でいえば、前記の「吸収合併と本店移転」の連件事案に準じて、①組織変更（又は移行）による設立、②組織変更（又は移行）による解散、③旧管轄での本店移転、④新管轄での本店移転の4連件の方式を採用するのが通常である。

特例有限会社の株式会社への移行は、組織変更と相違して登記が効力要件だが、この方法であれば、設立登記申請後の本店移転の登記申請となるため、登記実務上も肯定されている（小川ほか・通達準拠277頁）。

第52条 旧所在地を管轄する登記所においては、前条第2項の登記の申請のいずれかにつき第24条各号のいずれかに掲げる事由があるときは、これらの申請を共に却下しなければならない。

2 旧所在地を管轄する登記所においては、前項の場合を除き、遅滞なく、前条第1項の登記の申請書及びその添付書面並びに同項の印鑑を新所在地を管轄する登記所に送付しなければならない。

3 新所在地を管轄する登記所においては、前項の申請書の送付を受けた場合において、前条第1項の登記をしたとき、又はその登記の申請を却下したときは、遅滞なく、その旨を旧所在地を管轄する登記所に通知しなければならない。

4 旧所在地を管轄する登記所においては、前項の規定により登記をした旨の通知を受けるまでは、登記をすることができない。

5 新所在地を管轄する登記所において前条第1項の登記の申請を

却下したときは、旧所在地における登記の申請は、却下されたものとみなす。

本条の概要

　管轄外への本店移転登記の申請は同時経由申請であり、また、移転元と移転先の２つの登記所で本店移転事項に関して審査されるため、本店移転事項に却下事由があればその事項の全部が却下される（１項・３項・５項）。この結果、管轄外本店移転登記の特徴としては、移転先の登記所で登記が完了しない限り、移転元の登記所における登記も完了しないことが挙げられる。

解　説

１．旧所在地を管轄する登記所での同時却下（１項）
(1)　却下の権限の所在

　管轄外本店移転を同時に申請した場合、旧管轄での登記審査において、２つの申請のうち、いずれかに却下事由があれば、両方とも却下することになる。移転先の申請内容についても移転元の登記官に審査の権限がある。

(2)　同一商号と本店移転

　類似商号が禁止されていた古い時代の先例に、例えば株式会社Ａが株式会社Ｂと商号変更したところ、類似商号があったが、同時に他管轄に本店移転するため、即座に類似商号併存状態が解消されることから、登記を受理してよいというものがある（昭56・４・21民四2520号回答）。

　では、同一管轄内で「同一住所・同一商号」が一瞬生じても、直ちに管轄外に本店を移転すれば問題がないかというと、現在は、この取扱いがシステム上困難になったとのことである（東京法務局への私的な問い合わせ結果）。

第53条

2．新所在地を管轄する登記所宛に申請書を送付（2項）

　旧所在地を管轄する登記所で却下事由がなければ、遅滞なく、新所在地を管轄する登記所宛の登記申請書及びその添付書面並びに本法51条1項の印鑑につき新所在地を管轄する登記所に送付する（送付方法につき、規65条1項）。

3．新所在地を管轄する登記所での審査（3項）

　本店移転先の新所在地を管轄する登記所において、「同一商号・同一本店」の株式会社が登記されていると、本店移転を受理することができない（法27条）。また、移転先の登記所に支店の登記記録が存在するのに、送付を受けた本店の登記記録にその支店が記録されていないという場合も受理することができない。これらの審査結果につき新所在地を管轄する登記所から旧所在地を管轄する登記所に通知する。

4．通知を受けた旧所在地を管轄する登記所の対応（4項・5項）

　旧所在地を管轄する登記所では新所在地を管轄する登記所からの通知を受けるまでは、登記を完了することができない。その通知が新所在地を管轄する登記所での却下の旨であれば、旧所在地を管轄する登記所でも却下されたものとみなされるためである。

> 第53条　新所在地における登記においては、会社成立の年月日並びに本店を移転した旨及びその年月日をも登記しなければならない。

本条の概要

　管轄外への本店移転登記の申請において、移転先への登記申請書における登記事項として「会社成立の年月日並びに本店を移転した旨及びその年月日」を加えるものである。これは、会社法が規定した登記事項で

はなく、本法が規定した登記事項である（会911条3項、916条参照）。

> **解　説**

　旧所在地では、本店が抹消され、登記記録区に「平成○年○月○日○県○市○町○丁目○番○号に本店移転／平成△年△月△日登記／平成△年△月△日閉鎖」などと記録されるが、この「平成△年△月△日」は登記申請日ではなく、移転先登記所から本法52条4項の通知を受けた日である。

　移転先では、現に効力を有する登記記録が全て記録されると同時に（役員等の就任の年月日をも登記しなければならない。規65条2項）、本条によって「会社成立の年月日並びに本店を移転した旨及びその年月日」が登記されるが、商業登記規則65条3項により、会社成立年月日以外の「本店を移転した旨及びその年月日」の記載場所は登記記録区だとされている。「平成○年○月○日○県○市○町○丁目○番○号から本店移転」と記録することになる。これらは、会社法が規定した登記事項ではなく、本法の要請による登記事項である。

　現に効力を有する登記記録のうち、会社法人等番号（法7条）については、移転先の申請書の登記事項としては記載の必要がない。会社法人等番号は商業登記規則1条の2に基づき登記官が記録するものだからである。

　なお、支店の登記記録と管轄外本店移転との関係については、本書175頁(3)部分を参照されたい。

（取締役等の変更の登記）
第54条　取締役、監査役、代表取締役又は特別取締役（監査等委員会設置会社にあつては監査等委員である取締役若しくはそれ以外の取締役、代表取締役又は特別取締役、指名委員会等設置会社にあつては取締役、委員（指名委員会、監査委員会又は報酬委員会の委員をい

第54条

う。)、執行役又は代表執行役)の就任による変更の登記の申請書には、就任を承諾したことを証する書面を添付しなければならない。
2　会計参与又は会計監査人の就任による変更の登記の申請書には、次の書面を添付しなければならない。
　一　就任を承諾したことを証する書面
　二　これらの者が法人であるときは、当該法人の登記事項証明書。ただし、当該登記所の管轄区域内に当該法人の主たる事務所がある場合を除く。
　三　これらの者が法人でないときは、会計参与にあつては会社法第333条第1項に規定する者であること、会計監査人にあつては同法第337条第1項に規定する者であることを証する書面
3　会計参与又は会計監査人が法人であるときは、その名称の変更の登記の申請書には、前項第2号に掲げる書面を添付しなければならない。ただし、同号ただし書に規定する場合は、この限りでない。
4　第1項又は第2項に規定する者の退任による変更の登記の申請書には、これを証する書面を添付しなければならない。

本条の概要

　本条は、取締役等に就任又は退任が生じた際の添付書面について規定したものである。この役員等の変更登記は、最も頻繁になされる登記であるため、代表制にまで踏み込んだ詳細な解説を心がけた。また、関連する社外役員、非業務執行取締役等の責任限定、監査役の監査の範囲を会計に関するものに限定する旨の定めの登記についても、簡単に触れた。

解 説

1．就任を承諾したことを証する書面（1項）
(1) 選任と選定

会社と本条1項の取締役等とは「選任」と「就任の承諾」という委任関係（会330条）だが、代表取締役や特別取締役などについては、「選定」と使われることが多い。「選定」とは選任された者に一定の地位を追加（又は他の者の一定の地位を剥奪）することである（相澤ほか・論点解説38頁参照）。それを喪失させることは「解職」という。

(2) 増員、後任、補欠

取締役の場合でいうと、取締役ABCのところDを追加選任するのが増員、Cが辞任等で退任したので代わりにDを選任した場合が後任又は補欠である。

増員は現存取締役（ABC）との関係で用い、後任・補欠は前任者（C）との関係で用いる用語である。法定員数を欠いているかどうかを問うものではない。したがって、取締役3人以上が必要な取締役会設置会社の取締役ABCにおいて、Cが1月中に死亡したため、2月にDを取締役に選任する際は、DはABとの関係では増員取締役であり、Cとの関係では後任ということになるが、Dを後任補欠として選任しない限り、DはCの補欠にはならない。

後任という場合は概念が不明確であり、Cの後任としてDEなど2人以上を選任することができるが、補欠として選任する場合は、DEなどのうち1人だけが補欠となる。補欠は代替要員であるから、1人に対しては1人しか補欠になれないからである。

補欠には、欠員に備えて、あらかじめ選任しておく会社法329条3項の「予選補欠」と、役員が退任以後（同時を含む。）に選任される「後任補欠」の2つがあるが、前任者の任期を引き継ぐ旨の会社法336条3項の補欠は、いずれの意味も含んだ概念である。補欠というと、一般に前任者の任期を引き継ぐものと考えられており、多くの場合に、それで支

障は生じないが、厳密にいえば、監査役の場合であれば、任期を引き継ぐ旨の会社法336条3項の定款の定めがある場合に限られる。取締役の場合は、選任時に株主総会で、その旨を定めることもできる（会332条1項ただし書）。

また、補欠監査役には監査役として独自の任期がある。例えば、監査役の任期が4年である公開会社の補欠監査役として予選されて3年が経過した後に（会施96条3項の定款の定めにより、このようなことも可能である。）、任期を3年残す監査役の補欠として監査役に就任したとしても、残り3年の任期を引き継ぎ合計6年の任期になるものではなく、補欠監査役に選任された時から4年の任期である。

なお、任期を引き継ぐ旨の定款の定めがある場合でも、補欠として選任されない限り、前任者の任期を引き継ぐことはないため、株主総会議事録上も補欠であることを明記すべきである。ただし、中小企業の議事録では、その旨の記載漏れということも多いため、補欠として明記されていないからといって、補欠ではないと断定するのは早計であり、会社や本人に確認すべきである。

(3) **機関の設置と選任（併せて登記する義務）**

株式会社の必須機関である取締役を別にすると、監査役でも会計監査人でも、監査役設置会社あるいは会計監査人設置会社という機関設置の登記がなされていない限り、就任の登記を申請することはできない。これを機関の設定の登記申請の段階では「**併せて登記する義務**」ということが多い。例えば、会社法911条3項19号には「会計監査人設置会社であるときは、その旨及び会計監査人の氏名又は名称」と規定されているため、会計監査人設置会社の設定の登記と会計監査人の就任の登記は、同時に申請しなければならず、どちらか一方だけを先行して申請することはできない。会計監査人を置く旨を定め会計監査人を選任したのが3月1日、その就任承諾日が3月5日であれば、3月5日以降に設定日は3月1日、就任日は3月5日として同時に登記を申請しなければならないということである。監査役ほか、他の機関についても、機関の廃止に

ついても同様である。

(4) 取締役や代表取締役の予選

　取締役が複数存在することを前提としている取締役会設置会社や取締役の互選により代表取締役を選定する会社にあっては、取締役等の予選が行われることが少なくない。

　予選を含む条件付・期限付決議は一定の限度で認められており、その一般的内容については、本書145頁(4)部分を参照いただくとして、予選の合理的期間がどの程度かについては、いまだ定説がない状況である。

　現時点で実務上問題になっているのは、予選の期間の議論以前に、代表取締役の予選の権限を有する取締役は誰かということである。例えば、取締役ＡＢＣＤ（代表取締役Ａ）の取締役会設置会社において、代表取締役Ａが３月31日終了をもって取締役を辞任するというので、３月20日の取締役会でＢを４月１日付で後任代表取締役に選定した場合に、これが認められるかである。

　積極説は、予選とは期限付決議の１つにすぎず、３月20日時点でもＢを代表取締役に選定することができるため、この有効な決議の効力の発生を「先延ばし」にしただけで何の問題もないと考えるのに対し、消極説は、予選とは本来の選定を「前もって」したものと考えるのか、本来の選定時期である４月１日の取締役構成（ＢＣＤ）と予選時のそれ（ＡＢＣＤ）が異なる場合には、前もってしたことにならないため、予選の効力に否定的になるようである。

　登記の先例（昭41・１・20民甲271号回答）の事案は、取締役全員の任期満了が予選期間内に生じた場合の取締役及び代表取締役の予選事例であったため、予選時と効力発生時の取締役構成の一致を要件とすることに合理性がないとまでいえないものであったが、これを一般化して適用するのが消極説である。

　登記実務はやや消極説に近い運用がなされる傾向にあるため（野口宣大ほか「座談会　商業登記の現状と今後の展望（下）」登情639号12頁以下（2015年）参照）、申請人側も慎重に対処するしかなく、最近は、会社法

295条2項に基づき、代表取締役を株主総会でも定められるようにし、この問題を回避することも増えた（詳細は金子登志雄『改正会社法と商業登記の最新実務論点』（中央経済社、2015年）187頁以下参照）。

(5) 代表取締役の選定方法（2種類の取締役と4種類の代表制）

① 代表取締役の選定方法

　会社法349条1項本文に「取締役は、株式会社を代表する。」とあるとおり、会社法の原則では、取締役というだけで代表権を有する。取締役が複数人存在しても同じである（会349条2項）。これを**各自代表の原則**という。

　会社法47条1項に、代表取締役とは「株式会社を代表する取締役」をいうと定義されているとおり、株式会社を代表する取締役は、全て代表取締役だから、特例有限会社の取締役が1人のときは、代表取締役の登記はなされないが、この取締役も代表取締役である。

　一方、会社法349条1項ただし書には、「他に代表取締役………を定めた場合は、この限りでない。」とある。取締役が複数人存在した場合に、他に代表取締役を定めた場合には、代表取締役と定められた者のみが会社を代表し、定められなかった取締役は会社を代表しないことになる。

　この代表取締役には、次の3種類がある（会349条3項、362条3項）。

　① 法律の規定により取締役会で選定された代表取締役（会362条3項）
　② 定款の定めに基づく取締役の互選により選定された代表取締役
　③ 定款の定め又は株主総会の決議により選定された代表取締役

　講学上、②を「**互選代表**」、③を「**特定代表**」というが（「商業登記の栞(8)」登研646号119頁（2001年））、以下、本書でも、この略称を用いるため、便宜、①を「**取会代表**」ということにする。

　①（取会代表）と②（互選代表）は、会社法又は定款により、取締役の地位と代表取締役の地位を制度的に分化させた代表制の仕組みである。取締役に代表取締役という地位を追加したわけだから（代表権追加型）、代表取締役として就任を承諾したことを証する書面が必要となる。単独の意思表示で代表取締役の地位を辞任することもできる。

③（特定代表）は、取締役の地位と代表取締役の地位が未分化（「取締役＝代表取締役」型）の各自代表制の原則を前提にして、取締役の中から代表取締役を定めるとは、基本型である代表取締役の中から代表権を制限された取締役を定める（代表権剥奪型）という意味である。

このように、取締役には代表取締役の地位と分化した型と未分化の型の2種類があるが、未分化型取締役は、潜在的には代表権を持っている点で、法律又は定款の定めにより最初から有しない①（取会代表）や②（互選代表）の地位分化型の取締役と異なる性格を持つ。この関係で、取締役として選任されただけで「取締役＝代表取締役」として選任され、取締役の就任を承諾したことを証する書面が代表取締役のそれを含んでいると扱われるため、代表取締役独自の就任を承諾したことを証する書面は不要となる。いったんは代表権を剥奪された取締役が再度代表取締役になる際も、代表権の回復であって、代表取締役への就任ではない（ただし、登記上は「就任」で登記される。）。

したがって、代表取締役の地位のみを辞任することも原則として不可能であるが、これを「代表権剥奪型取締役に代えてほしい。」という会社への要求ととらえ、株主総会の承認決議があれば辞任が認められる。登記には、この株主総会議事録が添付書面とされ、辞任届は不要である（ただし、登記上は「辞任」で登記される。）。

② 取締役の中から全員を代表取締役に定められるか

会社法362条3項や同349条3項には、「取締役の中から」代表取締役を定めるとあるが、複数の取締役の中から、一部の適任者を代表取締役に選ぶという意味ではなく、代表取締役は取締役でなければならないという意味である。取締役の全員を代表取締役に定めることに問題はない。

③ 定款で定めた代表取締役の趣旨

実務では、取締役会設置会社の代表取締役につき、定款に任意規定を定めることを許容する会社法29条を根拠に定款で選定し、あるいは会社法295条2項に基づき定款に「当会社の代表取締役は株主総会の決議により定めることができる。」などとして株主総会で代表取締役を定める

第54条

こともあるが、これは取締役会の代わりに定款又は株主総会によって「取締役会設置会社の代表取締役」を定めたのであって、特定代表とは区別していただきたい。

その他の場合を含め、定款で定めた代表取締役は、定款を変更しない限り退任しないと説かれることもあるが、通常の場合は、上記のように取締役会（等）の選任行為の代用として定款を利用しただけである。「選任後は、取締役会（等）で定めた代表取締役として扱う。」が暗黙の前提である。選任後に取締役会（等）で解職することも妨げないというべきである。いずれにしろ、定款で定める場合は、必要により、このような疑義が生じないよう明確な内容とすべきである。

(6) 取締役・代表取締役の登記は別枠表記

登記記録の役員区では、取締役と代表取締役の地位が未分化型か分化型かを問わず、「取締役」と「代表取締役」とは、別枠に記載される。

特例有限会社の場合は、取締役と代表取締役の地位の未分化型の伝統から、潜在的には代表権を持った取締役が住所付となり、登記記録は「住所／取締役」と「代表取締役」という別枠表示である。取締役が1名や各自代表の場合は、代表取締役の枠が設けられない。

しかし、取締役AB中、Aを代表取締役に選定した場合やBが代表権を辞退した場合は、実体法上はBの代表権を剥奪したのに「代表取締役A／就任」で登記される。取締役がA1名のところに、代表権のないBが取締役として加わると、Aは当初から代表権をもった取締役だったのに、Bが加わった日をもって「代表取締役A／就任」で登記される。

これに対して、通常の株式会社の場合は、株式会社が取締役会設置会社のみであった旧商法時代からの延長もあって、地位分化型を前提とした「取締役」と「住所／代表取締役」という別枠表示である。取締役が1名であっても、2枠表記になる。

したがって、特定代表型の場合には、特例有限会社と同じように、実体法からすれば代表権の「剥奪」や「回復」であって、辞任でも就任でもないのに、代表取締役の枠を抹消あるいは新設する必要から、登記義

務の発生した日をもって代表取締役につき「辞任」や「就任」で登記する。

　以上については、登記は実体法とは別の伝統や基準があり、「登記上の代表取締役」として辞任や就任したととらえるしかなさそうである。

　なお、特例有限会社では、上記のような事情で、取締役全員が代表取締役になった場合や1人になった場合は、代表取締役の登記が不要になるため、「平成〇年〇月〇日会社を代表しない取締役の不存在により抹消」や「平成〇年〇月〇日取締役が1名となったため抹消」という登記原因で代表取締役の枠を申請により抹消しなければならない。

(7)　異なる代表制に移行（代表権喪失と代表権付与）

　会社法349条2項の各自代表型の会社が3項の非各自代表型（ここでは互選代表型・特定代表型のほか取会代表型を含むものとする。）に移行する際は、必ず「取締役の中から代表取締役を定める」必要があり、定められなかった各自代表取締役だった者は、代表権を失うことになる。これを「**代表権喪失**」という。「平成〇年〇月〇日退任」で登記される（松井・ハンドブック3版389頁）。

　例えば、取締役ＡＢＣ（代表取締役ＡＢＣ）の各自代表型の会社が定款の変更で取会代表型又は互選代表型に移行し、Ａを代表取締役に選定するとＢＣは代表権を喪失する（同時に取締役も地位未分化型から地位分化型に変わる。）。株主総会で代表取締役を選定し特定代表型に移行したときも同様であるが、この場合は、同じ地位未分化型の内部の変化のためか、特に「**代表権の剥奪**」ということもある（やはり「退任」で登記される。）。

　この代表権喪失は、各自代表型以外の取会代表型・互選代表型・特定代表型の相互間でも生じる。他の型に移行し、従前の代表取締役が代表取締役に定められなければ、代表権を喪失して代表取締役につき「退任」になるからである。

　逆に、取会代表型・互選代表型・特定代表型が各自代表型に移行すると、従前は代表取締役でなかった者も法定の効果として自動的に代表取

第54条

締役になる。これを「**代表権付与**」という（特例有限会社の場合は、「平成〇年〇月〇日会社を代表しない取締役の不存在により抹消」と代表取締役の登記が抹消される。）。この場合の登記原因は「平成〇年〇月〇日代表権付与」である。委任の効果ではないから、就任を承諾したことを証する書面は不要である。

　なお、異なる代表制に移行した場合につき、よくある疑問点は、次のとおりである。

　Q１：従前の代表取締役が代表取締役選定方式を変更後に再度代表取締役に選定された場合は、重任で登記するのか。また、そのままで登記しないのなら、選定手続も不要ではないか。

　Ａ１：代表取締役選定方式の変更は代表取締役の退任事由とはされていないため、重任にはならない。選定手続が必要であるのは、新しい代表制の下の代表取締役のみが登記申請権限を有するからである。例えば、取締役ＡＢＣ（代表取締役Ａ）とする特定代表型が定款の変更で取会代表型に移行するに際し、取締役会で従前のＡを代表取締役に選定した場合、取締役及び代表取締役については任期の満了にもならず、何らの登記事項も生じないが、取締役会の設置の登記を申請するのは、取締役会設置会社の代表取締役として選定された取会代表のＡでなければならないからである。

　Q２：取締役ＡＢＣ（代表取締役Ａ）とする取会代表型が定款の変更で取締役会を廃止し特定代表型に移行するに際し、定款の変更決議は４月１日だったが、Ｂを代表取締役に選定したのは４月４日だった場合は、いったん４月１日に各自代表型となり、４月４日に各自代表型が特定代表型になったというべきではないか。そう考えないと、１日から３日までは、空白期間になる。

　Ａ２：新役員体制の土台である機関設計は即時に効力を発生させることができても、その土台の上の役員体制の決定には時間がかかることも少なくない。監査役の設置を４月１日に決定したのに、監査役の就任日が４月４日になったということもある。同様に、４月１日の当初から特

定代表型に移行したが、人事が決まったのが4月4日とみるべきである。結果として、取締役会の廃止日は4月1日、Bの代表取締役の就任日とAの代表取締役の退任日は役員体制が整備され登記申請が可能になった4月4日である。

(8) 特例有限会社の株式会社への移行と代表取締役

　特例有限会社の株式会社へ商号変更（整備法45条）でも、移行後の株式会社が取締役会設置会社だと必然的に代表取締役の選定方式の変更が生じる。しかし、取締役自身も原則として任期の定めのない取締役から任期付取締役に変わるため、移行と同時に移行後の定款の定めに従い任期満了により退任するか、任期中だとしても、通常の株式会社としてのスタートであるため、取締役の全員が辞任し、役員人事につき仕切り直しをすることが多い。

　この場合、定款による任期満了で再選された場合は「重任」とし、特例有限会社の登記記録にも「辞任」等の退任として記録したいところだが、移行は特例有限会社の登記記録を閉鎖し、株式会社の登記記録を新規に作成する「解散と設立」型の登記であるため、設立型登記に重任はあり得ず、解散の登記に退任の登記はあり得ないため、株式会社登記記録には、移行の効力発生日（登記の日）をもって「年月日就任」と登記官の職権で記録され、特例有限会社の登記記録には、退任の登記はなされない（平18・3・31民商782号通達第3部第3、2(2)78頁）。また、特例有限会社の取締役又は監査役が商号の変更の時に退任しない場合には、その就任年月日（会社成立時から在任する取締役又は監査役にあっては、会社成立の年月日）を移記する運用である（同通達同頁）。

　登記と同時に取締役会設置会社の代表取締役を選定しなければならないときは、登記前には取締役会が存在せず、登記後では、登記申請人である代表取締役なくして登記したことになるため、株式会社へ移行する定款の変更の際に、定款の附則で代表取締役を定める方法が採用されている（会29条参照）。

第54条

(9) 取締役1人体制に
① 代表取締役A、取締役Bにおいて、Aが取締役を退任したとき

　Aが退任したからといって、いったん会社法349条3項の適用を選択した限り、自動的にBの代表権が回復するということはない。Bは代表取締役の器ではないから、代表取締役にされていなかったということも十分にあり、これが会社の通常の意思であろうし定説でもある（相澤ほか・論点解説309頁）。速やかにAの後任を選任することになる（定款の規定上、取締役を複数人置く趣旨が読み取れ、Aの退任が任期の満了又は辞任によるものであれば、Aは後任が就任するまで取締役及び代表取締役の権利義務者となる。）。

　もっとも、定款で取締役が1人になることを予定していた場合は、この限りではない。例えば、父親のAは高齢であるため、後継者である長男のBがいつでも後継代表取締役になれるよう、定款に「取締役は2名以内を置き、取締役の互選により代表取締役1名を置く。」や「取締役が2名以上いるときは、当会社の代表取締役は互選で定める。」とあれば、取締役が1人になったときは、その者を代表取締役にするという条件設定がなされていたと考えられる。この場合は、何らの決議を経ることなく代表取締役の就任登記が認められる（松井・ハンドブック3版52頁参照）。定款の定めに基づく一種の「予選補欠の代表取締役」と評価することができるためである（会329条3項参照）。Bは定款の定めを前提に取締役（地位未分化型）に変化しているため、代表取締役として改めての就任の承諾は不要である（代表権回復型である。）。

② 代表取締役A、取締役Bにおいて、Bが退任したとき

　やはり定款内容次第であり、定款で取締役が複数人であることを前提にしていた場合（例えば、「取締役の互選によって代表取締役を定める。」）には、速やかにBの後任を選任する必要があり、Aが自動的に会社法349条1項本文の代表取締役になるわけではない。定款内容が取締役1人になることも予定していた場合には、定款の定めの効果でAは代表取締役になるが、既に代表取締役として登記されているため、新たな登記

事項はBの退任だけである。

　特例有限会社の場合は、同時に代表取締役の登記を「平成〇年〇月〇日取締役が1名となったため抹消」という登記原因で抹消しなければならない。

⑽　**就任を承諾したことを証する書面として議事録の援用**

　本条が要求しているのは就任を承諾したことを「証する書面」であるから、必ずしも被選任（定）者本人が署名又は記名押印した就任承諾書に限るものではなく、選任（定）した株主総会議事録や取締役会議事録等に、本人が出席し、その場で（席上）就任を承諾した旨が記載されていれば、その議事録の記載をもって、就任を承諾したことを証する書面として援用することができる。本人が出席しておらず、議長が「被選任者は就任を承諾した」旨を報告しても、これでは証明力が不十分であり、議事録の記載を援用することはできない。

　就任を承諾したことを証する書面として株主総会議事録の記載を援用する際に、株主総会議事録の必要的記載事項である「出席役員」（会施72条3項4号参照）として、その者の氏名が記載されていることが必要かについては、十分に議論されていない。まず、席上就任であっても、株主総会終結後の就任の効力の発生であれば「出席役員」に該当しないため、記載が不要であることが明らかである。重任（退任と就任）の場合も、就任の効力は株主総会終結時に生じるのであり、退任の効力と出席役員の記載は無関係だから、同様に考え得るが、異論もあろう。株主総会中に就任の効力が生じた場合は、役員として出席したのではなく候補者として出席したこと、就任承諾があったかどうかの問題と出席取締役として議事録に明記するかどうかは別の問題であることなどから、就任承諾の効果を認めるべきだと考えるが、反対に解する登記所もあろう。いずれにしろ、このような問題点を意識して疑義の生じない議事録の記載が望まれる（問題点につき、商業法人登記総合研究5人委員会「就任承諾援用問題と株式の第三者割当問題に関する提言」登情658号13頁以下（2016年）参照）。

第54条

(11) 就任を承諾したことを証する書面の適格性
① 新就任には本人確認証明書が必要になった

　本人が署名又は記名押印した就任承諾書でも、その署名が本物であるかは登記所には不明であり、実在しない人物や著名人を騙った就任承諾書が提出されても、書面審査中心の登記所にはその虚偽性を判断することができない。そこで、従来は、商業登記規則61条4項・5項・6項で一定の場合に、市町村長の作成した印鑑証明書を添付させ、就任を承諾したことを証する書面の真正を担保していたが、これでも不十分だということで、平成27年2月施行の改正商業登記規則により、現在の61条7項を新設し、従来は対象外とされていた取締役会設置会社の取締役、監査役、指名委員会等設置会社の執行役につき、新規の就任を承諾したことを証する書面には氏名のほか住所をも記載させ、その氏名及び住所が記載されている市町村長その他の公務員が職務上作成した証明書（当該取締役等が原本と相違がない旨を記載した謄本を含む。）を添付しなければならないとした（平27・2・20民商18号通達参照）。

　この証明書のことを「**本人確認証明書**」というが、実務上は、住民票の写し、本人による原本証明付の運転免許証の写しが使われることが多い。印鑑証明書も有効である。本人確認証明書の発行時期を制限する規定は存在しない。

② 商業登記規則61条7項の解釈問題

　商業登記規則61条7項は、設立の登記又は取締役等の就任（再任を除く。）による変更の登記の申請書には、取締役等が「就任を承諾したことを証する書面に記載した氏名及び住所と同一の氏名及び住所が記載されている市町村長その他の公務員が職務上作成した証明書（当該取締役等が原本と相違がない旨を記載した謄本を含む。）を添付しなければならない。ただし、登記の申請書に第4項（第5項において読み替えて適用される場合を含む。）又は前項の規定により当該取締役等の印鑑につき市町村長の作成した証明書を添付する場合は、この限りでない。」というものだが、2点説明が必要である。

第１に、当初、本項は、ただし書が文頭に置かれたの同様に、商業登記規則61条４項等で印鑑証明書を添付する場合を除いて、就任を承諾したことを証する書面には住所を記載し住所証明書（本人確認証明書）が必要だと説明されていたが、途中から、ただし書は本人確認証明書を不要としただけで、印鑑証明書を添付する場合にあっても、就任承諾の書面には住所の記載が必要だという見解が登場した。結果として、非取締役会設置会社の取締役の就任承諾書として商業登記規則61条４項で印鑑証明書を添付する際でも、その就任承諾書に従来は不要だった住所の記載が必要かなどという問題に発展した。

　私見は、商業登記規則61条４項等の場合はこれまで問題がなかったが、それ以外でも規制する必要が生じたという立法経緯や登記通達（平27・２・20民商18号）、民事局商事課による雑誌「登記情報」等（佐藤真紀子「平成27年改正商業登記規則等に基づく商業・法人登記事務の取扱いについて」登情642号23頁以下（2015年）など）での解説、また、４・５・６項は７項より前に位置するため、７項の新設が従来の４項等の解釈を変えるものとは思えないため、明らかに当初の見解が正当であるというものである。また、反対説では、再任についても、「ただし、再任の場合を除く。」と、本文中ではなく、末尾の「ただし書」で規定したら、再任の就任承諾書にも住所の記載が必要だということになりそうである。

　第２に、このただし書は、単に「商業登記規則61条４項を除き」ではなく「商業登記規則61条４項で印鑑証明書を添付する場合を除き」という内容だから、同４項本文かっこ書の新設合併と組織変更による設立の場合は、本項本文が適用される。

③　再任の範囲について

　就任の承諾を証する書面に印鑑証明書や本人確認証明書の添付を必要としない「再任」の範囲については登記実務上の統一見解は存在しない。現状の登記実務では「退任及び就任の２つの登記が同時になされる場合」ととらえているのか、①重任、②任期満了後の権利義務者中に再選・就任した場合、③辞任と同時に再選・就任した場合、④辞任等の登記未

了の間に再選・就任し、同時に登記申請する場合の４つについては、要件を具備し、再任として扱われている。

　取締役が監査役になり、監査役が取締役になるようなケースは再任からは除外される。ただし、監査等委員会設置会社に移行するに際し、取締役が監査等委員である取締役になる場合には、本項が取締役と監査等委員である取締役を区別していないため、再任として扱われている（登研808号148頁（2015年）質疑応答【7970】）。

④　重任概念について

　「重任」とは慣例に基づく登記用語であり、一般に、任期満了による退任と同時に時間の間隔を空けずに就任することをいい、任期満了による退任と就任の２つの登記を１つにまとめて登記する方法である。いわば、期間満了による委任契約の更新（連続性・継続性）を示した概念だといえる。12月31日24時に任期満了退任し、予選により翌年１月１日午前０時に就任した場合は、就任時期を基準に「１月１日重任」と登記される（「12月31日退任」と「１月１日就任」の２つの登記をすることも当然に許される。）。

　この重任取締役が代表取締役として同日の取締役会で再選された場合も同様である。この場合の時間差は、代表取締役の地位の更新手続としてやむを得ないものだから、登記実務の取扱いは正当である。また、登記記録には時間まで記録されないため、同日であれば同時と扱われることが多い。

⑤　代表取締役の資格喪失と任期満了

　取締役としての任期が満了し取締役の地位を喪失すると代表取締役は「資格喪失により」退任する。しかし、「資格喪失」による退任だと「任期満了退任と同時の就任」という重任の定義に該当しないだけでなく、会社法351条１項の「任期満了により退任した代表取締役」ともいえず、代表取締役の権利義務者にも該当しないことになる。したがって、代表取締役は取締役在任中という不確定期限付の任期で選定されたのであり、その実質は代表取締役についても任期満了を理由に退任したと解釈

するのが穏当だと考える。

2．資格者であることの証明書と法人の登記事項証明書（2項）
(1) 法人の資格証明書
　会社法上、会計参与は、公認会計士若しくは監査法人又は税理士若しくは税理士法人でなければならない（会333条1項）、また、会計監査人は、公認会計士又は監査法人でなければならない（会337条1項）。

　会計参与や会計監査人の就任の場合は就任を承諾したことを証する書面のほかに、法人であれば登記事項証明書、個人であればそれらが資格者であることの証明書の添付が必要である。法人の場合は、その登記事項証明書をみれば、税理士法人であるとか、監査法人であることが分かる。

(2) 登記事項証明書の添付方法
　法人の登記事項証明書については、当該登記所の管轄区域内に当該法人の主たる事務所がある場合は添付する必要はないが、登記所にはその旨が分からないため、申請書の添付書面の欄に「登記事項証明書　同一管内添付省略」などと記載することになる。

　同一管内以外で法人の登記事項証明書を提出する際は、作成後3か月以内のものでなければならないが（規36条の2）、平成27年10月施行の改正商業登記法で「この法律の規定により登記の申請書に添付しなければならないとされている登記事項証明書は、申請書に会社法人等番号を記載した場合には、添付することを要しない。」という規定が新設されたため（法19条の3）、現在では、同一管轄かどうかを問わず、申請書の添付書面の欄に「登記事項証明書　添付省略（会社法人等番号　1111－11－111111）」と記載することで、添付を省略することができる。

(3) 会計参与・会計監査人が個人の場合
　会計参与が個人であれば「公認会計士若しくは税理士」であること、会計監査人が個人であれば「公認会計士」であることを証する書面の添付が必要だが、これについては作成あるいは発行時期の制限は規定され

第54条

ていない。ただ、頻繁に要求される書面でもないため、就任の都度準備している例が多いようである。

(4) 会計監査人の任期

会計監査人の任期は、選任後1年以内に終了する事業年度のうち最終のものに関する定時株主総会の終結の時までであり、会計監査人は、この定時株主総会において別段の決議がされなかったときは、当該定時株主総会において再任されたものとみなされている（会338条1項・2項）。重任に限られるが就任の承諾があるものと推定され、就任を承諾したことを証する書面の添付は不要であり、「定時株主総会において別段の決議がされなかった」ことを証するため、当該定時株主総会議事録を添付することになる。

「再任されたものとみなす。」とあっても、それは通常の場合であり、当該会計監査人が希望すれば、その定時株主総会の終結と同時に任期満了により退任することも、辞任することもできるとされている。

3．法人の名称変更には登記事項証明書の添付が必要（3項）

(1) 法人の名称変更

① 名称の変更登記の添付書面

会計参与又は会計監査人が法人であるときは、その名称の変更の登記の申請書には、それを証する登記事項証明書を添付しなければならない。添付の方法は、前項に記した内容と同様である。住所に関しては登記事項ではない。

② 重任直後の法人の名称変更

6月26日の定時株主総会で会計監査人が重任し、その会計監査人が翌7月1日に名称を変更したとすると、この重任登記を7月2日に申請する際は、「旧名称による重任登記」と「名称変更登記」の2つをする（東京法務局民事行政部首席登記官による平20・7・8の2法1第755号通知「新日本有限責任監査法人を会計監査人とする株式会社からの変更の登記申請について」参照）。

登記は「いつ、誰が、何をした」を公示するものだが、この「誰が」については、その時点の氏名等によるのか（変更日基準）、登記申請時点のそれによるのか（申請日基準）につき、個人の場合には、ケースバイケースで運用されているが、法人の場合には名称変更の過程についても登記すべきだからである。

③　会計参与の計算書類等の備置場所の変更の登記

　会計参与にあっては、計算書類等の備置場所も登記事項である（会911条3項16号）。この変更については登記が必要だが、添付書面については規定もなく、不要である（平18・3・31民商782号通達第2部第3、6(2)53頁）。

(2)　個人の氏名又は住所の変更と旧姓併記

①　個人の氏名住所の変更と添付書面

　個人である役員等の氏名や住所の変更については、本法に添付書面を要する旨の明文規定が存在しないため、不要だと解されている。これらの更正登記については、本法132条2項ただし書に明文規定が存在する。

　また、重任登記の際は、旧住所・旧氏名での退任登記と新住所・新氏名での就任登記が一括してなされたものとして、住所や氏名の変更登記の省略が認められている。一見、氏名や住所の変更登記を中間省略したごとくであるが、その変更登記を申請しなかっただけのことであり、申請されていないことに登記所の審査は及ばない。また、結果的に省略されたのは氏名や住所の「変更年月日」だけであり、氏名と住所の変更事項自体は重任登記に含まれているため、このような取扱いに賛成である。

②　婚姻前の氏の記載の申出

　婚姻により氏を改めた場合は、就任による変更登記の申請と同時に「申し出」ることによって、旧姓の併記が認められた。平成27年2月に商業登記規則81条の2が新設されたためだが、会計参与、会計監査人及び清算人でも可能である。

　この登記は、「佐藤和子（鈴木和子）」の振合いで、かっこ書で旧姓を記録するが、「申出」であって「申請」とはされていないことに注意す

第54条

べきである。詳細は、平27・2・20民商18号通達第3を参照されたい。

4．退任を証する書面（4項）
(1) 退任事由と登記原因

退任事由としては、死亡、辞任、解任、資格喪失（欠格事由に該当する場合）、任期の満了が主だったところである。

退任事由が生じた場合に、登記原因としては、死亡、辞任、解任については、そのまま「平成〇年〇月〇日死亡（辞任、解任）」の振合いで登記される。取締役等の資格喪失については、同じく「平成〇年〇月〇日資格喪失」だが、代表取締役が取締役の地位を失った場合には、前提たる地位の喪失に伴う間接的な波及効果のためか、資格喪失ではなく「平成〇年〇月〇日退任」と登記される（平18・4・26民商1110号依命通知）。

なお、役員（取締役、会計参与及び監査役のこと。監査等委員会設置会社にあっては、監査等委員である取締役若しくはそれ以外の取締役又は会計参与。会329条）が欠けた場合（ゼロになった場合）又はこの法律若しくは定款で定めた役員の員数が欠けた場合には、任期の満了又は辞任により退任した役員は、新たに選任された役員（次項の一時役員の職務を行うべき者を含む。）が就任するまで、なお役員としての権利義務を有するとされているため（会346条1項）、新たに選任された者の就任の登記がされるまで退任の登記は受理されない。

いわゆる権利義務者としての業務継続義務だが、代表取締役については会社法351条、委員については同401条、執行役については同403条3項、代表執行役については同420条3項に、ほぼ同様の規定が存在する。

このうち「役員」については、このような事態に備えて補欠の役員を選任することもできるが（会329条3項）、予備の役員であり、正式の役員ではないため、登記事項には該当しない。役員とはいえず、業務執行にも関与しない会計監査人には権利義務者制度も補欠制度もなく、株主総会の決議によらずに、仮会計監査人を選任することになる（会346条4項以下）。

なお、予選による補欠の役員は、現状では、社外監査役や社外取締役を一定数必要とする監査役会設置会社や監査等委員会設置会社が欠員対策として利用している程度である。

(2) 死亡を証する書面

　退任事由が死亡の場合は、その旨が記載された公的な書面（戸籍関係書類や住民票の写し）以外に、医師による死亡診断書や遺族から会社に宛てた死亡届も添付書面として有効だとされている（松井・ハンドブック3版414頁。住民票につき登研518号118頁（1991年）は反対）。なお、「代表取締役である取締役Aが死亡したのでお届けします。」という死亡届の場合は、2つの地位が同時に喪失したことが明らかであるから、「取締役は死亡、代表取締役は退任」ではなく、代表取締役についても、「平成〇年〇月〇日死亡」として登記される（平18・4・26民商1110号依命通知）。

　取締役会設置会社では取締役が3人以上必要だが（会331条5項）、取締役の定数3名の株式会社で、代表取締役が死亡したため2名の取締役で取締役会を開き後任代表取締役を選任した場合、代表取締役の変更の登記の申請は受理して差し支えないとされている（昭40・7・13民甲1747号回答）。

(3) 辞任を証する書面

① 辞任届が一般的

　辞任とは任期中に自ら地位を放棄する一方的意思表示のことだが（民97条1項の原則どおり会社に到達した時に効力が生じる。昭54・12・8民四6104号回答）、任期中かどうかについては、登記記録から任期満了が読み取れない限り、任期中と推定され、その証明は不要である（本書203頁②部分参照）。

　辞任を証する書面としては、辞任届が典型例だが、本人が株主総会に出席しその席上で自ら辞任を表明した旨が記載された株主総会議事録もこれに該当する。この書面は「辞任届＋株主総会議事録」と評価することができるからであり、このように評価されない株主総会の議長等が総

会議場で報告しただけでは、証明力として不十分である。

取締役会設置会社では取締役の地位と代表取締役の地位の2つがあると考えられているため、「代表取締役である取締役を辞任します。」や「取締役を辞任します。」という辞任届では、取締役のみを辞任すると判断され、取締役については「平成○年○月○日辞任」、代表取締役については資格喪失により「平成○年○月○日退任」と登記されるが（前掲民商1110号依命通知）、「代表取締役兼取締役を辞任します。」や「代表取締役及び取締役を辞任します。」という辞任届では、2つの地位を同時に辞任したと評価され、取締役についても代表取締役についても、「平成○年○月○日辞任」と登記される。互選代表型も同様だが、代表取締役の地位のみの辞任が可能である（定款に互選規定が存在する）ことを証するため、定款の添付が必要となる。

非取締役会設置会社で、各自代表型及び特定代表型の場合は、取締役の地位と代表取締役の地位が一体不可分の関係にあるから、取締役については辞任で、代表取締役については資格喪失により退任とすることには疑問が残るが、この場合であっても登記記録上は別枠に登記されているため、登記の面からは2つの地位があるのと同様だから、取締役会設置会社と同様に扱われている。

② 株主総会の承認を要する場合

各自代表型及び特定代表型の非取締役会設置会社では、取締役の地位と代表取締役の地位が一体不可分の関係にあるから、代表取締役の地位だけを辞任することはできないが（松井・ハンドブック3版405頁）、取締役が複数人存在した場合には、株主総会の決議により、その一部だけを代表取締役に定めること（法理論上は他の者に対する代表権剥奪）ができる関係上（会349条3項）、株主総会の承認があれば辞任することができる。この場合の辞任を証する書面は辞任届ではなく株主総会議事録である（松井・ハンドブック3版415頁）。

また、監査等委員会設置会社における監査等委員である取締役は、指名委員会等設置会社の委員と相違して、取締役と委員の2つの地位があ

るわけではないから、監査等委員だけを辞任することはできない。

③ 印鑑届出者の辞任

　平成27年2月施行の改正商業登記規則により、現行の商業登記規則61条8項が新設され、登記所に印鑑を届けている代表取締役等の辞任届には、その届出印を押すか、個人実印を押し印鑑証明書を添付することになった。本項は、代表取締役の辞任に関する規定というよりも、「印鑑届提出者」の辞任に関する規定である。代表取締役である取締役の取締役だけの辞任を証する書面や特例有限会社において代表取締役の登記がされない場合における取締役の辞任についても適用される。印鑑を届けていない代表取締役の辞任届には適用されない。

(4) 解任・解職を証する書面

　解任・解職に関しては、登記実務上、決議時に効力が生じると扱われている（最三小判昭41・12・20民集20巻10号2160頁参照）。解任権限は選任機関が有するのが原則だが、会計監査人については監査役（会）にも解任権限がある（会340条）。監査役や監査等委員である取締役、累積投票で選任された取締役の解任決議は、株主総会の特別決議であることに要注意である（会309条2項7号）。

　なお、役員全員を解任する事例については、当該会社又は法人に適宜の方法で連絡するとの先例がある（平15・5・6民商1405号通知。会計参与以外の全員を解任した場合も同じ。平19・8・29民商1753号通知）。取締役が1人しか存在しない会社では、これが生じる可能性が高い。

(5) 資格喪失

　ここでいう資格喪失とは、会社法に規定された資格（欠格事由）のことをいい、取締役の資格は会社法331条（未成年であることは欠格事由ではないことに注意）、会計参与は同333条、監査役は同335条、会計監査人は同337条に規定されている。個人である会計監査人が公認会計士資格を失ったなどの場合の退任登記の際には、欠格事由に該当したことを証する書面を添付する。

　登記原因は「平成〇年〇月〇日資格喪失」である。

第54条

(6) 任期の満了
① 任期計算と定時株主総会の終結時
　会社法332条1項本文に「取締役の任期は、選任後2年以内に終了する事業年度のうち最終のものに関する定時株主総会の終結の時までとする。」とあるように、会社法における任期計算の始期は就任時ではなく選任時となった。就任時期にすると、被選任者によって任期の始期が左右され妥当ではないからである（相澤ほか・論点解説285頁）。
　この起算日である「選任」時とは選任という事実行為が行われた時であり、株主総会で「選任の効力は、平成〇年〇月〇日から」と定めても、株主総会の決議日である。役員が欠けた場合に備えて、あらかじめ選任された補欠の役員も、補欠の役員として選任決議がなされた時である（相澤ほか・論点解説304頁）。
　選任後〇年については、民法に従い、初日不算入の原則で計算する（民140条）。したがって、例えば、事業年度の末日である平成X年3月31日に選任した監査役の任期（4年以内に終了する事業年度のうち最終のものに関する定時株主総会の終結の時まで）は、平成（X＋4）年3月31日までの事業年度に関する定時株主総会の終結の時までである。
　任期の終期は会社法や定款の定めにより「定時株主総会の終結の時」とされることがほとんどだが、この場合に予定した時期に定時株主総会が開催されない場合は、定款で定める開催予定時期の終期（一般的には定時株主総会の議決権の基準日が事業年度末日であれば、会社法124条2項に基づき、その日から3か月満了時）と解されている（松井・ハンドブック3版408頁）。定時株主総会が継続会になった場合は、継続会の終結時までである。
　任期の満了による退任の登記原因は、「平成〇年〇月〇日退任」である。
　任期については、取締役は会社法332条、監査役は同336条と、それぞれの地位によって会社法に規定があるが、代表取締役や代表執行役については規定がない。これは、任期の定めを否定した趣旨ではなく、「選定」に基づく地位は、その前提である取締役等の地位の消滅に影響されるた

め、任期の規定を設けるまでもないためであろう。もっとも、「前提である地位に在任中」という不確定期限付任期で選定されたとも考えられる。

② 任期満了と定款の添付の要否

取締役や監査役等の任期については定款に定めるのが一般的だが、任期の満了を証する書面としては、株主総会議事録に「取締役及び監査役の全員が本総会終結と同時に任期満了して退任するので改選の………」などといった記載で足り、それ以外に任期の満了時期を証するため定款を添付する必要はないとされている（昭和53・9・18民四5003回答）。補欠役員の任期満了でも同様である。

定款添付に関する商業登記規則61条1項との関係は、本書135頁(4)部分を参照されたい。

③ 定款の変更に伴う任期の満了

取締役については、会社法332条7項が、次に掲げる定款の変更をした場合には、取締役の任期は、当該定款の変更の効力が生じた時に満了すると規定した。

　イ．監査等委員会又は指名委員会等を置く旨の定款の変更
　ロ．監査等委員会又は指名委員会等を置く旨の定款の定めの廃止
　ハ．株式譲渡制限規定の廃止（監査等委員会設置会社及び指名委員会等設置会社がするものを除く。）

監査役については、会社法336条4項が次の4つを規定している。

　イ．監査役を置く旨の定款の定めを廃止する定款の変更
　ロ．監査等委員会又は指名委員会等を置く旨の定款の変更
　ハ．監査役の監査の範囲を会計に関するものに限定する旨の廃止
　ニ．株式譲渡制限規定の廃止

以上の考え方は、他の定款の変更にも、その考え方を及ぼすことができる。例えば、定款で取締役の任期を短縮した場合や、事業年度について定款を変更した場合は、変更後の定款内容を基準として、その任期を超えている現状の取締役全員等の任期が満了すると解釈されている。定

第54条

款の変更の効力は遡及しないため、当該定款の変更の効力発生時に任期が満了するわけである。

　なお、定款変更後の最初の事業年度の期間を1年超とした場合に再任をみなされた会計監査人の任期については、会社法338条1項にもかかわらず、次の定時株主総会の終結の時までとされている（平21・12・17東京法務局発「会計監査人の選任（重任）の登記の留意事項について（通知）」2法登1第1051号）。

5．社外取締役及び社外監査役の登記
(1)　社外役員の登記概説

　社外取締役については会社法2条15号に、社外監査役については同2条16号に定義されているが、いずれも当該会社グループの出身者か関係者かという事実の問題であり、株主総会の決議や委任契約に基づくものではないから、就任も退任もあり得ない。独自の添付書面もなく、登記の委任状にその旨を記載して、社外性及びその喪失について登記する。なお、親会社の社外監査役は子会社の社外監査役になれないこと、社外取締役を辞任・退任して社外監査役に就任することはできないことに要注意である。

(2)　社外役員の登記が必要な場合

　会社法373条1項による特別取締役による議決の定めがある場合を除くと、社外取締役の登記は、監査等委員会設置会社と指名委員会等設置会社の場合に限られ、社外監査役については監査役会設置会社に限られる。

(3)　社外役員の登記の方法

　社外役員の登記は、取締役あるいは監査役と同じ登記記録の枠内に「取締役（社外取締役）○○○」の振合いで、かっこ付で登記されるが、役員の就任登記と社外役員の登記は、それぞれ別の登記である。社外役員の登記を遺漏しても更正の登記ではなく、同枠内での追加変更の登記にすぎない。その際は、代表取締役の住所変更登記と同様に、同枠内で

全面的に書き改められ、登記原因は「平成〇年〇月〇日社外取締役の登記」とされる。その後、業務執行に従事したなどの理由で社外性を喪失した場合も同じく、全面的に書き改められ、登記原因に「平成〇年〇月〇日社外性喪失」と登記される。

なお、社外性喪失の登記は実体法上の社外要件を欠いた場合（一種の資格喪失）になされる登記であって、依然としてその社外役員の要件は満たすが、登記事項ではなくなった場合は、従来どおり「**平成〇年〇月〇日監査役会の定め廃止により変更**」や「**平成〇年〇月〇日特別取締役の議決の定め廃止により変更**」という登記原因で一部抹消の変更登記がなされる。

6．業務執行取締役と非業務執行取締役等

業務執行取締役には、業務執行担当取締役だけでなく、担当外でも業務を執行した取締役を含み、業務執行取締役「等」という場合は、業務執行取締役、執行役、支配人その他の使用人のことをいう（会2条15号イ）。非業務執行取締役等という場合は、①業務執行取締役等以外の取締役、②会計参与、③監査役、④会計監査人のことをいう（会427条1項）。

従来は、役員等の会社に対する任務懈怠の債務不履行責任につき、取締役や監査役については社外役員かどうかを基準に責任の軽減をはかっていたが、現行会社法は、その基準を業務執行に関与していたかどうかに変えた。

これに伴い、登記事項である会社法427条1項の責任限定契約の定款の定めも、「役員責任区」の見出しが「社外取締役等の会社に対する責任の制限に関する規定」から「非業務執行取締役等の会社に対する責任の制限に関する規定」に変わり、定款内容でも「社外取締役及び社外取締役との間に」という文言ではなく、「当会社は、会社法第427条第1項の規定により、<u>取締役（業務執行取締役等であるものを除く。）及び監査役との間に</u>、任務を怠ったことによる損害賠償責任を限定する契約を締結することができる。………」と定める例が増えた。社外取締役及び社

第55条

外監査役も非業務執行取締役等の一員であるため、定款の変更が必須というわけではない。なお、対象者に会計監査人等を含めて、包括的に「当会社は、会社法第427条第1項の規定により、非業務執行取締役等との間に」と定款に定めることも可能である。

7．監査役の監査の範囲が会計に限定される旨の登記

　監査役の権限が登記記録からは判明しないという問題があったため、平成27年5月施行の改正会社法により、監査役の就任の登記の際に、定款を添付して、同じ役員区に「監査役の監査の範囲を会計に関するものに限定する旨の定款の定めがある」と登記することになった（平成27・2・6民商14号依命通知）。本来は、会社状態区に登記すべき事項だが、登録免許税の負担を考慮して役員区に記録することになったものである。改正前から会計監査限定の監査役（会389条1項）を置いている場合には、変更年月日は空白のまま登記される。

（一時会計監査人の職務を行うべき者の変更の登記）

第55条　会社法第346条第4項の一時会計監査人の職務を行うべき者の就任による変更の登記の申請書には、次の書面を添付しなければならない。

一　その選任に関する書面

二　就任を承諾したことを証する書面

三　その者が法人であるときは、前条第2項第2号に掲げる書面。ただし、同号ただし書に規定する場合を除く。

四　その者が法人でないときは、その者が公認会計士であることを証する書面

2　前条第3項及び第4項の規定は、一時会計監査人の職務を行うべき者の登記について準用する。

本条の概要

　本条は、仮会計監査人の就任又は退任による変更の登記、その者が法人である場合の名称変更の登記については、仮会計監査人でない本来の会計監査人の場合と同様の添付書面が必要である旨を定めるものである。

解　説

　会計監査人は取締役、会計参与及び監査役と相違し、株式会社の役員ではないため（会329条1項参照）、会社法346条1項（権利義務者）の適用はなく、「会計監査人が欠けた場合又は定款で定めた会計監査人の員数が欠けた場合において、遅滞なく会計監査人が選任されないときは、監査役（又は監査役会、監査等委員会、監査委員会）は、一時会計監査人の職務を行うべき者を選任しなければならない。」（会346条4項、同6項以下）とされている。

　会計監査人の辞任等によっても生じるため、こういう事態が生じることは決して少なくはないが、選任されるのは「一時会計監査人」ではなく、「一時会計監査人の職務を行うべき者」であることにご注意いただきたい。この「一時」は副詞だから（会計監査人の職務を「一時」行うべき者）、正式には「仮会計監査人」というべきである。商業登記規則及び登記記録でも、「仮会計監査人」とされている。

　登記事項は、会計監査人と同様に、「その氏名又は名称」までであって、住所までは不要である（会911条3項20号）。

　仮会計監査人の選任は会計監査人設置会社を前提としているため、選任機関の監査役には監査の範囲を会計に関するものに限定された監査役（会389条1項）は除外される。監査役会（又は監査等委員会、監査委員会）を設置していない会社において、権限を持った監査役が複数存在した場合にも、監査役の職務は多数決に馴染まず独任制だから各自が仮会計監査人を選任することができる（松井・ハンドブック3版474頁）。

　これに対して、会計監査人の解任の際は監査役の全員の同意が必要で

第56条

あることから（会340条2項）、選任の場合も同様に監査役の全員の同意が必要であると解する見解もあるが（江頭・会社法6版614頁）、株主総会で選任された会計監査人を解任する際は慎重な対応が必要であるのに対し、仮会計監査人の選任は臨時の緊急措置であることからして前説に賛成する。

　会計監査人が欠けたことを条件として、仮会計監査人を予選することができるかについては、登記実務は否定説（相澤哲「商業登記実務のための会社法Q＆A(1)」登情538号26頁（2006年））だが、選任機関からして機動的な選任が可能であるため、現在のところ、特段の支障は生じていない。

　仮会計監査人も会計監査人であるから、本来の会計監査人の場合と同じく、その登記に当たっては、「選任に関する書面（株主総会議事録ではなく、監査役の選任書等）」、「就任を承諾したことを証する書面」、「法人であるときは、登記事項証明書」、「法人でないときは、その者が公認会計士であることを証する書面」の添付が必要であり、名称変更や退任を証する書面についても、同様である（前条の解説を参照されたい。）。

　なお、仮会計監査人の登記後に、（正式な）会計監査人の就任登記がなされた場合には、仮会計監査人の登記は登記官の職権で抹消される（規68条1項）。

（募集株式の発行による変更の登記）
第56条　募集株式（会社法第199条第1項に規定する募集株式をいう。第1号及び第5号において同じ。）の発行による変更の登記の申請書には、次の書面を添付しなければならない。
　一　募集株式の引受けの申込み又は会社法第205条第1項の契約を証する書面
　二　金銭を出資の目的とするときは、会社法第208条第1項の規定による払込みがあつたことを証する書面

三　金銭以外の財産を出資の目的とするときは、次に掲げる書面
　　イ　検査役が選任されたときは、検査役の調査報告を記載した書面及びその附属書類
　　ロ　会社法第207条第9項第3号に掲げる場合には、有価証券の市場価格を証する書面
　　ハ　会社法第207条第9項第4号に掲げる場合には、同号に規定する証明を記載した書面及びその附属書類
　　ニ　会社法第207条第9項第5号に掲げる場合には、同号の金銭債権について記載された会計帳簿
　四　検査役の報告に関する裁判があつたときは、その謄本
　五　会社法第206条の2第4項の規定による募集株式の引受けに反対する旨の通知があつた場合において、同項の規定により株主総会の決議による承認を受けなければならない場合に該当しないときは、当該場合に該当しないことを証する書面

[本条の概要]

　本条は、募集株式の「発行」により登記事項（「発行済株式の総数並びにその種類及び種類ごとの数」と「資本金の額」）に変更があった際の添付書面について規定したものである。

[解　説]

1．募集株式の発行手続概説
(1)　募集と割当て
　募集株式の発行には、①募集事項の決定、②募集、③株式の申込み、④株式の割当て、⑤割当通知、⑥株式の引受け、⑦株式の払込み（又は現物給付）という一連の手続が必要である（会199条以下）。
　「募集」とは、出資（株式引受け）の申込みを勧誘する事実行為であって、「割当て」は、申込みに応え申込者に株式を引き受けさせること（会

204条1項）である。株主割当ては、事前に株主に割り当てて株主を対象に出資を募集するものだが、それ以外は、仮に募集の決議で「A社に全株を割り当てる。」と決議しても、決議した機関に割当ての権限がなければ、割当てには該当しない（金子登志雄＝富田太郎『募集株式と種類株式の実務〔第2版〕』18頁以下（中央経済社、2014年））。

　株式の募集には、募集（一般募集、縁故募集）と第三者割当てと株主割当ての3つの方法があるといわれるが、会社法上は、株主割当てと株主以外への割当て（広義で第三者割当て）の2つしかない。募集も第三者割当ても、募集対象が相違するだけで出資の勧誘行為であることには変わりがないからである。

　なお、金融商品取引法では、会社法の概念と相違し、勧誘相手が50人以上を「募集」、50人未満を「私募」としている（金商2条3項1号、同施行令1条の5）。

(2) 非取締役会設置会社の募集株式の発行手続

① 原則手続

　原則は、次の順序である（以下、特に断らない限り、広義の第三者割当てを前提にして説明している。）。

　　a）「募集決議と募集」：<u>株主総会の特別決議で募集事項の全部を決定</u>し（会199条、会309条2項5号）、申込みしようとする者に対し会社の内容や募集事項を通知する（会203条1項）。

　　b）「株式の申込み」：募集に応じて申込みをしようとする者は、申込証等をもって申し込みする（会203条2項・3項）。

　　c）「株式の割当てと通知」：<u>株主総会の特別決議</u>で申込者の中から株式の割当てを受ける者及び割当株式数を定め（会204条1項・2項、309条2項5号）、申込者に割り当てたことを<u>払込期日（又は払込期間の初日）の前日までに通知する</u>（この関係で、全手続を1日で終わらせることはできない。）。この割当ては申込者を平等に扱う必要はない。これを「**割当自由の原則**」というが、申込者はまだ株主ではないため、株主平等原則に反することにはならない。

d) 「株式の引受け」：割り当てられた者は株式引受人となる（会206条1項）。

e) 「株式への払込み」：株式引受人は指定された時期に払込み（又は現物給付）し（会208条）、株主となる（会209条）。

以上のとおり、非取締役会設置会社の募集株式の発行の際には、募集の決議機関（a）と割当ての決議機関（c）が一致するため、aの段階で、「A社に全株を割り当てる。」などとcについても決議すれば、申込み条件付の割当ての効果があり、別途、割当てを決議する必要はない。なお、このことにつき、申込み条件付ということが多いが、法律上の条件ではなく、のちほど申込みがあれば、株式引受けの効果が生じるという株式引受契約の成立要件を述べたものにすぎない。よって、その条件の明記までは不要だというべきである（前掲（191頁）商業法人登記総合研究5人委員会13頁以下参照）。

② 有利発行の場合

払込金額が募集株式を引き受ける者に特に有利な金額である場合には（いわゆる有利発行）、株主総会において、それを必要とする理由を説明しなければならない（会199条3項）。何をもって「特に有利な金額」とするかは問題だが、一般的には、1株の価値（時価）より10％以下の価額で発行する場合だと解されている。ただし、未上場会社において時価の算出は困難を極める。

③ 種類株式発行会社の場合

非取締役会設置会社は非公開会社であり、発行する株式は必然的に譲渡制限株式となるため、種類株式発行会社の場合には、株主総会の決議のほかに、その発行しようとする種類の株式の種類株主総会の決議が必要である（会199条4項）。ただし、定款でこの種類株主総会の決議を要しない旨を定めることもできる。その際は定款が添付書面となる（規61条1項）。

④ 新株の発行と自己株式の処分が併存した場合

新株式と自己株式は株式内容の相違にはならないため、募集株式は新

株式のみでも、自己株式のみでも、両者併存でもよい。議案も別にする必要もない。

⑤　募集事項の決定を取締役に委任した場合

　募集事項のうち最重要の「募集株式の数の上限及び払込金額の下限」を株主総会（及び種類株主総会）で定めた場合は、その他の募集事項の決定を取締役（の過半数の同意）に委任することができる（会200条、348条2項）。委任の有効期間は払込期日（又は払込期間の末日）が株主総会決議の日から1年以内であれば、その間、何度でも募集株式の数の上限に達するまで取締役は決定することができる（会200条3項）。

⑥　総数引受契約をした場合

　募集株式の総数につき引受けの契約がなされ、かつ株主総会の特別決議で、この契約の承認がなされれば、申込みと割当ての手続を省略することができる（会205条）。総数引受人の人数には制限がなく、多数人と契約する際も1枚の契約書である必要はなく、それぞれ別個の契約でもよいが、「実質的に同一の機会に一体的な契約で募集株式の総数の引受けが行われたものと評価しうるものであることを要する。」とされている（相澤ほか・論点解説208頁）。土手敏行「商業登記実務Q＆A(4)」（登情554号100頁（2008年））にも「各契約書に『他の引受人とともにその総数を引き受ける』との記載がある場合には、各契約書には当該契約者以外の引受人の氏名及びその引受株式数の記載がなくとも、当該各契約書をもって総数引受契約を証する書面として評価できる。」とある。

　この総数引受契約は実務で多用されている。株式申込人への通知も割当ての決議も必要なく、払込期日の前日までの割当ての通知も省略することができるため、1日で全てを完了させることができるからである。

(3)　非公開会社である取締役会設置会社の募集株式の発行

　原則として、非取締役会設置会社の募集株式の発行の手続に準じるが、割当ての決議機関、募集事項の委任先、総数引受契約の承認機関のいずれもが取締役会となる（会204条2項、200条1項、205条2項）。したがって、株主総会の募集の決議の際に「A社に全株を割り当てる。」と

決議しても、株主総会には割当ての権限がないから、それは「全株とも A社が引き受けるよう勧誘しよう。」という募集の決議にすぎず割当ての効力はない。

募集を決議する株主総会の招集を決定する取締役会で、株主総会で募集決議がなされること及びA社がその募集株式を申し込んでくることを条件に事前に割当てを決議すること又は総数引受契約の承認決議をすることは可能である。株主総会で募集事項の決定を委任された取締役会で、A社がその募集株式を申し込んでくることを条件に事前に割当てを決議すること又は総数引受契約の承認決議をすることも、もとより可能である。なお、この「申込み」は株式引受契約の要件事実にすぎず、法律上の条件ではないから、議事録に明記するまでもないと解する（前掲（191頁）商業法人登記総合研究5人委員会13頁以下参照）。

(4) 公開会社の募集株式の発行
① 公開会社一般の手続

公開会社の募集株式の発行は、発行株式が非譲渡制限株式（いわば公開株式）である限り、募集決議は取締役会、割当ては代表取締役の権限だが、総数引受契約の承認は不要である。また、その株式が市場価格のある株式の場合は、1株の払込金額につき、公正な価額による払込みを実現するために適当な払込金額の決定の方法を定めることができるとされている（会201条2項）。いわゆるブック・ビルディング方式が典型例で、機関投資家等の需要を調査して決定する方法だが、株式の新規公開時の公募の際に用いられることが多い。実例については、インターネット等で確認いただきたい。

公開会社の場合は、株主総会の決議を要しないことが特徴だが、その代わり払込期日又は払込期間の初日の2週間前までに株主に募集事項を通知又は公告（定款に定める公告方法による。）をしなければならない（会201条2項・3項）。不利益を受けると判断した株主に差止請求（会210条）の機会を与えるためである。この通知公告は金融商品取引法4条により有価証券届出書などが提出され、広く情報開示がなされている場合には

第56条

不要である（会201条5項）。

　例外のその1は、公開会社が種類株式発行会社であり、発行株式が譲渡制限株式である場合は、募集決議は取締役会の権限であっても、必要により会社法199条4項の種類株主総会が必要であるほか、割当て及び総数引受契約の承認の決議機関は取締役会になる（会204条2項、205条2項）。

　例外のその2は、いわゆる有利発行の場合である。この場合は、募集決議自体が株主総会の権限に変わる（会201条1項）。

　例外のその3は、平成27年施行の改正会社法によって新設された会社法206条の2の場合である。これについては、本条5号の解説に譲る。

　いずれにしろ、株主総会の決議を要しない場合の公開会社の募集株式の発行においては、少なくとも取締役会決議と払込期日の間に2週間が空いていないと登記は受理されないことになる。この2週間は、既存株主が募集株式発行等の差止めを請求するなどの検討期間であり（会210条参照）、株主の保護のための期間だから、株主全員の同意があれば期間を短縮することができる。株主数の少ない公開会社であれば、株主全員の「期間短縮の同意書」を登記申請に添付すれば、登記上も支障がない（昭41・10・5民甲2875号回答）。

② 　上場会社の株式募集手続

　上場会社の募集株式の公募では「発行価額」「引受価額」「発行価格」という特殊な用語が使われることが多い。公募とはいうが、実際には、幹事証券と総数引受契約を締結して、最初の株主は幹事証券がなり、この幹事証券が投資家を募集して、株式を転売する手続を採用する。

　発行価額とは、会社の取締役会で決めた払込金額のことである。旧商法時代からの慣例なのか発行価額という。発行価格は一般の投資家が支払う公募価格（証券会社が投資家に転売する価格）のことである。引受価額は、幹事証券と会社と協議の上で決める。引受価額と発行価格との差は幹事証券の引受けの手数料となり、会社は幹事証券には支払わない。

　会社に実際に支払われる金額は引受価額だから、会社はこれを基準に

資本金の増加額を決定する。

(5) 株主割当ての募集株式の発行

① 原則は株主総会決議

株主割当てとは、株主の持株比率に応じて株式を募集することだけでは足りず、「株主に株式の割当てを受ける権利を与える」旨を決議した株式募集行為である（会202条1項）。

申込みがなされることを条件として先行して割当ての決議を行うため、以後、割当ての決議は不要だが、株主に申込みするかどうかを確認する必要があり、「申込みの期日」を定め、その2週間前までに株主に通知しなければならない（会202条4項）。その期日までに申し込まないと株式の割当てを受ける権利は失効する（同項）。この2週間の申込催告期間は、株主全員の同意があれば期間を短縮することができる。これを利用し、申込みの期日を払込期日と同日にすれば、短期間で手続が終了する。

株主割当てでは、株主の持株比率に応じて株式を募集するため、有利発行という問題は生じない、また、会204条1項・2項の割当ての規定を適用しないから総数引受契約の方法も利用することもできない。

株主割当ての方法を採用した場合の決議機関は公開会社であれば取締役会だが、非公開会社のときは取締役会設置会社にあっても、定款に定めがない限り、株主総会の特別決議を要するとされている（会202条3項、309条2項5号）。もっとも、旧商法時代から存在する取締役会設置会社にあっては会社法整備法76条3項で定款に取締役会の権限だとの定めがあるとみなされている。

② 第三者割当て方式の株主割当て

株主割当ての最大の特徴は、いわゆる有利発行がないことである。株主の持株比率に応じて平等に割り当てるからである（種類株式発行会社においては、他の種類株主が不利益を受けることがあるが、これについては、会322条1項4号に規定がある。）。この有利発行に該当しないという株主割当ての効果を得るためには、第三者割当ての方法で株式を募集しても、

第56条

割当ての際に株主の持株比率に応じればよく、わざわざ事前に「株主に株式の割当てを受ける権利を与える」必要はない。こうして、現在では、総数引受契約の方式を利用した形式上は第三者割当てで、実質的な株主割当てを採用する例が増えている（詳細は前掲（210頁）金子＝富田28頁以下）。

(6) **特例有限会社の株式会社への移行と同時の募集株式の発行**

特例有限会社の株式会社への移行と同時に募集株式を発行し資本金の額を増加することも可能である。ただし、新株式の発行と自己株式処分の併存の可能性もあるため、資本金計上証明書の添付は避けられない。

２．募集事項と募集決議

(1) **募集事項**

決議すべき募集事項とは、以下の①から⑤のことである（会199条1項）。株主割当ての場合は⑥⑦が加わる。

① **募集株式の数（種類株式発行会社にあっては、募集株式の種類及び数）**

「募集株式の種類及び数」であるため（設立時は「種類及び種類ごとの数」、会58条1項1号）、一括した議案ではなく、種類株式ごとに議案を分けて決定しなければならない。「第1号議案／募集株式（普通株式）発行の件」、「第2号議案／募集株式（A種種類株式）発行の件」などとする。

募集株式として新株の発行と自己株式の処分が併存した場合は、同種類の株式である限り、議案を分ける必要はない。「第〇号議案／募集株式発行等の件」あるいは「第〇号議案／募集株式の発行及び自己株式の処分の件」などとする。新株の数と自己株式の数も代表取締役が決めればよく、募集決議事項ではない（募集段階で決まっている必要もない。）。その数は、登記申請の添付書面である資本金計上証明書の内容に影響するが、これについては後記する。

募集株式の数は発行予定数である。「当会社普通株式〇〇〇株。ただし、申込みがこの数を下回った場合は申込数とする。」と申込み条件付

で定めることもあるが、申込みがなければ発行もされないため、当然の内容である（申込みは成立要件の1つで本来の条件ではない）。

募集株式の数は当然ながら発行可能株式総数を超えてはならない。ただし、発行可能株式総数を現状の発行済株式の総数を基準に拡大することを条件に募集株式を発行することは差し支えない（昭34・8・29民甲1923号回答）。

② 募集株式の払込金額又はその算定方法

募集株式の払込金額とは、募集株式1株と引換えに払い込む金銭又は給付する金銭以外の財産（注：現物出資財産）の額をいうが、1株の払込金額については、3米ドルなどと外国通貨で表示することも、13円50銭などと円未満を記載することも、「金90万円を98で除した金額」などとすることも可能である。

この払込金額は会社が募集事項で決定した価額であり、実際に払い込まれた金額ではない。資本金の額への計上は、実際に払い込まれた金額（払込み又は給付をした財産の額）が基準である（会445条1項）。

③ 現物出資のときは、その旨並びに当該財産の内容及び価額

現物出資の価額も上記のとおり募集株式の払込金額とされているから「払込金額の総額〇〇〇万円、うち△△△円については金銭による払込みとし、☆☆☆円については、現物出資（デット・エクイティ・スワップ）の払込みの方法をとるものとする。」などといった併存型事例も少なくない。

④ 払込期日又は払込期間

払込期日を「3月31日」とした場合と払込期間を「3月31日まで」とした場合で、3月25日に払い込まれたとすると、払込期日方式では申込証拠金が3月25日に支払われたというだけで、株主になるのは払込期日の3月31日であるが、払込期間方式では払い込んだ3月25日に株主となる（会209条1項）。

したがって、払込期日前には登記を申請することができないが（昭26・10・3民甲1940号回答）、払込期間方式であれば、3月25日付で登記

第56条

申請することも、3月末日付で登記申請することもできる（会915条1項・2項）。3月25日以降に出資金を利用することもできる。

　この払込期間につき、「平成X年3月31日まで」などと確定期日を末日にした場合は、同日が日曜日であっても、期間は延長しない。払込期日も、その日に出資せよという指定の期日ではなく、払込期限と考えられるから日曜日であっても差し支えない（昭28・12・28民甲2571号回答参照）。

⑤　株式を発行するときは、増加する資本金及び資本準備金に関する事項

　実際に払い込まれた財産額を資本金と資本準備金にどう配分するかを定めることだが、その2分の1以上を増加する資本金にしなければならない（会445条2項）。2分の1にすると端数（1円未満）が生じる場合は、切り上げた価額以上を資本金の額にしなければならない。

　以上のほか、株主割当てでは、次の⑥⑦の2つが加わる（会202条1項）。

⑥　株主割当てにおける割当てを受ける権利を与える旨

　これをしないと株主割当てにならない。第三者割当ての「割当て」と相違して、単独行為による「権利付与」だと解されている。

⑦　株主割当てにおける引受けの申込みの期日

　この日までに申し込まないと失権することは前記した。

(2)　割当事項や払込取扱場所は任意の募集事項

　実際の議事録では、募集事項として、割当てに関する事項や払込みの取扱い場所まで決議することが少なくない。しかし、割当てに関する事項は株主割当ての場合を除くと、募集と割当てを同時に決議することができる場合でなければ募集段階での決議事項に該当しない。払込みの取扱場所も、代表取締役が決定すれば済むことであり、議事録に記載せずとも問題はない。

(3)　有利発行と利益相反問題

　取締役個人に対して、あるいは取締役が代表取締役である他の会社に対して有利発行しても、会社は出資されるだけで損失はなく、真の被害

者は会社ではなく既存株主であり既存株主から新株主に価値が移転することになる。この既存株主の保護のために、株主総会における特別決議での承認が必要とされているため、割当ての取締役会決議に際し、当該取締役の特別利害関係は問題になっても利益相反自体を問題にする必要はない。

3．添付書面
(1) 議事録等（法46条、規61条1項）

募集事項や割当ての決定機関に応じて、株主総会又は取締役会の議事録が主だったところだが、定款の定め等によっては、定款・種類株主総会の議事録・取締役の過半数の一致があったことを証する書面も添付書面となる（法46条、規61条1項）。募集株式が譲渡制限株式であるときの総数引受契約を承認した株主総会議事録又は取締役会議事録も必要である（会205条2項参照）。株主リストにも要注意である（規61条3項）。

(2) 募集株式の引受けの申込み又は会社法205条の契約を証する書面（1号）

① 株式申込証と総数引受契約の2つがある

株式の引受けの申込みを証する書面としては、株式申込証が典型例だが、銀行や信託銀行等の募集受託会社の証明書もこれに該当する。

株式の申込証には、申込みをする者の氏名又は名称及び住所と引き受けようとする募集株式の数が記載されていれば足りる（会203条2項）。会社概要や募集事項については、別途、通知がなされているからである（会203条1項）。

株式申込人には特に制限がなく、印鑑証明書等が必要とされないため、設立の発起人になれない民法上の組合も出資者になれる。持株会や投資事業有限責任組合などの投資ファンドがこの例である。

株式申込証方式ではなく、株式申込人と会社が総数引受契約を締結していれば、この契約書も株式の引受けを証する書面となる。ただし、募集株式が譲渡制限株式である場合は、会社法204条2項と同様に、定款

に別段の定めがない限り、株主総会（取締役会設置会社にあっては、取締役会）による総数引受契約の承認決議が必要である（会205条2項）。

　定款の定めにより、総数引受契約の承認機関を代表取締役にした場合は、定款の添付が必要であることはもちろんだが、代表取締役の承認があったことを証する書面の添付については、本法46条に規定もなく不要である。

② 　株式申込人が多数になった場合

　株式申込人が多数になった場合に、その全部の申込証を添付する必要はなく、「新株予約権の引受けの申込みを証する書面」（平14・8・28民商2037号通知）と同様に、「代表取締役の証明書—代表取締役作成の株式申込証見本—申込人リスト（各自の引受株式数付）」でも差し支えないとされている（櫻庭倫「平成26年商業・法人登記実務における諸問題」登情645号10頁（2015年））。

　ただし、総数引受契約が多数人と締結された場合に、原本を提出せずに、株式申込証と同様の「代表取締役の証明書—代表取締役作成の総数引受契約書見本—契約者リスト（各自の引受株式数付）」の方式は総数引受契約が定型化されていないため不適当だとされている（前掲櫻庭解説）。しかし、代表取締役作成の見本の代わりに原本を利用し、「代表取締役の証明書—契約書原本1通—契約者リスト（各自の引受株式数付）」とし、全契約書が引受人とその引受株式数を除き同一内容であることを証明内容に加えれば肯定されると考える。

(3) 　金銭につき払込みがあったことを証する書面（2号）

　金銭の出資は、会社が定めた銀行等（民営化後のゆうちょ銀行も含まれる。）の払込みの取扱いの場所において、払込金額の全額を払い込まなければならないとされているだけで（会208条1項）、募集設立の場合（会64条）と相違して、払込金の保管証明までは必要とされていない。払込方法については、設立段階の本書157頁(4)部分を参照されたい。ほぼ同様に取り扱われている。

(4) 金銭以外の財産を出資の目的とするとき（3号）
① 現物出資に関する規定

　現物出資の場合については、会社法207条に定めるところによる。原則として、現物出資財産の価額が適正かどうかにつき、裁判所に対し検査役の選任の申立てをし、その検査役の調査報告を記載した書面及びその附属書類を登記申請の添付書面としなければならないが（本号イ）、現実の実務では、これを回避して、例外措置である会社法207条9項の方法を採用することがほとんどである。

　会社法207条9項によると、その1号は、募集株式の引受人に割り当てる株式の総数が発行済株式の総数の10分の1を超えない場合に、同2号は、現物出資財産の総額が金500万円を超えない場合に、検査役の調査を不要とする旨を規定しているが、これらの場合は、申請書類や当該会社の登記記録により判明するため、添付書面は要しない（松井・ハンドブック3版277頁）。

　これらを少額特例ということがあるが、ここに「割り当てる株式の総数」や「現物出資の財産の総額」とあるとおり、現物出資をする株式引受人1人1人あるいは出資される現物財産ごとに判定するのではなく、その都度の株式募集行為ごとに判定する。

　1号と2号は、現物財産の種類を問わない。不動産であっても市場価格のある有価証券であっても当該会社に対する金銭債権であっても差し支えない。

　以上に該当しない場合にも、現物出資財産の価額が相当であることについて弁護士、弁護士法人、公認会計士、監査法人、税理士又は税理士法人の証明（現物出資財産が不動産である場合にあっては、当該証明及び不動産鑑定士の鑑定評価）を受けた場合には、本条3号ハにより、これらの証明を記載した書面及びその附属書類を添付書面としなければならない。これについても、現物財産の種類を問わない。

　現物出資財産が会社法207条9項3号の市場価格のある有価証券の場合には、本条3号ロにより有価証券の市場価格を証する書面（証券取引

第56条

所の発行する証券取引所日報や新聞等）を、現物出資財産が会社法207条9項5号の当該会社を債務者とする弁済期の到来した金銭債権である場合（デット・エクイティ・スワップ）には、本条3号ニにより、この金銭債権について記載された会計帳簿を添付書面とすることができる。

② デット・エクイティ・スワップと会計帳簿

　実務上は、現物出資といえば、デット・エクイティ・スワップがほとんどである。その際の金銭債権を特定する場合に、「平成○年○月○日金銭消費貸借契約に基づく元本債権金1000万円」とか、「平成○年○月○日準消費貸借契約に基づく………」といった表現が典型例だが、「当社親会社○○からの借入金（総額1200万円）のうち発生順に金1000万円（この評価額金1000万円）」などといった議事録の記載でも差し支えない（前掲（220頁）櫻庭9頁以下）。

　添付書面として適格性を有する会計帳簿として、その金銭債権について記載された仕訳帳、現金出納帳、総勘定元帳、買掛元帳補助簿などのほか、会社の作成に係る会計帳簿であればよいとされている。また、会計帳簿の記載から当該金銭債権の弁済期の到来の事実を確認することができない場合であっても、会社が期限の利益を放棄していないことが添付書面から明らかな場合を除き、登記申請は受理される。

　この会計帳簿については原本そのものが添付書面とされている。しかし、押印もなされていない場合には原本をそのまま添付しても、登記所サイドからは、何のための書面か、原本に相違ないかが判明しない。そこで、「別紙は当社の会計帳簿に相違ない。」と代表取締役による証明文書を別添するか、あるいは「本書面は当社の会計帳簿に相違ない。」と会計帳簿そのものに証明文を添えることで対応することが多い（本書135頁(5)部分参照）。

③ 現物給付がなされたことの証明と不動産出資

　現物出資については「給付があったことを証する書面」の添付が要求されていない（合資会社の有限責任社員の出資の履行に関する法112条対比）。その書面を求めたところで、現物財産は多岐・多種類にわたり、

代表取締役の証明以外に適当な方法がないためであろう。また、給付がなされない限り、株式も発行されないが、この給付の時期は対抗要件を具備し会社の権利が確定した時が原則である。ただし、不動産については、移転登記の申請まで要求するのは困難であるから、移転登記に必要な資料を会社が受領し、いつでも会社が登記申請に臨める状態になれば、これをもって給付がなされたものと扱われている。

(4) 現物出資価額の証明者の適格性

会社法207条9項4号に規定されている証明を行える者については、同条10項に欠格事由の規定があるため注意を要する。監査役である顧問税理士は欠格事由に該当し証明することができない。

(5) 検査役の報告に関する裁判があったときは、その謄本（4号）

会社法207条7項の場合だが、実務では、検査役の調査を回避するため、本号が適用されるケースは、まれである。

(6) 会社法206条の2第4項による反対の通知があった場合（5号）

会社法206条の2は、公開会社における募集株式の割当てでも、株式募集の結果として会社の支配者に異動が生じる場合には、割当先（特定引受人という。）についての情報を既存株主に開示し、総株主の議決権の10分の1（定款で軽減可）以上を有する株主（複数人を含む。）が反対したときは、この割当てにつき株主総会の決議による承認（以下、総数引受契約の承認決議を含む。）が必要だと規定し、同条4項ただし書で、財産の状況が著しく悪化している場合において、事業の継続のため緊急の必要があるときは、その承認を不要と規定した。本条5号は、このただし書に該当し、原則規定に該当しないことを証する書面を添付せよというものである。記載例については、南野雅司「会社法の一部を改正する法律等の施行に伴う商業・法人登記事務の取扱いについて（平成27年2月6日付け法務省民商第13号民事局長通達）の解説（上）」登情643号39頁（2015年）に存在するため、参照されたい。

(7) 資本金計上証明書（規61条9項）

金銭出資のみでも新株の発行と自己株式の処分が同時に行われる場合

第57条

には、自己株式処分差損が資本金の額の計上額に影響するため、商業登記規則61条9項により、この書面の提出が要求されている。書式例は法務省のＨＰに掲載されているので参照されたい。増加資本金額のネット計算の実際については、前掲（210頁）金子＝富田79頁以下を参照されたい。

（新株予約権の行使による変更の登記）

第57条　新株予約権の行使による変更の登記の申請書には、次の書面を添付しなければならない。

一　新株予約権の行使があつたことを証する書面

二　金銭を新株予約権の行使に際してする出資の目的とするときは、会社法第281条第1項の規定による払込みがあつたことを証する書面

三　金銭以外の財産を新株予約権の行使に際してする出資の目的とするときは、次に掲げる書面

　イ　検査役が選任されたときは、検査役の調査報告を記載した書面及びその附属書類

　ロ　会社法第284条第9項第3号に掲げる場合には、有価証券の市場価格を証する書面

　ハ　会社法第284条第9項第4号に掲げる場合には、同号に規定する証明を記載した書面及びその附属書類

　ニ　会社法第284条第9項第5号に掲げる場合には、同号の金銭債権について記載された会計帳簿

　ホ　会社法第281条第2項後段に規定する場合には、同項後段に規定する差額に相当する金銭の払込みがあつたことを証する書面

四　検査役の報告に関する裁判があつたときは、その謄本

> 本条の概要

　本条は、新株予約権の行使により登記事項に変更が生じた際の添付書面について規定したものである。

> 解　説

1．新株予約権の行使があったことを証する書面（１号）

　新株予約権とは、株式会社に対して行使することにより当該株式会社の株式の交付を受けることができる権利をいう（会２条21号）。ここに株式の「発行」ではなく「交付」とあるため、自己株式を交付される場合を含む。行使された際に、代表取締役の判断で、新株式を発行するか、自己株式を交付するかを決めればよく、あらかじめ決めておく必要はない。

　新株予約権の行使の効力は行使と同時に生じるが、１か月の間に五月雨式に行使される場合もあるので、申請人の便宜をはかり、毎月末日ごとに、その月の分の合計で登記申請することが認められている（会915条１項・３項）。

　行使があったことを証する書面としては、「証する書面」とあるとおり、新株予約権者から提出された新株予約権行使請求書そのものである必要はなく、株主名簿管理人等が作成した証明書や、払込取扱機関が新株予約権行使請求の事務を取り扱う場合には当該払込取扱機関が発行する行使請求取扱証明書などもこれに該当する。もっとも、会社法施行後は払込金の保管証明が不要となったため、払込取扱機関が新株予約権行使請求の事務を取り扱うケースは減少した。この点で、行使者が多数人になった場合に、全員分の新株予約権行使請求書を添付しなければならないのかという問題が生じたが、現在では、本法56条に記した方法（本書220頁②部分）と同様の対応が認められた（前掲（220頁）櫻庭10頁）。

　なお、新株予約権証券や新株予約権付社債券が発行されている場合には、新株予約権の行使に際し、発行株式会社に対する当該証券の提出又

第57条

は提示も必要である（会280条2項以下）。もっとも、証券を発行する例は激減している。

新株予約権の行使があり新株が発行された場合の変更登記事項は「株式・資本区」の発行済株式の総数と資本金の額の増加だが、「新株予約権区」では、新株予約権の個数の減少と新株予約権の目的たる株式数の減少である（ただし、全部行使の場合は、「平成〇年〇月〇日新株予約権全部行使」として当該新株予約権の消滅を登記する。）。このうち、交付された株式の全部が自己株式の場合は、「新株予約権区」だけの変更となる。

2．金銭を出資の目的とするときは、払込みがあったことを証する書面（2号）

金銭の出資は、会社が定めた銀行等の払込みの取扱いの場所において行使価額の全額を払い込まなければならないとされているだけで（会281条1項）、旧商法と相違し、払込金の保管証明までは必要とされていない。本書157頁(4)部分の方法で十分である。

3．金銭以外の財産を出資の目的とするとき（3号）

金銭以外の財産を新株予約権の行使に際してする出資の目的とするときは、本書221頁(4)部分に準じるが、現実には、本条3号が適用されることは、まず存在しない。同時に数個の新株予約権を行使したとしても、新株予約権1個単位で判定されるため（相澤哲＝豊田祐子「新会社法の解説(8)新株予約権」商事1742号23頁（2005年））、ほとんど全部のケースが、いわゆる少額特例（会284条9項1号と同236条1項3号）に該当するからである。なお、この現物出資は転換社債型新株予約権付社債に付された新株予約権の行使で社債を出資する場合が典型例であるが、それ以外の現物出資は、まれである。

4．検査役の報告に関する裁判があったときは、その謄本（4号）

会社法284条7項の場合だが、実務では、まれである。

5．その他の添付書面

(1) 資本金計上証明書（規61条9項）

　資本金額を増加した場合は、商業登記規則61条9項により、この書面の添付が必要である。自己株式の交付のみがなされた場合は、資本金の額の増加があり得ないから、本書面の添付は不要である。

　なお、新株予約権の行使価額と行使することによって交付される株式の払込金額とは一致しないことに注意が肝要である（計17条）。

(2) 増加する資本金額等を決定した議事録等の書面（法46条）

　株式払込金額の2分の1（1円未満切上げ）を資本金の額に計上すると定めていることが多いため、新株予約権の発行を決議した取締役会議事録等を添付することになる。登記申請の都度必要である。

（取得請求権付株式の取得と引換えにする株式の交付による変更の登記）

第58条　取得請求権付株式（株式の内容として会社法第108条第2項第5号ロに掲げる事項についての定めがあるものに限る。）の取得と引換えにする株式の交付による変更の登記の申請書には、当該取得請求権付株式の取得の請求があつたことを証する書面を添付しなければならない。

本条の概要

　取得請求権付株式が取得請求され会社が株式を発行した際に取得の請求があったことを証する書面を添付しなければならないと規定したものである。

第58条

> **解 説**

1. 取得請求権付株式の取得請求
(1) 取得請求権付株式と対価株式

　取得請求権付株式とは、「株式会社がその発行する全部又は一部の株式の内容として株主が当該株式会社に対して当該株式の取得を請求することができる旨の定めを設けている場合における当該株式」をいうが（会2条18号、107条2項2号、108条2項5号、166条以下）、本条には「株式の内容として会社法第108条第2項第5号ロに掲げる事項についての定めがあるものに限る。」とあり、取得の対価が他の株式とされた取得請求権付株式についての規定である。対価が自己株式のみとされた場合には株数の増減もなく登記事項に変更が生じないため、本条は対価に新株式が含まれた場合に限定される。この「他の株式」は同種類の株式を含むが（相澤ほか・論点解説71頁）、そのようなニーズもないであろうから、本稿では他の種類の株式を前提にする。

　取得請求の対価を他の種類の株式とした場合は、旧商法時代の転換予約権付株式に近いが、会社法では、転換（株式内容の変質）ではなく、他の種類の株式と交換するものと構成され、取得請求権付株式を会社に対して取得請求すると、会社はそれを取得して自己株式とし、定款の定めに基づき、それと引換えに他の種類の株式を交付することになる（会167条2項4号）。交換であるため、取得請求権付株式は自己株式になるだけで株式数自体に変動はない。

　この交付する他の種類の株式も会社が発行することができる株式でなければならないが、同時に、発行可能株式総数及び発行可能種類株式総数の枠内でなければならない（会113条、114条2項1号）。ただし、会社の財産が減少するわけではないので、分配可能額の範囲内という規制は及ばない（会166条1項ただし書参照）。

(2) 取得請求手続

　取得請求権付株式の請求には、「取得請求権付株式の種類及び種類ご

との数を明らかにしてしなければならない。」だけでなく、株券が発行されている場合には、「当該取得請求権付株式に係る株券を株券発行会社に提出しなければならない。」とされている（会166条2項・3項）。また、請求の日に他の株式が発行されたことになるため（会167条2項）、請求日から2週間以内に、あるいは、毎月末日現在により、当該末日から2週間以内に変更登記をしなければならない（会915条1項・3項2号）。1か月の間に五月雨式に行使される場合もあるので、効力はその都度生じても、申請人の便宜をはかり、毎月末日ごとに、その月の分の合計で登記申請することを認めたものである。

　なお、取得請求権付株式の請求の対価として新株式が発行されたとしても、資本金の額は変動しない（計15条）。会社財産の増大を伴わないためである。

　また、取得請求権付株式の取得請求権の行使について、一定の金額の払込みを条件とする定めを置くことも差し支えないと解されている（相澤ほか・論点解説73頁）。この払込金は資本剰余金に計上されるかは不明だが、この場合であっても、資本金の額には影響がないと解する（計15条）。

2．取得の請求があったことを証する書面

　取得の請求があったことを証する書面は、取得請求権付株式を所有する株主からの会社に対する請求書が典型例である。

　株主名簿管理人が置かれている場合に、株主名簿管理人が取得請求を代理して受ける場合には、株主名簿管理人が作成した証明書も、請求があったことを証する書面に該当する。この場合に、会社法915条3項2号により毎月末日から2週間以内に申請がされた場合において、当該書面上当該月内に各取得請求権が行使されたことが明らかであるときは、個々の取得請求があった日が登記官に明らかである必要はない（書式精義全訂5版520頁）。

　問題は、請求者が多数になった場合である。新株予約権の引受けの申

第59条

込みをした者が多数になった場合については、登記申請人の負担及び登記所の事務処理の便宜から、「発行会社の証明書―申込証見本―申込者リスト」を合綴したものをもって、便宜、新株予約権の引受けの申込みを証する書面として扱う旨の先例（平14・8・28民商2037号通知）が存在し、平成27年には、前掲（220頁）櫻庭9頁で、「募集株式の引受けの申込みを証する書面」や「新株予約権の行使があつたことを証する書面」にまで拡大されて認められたが、「取得請求権付株式の取得の請求があつたことを証する書面」も同様に解してよいかについては不明である。

しかし、実際に金銭等の払込みを要する募集株式の発行や新株予約権の行使の場合に肯定され、単なる株式の交換で終わる取得請求権付株式の取得の請求に認められないとは思えないため、また、櫻庭論文に記載されなかったのはニーズが少ないという判断だった可能性もあるため、管轄登記所と相談の上、「発行会社の取得請求があったことの証明書―取得の請求書の見本又は実物例―請求者リスト」の方式を実行していただきたい。

（取得条項付株式等の取得と引換えにする株式の交付による変更の登記）

第59条 取得条項付株式（株式の内容として会社法第108条第2項第6号ロに掲げる事項についての定めがあるものに限る。）の取得と引換えにする株式の交付による変更の登記の申請書には、次の書面を添付しなければならない。

一 会社法第107条第2項第3号イの事由の発生を証する書面

二 株券発行会社にあっては、会社法第219条第1項本文の規定による公告をしたことを証する書面又は当該株式の全部について株券を発行していないことを証する書面

2 取得条項付新株予約権（新株予約権の内容として会社法第236条第1項第7号ニに掲げる事項についての定めがあるものに限る。）の

取得と引換えにする株式の交付による変更の登記の申請書には、次の書面を添付しなければならない。
一　会社法第236条第1項第7号イの事由の発生を証する書面
二　会社法第293条第1項の規定による公告をしたことを証する書面又は同項に規定する新株予約権証券を発行していないことを証する書面

本条の概要

　取得条項付株式の取得の対価として、あるいは取得条項付新株予約権の取得の対価として、会社が株式を発行した場合には、変更登記をしなければならないが、本条は、その際の添付書面について規定したものである。

解　説

1．取得条項付株式の取得（1項）
⑴　取得条項付株式と対価株式
　取得条項付株式とは、「株式会社がその発行する全部又は一部の株式の内容として当該株式会社が一定の事由が生じたことを条件として当該株式を取得することができる旨の定めを設けている場合における当該株式」をいうが（会2条19号、107条2項3号、108条2項6号、168条以下）、現実には、剰余金配当優先株式等の種類株式を発行する際に、この株式内容を含めることが多い。種類株式が発行済株式として存在すると、株式の上場や他社との合併に支障が生じることもあるため、会社の都合で普通株式に交換させたい場合もあるからである。
　このように、定款で種類株式として取得条項付株式を定めるに当たり、会社が取得する際の対価を他の株式（同種の株式を含む。相澤ほか・論点解説71頁）とすることができる（会108条2項6号ロ）。旧商法時代の強制転換条項付株式に近いが、会社法では、転換ではなく、他の株式と

第59条

交換するものと構成され、一定の事由が生じて会社がその取得条項付株式を取得して自己株式とする場合には、会社は、定款の定めに基づき、それと引換えに他の株式（実際には普通株式とされることが多い。）を取得条項付株式の株主に交付しなければならない（会170条1項・2項）。交換であるため、取得条項付株式は株主の所有から自己株式に変わるだけで株式数の減少は生じない。

この交付する他の株式も会社が発行することができる株式でなければならないが、同時に、発行可能株式総数及び発行可能種類株式総数の枠内でなければならない（会113条、114条2項2号）。ただし、会社の財産が減少するわけではないので、分配可能額の範囲内という規制は及ばない（会170条5項参照）。

対価として自己株式を交付する場合には何らの登記事項も生じないが、新株式を発行する場合には、「発行済株式の総数並びにその種類及び種類ごとの数」につき変更登記が必要となる。募集による発行ではなく、株式と株式を交換しただけだから資本金の額は変動しない（計15条）。

なお、取得条項付株式1株の取得と引換えに、普通株式9株及び金1万円を交付するといった定めは有効であるが、これを超えて、普通株式10株又は金10万円のいずれかのうち取得条項付株式の所有者が選択したものという定めも「選択債権」が対価とされたものとして有効だとされている。また、取得事由ごとに対価を変えることも可能だとされている（以上、相澤ほか・論点解説79頁）。もとより、会社の判断で、対価を選択することは株主の予測が困難であり許されない。

(2) 取得事由としての一定の事由

取得事由である一定の事由とは、会社の上場が決まった場合とか、会社が合併で消滅することに決まった場合、会社が別に定める日が到来したことなどを理由に本株式を一斉に取得し、普通株式を交付するなどの例が多い（会107条2項3号参照）。ただし、同時に取得請求権付株式の内容を持たせることが多く、現実に、この株式の取得事由の発生によって、登記事項が発生することは少ないようである。

中小企業では、①株主である従業員が退職した時、②会社法108条2項8号の内容（拒否権条項付）を持った株式1株を保有する株主が死亡した時などを取得事由にして、取得条項付株式を発行することもあるが、①は引き続き株主であることを避けるためであり、②はたった1株の黄金株（拒否権条項付株式）の消滅を目的とするものであるから、対価を金銭とすることが多く、本条が適用されることは少ないといえる（現に株券を発行している会社にあっては、対価を問わず取得事由の効力発生までに株券提出手続が必要であるため、取得の効力発生日を「退職」や「死亡」の時点ではなく株券提出手続期間を考慮して「退職（死亡）後2箇月経過したとき」などとすべきであろう。）。

会社が別に定める日が到来することをもって一定の事由とする場合には、会社は、定款に別段の定めがある場合を除き、その日を株主総会の普通決議（取締役会設置会社にあっては、取締役会の決議）により定め、当該日の2週間前までに、取得条項付株式の株主等に対し通知又は公告（定款に定める公告方法による。以下、株券提出公告等を含め同じ）をしなければならない（会168条）。この通知又は公告を証する書面は、添付書面とはされていない。

また、取得条項付株式の一部を取得する旨の定めがある場合には、会社は、定款に別段の定めがある場合を除き、株主総会の普通決議（取締役会設置会社にあっては、取締役会の決議）によって当該一部の株式を決定し、直ちに、その株式の株主等に対し通知又は公告をしなければならない（会169条）。この場合には、一定の事由が生じた日、通知・公告した日から2週間を経過した日のいずれか遅い日が取得条項付株式の取得日である一定の事由が生じた日となる（会170条1項）。この一部の株式の決定は、取得条項付株式を有する株主を平等に扱わなければならないが、それを決定した議事録は本法46条2項を根拠に添付書面となる。

一定の事由は登記されているが、その発生については登記所にも不明のため、その発生を証する書面（会社が別に定める日の到来の場合は株主総会議事録や取締役会議事録）の添付が必要である（本条1項1号）。

(3) 株券提出手続書面
① 株券提出手続

　取得条項付株式に株券が現に発行されている場合には、その株券提出手続が必要であり（会219条1項4号）、株券提出公告したことを証する書面も必要である。株券発行会社で、株券が現に発行されていない場合には、株主名簿等の当該株式の全部について株券を発行していないことを証する書面の提出が必要である（本条1項2号）。この書面については、本法63条を参照されたい。

　なお、登記実務では伝統的に株券「提供」と使うが、本書では会社法の条文や法定公告の実務に従い、株券「提出」と使うことにする。以下同様である。

② 株主向け公告が添付書面になる場合

　株主に対する通知は、会社の内部の問題だから「通知したことを証する書面」は登記の添付書面とならない。「株主等に対し通知又は公告」とあった場合も、この公告は通知の代用だから同様である。これに対して、株券提出や株券廃止の手続のように「公告かつ通知」とあるときは、公告が添付書面となる。

③ 会社法219条（及び同293条）の規定上の問題点

　会社法219条（及び同293条）は、批判されても仕方ない規定振りである。

　第1に、会社の設立行為になる新設合併や株式移転についても、同一条文で規定した点である。当該行為の効力が生ずる日（株券提出日、新株予約権提出日）までに提出せよとあっても、いつ設立登記を申請するかは会社次第であり、これでは提出期限が不明である。

　第2に、提出期限を当該行為の効力が生ずる日の「前日」までとしなかった点である（株式交換に関する旧商359条、359条の2は「前日」までであった。）。株券等は効力の発生と同時に無効となるため（会219条3項、293条3項）、効力発生日の午前0時までというつもりで規定したのであろうが、この内容では、当該効力が生ずる日の24時までに提出せよとしか読み取れない。

以上については、過去に株式移転で問題になった。株式移転の登記申請を平成X年4月1日にしようにも、株券提出期限が同日の24時になるため、株券等提出公告書面を登記申請の際に提出することができないという不都合が生じたためである。官報や日刊新聞紙であれば、公告期間が満了していなくとも、登記申請の際に準備することができても、電子公告では完了報告を入手できないという事態が生じるからである。

　この登記上の支障につき、登記実務は、公告の内容としては、会社法の条文のとおり「提出日の平成X年4月1日までに提出せよ。」とすべきだが、公告期間の終期については効力発生日の前日としてよいという解決策を採用している（松本真「電子公告の公告期間」登情544号8頁注6（2007年））。

④　株券等を提出させる理由

　株券等は効力発生日に無効となるため（会219条3項、293条3項）、株券廃止の会社法218条1項と同様に回収するまでもなさそうであるが、株券廃止の場合は対価と交換するという問題が生じないのに対し、取得条項付株式や吸収合併等の組織再編においては、対価と引き換えるため回収が必要である。未提出の場合は、対価が交付されず、以後、無効株券等は対価引換請求権を表章する証券となる（会219条2項、293条2項）。株券等を紛失し提出できないときは、簡易な保護手続が規定されているのも（会220条、293条5項）、そのためである。

　この点で、旧商法時代には、100％子会社を吸収合併する際は、無対価であり、引き換えるものが存在しないため、株券の提出は不要だと解されていたが（亀田哲「株式譲渡制限会社が100％子会社を吸収合併する場合の公告」商事1114号40頁（1987年））、会社法の下では、同法219条に何らの限定もない等の理由から、無対価合併でも株券提出手続が必要だとされた。この点については批判もなされているが（金子登志雄『親子兄弟会社の組織再編の実務〔第2版〕』141頁（中央経済社、2014年））、現に株券を発行している株式会社が激減したためか、現在では、問題視されることも少なくなった。

第59条

２．取得条項付新株予約権の取得（２項）
(1) 取得条項付新株予約権と対価株式

　取得条項付新株予約権とは、「一定の事由が生じた日に当該株式会社がその新株予約権を取得する旨及びその事由についての定めがある新株予約権」をいうが（会273条１項、236条１項７号）、この内容を持った新株予約権（新株予約権付社債に付された新株予約権を含む。）についても、取得条項付株式と同様に、一定の事由の発生で会社が新株予約権を取得し、対価として株式を交付することを定めることができる（会236条１項７号）。

　取得の対価は柔軟化されているため、新株予約権者に「対価は新株予約権１個につき普通株式１株又はＡ種種類株式１株」などといった選択権を与える場合も、取得事由を複数定めて、取得事由ごとに対価の種類を変えることもできる点は取得条項付株式の場合と同様である（相澤ほか・論点解説228頁参照）。

　もっとも、取得条項付新株予約権の実例はストックオプション目的の新株予約権をはじめとして数多いが、新株予約権自体の価値が大きくないためか、ほとんどが無償取得（対価ゼロ）の定めにしており、対価を株式としている実例はまれだと思われる。

　実例で多いのは、将来の組織再編の支障にならないように、「当社が消滅会社となる合併契約承認の議案又は当社が完全子会社となる株式交換契約承認もしくは株式移転計画承認の議案につき株主総会で承認された場合（株主総会決議が不要の場合は、当社取締役会決議がなされた場合）は、当社取締役会が別途定める日をもって、当社は無償で新株予約権を取得することができる。」といった内容である。

　ところで、新株予約権付社債は新株予約権と社債が一体になったものであるから、取得条項付転換社債型新株予約権付社債に付された新株予約権を取得した場合には社債をも取得することになる。これは転換が強制されて新株予約権が行使されたわけではなく、新株予約権付社債が取得されただけだが、取得対価の全部を発行会社の新株式とした場合に

は、会社計算規則18条によると、これに対しても（社債分についても）株式対価を交付することができるようだが、これでは社債の株式化の強制にならないのだろうかという疑問が生じるだけでなく、その会計処理の詳細についてもはっきりしない。実務上は、この社債部分に対しては、同種の社債を発行して交付することになると想像する。

(2) **新株予約権証券提出手続書面**

　取得条項付新株予約権を取得する場合に、新株予約権証券（新株予約権付き社債券を含む。）が現に発行されている場合には、その提出公告をしたことを証する書面が（会293条1項1号の2）、現に発行されていない場合には、その旨を証する書面の提出が必要である。

　新株予約権証券を発行していないことを証する書面としては、その事項が新株予約権の内容でもあるため（会236条1項10号）、当該新株予約権の発行を決議した株主総会議事録又は取締役会議事録の記載や新株予約権原簿が考えられる。もっとも、株券自体を発行する会社も少ないため、取得条項付新株予約権に限らず、新株予約権証券が発行される例も少ないようである。

(3) **取得の効果として資本金額の増加**

　取得条項付新株予約権が取得条項付株式と決定的に相違するところは、取得条項付新株予約権の取得の対価として新株式が発行された場合には、資本金の額が増加することもあるため、資本金計上証明書（規61条9項）が添付書面になることである。また、会社計算規則18条1項の資本金等増加限度額のうち資本金として計上しない額（資本準備金）を定めた場合には、資本金の額の増加額を証するため、それを定めた取締役議事録等（法46条）が添付書面になる。

（全部取得条項付種類株式の取得と引換えにする株式の交付による変更の登記）

第60条　株券発行会社が全部取得条項付種類株式（会社法第171条

第60条

> １項に規定する全部取得条項付種類株式をいう。第68条において同じ。）の取得と引換えにする株式の交付による変更の登記の申請書には、前条第１項第２号に掲げる書面を添付しなければならない。

本条の概要

　全部取得条項付種類株式につき、株主総会の決議で取得の対価を株式とし取得日に対価の株式を発行すれば（会173条）、変更登記が必要だが、本条は、その際に、株券発行会社では株券に関する書面の提出が必要である旨を定めたものである。

解　説

　全部取得条項付種類株式とは、「当該種類の株式について、当該株式会社が株主総会の決議によってその全部を取得することについての定めがある種類の株式」をいう（会108条２項７号、171条以下）。
　この全部取得条項付種類株式は、取得条項付株式と相違し、取得の事由や取得の対価をあらかじめ定めて置く必要がなく、事後に株主総会の決議で決定することができるだけでなく、一部に反対があっても、株主総会の多数決（特別決議）で一斉に会社が取得することができるため、発行済株式総数を一瞬オール自己株式とする、いわゆる100％減資（相澤ほか・論点解説90頁）や、上場会社の非公開化（ゴーイングプライベート）後の残された少数株主排除策の手法として用いられてきた。対価が無償あるいは株式の場合には、分配可能額の規制（会461条）もない。
　100％減資の場合は、無償あるいは金銭対価でなされることが多いため、本条の適用はない。後者の少数株主排除策の手法は、対価の株式との交換比率を極端なものにして、少数株主全員を１株未満の端数株主にし、最終的にキャッシュ・アウトするものだが（前掲（210頁）金子＝富田155頁以下）、平成27年５月施行の改正会社法により、新たに会社法179

条以下に特別支配株主の株式等売渡請求制度が設けられ、会社法180条以下の株式の併合についても、このような場合に利用することができるよう大幅に改正されたため、今後の利用価値が激減した。

いずれにしろ、全部取得条項付種類株式を利用した場合に、以上の手続の経過は株主総会決議の内容で知ることができるが、A社が株券発行会社の場合（ただし、現状の上場会社は全て株券廃止会社である。）には、全部取得条項付となった既存株券全部の回収手続が必要となる（会219条1項3号）。この関係で、登記申請に、株券提出公告したことを証する書面が必要となるが、株券発行会社でありながら株券が発行されていない場合には、株主名簿等の当該株式の全部について株券を発行していないことを証する書面（法63条の解説参照）の提出が必要である（法59条1項2号）。

（株式の併合による変更の登記）
第61条　株券発行会社がする株式の併合による変更の登記の申請書には、第59条第1項第2号に掲げる書面を添付しなければならない。

本条の概要

株式の併合の結果、変更登記が必要になるが、その際に、株券発行会社では株券に関する書面の提出が必要である旨を定めたものである。

解　説

1．株式の併合と登記事項
(1)　株式の併合とは

株式の併合とは、株式の分割とは逆に、同種類の株式の2株や3株を1株にするなど、一定の割合で株式数を減少することである（会180条

以下)。併合の割合は問わないから、3.3株を1株に併合するなども可能である。33株を10株に併合するのと同じことである。

　株式の併合は、従来、主として株式数を減少して株主管理コスト等を節約するための方法としてしか認識されていない傾向があったが、併合の割合によっては、大多数の株主に影響することもあるため、平成27年5月施行の改正会社法により、吸収合併等の組織再編並みの手続になった。

　なお、株式の分割と併合は、裏表の関係にあるが、株式の分割は株式の追加発行だから株券の提出手続は不要である。自己株式の消却は株式数の減少という点で株式の併合と共通点があるが、株式の消却は特定の株式だけが対象となる点で株式の併合と相違する。

(2)　株式の併合の手続と登記事項

　株式の併合は、各株主の有する株式数を減少させることになるため、株主総会の特別決議が必要である（会309条2項4号）。必要な決議内容は、会社法180条2項に列挙されている次の4点である。

　　イ．併合の割合
　　ロ．株式の併合の効力発生日
　　ハ．株式会社が種類株式発行会社である場合には、併合する株式の種類
　　ニ．効力発生日における発行可能株式総数

　効力発生日における発行可能株式総数を変更させた場合には、「発行済株式の総数」だけでなく「発行可能株式総数」も登記事項となる。その他にも、新株予約権が登記されている場合には、調整式が働き、新株予約権の目的である株式数に変更が生じることも多いであろうし、単元株式数採用会社では、議決権で株主に不利にならないように、あるいは、極端に発行済株式の総数を減少したら、単元株式数の発行済株式の総数の200分の1を超える場合もあるので（会施34条）、単元株式数の変更あるいは廃止が必要になることもある。

　株式の併合と発行可能株式総数との関係には変遷があり、旧商法時代

は、株式の併合の結果、同率で発行可能株式総数（当時は「発行する株式の総数」）が減少すると解釈されていたが、会社法は、このような解釈による変更を避け、正式に定款を変更する手続が必要だとしたため、株式の併合と発行可能株式総数の変更は、それぞれ別の手続になった。しかし、平成27年5月施行の改正会社法により、上記の会社法180条2項4号が新設され、株式併合の決議の内容として発行可能株式総数を変更することができるようになった。

　発行可能株式総数の変更につき、旧商法との相違は、株式の併合の割合とは連動していないことと、定款の変更との関係では、「定款の変更をしたものとみなす。」と明文化されたことである（会182条2項）。株式を併合したからといって、必ずしも発行可能株式総数を変更しなければならないものではないが、公開会社にあっては、「効力発生日における発行済株式の総数の4倍を超えることができない。」（会180条3項）とされているため、株式の併合の割合次第では、発行可能株式総数の減少が必須になることもある。

　発行可能株式総数については、定款の変更の決議ではなく、株式併合の決議の効果として変更されても、発行可能「種類」株式総数については、定款の変更の決議が必要であることに要注意である。もっとも、発行可能株式総数と発行可能種類株式総数とは無関係だから（本書143頁d部分）、株式の併合により、後者が前者より大きくなっても、定款変更が必須というわけではない。

2．株式の併合と添付書面

　株式の併合をなす株式会社が種類株式発行会社である場合には、併合する株式の種類を決定するが、普通株式1株と優先株式1株を併合するなどといった異種類の株式間で行うことはできず、同種類の株式の間に限られる。その結果として、ある種類の株式の種類株主に損害を及ぼすおそれがあるときは、その種類株主総会の特別決議がなければ、株式の併合の効力が生じない。この場合には、株主総会議事録のほかに、その

第61条

　種類株主総会議事録も添付書面となる（会322条1項2号、324条2項4号、法46条2項）。株式の併合で不利益を受ける種類株主には、株式の併合の対象となる種類株主が中心となる。

　会社法322条2項により、種類株主総会の決議が不要である旨の定款の定めがある場合には（これも株式内容として登記事項であるため、定款の添付は不要である。）、種類株主総会の決議は不要だが、反対株主には買取請求権が認められている（会116条1項3号イ）。

　また、株式の併合を株券発行会社がなす場合には、併合後の株券を発行することになるが（会215条2項）、併合前の株券については必ず回収する必要があり、株券の提出手続が必要である（会219条1項2号）。したがって、定款に定める公告方法により株券提出公告をしたときは、その公告をしたことを証する書面が登記の添付書面となる。

　株券発行会社でありながら、株券を発行していない場合には、登記申請に当たり、株券提出公告が不要である旨を証するため、株主名簿等の当該株式の全部について株券を発行していないことを証する書面（法63条の解説参照）の提出が必要である（法59条1項2号）。

　なお、効力発生日の2週間前までの株主及び登録株式質権者に向けた通知又は定款に定める公告方法による公告も（会181条）、株券提出公告も、株主総会の決議後にする必要はなく、株主総会の決議時に効力を発生させることができる（会219条1項にも「行為をする場合には」とある。）。

3．株式の併合と端数処理

　株式の併合により、株主に端数（1株未満株式）が生じるときは、その端数の合計に対応する併合後の株式の合計数（この合計数の端数は切り捨て）を裁判所の任意売却手続等を経て金銭に代え、端数株主に分配する方法（会235条、234条）が採用される。

　例えば、株主全員に生じた端数を合計したところ、21.5株になったとすると、この端数である0.5株は切り捨てられ、21株が任意売却手続等に付され、それで得た代金を端数の生じた株主に按分して支払うという

方法がなされる。

　この場合に併合の割合によっては、大多数の株主に端数が生じることも、小口株主が株主でなくなることも、株式の併合後に株式単位が大きくなり売却が困難になることも生じるため、平成27年5月施行の改正会社法により、株主を保護するため、株式の併合に吸収合併等の組織再編並みの手続を導入した。事前・事後開示（会182条の2、182条の6）、差止請求（会182条の3）、反対株主の株式買取請求（会182条の4）、裁判所による株式の価格の決定（会182条の5）などである。

　ただし、定款の定めにより単元株式制度（会188条以下）を採用している会社が1単元の株式数に併合の割合を乗じて得た数に1未満の端数が生じない場合は、この組織再編並みの手続については回避することができる（会182条の2第1項）。この場合は、株主に与える影響が少ないからである。

　単元株式数を採用する会社にあっては、上場会社を中心に、1単元100株のことが多い。この場合、小口の株主を含め大多数の株主が1単元100株の整数倍を保有する株主であるため、この1単元の株式数を基準にして、併合の割合を乗じて得た数に1株未満の端数が発生しなければ、大多数の株主への影響は少ないといえる。例えば、2株を1株に併合する場合は、1単元100株が単元未満の50株になるが、対象株主は、これを保有し続けることも、単元未満株式として会社に買取りを請求することもできるため（会192条）、株主に与える影響はまだ少ないといえる。

　これに対して、3株を1株に、あるいは1単元の株式数を超える200株を1株に併合する場合は、全ての単元株主に1株未満の端数が生じ、株主に与える影響が大であるため、組織再編並みの手続を採用しなければならない。

　株主の全員が10の整数倍を保有しているので、2株や5株を1株に併合する場合は、この組織再編並みの手続は回避することができると考えたいところだが、効力発生日までに、株主個々の所有する株式数が変動

第62条

することもあるため、この煩瑣な手続を避けられない。そこで、このような場合は、同時に1単元10株を定款に定め、株式併合後に単元株式数制度を廃止する方法を採用することになろう（東京司法書士協同組合編、金子登志雄『改正会社法と商業登記の最新実務論点』95頁（中央経済社、2015年））。

4．株式の併合とキャッシュ・アウト

　従来、例えば1万株を1株に併合するようなことは、1単元株式数の上限が1000株であること（会施34条）等から考えて、行き過ぎであり、株主総会決議の取消しの瑕疵があるとされ、株式の併合の効力さえ否定されかねず、実行されることが躊躇されていた。したがって、キャッシュ・アウトには、専ら全部取得条項付種類株式を利用する方法が採用されていた。

　しかし、現在は、株式の併合に吸収合併等の組織再編並みの手続が導入され、反対株主に差止請求（会182条の3）や株式買取請求（会182条の4）まで認められたことにより、併合割合で株式の併合の効力が否定されるリスクが減少したため、400万株以上を1株に併合するようなキャッシュ・アウト事例さえ登場している。複雑な定款の変更を必要とする全部取得条項付種類株式を利用する方法より手続が容易だからである。

　もっとも、平成27年5月施行の改正会社法では、キャッシュ・アウトの手段として、ストレートな手続である特別支配株主の株式等売渡請求制度（会179条以下）が設けられたため、キャッシュ・アウトを目的に株式の併合が利用されるかは会社次第である（詳細は前掲（上記）金子103頁以下参照）。

（株式譲渡制限の定款の定めの設定による変更の登記）
　第62条　譲渡による株式の取得について会社の承認を要する旨の定
　　款の定めの設定による変更の登記（株券発行会社がするものに限

る。）の申請書には、第59条第１項第２号に掲げる書面を添付しなければならない。

本条の概要

本条は、発行する全株式又は一部の種類株式の内容に譲渡制限を付した際には、株券提出手続に関する書面の提出が必要である旨を定めたものである。

解　説

1．譲渡制限株式と公開会社

譲渡制限株式とは、「株式会社がその発行する全部又は一部の株式の内容として譲渡による当該株式の取得について当該株式会社の承認を要する旨の定めを設けている場合における当該株式」のことである（会２条17号）。

この「一部」とは、一部の種類の株式という意味である。同種株式の一部に譲渡制限が設定されたら、異種類の株式になるというべきだからである。

譲渡制限株式という名称だが、「譲渡による取得」とあるとおり、譲渡先である取得者（譲受人）を制限するものであって、株主平等原則に反して、株主（譲渡人）の誰某は譲渡してはいけないという制限を課すものではない。

これには２つの理由がある。第１は、譲渡先が会社の好まない者（総会屋、ライバル会社、面識のない者など）だと今後の株主総会や種類株主総会等の運営にも支障が生じるため、それを避けるためであり、第２は、既存株主の持株比率の維持のためである。株式譲渡の結果、筆頭株主が第２位以下に転落するようなことも生じかねないため、これを避けるためである。

非種類株式発行会社が発行する全部の株式を譲渡制限株式にすること

第62条

も、種類株式発行会社で一部の種類の株式を譲渡制限株式にすることもできる。前者が会社法107条でいう譲渡制限株式であり、後者が会社法108条の譲渡制限株式である。

　会社法によると、公開会社は、①全部の株式の内容に譲渡制限を設けていない会社と②一部の種類に設けていない会社だから、一部の種類の株式が非譲渡制限株式である種類株式発行会社は公開会社である。逆にいうと、発行する全種類の株式が譲渡制限株式である会社が非公開会社である。

　公開会社の場合は取締役会の設置が強制され（会327条1項1号）、取締役の任期を伸長することができないなどの制約が多いため（会332条1項・2項）、未上場会社の段階では非公開会社であることが有利だが、中小企業でも当時の商法で発行する株式に譲渡制限を設定することが認められなかった昭和30年代に設立された株式会社を中心に公開会社は決して少なくはない。

2．非公開会社化の手続
(1)　譲渡制限の設定

　非種類株式発行会社を前提に、発行する株式の全部を譲渡制限株式に変更する場合で説明すると、株主総会の特殊決議（会309条3項の決議）で、その旨の定款の変更を決議しなければならない。また、反対株主には買取請求権が認められている（会116条1項1号）。新株予約権者や新株予約権付社債権者についても同様である（会118条1項・2項）。そのため、会社がこれをしようとする場合には、その効力発生日の20日前までに、株主や新株予約権者等に対し、当該行為をする旨を通知又は定款に定める公告方法により公告しなければならない（会116条3項・4項、会118条3項・4項）。

　したがって、この手続には少なくとも20日間の日数が必要だが、株券を発行している場合には、その株券を「譲渡による当該株券に係る株式の取得について株式会社の承認を要することを定めたときは、その旨」

（会216条3号）を記載した株券と差し替える必要があるため、既存の流通株券を回収するために1か月以上の期間を要する会社法219条に定める株券の提出手続が必要である（本書234頁(3)部分参照）。定款で定める公告方法により株券提出公告をした場合には、本条により、これを登記申請の添付書面としなければならない。

効力発生日の20日前までの株主等に向けた通知又は公告も株券提出公告も、株主総会の決議後にする必要はなく、事前に行い、株主総会の決議時に効力を発生させることができる（会219条1項にも「行為をする場合には」とある。）。

もっとも、このような株券に関する手続を回避するため、実務上は、発行する株式に譲渡制限を設定しようとする定款の変更の際に、併せて株券を発行する旨の定款の定めを廃止することが多い。この場合には、本法63条に従い、株券廃止公告等の添付が必要となるが、これについても、株主総会決議後にする必要はなく、株主総会決議時に株券廃止の効力を生じさせることができる（会218条1項にも「定款の定めを廃止する定款の変更をしようとするとき」とある。）。

株券発行会社でありながら、現に株券を発行していない場合には、登記申請に当たり、株券提出公告の代わりに株主名簿等の当該株式の全部について株券を発行していないことを証する書面の提出が必要である（会121条4号）。この書面については、本法63条の解説を参照されたい。

なお、会社法309条3項1号、219条、116条1項1号、118条1項1号も「定めを設ける定款の変更」のときに適用され、既存の譲渡制限の内容を強化する場合（株主間以外の譲渡制限を全面的に譲渡制限する場合など）を含まないことに注意すべきである。

(2) 譲渡制限設定と新株発行の先後関係

一般に、譲渡制限設定の効力発生よりも新株発行の効力が先に到来した時は、新株発行の登記は受理されるが、譲渡制限設定の登記は受理されず、逆の順序の場合は、譲渡制限の登記は受理され、新株発行の登記は株式申込証に株式の譲渡制限に関する規定が記載されていない限り受

第62条

理されないと説明されている（松井・ハンドブック3版244頁）。

前者に関しては、「株式譲渡制限の規定を設ける定款の変更決議をした後、当該規定の設定の効力が生ずる前に取締役会の決議により新株を発行し、その後に商法350条1項（現会社法219条1項1号）の公告をし、当該公告期間満了後にされた株式譲渡制限の規定の設定による変更の登記の申請は、受理すべきではない。」という先例もある（昭51・3・18民四第2157号回答）。

しかし、前者の場合でも、この新株の発行が株主割当増資であり、譲渡制限設定を決議した株主と新株主が同一である場合や、そうでなくとも、第三者である新株主が譲渡制限設定の効力が生じることを承諾して新株を引き受けた場合もあるため、その旨の証明書を添付した場合には受理されるべきである。

私見だが、譲渡制限設定の決議の内容が明らかに法令違反となり直ちに無効になるというわけではないため、株主総会決議の取消し（会831条）や買取請求（会116条2項2号）あるいは会社や役員等に対する責任追及（会429条1項等）の問題として解決すべきことであり、登記所が一律に効力を否定して受理しないことには疑問が残る。上記昭和51年先例も、新株予約権が存在するときは、交付される株式が譲渡制限株式になるため、譲渡制限設定の決議を否定していた旧商法時代（旧商348条3項参照）には解釈論として可能であったろうが、新株予約権の買取請求権が規定（会118条参照）された会社法下でも肯定することができるか疑問である。

(3) 取締役会の廃止と譲渡制限規定

「当会社の株式を譲渡により取得するには、取締役会の承認を受けなければならない。」と定款に定め、登記されているとき、この会社が定款の変更で取締役会を廃止し、非取締役会設置会社に移行したとする。この株式の譲渡制限の規定の変更を漏らした場合に、取締役会の廃止の登記を申請することができるかという小論点がある。

結論からいうと、問題ない。第1に、実体法解釈からすれば、取締役

会の廃止により、本規定の「取締役会の承認」部分は効力停止状態（一般に「空振り規定」という。取締役会を再設置すると有効に戻る。）になり、会社法の原則に戻って、承認機関は株主総会になったと考えられているが（会139条１項）、定款を変更したとまではみなされるわけではないため、登記申請義務が発生していない。空振り規定は、規定の全部又は一部の「効力」が否定されるだけで、規定の「存在」までは否定されるものではない（小川ほか・通達準拠81頁は反対だが、詳細は本書291頁③部分参照）。

第２に、併せて登記する義務（本書182頁(3)）や同時申請が義務付けられているわけではなく、仮に、譲渡制限規定につき「株主総会の承認」と改めていても、同時に申請する必要はないため、登記の不受理の理由にはならない。

以上は、会社法426条１項の規定により、任務を怠ったことによる取締役及び監査役の損害賠償責任を、法令の限度において、「取締役会の決議」によって免除することができると登記されている場合も同様に考えられる。

3．定款内容の定め方と登記の位置

取締役会設置会社の場合、「当会社の株式を譲渡により取得するには、取締役会の承認を受けなければならない。」という表現にする例が多いが、このように定めたのに、株券提出公告で「会社の承認」とした場合に、この公告文案には問題があるとの意見が会社法施行直後の一時期にあった。

しかし、譲渡制限株式の定義では、「当該株式会社の承認」とあるので、何の問題もない。定款○条１項として「当会社の株式を譲渡により取得するには、会社の承認を受けなければならない。」として、２項で「前項の会社の承認とは、取締役会の承認とする。」としてもよく（取締役会の部分を株主総会や代表取締役等にすることも差し支えない。）、この場合、２項についても登記することが望ましいといえるであろうが、厳密

第62条

にいえば登記事項ではない（2項の規定がなければ、会139条により「株主総会（取締役会設置会社にあっては、取締役会）」と解されよう。）。

　その他、前半部分を旧商法時代と同様に「当会社の株式を譲渡するには」、あるいは、会社法136条と137条を組み合わせて「当会社の株式を譲渡又は取得するには」とする例も少なくない。一時期、この後半の表現では相続による取得まで含まれるため適当ではないとの意見もあったが、会社法137条1項の規定振りからして、現在は問題なく受理されている。また、「当会社の発行する株式は、全て譲渡制限株式とする。」でも問題ない。

　登記記録のどこの位置に登記するかの問題については、本書142頁c部分を参照されたい。また、「発行する株式の内容」でも、種類株式発行会社における「発行可能種類株式総数及び発行する各種類の株式の内容」でも、新たに登記記録に記録されるときは、「平成○年○月○日変更」とされるが、発行する非譲渡制限株式の全部を譲渡制限株式にしたときは、「株式の譲渡制限に関する規定」の区分に「平成○年○月○日設定」と記録される。単に「………に関する規定」の文言に対応して「設定」としただけだと思われるが、株式の内容の登記申請においては、「年月日変更」か「年月日設定」かに注意すべきである。

4．譲渡承認方法と特別利害関係

　譲渡の承認機関が取締役会である場合に、取締役が譲渡の当事者になれば、特別利害関係人として決議に参加することができないが、では、取締役ABCのうち、AとBがそれぞれ譲渡者あるいは取得者になり相手方が第三者の場合の承認方法はどうするかというと、個別の取引に分解し、「第1号議案／Aについて譲渡承認の件」、「第2号議案／Bについて譲渡承認の件」とし、第1号議案についてはBも議決権を有し、第2号議案についてはAも議決権を有するのであり、A及びBに関して一括の議案とするわけではない。もっとも、AがBに譲渡する場合は、AB双方を除外する1つの承認議案になる。

では、承認機関が代表取締役とされている場合に、代表取締役自身が譲渡当事者になる場合に自身が承認することで足りるかという小論点があるが、そのように定款に定めた趣旨に、「ただし、代表取締役が譲渡当事者の場合は承認があったものとみなす。」があるというべきであろう。定款に定めを置く場合には、可能な限り、疑義の生じない内容にすべきである。

5．特例有限会社の譲渡制限内容

平成18年5月の会社法施行以後、有限会社は設立することができないが、それ以前から存在する有限会社は特例有限会社として株式会社の1種になった（整備法2条）。その登記記録には、登記官の職権で「当会社の株式を譲渡により取得することについて当会社の承認を要する。当会社の株主が当会社の株式を譲渡により取得する場合においては当会社が承認したものとみなす。」と登記されている（整備法9条、42条4項、136条16項）。これは旧有限会社法19条の規定内容を受けたものであり、特例有限会社の特質であるから、これを変更することはできないとされている（整備法9条2項）。

（株券を発行する旨の定款の定めの廃止による変更の登記）
第63条　株券を発行する旨の定款の定めの廃止による変更の登記の申請書には、会社法第218条第1項の規定による公告をしたことを証する書面又は株式の全部について株券を発行していないことを証する書面を添付しなければならない。

[本条の概要]

株券発行会社が、株券を発行する旨の定款の定めを廃止した場合には、変更登記をしなければならないが、本条はその際の添付書面を定め

第63条

たものである。

> **解 説**

1．株券発行会社とは

　株券発行会社とは、その株式（種類株式発行会社にあっては、全部の種類の株式）に係る株券を発行する旨の定款の定めがある株式会社をいう（会117条7項）。定款の定めがあるかどうかが基準だから、現に株券を発行しているかどうかを問うものではない。

　旧商法時代には、株式会社は株券発行会社であることが原則とされ（旧商226条1項）、不発行の場合が登記事項だったが（旧商227条、188条、175条）、会社法においては不発行が原則で、株券発行会社である旨が登記事項になった（会911条3項10号）。会社法が旧有限会社法をも取り込み、それを株式会社のベースに据えた関係で、証券を発行しない株式会社が会社法における基本型になったためである。そのため、平成18年5月からの会社法の施行によって、株券不発行の登記がなされていない旧商法時代からの株式会社には、会社法整備法136条12項3号により登記官の職権で「当会社の株式については、株券を発行する。」と株券発行会社である旨が登記されたが、現に株券を発行しているかどうかにかかわらず、現在でも多数の株券発行会社が存在する。

2．株券を発行する旨の定款の定めを廃止する手続

　現に株券を発行している会社が、その株式（種類株式発行会社にあっては、全部の種類の株式）に係る株券を発行する旨の定款の定めを廃止する定款の変更をしようとするときは、当該定款の変更の効力が生ずる日の2週間前までに、定款で定める公告方法により、株券を廃止する旨の公告をし、かつ、株主及び登録株式質権者に、各別にこれを通知する必要がある（会218条1項）。

　株券は株主等が保有したまま無効になるのであって、会社に株券の回収義務は課されていない。したがって、公告・通知期間も2週間でよい。

この公告は本条により登記申請の添付書面になる。

　なお、種類株式発行会社にあっても「全部の種類の株式に係る株券を発行する旨の定款の定めを廃止する旨」公告する必要があり、特定の種類株式の株券だけを廃止し、一部の種類の株式に係る株券を発行する定款の定めを設けることはできない。

　次に、株券発行会社とされながら、現に株券を発行していない会社が多数存在する。全株券につき不所持の申出がなされている場合もあれば（会217条）、株主から株券発行の請求がなく未発行の非公開会社の場合も（会215条4項）、発行しなければならないのに、いまだに発行していない公開会社の場合もある（会215条1項）。

　株券を現に発行していない場合は、株主及び登録株式質権者に対して、効力発生日の2週間前までに株券を廃止することにした旨を通知するだけで差し支えない（会218条3項）。通知に代えて公告することもできる（同4項）。

　株券を発行する旨の定款の定めの廃止による変更の登記申請があった場合に、登記所では申請会社が現に株券を発行しているかどうかを知り得ないので、発行していないのであれば、株券廃止公告の代わりに「株式の全部について株券を発行していないことを証する書面」を添付させることにした（本条）。実際には、株主名簿（又はそれに準じたもの）が利用されることが多い。株主名簿には株券番号の記載が必要であるため（会121条4号）、株主名簿で株券発行の有無が分かるからである。株式の全部について株券を発行していないことを理由に会社法218条4項の通知公告をした場合にも、公告掲載紙ではなく、この書面の添付が必要である。

　なお、効力発生日の2週間前までの通知・公告も、株主総会決議後にする必要はなく、株主総会の決議時に効力を発生させることができる。会社法218条1項・3項にも「株券を発行する旨の定款の定めを廃止する定款の変更をしようとするときは」とある。

第64条

3．株券を発行していないことを証する書面の適格性

「株式の全部について株券を発行していないことを証する書面」としては、株主名簿以外にも、株主名簿管理人による証明書、株主全員の発行を受けていない旨の証明書なども可能だと解するが、現実の登記実務では、株主名簿又はそれに準じたものしか利用されていない状況である。

実務上は、株主名簿から「①株主の氏名又は名称、②各株主の有する株式の数、③不発行であること」を抜粋した書面を作成し、代表取締役が証明した「株主名簿に準じたもの」が使われることが多いが、大手の登記所との質疑応答では、あたかも株主名簿に限るかのように説明され、株主の住所の記載の要否が問題視されている。

しかし、本法が要求しているのは「株券を発行していないことを『証する書面』」であって、株主名簿自体の提出を要求しているわけではない。基本通達（平18・3・31民商782号第2部第2、5(2)30頁）にも「株式の全部について株券を発行していない場合にあっては、株主名簿『その他の当該場合に該当することを証する書面』」とあり、株主名簿に限定していないため、従来どおり住所の記載までは不要だと考える。

もっとも、平成28年10月からは、商業登記規則の改正（規61条2項・3項の新設）で、株主総会議事録や株主全員の同意に、住所付の株主リストを添付することになったため、少なくとも主要株主については住所の記載を省略する意味はないが、添付書面である主要株主リストに住所が記載されているから、本書面には、住所の記載を必要とする理由が更になくなったともいえる。

（株主名簿管理人の設置による変更の登記）
第64条　株主名簿管理人を置いたことによる変更の登記の申請書には、定款及びその者との契約を証する書面を添付しなければならない。

> 本条の概要

　本条は、株主名簿管理人を設置又は変更する場合の添付書面について定めるものである。

> 解　説

1．株主名簿管理人の設置と交代手続

　株主名簿管理人とは、当該株式会社に代わって株主名簿（以下、株券喪失登録簿、新株予約権原簿を含む。）の作成及び備置きその他の株主名簿に関する事務を行う者をいう（会123条、222条、251条）。株式の名義書換代理業務だけでなく株主名簿や新株予約権原簿の作成や備置きの業務まで取り扱うため、旧商法時代に使われていた名義書換代理人とは言わなくなった。

　株式会社が株主名簿管理人を置くには、「置く旨を定款で定め」る必要がある（会123条）。機関設計の場合は、「置くことができる。」という定め方は適当ではないとされているが（相澤哲＝石井裕介「新会社法の解説(8)株主総会以外の機関（上）」商事1744号88頁（2005年））、機関でない株主名簿管理人の場合には、定めている実例もある。

　定款に定めるのは、単にそれだけでよく、特定の株主名簿管理人の氏名等までを定款に定める必要はない。この定款（全文が必要）は登記の添付書面だが、この定款の変更を可決した株主総会議事録をもって、添付する定款の代用にすることは、商業登記規則61条1項の場合と相違して、困難だと解されている。

　株主名簿管理人を定款で置くことを定めた後には、取締役会（非取締役会設置会社では取締役の過半数の一致）で株主名簿管理人を定め、その担当営業所をどこにするか等を決める。株主名簿管理人を交代した場合も同様である。

　続いて、株主名簿管理人との事務委託契約を締結する。結果として、添付書面には、定款、取締役会議事録（又は取締役の過半数の一致を証す

第64条

る書面）、株主名簿管理人との契約を証する書面が必要となる。その契約内に、効力発生日が記載されているのが通常であり、その日が登記原因年月日となる。

2．株主名簿管理人の登記

　株主名簿管理人は機関には該当しないため、「役員区」ではなく「株式・資本区」に、登記事項として「株主名簿管理人の氏名又は名称及び住所並びに営業所」及び原因年月日として「平成〇年〇月〇日設置」や「平成〇年〇月〇日変更」（交代があった場合）と記録される。

　株主名簿管理人が会社だとすると、会社の住所は本店所在場所であり（会4条）、また営業所には本店も含まれる。なお、営業所を「証券代行部」とすることもある。営業所の表記については、自己判断せず、株主名簿管理人の指示に従うのが無難である。

　株主名簿管理人をAからBに交代させた場合には、「Aの廃止」と「Bの設置」という2つの登記をするのではなく、公告方法や目的の変更と同様に、単に従前のAを抹消し、Bにつき「平成〇年〇月〇日変更」とする。変更であれば、定款の添付は不要かというと、新・株主名簿管理人の設置であるから、これを添付しなければならない（松井・ハンドブック3版264頁）。

　旧・株主名簿管理人との契約の終了を証する書面の要否については、本条には「株主名簿管理人を置いたことによる変更の登記」としかなく、議事録等の記載から交代が読み取れれば足り、それで足りると解されている（松井・ハンドブック3版264頁）。また、廃止の場合は、単に「平成〇年〇月〇日廃止」ではなく「平成〇年〇月〇日株主名簿管理人A信託銀行株式会社を廃止」とする。

　株主名簿管理人が法人であっても、その設置の際に登記事項証明書等を要求する規定もないため、名称等に変更があっても、それを証する書面の添付は不要である。役員区の場合と相違し、変更後の内容は新しい枠内に記載され、変更前の旧枠の内容には変更しない部分を含めた全部

に抹消線が引かれる。目的の一部の変更の場合と同様である。

> （新株予約権の発行による変更の登記）
> 第65条　新株予約権の発行による変更の登記の申請書には、法令に別段の定めがある場合を除き、次の書面を添付しなければならない。
> 一　募集新株予約権（会社法第238条第1項に規定する募集新株予約権をいう。以下この条において同じ。）の引受けの申込み又は同法第244条第1項の契約を証する書面
> 二　募集新株予約権と引換えにする金銭の払込みの期日を定めたとき（当該期日が会社法第238条第1項第4号に規定する割当日より前の日であるときに限る。）は、同法第246条第1項の規定による払込み（同条第2項の規定による金銭以外の財産の給付又は会社に対する債権をもつてする相殺を含む。）があつたことを証する書面
> 三　会社法第244条の2第5項の規定による募集新株予約権の引受けに反対する旨の通知があつた場合において、同項の規定により株主総会の決議による承認を受けなければならない場合に該当しないときは、当該場合に該当しないことを証する書面

本条の概要

　本条は募集新株予約権を発行した際の添付書面について定めたものである。

第65条

> **解　説**

1．新株予約権の登記事項
(1)　募集新株予約権とは

　「新株予約権」とは、株式会社に対して行使することにより当該株式会社の株式の交付を受けることができる権利をいう（会2条21号）。新株予約権付社債（会2条22号）として、社債ともに一体として発行されることもある。「募集」は、当該新株引受権の引受けの申込みを勧誘することで、「株式の交付を受ける」は、新株式の発行又は自己株式の処分を受けるという意味である。

　この募集新株予約権の発行は、取締役や従業員にストックオプションとして付与するものが典型例だったが、現在では役員に対する金銭による退職金の代わりに株式報酬として交付するもの、資金調達を目的として、その都度行使する五月雨式の出資を求めたもの、一種の株主割当増資の機能を持つライツ・オファリング（新株予約権無償割当て）として発行されるものなど多種多様であり、最も難解な商業登記の1つである。

(2)　新株予約権の登記事項
①　新株予約権の名称

　一般的には、「第〇回新株予約権」や、「第〇回無担保転換社債型新株予約権付社債に付した新株予約権」などとする例が多い。

　新株予約権付社債の社債部分に関しては登記事項ではないため、登記の面からは、社債付新株予約権ととらえたほうが分かりやすい。

②　新株予約権の数

　個数で表すため、例えば、1000個などとする。

　募集決議の際に「上記総数は、割当予定数であり、引受けの申込みがなされなかった場合等、割り当てる新株予約権の総数が減少したときは、割り当てる新株予約権の総数をもって発行する新株予約権の総数とする。」などと定める場合があるが、登記されるのは、当然に実際に割り当てられた個数である。

③　新株予約権の目的たる株式の種類及び数又は算定方法

　会社法236条1項1号の内容である。これについては、1個説と総数説とがある。1個100株などと1個当たりの株式数を記載するのか、総数の10万株（1個100株×1000個）かという小論点だが、登記実務は旧商法時代からの延長もあり総数説である（平18・4・26民商1110号依命通知）。

　もっとも、総数説であっても、算定方法でもよいため、「新株予約権の目的である株式の種類は、当社普通株式とし、各新株予約権の目的である株式の数（以下「付与株式数」という。）は100株とする。」などという記載も有効である。新株予約権の個数を乗じれば、容易に総数も計算することができる。

　なお、株式分割や併合等があった場合の調整式が入るのが通例である。

④　募集新株予約権の払込金額若しくはその算定方法又は払込を要しないとする旨

　会社法238条1項2号と3号である。新株予約権には新株予約権独自の払込金額（旧商法時代の発行価額）があるが、その払込金額は、算定方法でもよく、ブラック・ショールズ・モデルが採用されることが多い。

　発行決議段階では算定方法で決議したが、割当日前に、その算定方法により具体的な払込金額が決まったら、当然に払込金額で申請すべきだが、決議どおりに算定方法で登記する例も多い。しかし、意味不明の用済みの複雑な計算式を公示する意味もなく、妥当とは思えない。

　「払込みを要しない。」とは、本来は、金銭の払込みを要しない（無償）という意味だが、実質は有償である取締役や従業員に職務の執行の対価として新株予約権が付与された場合や、株式報酬として取締役等に付与された場合にも使われることもある。しかし、払込金額が具体的な金額として算定された場合には、分かりやすい公示内容を優先して、金額記載を優先すべきである。「払込みを要しない。」では純粋の無対価・無償かと誤解されやすいだけでなく、この払込金額は新株予約権が行使された際に、資本金計上の基準になるからである（計17条1項1号参照）。

第65条

⑤　新株予約権の行使に際して出資される財産の価額又はその算定方法

　会社法236条1項2号の内容で、一般に行使価額といわれるものである（新株予約権自体の払込金額と相違し、ここでは現物出資も可能である。）。

　新株予約権の単位は「個」であるから、行使価額も1個当たりで定めるべきだが、新株予約権の前身である旧新株引受権が「株式数」基準であったためか、現状の実務でも、ほとんどの例が1株当たりの行使価額としているため、調整式が必要となる（株式報酬型新株予約権の場合は、1株当たりの行使価額を金1円の固定型にしており、調整式を置かない例が多い。）。

　調整式は、株式分割や併合等があった場合の調整式（この問題点は、金子登志雄『事例で学ぶ会社法実務【設立から再編まで】』150頁（中央経済社、2014年）参照）のほか、低廉な払込金額で募集株式の発行等がなされた際の調整式の2つがあり、後者には、時価（市場価額）を基準とするマーケットプライス方式と、調整前行使価額を基準にするコンバージョンプライス方式が主なものである。時価が不明な未上場会社にあっては、後者で定めるのが通例である。

⑥　金銭以外の財産を各新株予約権の行使に際して出資する旨並びに内容及び価額

　会社法236条1項3号の内容である。「金銭以外の財産」とあるとおり、この項目は金銭出資の場合は省略することができる。転換社債型新株予約権付社債の際は、「各本新株予約権の行使に際して出資される財産は、当該本新株予約権に係る本社債の全部とし、出資される財産の価額は、当該本新株予約権に係る本社債の額面金額（金○○○万円）と同額とする。」などとする。社債の額面金額を記載しないと出資される財産の価額を公示した意味がないため、発行要綱の該当箇所に、その記載がなくとも、登記申請の際には加えなければならない。

⑦　新株予約権を行使することができる期間

　会社法236条1項4号である。定めないことや無期限とすることも可能だとされているが（清水毅＝小松岳志「新株予約権の発行」登情550号35

頁（2007年））、通常は「平成〇年〇月〇日から平成〇年〇月〇日まで」とする。取締役や従業員のストックオプションを目的とした新株予約権を行使した際に、税制優遇措置を受けるためには、付与決議の日後2年を経過した日から当該付与決議の日後10年を経過する日までの間に行わなければならないとされているので要注意である（租特29条の2第1項）。そこでは、付与決議と表現されているが、新株引受権についても同一条文で規定しているためであり、新株予約権では発行決議のことである。

株主総会の委任に基づき取締役会でも決定した場合は、この付与決議は、株主総会の日が基準か、取締役会の日が基準かにつきはっきりしないため、実務では、遅い方の日から2年経過した日を起算日にするのが通例である。

行使期間は、「平成〇年〇月〇日から平成〇年〇月〇日までの間で取締役会により定める期間」などと定めてはならない。行使期間も「新株予約権の内容」であり（会236条1項4号）、その決定を取締役会に委任することができないからである（会239条1項1号）。ただし、割当日については取締役会に委任することができるため（会238条1項4号、239条1項）、「発行日から5年間」、「発行日から2年を経過した日を始期としてその後5年間」のように、当該新株予約権の発行日（割当日）を起算点としてこれを定めることは可能だとされている（前掲清水＝小松36頁）。

行使期間の延長は新株予約権者に有利な変更だから、新株予約権者の個別の同意を得ることなく、発行の決議機関の決定で期間を延長できるとされている（吉田一作「会社法施行後における商業登記実務の諸問題(5)」登情549号45頁（2007年）、堀恩惠「分離型新株引受権付社債における社債の全部償還後の新株引受権の行使期間の変更登記の可否」商事1534号106頁（1999年））。

⑧　新株予約権の行使の条件と新株予約権の消滅等
a）行使の条件の適格性

会社法911条3項12号ハだが、条文には「定めたときは」とあるため、

定めないこともできるが、登記記録では「なし」などと記録される。コンピュータシステムの関係で、この見出しを消せないようである。何も定めないことに抵抗がある場合は「各本新株予約権の一部行使はできない。」と定めることが多いが、当然のことで無益な内容である。

　行使条件は、本来は、税引き後当期純利益が〇〇万円に達しないと行使できない、株式上場後でなければ行使できないなどと「行使すること」の条件のはずだが、実例では、新株予約権者が取締役や従業員の地位を失った場合は権利行使ができない、譲渡も相続も認めないなどと記載されていることが少なくない。これは行使条件ではなく、「権利行使者」の条件だと思うが、広義では行使の条件ともいえるため、登記としても受理されている。

　行使条件については、実務上、いくつかの行使条件を列挙し、最後を「その他の行使の条件は新株予約権割当契約に定める。」あるいは「その他の行使の条件は株主総会又は取締役会で定める。」などと締めることが多いが、この内容では公示の意味がないだけでなく、行使条件というより債権契約の効力しか有しない割当条件であること、行使条件は新株予約権の内容であり、取締役会等に委任することができないことなどの理由により、この項目については、定めることは可能でも、登記事項には該当しないと解されている。

　なお、新株予約権割当契約の中に、罪を犯した場合、就業規則に違反した場合などを権利喪失事由あるいは会社への権利返還事由として列挙する事例も多いが、これは当事者間を拘束する債権契約の内容であって、新株予約権の内容には高まっていないため、登記事項には該当しない。

ｂ）新株予約権の消滅、消却、放棄

　会社法287条に「新株予約権者がその有する新株予約権を行使することができなくなったときは、当該新株予約権は、消滅する。」とある。行使条件は権利行使することができないだけで、権利としては存在するため、この規定が設けられたわけだが、新株予約権の内容である行使の

条件は、一時的に権利行使できないという場合も含むが、会社法287条の「行使することができなくなったとき」とは、「どの者との関係においてもおよそ新株予約権として行使できなくなった場合」だと解釈されている（相澤ほか・論点解説258頁）。そう解釈しないと、そのような事情がないのに、新株予約権者である取締役や従業員が退任・退職する都度、消滅の登記をしなければならないという不都合がある。また、行使条件に「退職したら行使することができない。」と定めながら、取得事由に「行使条件に該当しない場合は、無償で会社が取得する。」と定める例もあり、この場合は、権利としては存在し自己新株予約権になるだけである。

　新株予約権も財産権とされ放棄することが認められるが、この場合も、確定的に消滅したのか、会社に返還されたのかは、事実認定の問題である。

　いずれにしろ、新株予約権が消滅した場合の登記の事由は、消滅事由ごとに、「新株予約権の消却」、「新株予約権の消滅」、「新株予約権の放棄」であり、一部の消滅であれば、新株予約権の一部変更の登記がなされ、残存する新株予約権全部の消却、消滅、放棄の場合は、全部行使の「平成〇年〇月〇日新株予約権全部行使」に準じて「平成〇年〇月〇日新株予約権全部消却（又は、消滅、放棄）」と登記される（平18・4・26民商1110号依命通知）。

　なお、自己新株予約権の消却の際は、取締役会議事録又は取締役の過半数の同意を証する書面が必要だが、それ以外は、放棄の場合を含め、委任状だけで足りる（松井・ハンドブック3版369条）。会社法287条の消滅の場合に添付書面を要求する規定がなく、放棄の場合もこれに平仄を合わせたためである。

　参考までに、自己新株予約権の消却につき、会社法276条2項は、取締役会設置会社においては、「取締役会の決議によらなければならない。」と規定しているが、非取締役会設置会社については明文の規定もなく、決定機関につき議論がある。株主総会で決定すべきだとの見解も

第65条

あるが（自己株式についてだが、江頭・会社法6版268頁参照）、登記実務は取締役の過半数をもって決定する（会348条2項）との見解である（平18・3・31民商782号通達第2部第2、6⑷37頁）。

会社法276条2項が「取締役会の決議によらなければならない。」と規定したのは、代表取締役に決定させてはならないという意味であって、業務執行機関の決定であることを示しているため、登記実務が正当である（前掲（260頁）金子84頁）。

⑨　会社が新株予約権を取得することができる事由及び取得の条件

会社法236条1項7号だが、いわゆる取得条項付新株予約権である。それなりの規模の会社は、本新株予約権の存在が組織再編の支障にならないよう、「当社が消滅会社となる合併契約承認の議案又は当社が完全子会社となる株式交換契約承認若しくは株式移転計画承認の議案につき株主総会で承認された場合（株主総会決議が不要の場合は、当社取締役会決議がなされた場合）は、当社取締役会が別途定める日をもって、当社は無償で新株予約権を取得することができる。」と定める例が多い。

新株予約権者が行使条件に該当し、行使することができなくなった場合は、「当社取締役会が別途定める日をもって、当社は無償で新株予約権を取得することができる。」などと定める例もある。この定めの前提には、行使条件に該当しなくなっても権利としては存在しているという前提があるわけである。

本項目については、中小企業では全く定めない例も少なくない。

なお、取得条項付新株予約権については、取得条項付転換社債型新株予約権付社債を含め、本法59条2項の解説も参照されたい。

2．募集新株予約権の発行手続

(1)　発行手続一般

募集新株予約権の発行には、募集株式の発行の場合（法56条の部分を参照）と同様に、「①募集事項の決定、②募集、③申込み、④割当て、⑤割当通知、⑥引受け、⑦払込み（又は現物給付）」の一連の手続が必要

である（会238条以下）。ただし、③と④は、総数引受契約を締結するときは、不要である（会244条）。

募集株式との相違は、募集新株予約権では、割当日に新株予約権者になり（会245条1項）、払込みをした日ではないことである。

また、株式の発行ではないので、⑦の払込みは、募集事項として「募集新株予約権と引換えに金銭の払込みを要しないこととする場合には、その旨」（会238条1項2号）を決定した場合には不要であり、むしろ、この「金銭の払込みを要しない」とされるストックオプション目的等の新株予約権の発行のほうが一般的である。もっとも、現実に金銭で払い込まないというだけで、職務の執行の対価として交付されるため、正確には有償給付である。

「株式報酬型ストックオプション」で取締役の報酬請求権と相殺した場合も、オプション価格も判明し無償の発行とはいい難いが（会246条2項）、この場合も、新株予約権自体を会社法361条等に基づき役員に対して非金銭報酬として渡しただけで（株主総会で報酬決議が別途必要である。）、相殺は比喩にすぎない。この株式報酬型を含め、現実に金銭の払込みを要する新株予約権の発行実例は、資金調達目的の新株予約権の発行以外では、それほど多くはない。しかし、最近は、公開会社でも株主総会の開催が必要となる、いわゆる有利発行かどうかの議論を避けるためか、あえて有償発行にする例も散見される。

その他、募集新株予約権の発行手続に関しては、公開会社の発行の場合、種類株式発行会社の場合、株主割当ての場合、発行可能株式総数との関係など、募集株式の発行に準じるため、本法56条の解説を参照されたい。

(2) **無償と有利発行問題**

旧商法時代には、新株予約権自体の価値が不明のため、取締役や従業員にストックオプションとして無償で発行する場合には、有利発行に該当するとして、株主総会に付議する例が多かったが、現在では、新株予約権の独自の価値を計算する技術（ブラック・ショールズ・モデルなど）

第65条

も発達し、かつ取締役や従業員にストックオプションとして発行する場合にも、決して無償ではなく職務執行の対価として発行されるという意識が広まったため、金銭の支払を要しない無償とされても、有利発行には該当しないとして、その決議をすることが少なくなった。現在でも、有利発行として株主総会に付議しているのは、株式価値さえはっきりしない未上場会社か、新株予約権自体の価値の算定を省略した場合や、算定した場合にもその結果に疑義が生じそうな場合を中心に、上場会社が念のため株主の意思を問うためであることが多い。

なお、株式報酬型ストックオプションで株主総会に付議しているのは、役員報酬としての決議のためであり、有利発行のためではない。

3．添付書面
(1) 議事録等

募集事項や割当ての決定機関に応じ、株主総会、種類株主総会、取締役会の議事録又は取締役の過半数の一致があったことを証する書面が必要である（法46条）。募集新株予約権の目的である株式の全部又は一部が譲渡制限株式であるときと募集新株予約権が譲渡制限新株予約権であるときに総数引受契約にした際は、その承認決議又は定款の添付も必要である（会244条3項）。株主リストにも要注意である（規61条3項）。

(2) 引受けの申込み又は総数引受契約を証する書面（1号）

新株予約権の申込証には、申込みをする者の氏名又は名称及び住所と引き受けようとする募集新株予約権の数が記載されていれば足りる（会242条2項）。

総数引受契約書も、募集新株予約権引受人が総数を引き受ける旨を会社と契約していればよい。総数引受人は1人とは限らず、それぞれ別個の契約でもよいが、「実質的に同一の機会に一体的な契約で募集株式の総数の引受けが行われたものと評価しうるものであることを要する。」とされている（相澤ほか・論点解説208頁参照）。

問題は、従業員に対するストックオプション目的での発行など、申込

者が多数になる場合に、全員の申込書を添付する必要があるのかという点だが、先例（平14・8・28民商2037号通知）で新株予約権募集の受託会社の証明書だけでなく、会社の代表者が作成し当該代表者が登記所に提出している印鑑を押した証明書でもよいとされている。

(3) **払込み等を証する書面（2号）**

　募集新株予約権と引換えにする金銭の払込みの期日を定めたとき（当該期日が会238条1項4号に規定する割当日より前の日であるときに限る。）は、同法246条1項の規定による払込み（同条2項の規定による金銭以外の財産の給付又は会社に対する債権をもってする相殺を含む。）があったことを証する書面の添付が必要である。

　これは新株予約権自体が金銭を対価として有償で発行された場合に限られ、職務執行の対価として有償で発行される取締役や従業員に向けたストックオプション目的の新株予約権や株式報酬型ストックオプションは対象外である。

　純粋に金銭を対価としての発行の場合で、金銭の払込みは、会社が定めた銀行等の払込みの取扱いの場所において、払込金額の全額を払い込まなければならないが（会246条1項）、払込金の保管証明までは必要とされていないため、本書157頁(4)部分と同様の方法で足りる。

　現物給付も会社の承諾があれば可能であり、会社に対する債権との相殺も可能である（同2項）。この現物給付あるいは相殺は金銭の払込みの代用であるため、「金銭以外の財産の給付（会社に対する債権をもってする相殺を含む。）があったことを証する書面」の添付が必要だとされているが、代表取締役作成の財産引継書、相殺の場合は相殺契約書などの証明書類が考えられる。

　なお、本号に「募集新株予約権と引換えにする金銭の払込みの期日を定めたとき（当該期日が会238条1項4号に規定する割当日より前の日であるときに限る。）」とあるのは、払込み前でも割当日に新株予約権者になるとされているからである（会245条1項）。

(4) 会社法244条の2第5項による反対する旨の通知があった場合（3号）

　会社法244条の2（公開会社における募集新株予約権の割当て等の特則）は、公開会社における募集株式の割当て等の特則として規定された会社法206条の2の潜脱防止を目的に新設されたものである。詳細は本書223頁(6)部分を参照されたい。

（取得請求権付株式の取得と引換えにする新株予約権の交付による変更の登記）
第66条　取得請求権付株式（株式の内容として会社法第107条第2項第2号ハ又はニに掲げる事項についての定めがあるものに限る。）の取得と引換えにする新株予約権の交付による変更の登記の申請書には、当該取得請求権付株式の取得の請求があつたことを証する書面を添付しなければならない。

本条の概要

　本条は、取得請求権付株式の取得請求の対価として新株予約権（新株予約権付社債に付された新株予約権を含む。）が発行された際には、取得の請求があったことを証する書面を添付しなければならない旨を規定したものである。

解　説

1．取得の対価としての定款の定めは要綱でよい

　定款で種類株式として取得請求権付株式を定めるに当たり、取得請求の対価を新株予約権又は新株予約権付社債とすることができるが（会107条2項2号ハ・ニ、108条2項5号イ）、定款には要綱だけを定め、詳細な内容は、この株式を初めて発行する時までに、株主総会等の決議に

よって定める旨を定款で定めることができる（会108条3項）。取得請求権付株式を登記する際も、その内容の詳細までは不要で「第〇回新株予約権を〇〇個交付する。」などと、対価となる新株予約権又は新株予約権付社債を特定することのできる名称を登記すればよいとされている（平18・3・31民商782号通達第2部第2、2(3)16頁）。

このような内容を持った取得請求権付株式の取得の請求があれば会社が自己株式として取得し、それと引換えに新株予約権又は新株予約権付社債を交付することになる（会167条2項2号・3号）。その結果、発行済株式の総数には変化がないが、新株予約権が発行される場合には、変更登記が必要となる。

この変更登記の際には、特定されていた新株予約権の詳細を登記しなければならないから、「取得の請求によって初めてする新株予約権の発行による登記にあっては、当該新株予約権の内容の記載がある定款（定款において当該取得請求権付株式の内容の要綱が定められ、その取得と引換えに株主に対して交付する新株予約権の具体的な内容の記載がない場合には、定款のほか、当該内容の決定機関に応じ、株主総会（取締役会設置会社にあっては株主総会又は取締役会、清算人会設置会社にあっては株主総会又は清算人会）の議事録」も添付書面となる（平18・3・31民商782号通達第2部第2、2(3)34頁）。

2．分配可能額規制

取得請求権付株式の取得の請求は、対価とされる新株予約権又は新株予約権付社債の財産の帳簿価額が当該請求の日における会社法461条2項の分配可能額を超えているときは、これをすることができない（会166条1項ただし書）。その財源規制をクリアできた場合には、商業登記規則61条10項により「一定の分配可能額が存在することを証する書面」が登記の添付書面となる。

「一定の分配可能額が存在することを証する書面」とは、会社法461条2項で計算した分配可能額が取得請求権付株式の取得額を上回っている

旨の証明だが、代表者の作成に係る証明書等でよいとされている（平18・3・31民商782号通達第2部第4、3⑵68頁）。

3．取得請求手続

取得の請求は「取得請求権付株式の種類及び種類ごとの数を明らかにしてしなければならない。」だけでなく、株券が発行されている場合には、「当該取得請求権付株式に係る株券を株券発行会社に提出しなければならない。」とされている（会166条2項・3項）。

もっとも、取得請求権付株式のほとんどのケースが対価を他の株式や金銭にしており、対価を新株予約権・新株予約権付社債にしている例はまれだと思われる。株主から新株予約権者に変わるのは株主自身にも抵抗があろう。

（取得条項付株式等の取得と引換えにする新株予約権の交付による変更の登記）

第67条　取得条項付株式（株式の内容として会社法第107条第2項第3号ホ又はヘに掲げる事項についての定めがあるものに限る。）の取得と引換えにする新株予約権の交付による変更の登記の申請書には、第59条第1項各号に掲げる書面を添付しなければならない。

2　取得条項付新株予約権（新株予約権の内容として会社法第236条第1項第7号ヘ又はトに掲げる事項についての定めがあるものに限る。）の取得と引換えにする新株予約権の交付による変更の登記の申請書には、第59条第2項各号に掲げる書面を添付しなければならない。

本条の概要

取得条項付株式の取得の対価として、あるいは取得条項付新株予約権

の取得の対価として、新株予約権（新株予約権付社債に付された新株予約権を含む。）が発行された際の添付書面について規定したものである。

> 解　説

1．取得条項付株式の取得（1項）

　定款で取得条項付株式を定めるに当たり、会社が取得する際の対価を新株予約権や新株予約権付社債とすることができる（会107条2項3号ホ・ヘ、108条2項6号イ）。ただし、定款には要綱だけを定め、詳細な内容は、この株式を初めて発行する時までに、株主総会等の決議によって定める旨を定款で定めることができる（会108条3項）。

　取得条項付株式を登記する際も、その内容の詳細までは不要で「第〇回新株予約権を〇〇個交付する。」などと、対価となる新株予約権又は新株予約権付社債を特定することのできる名称を登記すればよいこと（平18・3・31民商782号通達第2部第2、2(3)16頁）、一定の事由が生じれば、会社は取得条項付株式を取得して自己株式とし、それと引換えに新株予約権や新株予約権付社債を交付することになること（会170条1項・2項）、その結果、発行済株式の総数には変化がないが、新株予約権が発行される場合には、変更登記が必要となること、その際には特定されていた新株予約権の詳細を登記しなければならないこと、自己株式の取得となるので、「一定の分配可能額が存在することを証する書面」が登記の添付書面となること（会170条5項、規61条10項）、いずれも取得請求権付株式の場合と同様であるので、本法66条の解説を参照されたい。

　また、取得事由である一定の事由、取得条項付株式の一部を取得する旨の定めがある場合及び取得条項付株式に株券が現に発行されている場合については、本法59条の解説を参照されたい（本書234頁(3)部分）。株券発行会社だが、株券が現に発行されていない場合には、株主名簿等の当該株式の全部について株券を発行していないことを証する書面の提出が必要になるが（法59条1項2号）、これについては本法63条の解説を参照されたい。

第68条

　なお、取得条項付株式のほとんどのケースが対価を他の種類の株式や金銭にしており、対価を新株予約権・新株予約権付社債にしている例はまれのようである。

２．取得条項付新株予約権の取得（２項）

　取得条項付新株予約権（新株予約権付社債に付された新株予約権を含む。）についても、取得条項付株式と同様に、一定の事由の発生で新株予約権を取得し、対価として他の新株予約権を交付することを定めることができること（会236条１項７号ヘ・ト）、さらに、新株予約権証券（新株予約権付社債券を含む。）が現に発行されている場合には、その提出公告をしたことを証する書面（会293条１項１号の２）、現に発行されていない場合には、その旨を証する書面の提出が必要である。新株予約権証券提出公告については、本書237頁(2)部分を参照されたい。

　なお、取得条項付新株予約権のほとんどのケースが対価をゼロとする無償取得にしており、対価を他の新株予約権・新株予約権付社債にしている例はまれのようである。

（全部取得条項付種類株式の取得と引換えにする新株予約権の交付による変更の登記）
第68条　株券発行会社が全部取得条項付種類株式の取得と引換えにする新株予約権の交付による変更の登記の申請書には、第59条第１項第２号に掲げる書面を添付しなければならない。

本条の概要

　本条は、全部取得条項付種類株式の取得の対価を新株予約権や新株予約権付社債とし、取得日に、それを発行した際には（会173条２項３号・４号）、株券発行会社では株券に関する書面の提出が必要である旨を定

めたものである。

> **解説**

　全部取得条項付種類株式は、株主総会の多数決（特別決議）で一斉に会社で当該株式を取得することができるため、発行済株式総数を一瞬オール自己株式とする、いわゆる100％減資や、上場会社の非公開化後の残された少数株主排除策の手法として用いられることが多い（法60条解説参照）。

　したがって、その対価として新株予約権を交付し、再び株主として迎え入れることを認めることは通常想定しがたい。財源規制の制約もあるため（会461条1項4号）、「一定の分配可能額が存在することを証する書面」も添付書面である（規61条10項）。

　したがって、本条が想定する場面は現実にはまれであろうが、仮にあった場合、株券発行会社では、全部取得条項付種類株式の株券全部の回収手続が必要となるが（会219条1項3号）、これについては本書234頁(3)部分を参照されたい。

（資本金の額の増加による変更の登記）
第69条　資本準備金若しくは利益準備金又は剰余金の額の減少によつてする資本金の額の増加による変更の登記の申請書には、その減少に係る資本準備金若しくは利益準備金又は剰余金の額が計上されていたことを証する書面を添付しなければならない。

> **本条の概要**

　いわゆる「資本組入れ」の際には（会448条、450条）は、資本組入れの原資が存在し、その原資の総額の範囲内での資本組入れであることを証する書面の添付を求めたものである。

第69条

> **解　説**

1．会社法と会社計算規則

　会社法自体では、債権者保護の必要性の強い順に、①資本金、②準備金（資本準備金と利益準備金）、③剰余金という3つの分類だが（会445条4項参照）、会社計算規則では、資本性科目と利益性科目を分けて、①資本金、②資本剰余金（資本準備金とその他資本剰余金）、③利益剰余金（利益準備金とその他利益剰余金）という分類である（計76条）。

　したがって、会社法でいう剰余金とは、会社計算規則でいう「その他資本剰余金とその他利益剰余金」のことである。資本金に組み入れずに資本準備金の額を減少すると、同じ資本性勘定のその他資本剰余金の額が増加し、利益準備金の額を減少すると、同じ利益性勘定のその他利益剰余金の額が増加する。

　また、ここでいう準備金はいわゆる法定準備金のことであり、その他利益剰余金の一部を積み立てた別途積立金などの任意準備金は剰余金であって、ここでいう準備金に含まれないことにも注意すべきである。

　会社法では、いわゆる資本組入れを「①準備金又は剰余金の額の減少＋②資本金の額の増加」と2つの行為に分解した。この結果、準備金の資本組入れも準備金の額の減少の問題として、剰余金の額の減少と同様に、株主総会決議（普通決議）を要することになった（会448条、450条、例外は会448条3項）。

　例外の会社法448条3項は、同時に株式の発行（募集株式の発行等）を行い、当該準備金の額の減少の効力が生ずる日後の準備金の額が当該日前の準備金の額を下回らない場合には、「取締役の決定（取締役会設置会社にあっては、取締役会の決議）」とするものであるが、あえて株主総会で決議することまでを否定するものではない。

　ここでいう準備金は新株の発行によって増加する準備金であるため資本準備金に限られるが、会社法448条3項によった場合は、商業登記規則61条11項に基づき「当該場合に該当することを証する書面を添付しな

ければならない。」とされている。当該場合に該当するとは、株主総会決議を必要としない理由として、同時に増資により、効力発生日の資本準備金の額が従前より減少していないことを証するものだから、増資を決議した議事録等で十分であろう。そこに「増加する資本金及び資本準備金に関する事項」（会199条1項5号）が記載されているからである（平18・3・31民商782号通達第2部第4、2(2)66頁参照）。

株主総会等の決議事項は、剰余金の額の減少では「減少する剰余金の額」と「資本金の額の増加がその効力を生ずる日」の2点だが、準備金の額の減少では「減少する準備金の額」、「減少する準備金の額の全部又は一部を資本金とするときは、その旨及び資本金とする額」、「準備金の額の減少がその効力を生ずる日」の3点である。

なお、特例有限会社でも、この資本組入れは可能だが、清算株式会社は困難である（会509条1項2号）。

2．期中の利益の資本組入れは不可

資本組入れは、貸借対照表の純資産の部の内部での計数の振替行為にすぎず、期中の利益の資本組入れは困難であることに注意されたい。期中の利益は損益計算書上の不確定の期間利益にすぎず、貸借対照表に計上された利益ではないからである。臨時決算書類を作成した場合（会441条）でも同様である。

なお、資本金の額の減少も、貸借対照表の純資産の部の内部での計数の振替行為であり、減少額がその他利益剰余金ではなく、その他資本剰余金に計上されるが、剰余金の資本組入れとは逆の行為になる。

3．債権者保護手続の要否

剰余金（その他資本剰余金とその他利益剰余金）は分配可能額の範囲で株主への配当や株主から自己株式を取得する際の原資となるものであり（その他資本剰余金も配当の原資になる。）、株主の判断（株主総会）で取り崩せる性格を有したものだから、剰余金の額の減少では債権者保護手続

第70条

を必要としない。

　準備金は旧商法289条1項に、原則として「資本の欠損の填補に充つる場合を除くの外之を使用することを得ず。」とあったとおり、欠損（分配可能額がマイナスの状態）が生じた場合の予備資金の性格を有し、原則として債権者保護手続なくして取り崩せないものである。例外は、準備金の減少額の全額を資本金の額に組み入れる場合（会449条1項本文かっこ書）と定時株主総会の決議による欠損の範囲内の取崩しの場合である（会449条1項ただし書）。前者では、債権者により有利な方向の取崩しであり、後者では、事業年度末日付の欠損の額が確定する定時株主総会の際であれば弊害もないからである。

　債権者保護手続に関する添付書類については、本法70条を参照いただきたいが、念のため、準備金の額は登記事項ではないため、臨時株主総会で準備金の額の取崩しを決議し債権者保護手続を履践した後に、欠損のてん補に充てても、登記とは無関係である。

　本条が要求する書面としては、資本組入れの原資である準備金や剰余金の全額を記載し、その範囲内の組入れ額であることを会社の代表者が登記所に届出済みの印で押印して証明すればよいとされている（平18・3・31民商782号通達第2部第4、2(2)66頁）。その他利益剰余金の資本組入れでいえば、「当社のその他利益剰余金の額」と「資本金に組み入れたその他利益剰余金の額」の2つを記載し「上記のとおり、減少に係るその他利益剰余金の額が計上されていたことに相違ないことを証明する。」といった内容である。法務省のＨＰに書式例が掲載されているので、参照されたい。

（資本金の額の減少による変更の登記）
第70条　資本金の額の減少による変更の登記の申請書には、会社法第449条第2項の規定による公告及び催告（同条第3項の規定により公告を官報のほか時事に関する事項を掲載する日刊新聞紙又は電子

> 公告によつてした場合にあつては、これらの方法による公告）をしたこと並びに異議を述べた債権者があるときは、当該債権者に対し弁済し若しくは相当の担保を提供し若しくは当該債権者に弁済を受けさせることを目的として相当の財産を信託したこと又は当該資本金の額の減少をしても当該債権者を害するおそれがないことを証する書面を添付しなければならない。

本条の概要

「資本金の額」に減少が生じた際に、債権者保護手続をしたことを証する書面の添付が必要である旨を定めるものである。

解　説

1．資本金の額の減少手続
(1)　資本金の額の減少手続一般

資本金の額の減少は、欠損のてん補を目的にしたものを中心に、過剰な資本金の額を減少するためなど、様々な目的をもってなされる。

旧商法時代は、「資本減少」といっていたが、会社法では「資本金の額の減少」というように、貸借対照表上の株主資本の1科目の計数の減少・振替行為（これにより他の科目が増加する行為）としての性格が強調され、株式数の減少などとは一切無関係になった。純資産の額も減少しない。

資本金の額の減少の手続は、原則として株主総会の特別決議で決議することと（例外は会447条3項、309条2項9号）、債権者に対して公告及び催告をすることが必要である（会449条）。

公告・催告と株主総会の決議との先後は問わない。決議と同時に資本金の額の減少の効力を生じさせることも可能である（相澤ほか・論点解説544頁）。

株主総会での決議事項は、

第5節　株式会社の登記　277

第70条

　イ．減少する資本金の額
　ロ．減少する資本金の額の全部又は一部を準備金とするときは、その旨及び準備金とする額
　ハ．資本金の額の減少がその効力を生ずる日

の３点だが、減少する資本金の額を準備金（資本準備金のこと。計26条１項１号）にしない限り、減少額と効力発生日のみである。

　上記イの減少する資本金の額が上記ハの効力発生日の資本金の額を上回ることは許されないが、ハ時点の資本金の額の全額を減少し、資本金の額を０円にすることは可能である（会447条２項）。効力発生日基準だから、決議時点の資本金の額を上回る減少額を決議することは差し支えない。例えば、現時点では資本金の額が１億円でも、効力発生日時点の資本金の額が２億円であれば、現時点で２億円まで減少を決議することができる。

　この関係で、会社法447条３項には「株式会社が株式の発行と同時に資本金の額を減少する場合において、当該資本金の額の減少の効力が生ずる日後の資本金の額が当該日前の資本金の額を下回らないとき」は、「取締役の決定（取締役会設置会社にあっては、取締役会の決議）」でよいとした。もとより、株主総会に付議することを妨げるものではないが、この場合の株主総会は普通決議でよいと解されている（小川ほか・通達準拠245頁）。

　株主総会の普通決議でよい場合としては、その他として、定時株主総会の決議による欠損の範囲内の取崩しがある（会309条２項９号）。この場合には、商業登記規則61条10項で、申請書にその事実を証する書面を添付しなければならないとされている。具体的には、代表者の作成に係る証明書等がこれに当たる（平18・３・31民商782号通達第２部第４、２(3)67頁）。

　資本金の額の減少の効力は、効力発生日に生じるが、この日は、効力発生日前であれば、取締役会の決議又は取締役の過半数の同意により、いつでも変更することができる（会449条７項）。効力発生日の変更の公

告は不要である。株主に与える影響が少ないためである（会780条2項、790条2項参照）。

(2) 会社法447条3項の「同時」とは

会社法447条3項の「株式会社が株式の発行と同時に資本金の額を減少する場合」（増資と同時に減資をする場合）とは、同時に決議する場合ではなく、同時に効力を生じさせる場合である。したがって、株式の発行による増資の決議と減資の決議の先後を問わないと考える。

ここで問題となるのは、多くの場合、減資の効力は効力発生日の午前0時に生じるようになされるのに対し、増資の効力は、払込期日等の日中に生じることが多いということである。この場合は、減資の効力の発生を増資の効力発生を条件とした内容にすれば疑義が生じないが、減資決議の当然の前提だとの解釈も場合によっては可能であろう。

この減資と増資はそれぞれ別の手続だから、同時に申請しても、増資額から減資額を減じた差額を課税標準金額とすることはできないため、登録免許税の節約にはならない。

(3) 欠損てん補のための資本金・準備金の同時減少

欠損てん補を目的として定時株主総会で減少を決議する際は、資本金の額だけでなく、準備金の額をも減少することが少なくない。ここに「**欠損**」とは、剰余金（正確には分配可能額）がマイナスのことで（計151条）、資本金や準備金を食いつぶしている状態をいう。債務超過も広義の欠損に含まれる。

資本金の額や準備金の額を減少し、剰余金の額に振り替えようとする手続が欠損てん補（欠損の解消）を目的とした資本金や準備金の額の減少手続である。その際は、準備金の額の減少だけは欠損の範囲だからという理由で債権者保護手続を省略し（会449条1項ただし書）、資本金の額の減少だけを債権者保護手続にかからしめる場合も、効力発生日を同一日にして「資本金及び準備金の額の減少」について一括して債権者保護手続にかける場合もある。どちらでも差し支えない。

なお、利益準備金の額の減少の結果は、マイナスである「その他利益

第70条

剰余金」にストレートに振り替えられるが、資本金と資本準備金の額を減少した結果は、仮に「その他利益剰余金」がマイナスであっても、直ちに「その他利益剰余金」に振り替えられるわけではなく、同じ資本性の勘定科目である「その他資本剰余金」の増加になるだけである。

この「その他資本剰余金」を（利益準備金を減少した後にも）マイナスである「その他利益剰余金」に振り替えることを「**損失の処理**」という（会452条）。日常用語では、これを欠損てん補ということが多いが、会社法における「欠損」は、分配可能額がマイナスの場合を意味し、「その他利益剰余金」のマイナスを示す「損失」とは概念を異にするので、ご注意いただきたい。

(4) 100％減資の目的

欠損が過大になり自力再建の見込みがなくなった場合は、資本金の額を０円に至るまで減少し、同時に新株式を発行し、新たなスポンサーを受け入れ、そこに再建を委ねる方法、いわゆる100％減資の方法が古くから行われているが、これは資本金の額の減少を目的としたものではない。旧株主全員に株式の所有を断念させ、株主を新スポンサーのみにするためのものである。

したがって、旧株主全員に無償で会社に株式を譲渡させ自己株式にするか、多数決による強制的方法として全部取得条項付種類株式を利用して自己株式にすることが行われていた。

株主の交代のためには、その自己株式を消却せずに新スポンサーに処分することも可能であり、資本金の額を減少する必要もないが、いわば「けじめ」として、一瞬とはいえ、自己株式の消却も行い、登記記録上も「資本金の額０円、発行済株式の総数０株」とすることが多い。同時に増資するが、減資の登記を先行させるわけである。

２．債権者保護手続
(1) 公告・催告の内容
① 最終貸借対照表の開示が必要

　資本金の額を減少しようとする株式会社は、会社法449条２項に従い、次の３つの各号の事項を会社の定める公告方法を問わず「官報」に公告し、かつ、知れている債権者には、各別にこれを催告しなければならない。

　　１号：当該資本金等の額の減少の内容
　　２号：当該株式会社の計算書類に関する事項として法務省令で定めるもの
　　３号：債権者が一定の期間内に異議を述べることができる旨。この期間は、１か月を下ることができない。

　２号のとおり計算書類についてまで開示しなければならないのは株式会社だけであり、会社の規模や資本金の額の減少額の大小は問わない。その他、必要的記載事項以外の内容、例えば、効力発生日や株主総会の決議日あるいは予定日等についても、情報開示の一環として記載することは任意である。

　１号の当該資本金等の額の減少の内容とは、「減少する資本金の額」と「減少する資本金の額の全部又は一部を準備金とするときは、その旨及び準備金とする額」のことである。

　２号の法務省令とは会社計算規則152条だが、公告かつ催告内容に、公告の日又は催告の日のいずれか早い日における最終事業年度に係る貸借対照表などを開示せよという意味である。その開示方法については、独立行政法人国立印刷局がインターネット版「官報」を公開しており、そこで具体例を閲覧することができるが、その最初の頁に、小冊子『法定公告について』があり、吸収合併等を含めた債権者異議申述手続一般について掲載してあるので、その要約を紹介すると下記のとおりである。会社計算規則152条の内容もほぼ同様であり、相違は、資本金の額の減少では、「⑻　清算株式会社である場合は、その旨」が規定されて

第70条

いない程度である。清算株式会社は資本金の額の減少をすることができないからである（会509条1項2号）。

記

(1) 官報公告しているときは、当該官報の日付、掲載頁
(2) 新聞公告しているときは、当該新聞の名称、日付、掲載頁
(3) 電子公告ときは、公告が掲載されているＨＰ等のアドレス
(4) 会社法の規定に基づきＨＰ等で開示をしているときは、そのアドレス
(5) 金融商品取引法24条1項により有価証券報告書を提出しているときは、その旨
(6) 特例有限会社の場合は、決算公告が不要である旨
(7) 最終事業年度がないときは、その旨
(8) 清算株式会社である場合は、その旨
(9) 上記以外の場合は最終事業年度に係る貸借対照表の要旨の内容

　これだけみると、いわゆる決算公告の掲載場所を示すことで、決算公告をしていない場合には、救済措置として、(9)の「貸借対照表の要旨」を示すものだと勘違いされやすいが、(9)が原則であり、決算公告等をしているときに便法を認めたものである。

　官報公告に掲載する場合に、(9)については、実務上、資本金の額の減少公告の左横に貸借対照表の要旨を掲載する方法が採用されている。その際、官報の実務上、貸借対照表の要旨の表題を「第何期決算公告」とするため、本書では便宜「**同時公告**」と呼ぶことにする（併せ公告ということもある。）。

　この(9)の同時公告は、定款に定める公告方法が日刊新聞紙や電子公告の会社にあっても、決算公告をしていない限り、この方法によるのであり、(5)で、会計監査人の監査も終了して計算書類は確定したが（会2条24号、439条）、いまだ定時株主総会への報告前であり有価証券報告書も提出していない場合なども含むため、3月決算の上場会社が5月下旬から6月下旬の間に債権者異議申述公告をなすときには、特に注意が必要

である。また、特例有限会社が通常の株式会社に移行した後や持分会社が組織変更して株式会社になった後に、株式会社として事業年度の決算確定前に債権者異議申述公告を行う場合も、現に株式会社として公告する限りは、同時公告が必要だとされているので要注意である。なお、大会社は決算公告につき、貸借対照表だけでなく損益計算書も公告しなければならないが（会440条1項・2項）、同時公告の場合は貸借対照表の要旨で足りる。同時公告は決算公告そのものではないからである。

　3号により債権者が一定の期間内に異議を述べることができる旨の期間は、1か月を下ることができない。官報公告は掲載日の翌日から起算して、各別の催告は債権者に催告が到達した日（集団的処理のため、会685条2項などと同様に、通常到達すべきであった時に、到達したものとみなしてよいと解する。）の翌日から起算して、効力発生日までの間に、丸1か月の間が空いていなければならない。

　催告については、実務上、催告書を発送する方法を採用することが多いが、公告と催告の効力発生時期をほぼ一致させるためには、公告掲載日の2、3日前に催告書を発送することになる。もっとも、例えば、催告書の日付が2月20日で、文面に「3月20日までに異議を述べてください。」とあっても、2月20日以前に発送している可能性も、催告書を2月20日に手渡ししている可能性もあることから、登記審査上は、有効な添付書面として扱われている。

　公告・催告の開始時期については制限がない。早期に債権者異議申述手続を完了させるか、効力発生日に近づけて手続を開始するかは任意である。

　なお、後記するダブル公告の電子公告の調査期間は午前0時から開始されるため（インターネットで「法務省電子公告システム」を閲覧されたい。）、電子公告に限っては、掲載日の初日を起算日とすることも可能だが、公告文案に「翌日から1か月以内に」とした場合は、翌日起算となる。

　公告・催告期間は民法によって計算するが、期間の満了日が日曜日そ

の他の法定の祝祭日だと翌日に延びるため（民142条）、効力発生日の前日が休日の場合は、特に注意すべきである。この失敗事例は意外に多い。

② 官報公告の実務と同時公告後の催告

公告方法を官報とする会社を前提に説明すると、会社法が定める公告のうち、文字だけの内容を官報に公告として掲載するときは、官報の本紙に掲載され、決算公告や上記(9)の同時公告のように図表入りになると官報の号外に掲載されるのが原則である（例外として解散公告も号外掲載である。）。

掲載されるまでには本紙は依頼してから約１週間後、号外は約２週間後である。したがって、資本金の額の減少の効力発生日までに２か月間のゆとりがあれば、(9)の同時公告をせずに、まず決算公告をし、それを確認した後に資本金の額の減少公告及び各別の催告をするという方法を採用することもできる。

なお、この同時公告によって、公告方法を官報とする会社に限り正式に決算公告義務を果たしたことになるため（この点で、損益計算書の開示も必要な大会社は除外されると考える。）、その後の各別の催告には、当該官報の日付及び当該公告が掲載されている頁を示せば足りることになる（相澤哲＝和久友子「新会社法関係法務省令(8)計算書類の監査・提供・公告、計算の計数に関する事項」商事1766号72頁（2006年））。

③ 催告の実務

催告書の発送につき、封書で発送し、「異議がなかった場合は、同封の書面にその旨を記載し返信用封筒でお返しください。」などと丁寧な方法を紹介する例が少なくないが、多数の債権者に対する集団処理の方法として「所定の期間内に異議を述べなかったときは、当該債権者は、当該資本金等の額の減少について承認をしたものとみなす。」（会449条４項）とされているわけだから、そこまでせずに、葉書に催告文を記載し押印もせずに郵送する例もある。

催告先の範囲については、会社法に規定がないため、催告時点の債権者全てということになるが（前掲（212頁）土手102頁）、異議があっても、

即座に弁済すれば足りる小口債権者を除外して催告するか、債権者数が多い場合に、定款に定める公告方法が官報である場合には、公告方法を臨時に、官報以外に変更し、催告を省略することのできる会社法449条3項の方法を採用するなど、各社各様である。

④ 官報公告文の誤り

公告の依頼者が公告期間以外の公告内容を誤った場合（原稿誤り）は、当然ながら有効な公告と認められないが、会社名や会社の住所につき小さな誤字や脱字があっても、特定性・同一性に問題がなければ有効な公告と扱われる。政令指定都市の「○○区」を漏らした程度は許容範囲であろう。

なお、原稿誤りではなく、官報公告における印刷誤りは、直ちに訂正を申し入れ、官報に正誤表が掲載された限り、有効な公告として扱われているが（平14・7・30民商1831号回答）、官報公告以外では、困難と考える。

(2) ダブル公告による催告省略

債権者に対する異議申述公告は、定款の拘束力が及ばない債権者に向けたものだから、定款に定める公告方法ではなく、官報公告とされているわけだが、定款に定める公告方法として時事に関する事項を掲載する日刊新聞紙に掲載する方法又は電子公告としている会社が、官報と定款で定める公告方法の両方に公告を掲載したときは、各別の催告を省略することができる（会449条3項）。債権者数の多い会社や小口債権者を除外して催告することや催告漏れが生じることに抵抗を感じる会社は、この方法を採用することが多い。本書では、便宜これを「ダブル公告」と呼ぶことにする。

ダブル公告において、官報での公告と定款に定める公告方法による公告の終了時期を一致させるのが通常だが、一致させないと違法になるのかという小論点がある。しかし、媒体が異なり、それが困難であることも多いこと、定款に定める方法での公告は各別の催告の代用手段であり、各別の催告では終了時期の一致は想定されていなかったこと、一方

第70条

の公告に訂正があった場合に終期が一致しなくなること、会社法の思考は、効力発生時までに全手続が終了し、各手続の先後を問わないことからして、その必要はないというべきである。登記の審査においても、同様である。

ダブル公告をするため公告方法を官報から日刊新聞紙又は電子公告に変更する定款変更を決議した場合に、その変更を登記する前に、催告省略の効果がある合併公告を掲載できるかという小論点がある。

平成10年（1998年）2月5日号の商事法務1481号36頁以下の実務相談室（合併における「知れたる債権者」に対する各別の催告の省略の可否）によると、「会社債権者がその公告がされるまでに公告の方法が変更されたことを知ることができるようにする必要がありますから、この定款の変更による変更の登記は、異議申立ての公告をするまでに申請しなければならないものと考えます。」とあり、登記実務もこれに従っている。

3．添付書面
(1) 債権者保護手続書面
① 公告・催告したことを証する書面

債権者保護手続書面である公告したことを証する書面は、公告が掲載された官報、日刊新聞紙又は電子公告調査機関の調査結果通知書（会946条4項）である（決算公告等をしていたことの証明は不要である。）。

官報や日刊新聞紙は、その日の冊子の全部を提出する必要はなく、該当頁だけの提出及び原本還付で済ますことができる。電子公告調査会社の調査結果通知書は電子署名の付されたものを電子申請の添付ファイルとして送付するのが容易である。

催告したことを証する書面は、催告書見本1通と催告先リストを添付した代表取締役作成の催告したことを証する書面にするのが一般的である。

② 異議を述べた債権者があるとき

実務上は債権者に根回ししてから資本金の額の減少の手続を開始する

ため、債権者から異議が出されることはほとんどない。それをせずに大口債権者から異議が出された場合には手続を中止し、小口債権者から異議が出された場合には、当該債権者に対し弁済し若しくは相当の担保を提供し若しくは当該債権者に弁済を受けさせることを目的として相当の財産を信託したこと又は当該資本金の額の減少をしても当該債権者を害するおそれがないことを証する書面を作成して登記申請することになる。代表取締役作成の書面でよい。

③ 異議を述べた債権者がいないとき

本条の規定振りからすれば、異議を述べた債権者がいないときには何も添付しなくてもよいと考えられるが、管轄登記所からすれば、異議があったのか、なかったのかも判断がつかないため、申請書の添付書類の欄に一言「異議を述べた債権者はいない。」と記載するのが実務上の慣例である。また、代表取締役の作成による証明書面でもよい。

(2) **株主総会議事録等**

資本金の額の減少を決議した株主総会の議事録（株主リスト付。一定の場合は、一定の欠損の額が存在することを証する書面も必要）、これに代わる取締役の過半数の一致を証する書面又は取締役会の議事録である。

なお、商業登記規則61条9項の資本金計上証明書は、「登記簿から、減少する資本金の額が効力発生日における資本金の額を超えないこと（会447条2項）を確認することができるため、添付を要しないものとする。」とされている（平18・3・31民商782号通達第2部第4、(3)68頁）。

（解散の登記）

第71条　解散の登記において登記すべき事項は、解散の旨並びにその事由及び年月日とする。

2　定款で定めた解散の事由の発生による解散の登記の申請書には、その事由の発生を証する書面を添付しなければならない。

3　代表清算人の申請に係る解散の登記の申請書には、その資格を

第71条

証する書面を添付しなければならない。ただし、当該代表清算人が会社法第478条第1項第1号の規定により清算株式会社の清算人となったもの（同法第483条第4項に規定する場合にあっては、同項の規定により清算株式会社の代表清算人となったもの）であるときは、この限りでない。

本条の概要

本条は、1項が解散の登記事項について、2項が会社法471条2号の「定款で定めた解散の事由の発生による解散の登記の申請書」の添付書面、3項が「代表清算人の申請に係る解散の登記の申請書」に関する添付書面につき規定するものである。

解　説

1．登記事項（1項）
(1) 解散の事由
① 解散の事由一般

株式会社の解散とは事業を営む会社が事業活動をやめることであり、以後は清算を目的とした清算株式会社になり（会476条）、事業年度も終了し、新たに清算事務年度が開始する（会494条1項）。これも一種の機関変更ともいえ、業務執行機関も取締役から清算人に変わるが、これについては、本法73条に譲る。

会社法471条が規定する解散の事由は、次の6つである。
　1号：定款で定めた存続期間の満了
　2号：定款で定めた解散の事由の発生
　3号：株主総会の決議
　4号：合併（合併により当該株式会社が消滅する場合に限る。）
　5号：破産手続開始の決定
　6号：会社法824条1項又は会社法833条1項の規定による解散を命ず

る裁判

　上記のうち1号の存続期間と2号の解散事由についての定款の定めは登記事項とされている（会911条3項4号）。3号は株主総会の決議による解散であり、解散の事由では最も多いものである。4号の合併は清算が開始せずに事業は吸収合併存続会社又は新設合併設立会社に取り込まれ、即時に解散するが、これについては本法79条以下で取り扱う。

　5号の破産手続開始の決定、6号の解散命令（会824条1項）・解散判決（会833条1項）は、いずれも裁判所の関与を必要とし、かつ嘱託登記事項であるため（破257条、会937条）、本書では取り扱わない。

② 期限付解散問題

　会社法471条が規定する解散の事由のうち、3号の株主総会の決議による解散が最も数が多いが、解散の効力が発生するまでに円満に事業を縮小しておきたいなどのニーズがあるため、2、3か月前に解散を決議し、事業の終結までにソフトランディングしようとする会社が少なくない。

　しかし、このような期限付解散決議（や条件付解散決議）については、1号（や2号）の解散事由との関係が旧商法の古い時代から問題とされている。

　松井・ハンドブック3版508頁を引用すると「通常の場合は、数か月も先の一定日時に解散する旨の期限付き解散決議は、当該決議が公示の対象とならず、債権者に不測の損害を及ぼすおそれがあることから、これを避けるべきもの（存続期間の設定の方法によるべきもの）と解されている（昭34・10・29民事甲2371号回答、登研145号27頁、実務相談1・818頁参照）。」ということである。

　単に「これを避けるべきもの」にすぎず、実行しても違法ではないとされるなら、ことさら問題視する必要もないが、解散の登記が受理されるのかと、より重い問題として論点になっている。

　3号の独自性を肯定する積極説は、1号から3号の適用に優劣関係はなく、1号と2号は会社の事業目的の達成又は不達成が確定する時期を

想定した規定であり、会社成立後数十年先というならともかく、単に数か月先の解散まで定款に定める必要はなく、この程度の短期間は3号の範囲である。また、解散しても会社の財産が減少するわけではなく資本金の額の減少のような債権者保護手続も定められていないから、このような法制の下では、会社の解散を債権者に不測の損害を及ぼすおそれのある行為だとはいえない、などと説く（金子登志雄「実務家による商業・法人登記Q＆A(5)」登情570号59頁（2009年）参照）。

しかし、松井・ハンドブック3版にある昭和34年の先例から登記実務の運用は変わらず、平成23年（2011年）には登研755号163頁以下のカウンター相談で、それが再確認され、現在では、解散登記の期間が解散した時から2週間以内とされているため（会926条）、2週間以内の期限付解散決議はやむを得ないが、それを超えた期間は、1号の決議と扱い、存続期間の登記をし、その期間満了による解散の登記として受理されている（平成22年11月25日土手補佐官事務連絡参照）。存続期間の登記をし、かつ、その期間の満了による解散の登記をしなければならないため、登録免許税の点で3万円ほど負担が大きいが（登税別表1、24(1)ツ）、解散自体の申請が受理されないというわけではない。

(2) 登記事項

① 登記内容

登記事項は、「解散の旨並びにその事由及び年月日」であり、具体的には、株主総会決議で解散したときは「平成X年9月30日株主総会の決議により解散」などとする。この年月日は解散の効力発生日であって、株主総会の決議の日ではない。同様に、平成X年9月30日までとする存続期間の満了により解散した場合は、解散の効力が発生した日の翌日付で「平成X年10月1日存続期間の満了により解散」とし、定款に定めた解散事由の発生により解散した場合は、「平成○年○月○日定款所定の解散事由の発生により解散」とする。この解散事由は、既に登記されているため（会911条3項4号）、繰り返して詳細に記載する必要はない。

これらは、会社状態区に「解散」の見出しの下に登記される（清算手

続を不要とする合併による解散などは、登記記録区に登記される。）。

　なお、解散の登記を申請した際には、合併及び破産手続開始による解散を除き、取締役等の登記は登記官の職権により抹消される（規72条1項）。これについては、本法73条の解説を参照されたい。

② 存続期間の満了による解散日

　期限付解散で「平成X年9月30日終了をもって解散する。」と株主総会で決議し、これが認められると会社状態区に「平成X年9月30日株主総会の決議により解散」と記録されるが、この決議をもって存続期間を定めたものと扱われる場合に、「存続期間／平成X年9月30日まで」と登記すると、解散については、翌日の「平成X年10月1日存続期間満了により解散」と登記される。前者の場合は予定どおり平成X年10月1日から清算事務年度が開始するが、後者の場合は平成X年10月2日からの開始になるため注意すべきである（会494条1項、金子登志雄「期間の満了と効力の発生」登情627号18頁（2014年））。

　取締役等の重任の登記のように「終了と開始」による変更の登記の際には、開始の日を基準にするが、株主総会の決議による解散や退任の登記など開始がない終了のみの登記は、終了日をもって登記してきたはずだが（会915条2項・3項も同様）、存続期間の満了や新株予約権の行使期間の満了については、この原則に反して翌日付で登記されている。いずれ改められることを希望する。

③ 解散登記と譲渡制限機関としての取締役会

　解散すると、取締役や取締役会設置会社である旨の登記等につき職権で抹消されるが（規72条）、これに関連して、登記されている「当会社の株式を譲渡により取得するには、<u>取締役会</u>の承認を受けなければならない。」なども解散と同時に変更登記しないと解散の登記申請を却下すべきだとの主張も、かつては存在した。

　しかし、現在では、その登記を残したままでの解散登記が受理されている。その根拠については、相澤哲＝松本真「商業登記実務のための会社法Q＆A(4)」（登情541号29頁（2006年））では、取締役会を置く旨の

第71条

定款の定めにつき、要旨で「会社法の下では、………清算の開始原因が生じたことによって当該定めが廃止されたものとはみなされるわけではないものとされていることから、その定め自体は有効に存続する（いわゆる「空振り」の状態となる。）。したがって、取締役会を置く旨の定款の定めがある清算株式会社が継続をした場合には、特に定款の変更を要することなく取締役会を置くべきこととなる。」と説明されている。

すなわち、定款の譲渡制限の定めは依然として有効に「存在」し続け、単に取締役会という部分が効力停止の無効（無益的記載事項）になり、原則どおり株主総会が承認機関になるというものである。登記の面からしても、定款を変更しない限り、登記義務は発生しないということである。

2．定款で定めた解散の事由の発生（2項）

会社法471条2号の「定款で定めた解散の事由」の例としては、登記記録例である平18・4・26民商1110号依命通知によると、「当会社は、瀬戸内海に沈没している日本丸の引揚作業並びにその解体及び処分が完了したときに解散する。」や「当会社は、群馬県利根郡中岡村に建設中の群馬ダム及び長野県南佐久郡山中村に建設中の長野ダムが竣工したときは解散する。」という例があるが、これを証する書面を添付して解散を登記することになる。特別な証明書類が存在しない場合には、代表清算人による自己証明文書とするしかないであろう。

3．代表清算人の資格を証する書面（3項）

本項は、解散の登記を申請するのは、代表取締役ではなく代表清算人となるから、その資格を証する書面の添付が必要であるという当然の規定である。具体的には、定款、株主総会議事録、必要により清算人会議事録等と就任承諾を証する書面などである。ただし、解散時の代表取締役が自動的に法定代表清算人となる場合は除かれる（本項ただし書）。

しかし、現実には、解散の登記と清算人及び代表清算人選任の登記は、

一括して申請されることがほとんどであるため、代表清算人の資格を証する書面が問題となることは少ないといえる。

(職権による解散の登記)
第72条　会社法第472条第1項本文の規定による解散の登記は、登記官が、職権でしなければならない。

本条の概要

いわゆる休眠会社のみなし解散についての規定である。

解　説

1．職権による解散の登記

　株式会社（特例有限会社を除く。）では、必須機関の取締役には必ず任期があるため、長期に登記をせずに済むということはあり得ない。そこで、長期にわたり登記をしていない株式会社を解散会社として扱うことにした。

　会社法472条1項（要約）には、「休眠会社（株式会社であって、当該株式会社に関する登記が最後にあった日から12年を経過したものをいう。）は、法務大臣が休眠会社に対し2か月以内に法務省令（注：会施139条）で定めるところによりその本店の所在地を管轄する登記所に事業を廃止していない旨の届出をすべき旨を官報に公告した場合において、その届出をしないときは、その2か月の期間の満了の時に、解散したものとみなす。」とある。

　旧商法では5年間だったが、非公開会社の役員の任期を選任後10年まで伸長することができるようにしたため（会332条2項、336条2項など）、期間を伸長したものである。12年以内に当該休眠会社の登記事項証明書や代表者の届出印の印鑑証明書の交付を受けていたかどうかは関係がな

い。また、2か月の届出期間内に当該休眠会社に関する登記がなされたときは、解散したものとはみなされない（会472条1項ただし書以下）。

　最後の登記から12年を経過したら、その後所定の手続を経て、登記官の職権により2か月の公告期間の満了の日を原因日付として「会社状態区」に「平成〇年〇月〇日会社法第472条第1項の規定により解散」という登記がなされる。登記記録区に記録されるわけではないため、登記記録までは閉鎖されない。もっとも、解散の登記後10年を経過すると登記記録が閉鎖されることがあるが（規81条1項）、これも会社の消滅という意味ではない。

　なお、解散の登記と同時に取締役や取締役会設置会社の登記が登記官の職権で抹消される点は、本法73条で記載したところと同様である。

2．会社継続の際は法定清算人の登記が原則として必要

　解散したものとみなされた後3年以内に、株主総会の特別決議（会309条2項11号）によって事業会社に復帰することができる（会473条）。いわゆる会社の継続といわれるものである。ただし、清算人の登記を先行させなければならない（昭39・1・29民甲206号通達）。定款で清算人を定めている例は少ないであろうから、多くの場合、法定清算人の登記が必要となる。

3．会社継続

　休眠会社のみなし解散以外でも、会社法471条1号から3号（定款で定めた存続期間の満了、定款で定めた解散の事由の発生、株主総会の決議）までの事由によって解散した場合は清算が結了するまで、株主総会の特別決議（会309条2項11号）によって会社の継続が可能である（会473条）。

　その際には、改めて取締役や代表取締役の就任の登記が必要となるため、その選任・選定手続も必要だが（昭25・1・30民甲72号通達）、定款に「取締役会を置く。」という規定が削除されずに残っていた場合は、いわゆる効力停止の空振り状態から脱して、効力規定に復帰する（本書

292頁参照）。

　ただし、取締役会設置会社である旨につき、登記記録上は登記官の職権で抹消されているため（規72条）、登記記録に復帰させなければならない。改めて会社の継続の日をもって「平成○年○月○日設定」で登記することになる。この「設定」は、「登記上の取締役会」として設定された日と解するしかない。

　会社継続の登記がなされた場合、解散の登記、清算人及び代表清算人に関する登記は、登記官の職権で抹消される（規73条）。

（清算人の登記）
第73条　清算人の登記の申請書には、定款を添付しなければならない。
2　会社法第478条第1項第2号又は第3号に掲げる者が清算人となった場合の清算人の登記の申請書には、就任を承諾したことを証する書面を添付しなければならない。
3　裁判所が選任した者が清算人となつた場合の清算人の登記の申請書には、その選任及び会社法第928条第1項第2号に掲げる事項を証する書面を添付しなければならない。

本条の概要

　本条は清算人の登記に関する添付書面について規定するものである。

解説

1．定款の添付（1項）
(1)　清算株式会社の機関
①　取締役から清算人に
　株式会社が解散すると、「取締役」中心の事業株式会社から、清算を

第73条

目的とした「清算人」中心の清算株式会社に移行する。事業会社時代の機関構成に関する規定は適用されなくなり（会477条7項）、登記の面でも、次に掲げる商業登記規則72条1項各号の登記は、登記官の職権により抹消される。

 1号：取締役会設置会社、取締役、代表取締役、社外取締役
 2号：特別取締役による議決の定め、特別取締役
 3号：会計参与設置会社、会計参与
 4号：会計監査人設置会社、会計監査人
 5号：監査等委員会設置会社、監査等委員である取締役、重要な業務執行の決定の取締役への委任についての定款の定め
 6号：指名委員会等設置会社、委員、執行役及び代表執行役

これらは、取引の安全という公示の要請に基づくものであって、定款から取締役会設置会社等の規定が削除されたとみなされるわけではない。

清算株式会社の必須機関は清算人となり、「清算株式会社には、1人又は2人以上の清算人を置かなければならない。」（会477条1項）とされ、定款の定めによって、任意に設置することができるのは、清算人会、監査役又は監査役会だけである（同2項・7項）。

ただし、監査役会を置く旨の定款の定めがある清算株式会社は、清算人会を置かねばならず（同3項）、清算開始時に公開会社又は大会社であった清算株式会社は、監査役を置かなければならない（監査等委員会設置会社であった清算株式会社では監査等委員である取締役が、指名委員会等設置会社であった清算株式会社では監査委員が監査役となる。）とされている（同4項・5項・6項）。

公開会社や大会社は会社法327条2項・3項及び会社法328条1項で「監査役を置かなければならない。」と規定されているため、二重の無用の規定かのようだが、これらの規定は清算株式会社には適用されないため（会477条7項）、改めて清算株式会社の規律として規定したものである。

清算株式会社の清算人には任期の定めがなく、任意に設置された監査役についても、任期の規定（会336条）が適用されなくなる（会480条2項）。

② 清算株式会社の監査役の任期

「清算手続中の監査役については、法律上の任期の上限はないが、通常の会社は定款で任期を定めているため、当該定款の定めに従い、監査役は退任する。」との見解が松井・ハンドブック3版521頁に紹介されているが、会社法の下では困難な解釈である。

その定款の定めは、会社法336条1項と同様に「事業年度のうち最終のものに関する定時株主総会の終結の時まで」とされているはずだが、会社法では、解散の翌日から清算事務年度が開始し（会494条1項）、事業年度自体が存在しなくなるため、その定款の定めによる任期の計算ですら困難となる。

会社が解散して従前の取締役が「法定清算人」に変わることがあるように、事業会社時代の監査役も清算株式会社の監査役に変質するのであり、そのことを明記したのが会社法480条である。清算株式会社として、改めて定款に任期を定めない限り、任期の満了はあり得ないというべきである。

(2) 定款添付の理由

旧商法時代には、株主総会で清算人を選任した場合には、特段の事情なき限り、定款の添付が不要であったが、会社法の下では本条1項のとおり常に定款の添付が必要になった。清算人会の定めが定款に存在しないことを証明するためだとされている（宗野有美子「会社法施行後における商業登記実務の諸問題(3)」登情542号40頁（2007年））。

しかし、清算人会の定めが「存在する」ではなく「存在しない」という消極的証明は、証明原則の例外中の例外であり、この見解を前提にすると、会社法477条1項と2項は「①清算株式会社には、1人又は2人以上の清算人を置かなければならない。②清算株式会社は、定款の定めによって、清算人会、監査役又は監査役会を置くことができる。」と定め、非清算人会設置会社が原則で、清算人会設置会社に例外であるのに、例外規定が存在しないことを証明せよということになる。

これにつき、「清算人の登記と定款」と考えるから、そのような疑問

第73条

が生じるのであって、清算人から離れて「清算株式会社」の最初の登記であるため、機関設計を示すために定款の添付が求められたのではないかとの鋭い仮説が本書の著者の1人から出された。最初の清算人の登記は、事業株式会社から清算株式会社の移行の登記でもあるから、定款の添付を求めたのであって、その結果として、清算人会の定めが定款に存在しないことの証明として機能するというわけである。宗野見解も突き詰めれば、そういう趣旨だと思われる。

なお、宗野見解の根拠からして、会社法整備法33条1項で「清算人会」を置けない特例有限会社においては、株主総会の決議により清算人を選任した場合でも、定款を添付する必要はないとされているが（前掲（297頁）宗野40頁）、特例有限会社では、〇〇設置会社等の機関構成が登記事項ではないため、結論において賛成である。

(3) 清算人就任の順序と定款の添付

一般に、清算人就任の順序は、旧商法でも会社法でも、「①定款で定める者、又は②株主総会の決議によって選任された者、続いて、③従前の取締役、④裁判所が選任した者」だと説明されている。①と②は選択的同順位であり（会478条1項1号かっこ書）、①②がなければ③、③もなければ④ということである。

しかし、この順序だと、法定清算人といわれる③の場合だけでなく、②（株主総会で選任した者）や④（裁判所が選任した者）が清算人に就任する場合も、①（定款で定めた者）がない旨を証明するために、定款の添付が必要だということになるはずである。

ところが、旧商法時代の解釈だけでなく、現行の持分会社についての本法99条1項でも、③や④については、定款の添付を要求していない。恐らく、株主総会で積極的に清算人を選任した場合や裁判所が関与した場合には、「定款で定める者は存在しない。」という推定が働き、その証明は不要になるが、何らの積極的行為もない場合（③のケース）は、その旨の推定も働かないため、定款の添付を要求したものだと思われる。

ただし、旧商法時代と相違し、本条1項は、②や④の場合を含め、常

に定款の添付を要求し、持分会社の本法99条1項では要求していないため、前記のとおり定款の添付の根拠は清算人の就任の順序とは無関係であり、清算人から離れて「清算株式会社」の最初の登記だから、機関設計を示すために定款の添付が必要になったのではないかと我々は推測したわけである。

2．就任を承諾したことを証する書面（2項）

　会社と清算人との関係も委任関係であるため（会478条8項、330条）、就任第1順位の清算人（定款で定める者又は株主総会の決議によって選任された者）については、就任を承諾したことを証する書面が必要である。第3順位（従前の取締役）は、法定清算人であり、法の定めにより就任しなければならないものであるため、就任を承諾したことを証する書面は不要である。第4順位（裁判所が選任した者）の場合は、裁判所の関与があることから、就任を承諾したことを証する書面は不要だとされている。

　清算人及び代表清算人の登記事項は取締役及び代表取締役に準じるが（会928条1項。特例有限会社では、特例有限会社の取締役及び代表取締役の登記に準じ、清算人は住所付で登記される。整備法43条2項）、最初の清算人に関する登記は、変更登記に関する原則である会社法915条とは別に規定された独立の登記だとされ、就任年月日は登記されない（昭41・8・24民甲2441号回答、松井・ハンドブック3版512頁）。もっとも、清算株式会社としてはじまった解散の日が登記されており、それで判明する。

3．裁判所の選任書面（3項）

　裁判所が選任した者が清算人・代表清算人となった場合の清算人の登記の申請書には、その選任書面及び代表清算人を定めた選定書面の添付が必要である。この登記は嘱託登記ではなく、会社に申請によってなされる（会928条3項が適用される。）。

第74条

4．解散の登記との同時申請義務はない

　実務上は、株主総会で清算人を選任することが多く、解散の登記と同時に、登記の事由を「解散、平成〇年〇月〇日清算人及び代表清算人選任」（特例有限会社の場合で代表清算人を定めない場合は「解散、平成〇年〇月〇日清算人選任」）とするが、一括した同時申請の義務があるわけではない。休眠会社のみなし解散（会472条）でも、清算人の登記はなされないまま登記官の職権で解散の登記がなされる。

　同時申請義務を課していないのは、「解散」は事業を営む株式会社の終結の原因であって、清算株式会社の開始（新機関の設定）は会社法の規定によるものであって、それぞれ別の規律に従うということであろう。

　もっとも、同時に申請しないと、申請人である代表清算人の選任や就任を証する書面の添付が必要となる（法71条3項）。

　登記申請に当たっては、申請人につき印鑑届が必要である（規9条1項4号）。従前の代表取締役が代表清算人となった場合でも同様である。同一人であっても、印鑑提出者の資格が異なるからである。

（清算人に関する変更の登記）
第74条　裁判所が選任した清算人に関する会社法第928条第1項第2号に掲げる事項の変更の登記の申請書には、変更の事由を証する書面を添付しなければならない。
2　清算人の退任による変更の登記の申請書には、退任を証する書面を添付しなければならない。

$\boxed{\text{本条の概要}}$

　本条1項は裁判所が選定した代表清算人に変更があった場合、2項は清算人の退任登記に関する添付書面について定めたものである。

解　説

1．会社法928条１項２号に掲げる事項の変更の事由を証する書面（１項）

　裁判所が選任した代表清算人が交代した場合につき、裁判所の代表清算人に関する変更決定書を添付せよという規定だが、条文には「代表清算人の氏名及び住所」とあるため、代表清算人が交代した場合だけでなく、代表清算人が氏名や住所を変更したにすぎない場合にも、その変更の事由を証する書面を添付しなければならないとの解釈も存するようである。

　しかし、そうであれば、端的に「代表清算人の氏名及び住所」と定めれば足り、わざわざ「会社法第928条第１項第２号に掲げる事項」と定めるとは思えない。また、本条２項は退任を証する書面につき規定しているから、１項も退任・就任自体の規定というべきであり、一般に証明を要求されていない氏名や住所の変更を含むとは思えないこと等により、この解釈は妥当ではない。

2．清算人の退任を証する書面（２項）

　本条２項は、清算人が辞任、解任、死亡、破産等の事由で退任した場合は、その退任を証する書面の添付を要求するものである。

（清算結了の登記）

第75条　清算結了の登記の申請書には、会社法第507条第３項の規定による決算報告の承認があつたことを証する書面を添付しなければならない。

本条の概要

　本条は清算結了の登記の申請書の添付書面について定めたものである。

第75条

> **解説**

1. 清算結了の手続

　清算人は、現務の結了、債権の取立て及び債務の弁済、残余財産の分配を職務とするが（会481条）、債権者に対し、2か月以上の期間、その債権を申し出るべき旨を官報に公告（解散公告）し、かつ、知れている債権者には各別の催告をし（会499条）、職務を全うし清算事務を終了したら、その報告のために決算報告を作成しなければならない（会507条）。

　決算報告は、次を内容とするものでなければならない（会施150条）。

一　債権の取立て、資産の処分その他の行為によって得た収入の額
二　債務の弁済、清算に係る費用の支払その他の行為による費用の額
三　残余財産の額（支払税額がある場合には、その税額及び当該税額を控除した後の財産の額）
四　1株当たりの分配額（略）。ここには、残余財産の分配を完了した日と、残余財産の全部又は一部が金銭以外の財産である場合には、当該財産の種類及び価額を記載する必要がある。

　すなわち、支払税額を除外し、残余財産も分配し、清算が全て終わった場合の決算報告であるから、支払税額が残っていない場合の貸借対照表でいえば、資産も負債もゼロの状態である。逆にいえば、残余財産が未分配である状態は、清算結了したとはいえない。光熱費等の支払債務も株主や清算人が立替払いをし、債権放棄により会社の債務としては残さないことが肝要である。

　実務上よく問題になるのは、債権者からの債務免除（あるいは債権放棄）を条件にした債務超過の決算報告を示した場合だが、これでは、資産も負債もゼロになった状態とはいえないため、債務免除の証明が必要となる。本来は債務の免除を得てから、決算報告を作成すべきだったといえる。

　登記記録に新株引受権付社債や新株予約権付社債が登記されており、社債が残っている外観がある場合も、清算結了登記の障害になると思わ

れるため、抹消しておくことである。

　この決算報告は、株主総会に提出し、その承認を受けなければならないから（会507条3項）、決算報告の承認があったことを証する書面とは、株主総会議事録及びこれに附属する決算報告書である（松井・ハンドブック3版528頁）。

　なお、決算報告は報告事項であり、株主総会の承認が清算結了の効力要件ではないと解されているため、株主の所在不明等の理由により、株主総会を開催することができない場合には、監査役又は仮監査役が作成した証明書（株主総会を招集することができない事情を記載したもの）を添付すれば、清算結了の登記を受理して差し支えないとされている（松井・ハンドブック3版529頁）。

　無事、株主総会の承認を得た場合は、清算結了に至り、その登記を申請することになるが、登記を申請すると、登記記録区に「平成〇年〇月〇日清算結了」と記入され登記記録が閉鎖される（規80条1項5号・2項）。年月日は、株主総会の承認の日である。

　清算結了の登記後は、清算人（清算人会設置会社にあっては、会489条7項各号に掲げる清算人）は、清算株式会社の本店の所在地における清算結了の登記の時から10年間、清算株式会社の帳簿並びにその事業及び清算に関する重要な資料を保存しなければならない（会508条）。

　清算結了の登記をしたからといって、この登記には創設的効力がないから、残余財産等が残っていれば、清算結了の効果は生じておらず、会社は消滅していないことになる（大判大正8・12・12民録25・2295）。この場合は、清算結了の登記の抹消及び必要により清算人の就任の登記を申請し、登記官は登記記録を復活することになる（規45条）。

2．2か月の解散公告

　債権者に解散し清算結了することについて異議があるかを問うものではなく、債権の存在と債権額の申出を求めるものだから、債権者保護手続（会449条2項2号等）とは異なり計算書類に触れる必要はない。官報

の号外に掲載されるため、掲載を依頼してから2週間程度先に掲載される。ただし、この公告が掲載された官報は登記の添付書面とはされていない。

　公告期間は最短2か月であるため（会499条1項）、清算結了の登記は、清算人就任の日から2か月の期間が経過した日以後でなければ、受理することはできない（昭33・3・18民甲572号回答、松井・ハンドブック3版528頁）。

3．公告期間中の弁済の可否

　会社法500条によると、清算株式会社は、解散公告期間内は、債務の弁済をすることができないが、裁判所の許可を得て、少額の債権、清算株式会社の財産につき存する担保権によって担保される債権その他これを弁済しても他の債権者を害するおそれがない債権に係る債務について、その弁済をすることができるとされている。

　では、解散公告期間中は、銀行借入に対する約定返済を、あるいは家賃も光熱費も、裁判所の許可を得ない限り支払ってはいけないのかという問題がある。登記とは無関係であるが、解散公告費用や解散・清算人選任登記の申請代理を受託した後の報酬請求にも影響するので、公告期間前に支払を受けておくことである。

4．清算結了の登記の申請人

　清算結了の登記の申請人については明文の規定はないが、（代表）清算人がなるものとされている。登記申請上は会社も清算人も存在しているという判断であろう。

（組織変更の登記）

第76条　株式会社が組織変更をした場合の組織変更後の持分会社についてする登記においては、会社成立の年月日、株式会社の商号

並びに組織変更をした旨及びその年月日をも登記しなければならない。

本条の概要

株式会社が持分会社に組織変更した場合の登記事項を定めるものである。

解説

1．組織変更とは何か

(1) 組織変更とは

会社法で組織変更というのは、持分会社（合名会社・合資会社・合同会社）のいずれかが株式会社になること、あるいは逆に株式会社が持分会社のいずれかになることである（会2条26号）。法人格としても同一性を維持し、債務超過かどうかを問わないし、資本金の額も変わらないだけでなく（計33条1号、34条1号）、会社としての成立年月日も変わらない。

(2) 組織変更と計算

持分会社では、資本剰余金と利益剰余金の区別はあっても、準備金は存在しない（計76条3項）。自己株式も新株予約権も存在しない。したがって、株式会社が持分会社に組織変更する際は、準備金を剰余金に組み込み、かつ自己株式につき剰余金と相殺させる必要がある（計33条）。新株予約権は、効力発生日に消滅する（会745条5項）。

2．組織変更の手続の流れ

株式会社が持分会社になる組織変更の手続の流れの全貌を概観すると、組織再編の手続に準じており、組織変更計画の作成した後（会743条、744条）、関係書類の事前備置・閲覧（会775条）、新株予約権者等の利害関係者への通知又は公告（会776条2項・3項、777条3項・4項）、効力発生日の前日までに総株主の同意（会776条1項）や債権者保護手続（会

第76条

779条)、株券等提出手続等を済ませ(会219条、293条)、効力発生日の到来を待って(会745条、780条1項)、組織変更を理由に株式会社の解散と持分会社の設立を登記することになる(会920条、930条3項)。

3．組織変更と登記記録
(1) 登記事項

　株式会社Aが組織変更により持分会社Bになる場合の登記でいうと、会社法920条に基づき、Aの解散とBの設立の登記になるため(会920条)、持分会社Bの登記記録区には、本条に従い、組織変更の効力が発生した日をもって、「平成〇年〇月〇日株式会社Aを組織変更し設立」と記録し、会社成立の年月日の欄には、株式会社Aの会社として成立した年月日を記録する(規76条)。

　組織変更では住所に変更はないため、登記記録区に株式会社Aの住所は記載されない。ただし、解散する株式会社についての登記事項は、本法71条1項に従い、解散事由として組織変更後の商号と住所を記載し、登記記録区に「平成〇年〇月〇日〇県〇市〇町〇丁目〇番〇号合同会社Bに組織変更し解散」などと記載され、株式会社Aの登記記録は閉鎖される(規80条1項3号)。

(2) 組織変更と本店住所の同一性

　組織変更では住所に変更はないとしても、住所の同一性を損なわない限り、些細な変更は肯定されている(特例有限会社を株式会社に移行するケースで、吉野太人「会社法施行後における商業登記実務の諸問題(7)」登情557号43頁(2008年))。例えば、この組織変更の際に、本店の所在場所の表記からビル名を削除したい、あるいはビル名を追加したいという場合である。組織変更と同時に目的や公告方法を変更することなどは許容されているため、本店の「移転」は不可だが「変更」であれば、他の場合と同様に扱われるわけである。

(3) 組織変更と本店移転

　本書175頁(4)部分を参照されたい。

第77条 前条の登記の申請書には、次の書面を添付しなければならない。
一　組織変更計画書
二　定款
三　会社法第779条第2項の規定による公告及び催告（同条第3項の規定により公告を官報のほか時事に関する事項を掲載する日刊新聞紙又は電子公告によつてした場合にあつては、これらの方法による公告）をしたこと並びに異議を述べた債権者があるときは、当該債権者に対し弁済し若しくは相当の担保を提供し若しくは当該債権者に弁済を受けさせることを目的として相当の財産を信託したこと又は当該組織変更をしても当該債権者を害するおそれがないことを証する書面
四　組織変更をする株式会社が株券発行会社であるときは、第59条第1項第2号に掲げる書面
五　組織変更をする株式会社が新株予約権を発行しているときは、第59条第2項第2号に掲げる書面
六　法人が組織変更後の持分会社を代表する社員となるときは、次に掲げる書面
　　イ　当該法人の登記事項証明書。ただし、当該登記所の管轄区域内に当該法人の本店又は主たる事務所がある場合を除く。
　　ロ　当該社員の職務を行うべき者の選任に関する書面
　　ハ　当該社員の職務を行うべき者が就任を承諾したことを証する書面
七　法人が組織変更後の持分会社の社員（前号に規定する社員を除き、合同会社にあつては、業務を執行する社員に限る。）となるときは、同号イに掲げる書面。ただし、同号イただし書に規定する場合を除く。
八　株式会社が組織変更をして合資会社となるときは、有限責任

第77条

> 社員が既に履行した出資の価額を証する書面

本条の概要

本条は、株式会社が持分会社（合名会社、合資会社又は合同会社のいずれか）に組織変更した場合に関する通則的な添付書面（法46条）以外の添付書面について定めるものである。

解　説

1．組織変更の添付書面概観

本条及び本法46条に基づき、組織変更による本店の所在地における持分会社の設立の登記の申請書には、次の書面を添付しなければならない。

イ．組織変更計画書及び定款
ロ．総株主の同意があったことを証する書面（株主全員リスト付）
ハ．債権者保護手続書面
ニ．当該会社が株券発行会社であるときは、株券提出手続書面
ホ．新株予約権を発行しているときは、新株予約権証券提出手続書面
ヘ．法人である社員の加入にあっては、法人社員加入手続書面
ト．合資会社となるときは、有限責任社員の出資履行価額証明書
チ．合同会社となるときは、登録免許税法施行規則12条4項の証明書

2．総株主の同意があったことを証する書面

この組織変更には、議決権の有無を問わず、総株主の同意が必要である（会776条1項）。総株主の同意については、本書136頁(1)部分を参照されたい。また、株主全員リストも必要である（規61条2項）。

3．組織変更計画書と定款（1号・2号）

(1) 組織変更計画

組織変更計画においては、組織変更後の組織を合名会社、合資会社又

は合同会社のいずれかに決定し、その定款（公証人の認証は不要）の内容のほか、効力発生日等の会社法744条1項に定める事項を定めなければならない。

なお、会社法744条1項には、株主に対して持分会社の持分以外の社債や金銭を交付する場合や、新株予約権者に対して金銭を交付する場合についても規定が整備されているが（会744条1項5号から8号まで）、そのような事例はまれであろう（実行すると組織変更後持分会社の剰余金の減少になる。計33条）。

効力発生日の変更があった場合には、取締役の過半数の一致があったことを証する書面又は取締役会の議事録も添付しなければならない（法46条）。効力発生日を変更した場合は定款に定める公告方法で公告しなければならないが（会780条2項）、この公告は添付書面とはされていない。

(2) 出資の価額の決定

組織変更計画及び定款には、持分会社の社員個々の出資の価額を記載する。通常は当初から株主が数名以内の株式会社しか持分会社に組織変更しないであろうから問題視する必要もないが、過去に募集株式の発行を繰り返し、株主の異動も頻繁に行われ、かつ株主名簿も整備されておらず、株式の移転過程も不明だという場合には、社員となる株主個々の出資の価額をどう決定すべきかという問題が生じる。

しかし、組織変更は総株主の同意を要するため、必ずしも株主平等原則に従う必要はないため（持分会社が吸収合併存続会社となり、株式会社が吸収合併消滅会社になる際も、会751条3項には、株式の数である持分比率に応じて出資の価額を決定せよとは規定していない。合同会社が株式交換完全親会社になる会770条3項も同様である。）、組織変更後の持分会社の資本金及び資本剰余金の合計額との見合いで適宜定めるしかないであろう。

(3) 合同会社の資本金

持分会社の中で、唯一、合同会社は資本金の額が登記事項とされている（会914条5号）。そこで、組織変更後の合同会社の資本金計上証明書（規92条、61条9項）の要否が問題になるが、組織変更によって資本金の

第77条

額は変わるものではなく（計33条1号）、登記記録から組織変更の直前の株式会社の資本金の額を確認することができるため、添付を要しないものとされている（平18・3・31民商782号通達第5部第1、2(3)96頁）。

(4) 登録免許税法施行規則12条4項の証明書

　組織変更によって合同会社を設立する場合には、登録免許税法施行規則12条4項の証明書の添付が必要である。組織変更の場合は、解散会社の資本金を受け継いだと見られるため、税率が原則として1000分の1.5だとされているところ（最低額は3万円。登免別表1、24(1)ホ）、持分以外の対価も可能なため、その税率の範囲を持分対価の割合に限定しようというものである。対価が全て合同会社の持分である場合も、証明書の添付が必要である（平19・4・25民商971号通達）。相手会社が解散消滅する新設合併（登免規12条3項）や吸収合併（登免規12条5項）の場合も同様である。

　なお、組織変更によって合名・合資会社を設立する際の登録免許税は、通常の設立と同じく6万円である（登免別表1、24(1)ロ）。組織変更に基づく株式会社の解散は、通常の解散と同じく3万円である（登免別表1、24(1)レ）。

4．債権者保護手続書面（3号）

　組織変更には債権者保護手続が常に必要である。会社法779条2項によると、公告及び催告内容は、
　　イ．組織変更をする旨
　　ロ．組織変更をする株式会社の計算書類（会435条2項に規定する計算書類）に関する事項として法務省令（会施181条）で定めるもの
　　ハ．債権者が一定の期間内に異議を述べることができる旨。この期間は、1か月を下ることができない。
の3点である。

　新設型再編（新設合併・新設分割・株式移転）の債権者異議申述手続では設立会社の商号及び住所も公告等の記載事項であるのに対し（会810

条2項2号)、組織変更の場合は、「合名会社（又は合資会社、合同会社）になる旨」のみで足りる点が特徴である。

その他については、資本金の額の減少の場合と同様であるため、本法70条の該当箇所を参照されたい（本書281頁2部分以下）。

5．株券等提出手続書面（4号・5号）

組織変更によって株式会社が解散するため、株券や新株予約権証券（新株予約権付社債券を含む。）を回収する必要がある（会219条・293条）。これについては、法59条の該当部分を参照されたい（本書234頁(3)部分及び237頁(2)部分）。

6．法人社員加入手続書面（6号・7号）

会社法では、会社を含む法人が無限責任社員・業務執行社員・代表社員を含む持分会社の社員となることを認めているが（会576条1項4号、598条）、合名・合資会社にあっては、「社員」が登記事項であり、合同会社にあっては「業務執行社員」が登記事項である（会912条5号、913条5号、914条6号）。この法人が代表社員となった場合には、持分会社の運営に従事する担当者（職務執行者）の氏名及び住所についても登記しなければならない（会912条7号、913条9号、914条8号）。

これらの関係で当該法人の登記事項証明書の添付が必要になるが、この添付方法については本書195頁(2)部分を参照されたい。

法人が代表社員となった場合には、職務執行者に関する「当該社員の職務を行うべき者の選任に関する書面」が必要だが、それは当該法人の業務執行機関の選任書面（株式会社であれば、取締役会議事録又は取締役の過半数の一致を証する書面）だとされている（平18・3・31民商782号通達第4部第2、2(3)81頁参照。この問題点は本書388頁②部分参照）。

7．合資会社となるときは、有限責任社員の出資履行価額証明書（8号）

合資会社の場合は、有限責任社員の出資の履行価額が登記事項だから

第78条

である。株式会社は間接有限責任社員で構成されていたため、出資されていたことは明らかだが、出資者ごとの出資の価額までは登記所にも判明しないため、代表社員作成の出資金受領証明書に当該代表者が登記所に提出している印鑑で証明したものでよいとされている（書式精義全訂5版1199頁）。

> 第78条　株式会社が組織変更をした場合の株式会社についての登記の申請と組織変更後の持分会社についての登記の申請とは、同時にしなければならない。
> 2　申請書の添付書面に関する規定は、株式会社についての前項の登記の申請については、適用しない。
> 3　登記官は、第１項の登記の申請のいずれかにつき第24条各号のいずれかに掲げる事由があるときは、これらの申請を共に却下しなければならない。

本条の概要

　本条は、株式会社が組織変更する際の登記申請の方法を定めるものである。

解　説

1．同時申請（１項）

　株式会社を組織変更して合同会社を設立した場合を例にすると、実務上は、法人としては同一だが組織再編の同時申請の方法と同様に、
　「同時申請１／２：組織変更による合同会社の設立登記申請」
　「同時申請２／２：組織変更による株式会社の解散登記申請」
とし、２つの申請書を同時に提出する。申請書の余白に「同時申請１／２」あるいは単に「１／２」などと記載して申請するが、「１／２」と

は2申請中の1番目という意味である。

2．同時申請の添付書面（2項）

添付書面は全て「同時申請1／2」に添付するため、「2／2」には何らの添付書面も要しない。株式会社は組織変更で解散済みのため、「2／2」の申請人も、「1／2」の申請人である合同会社の代表社員が務める。

3．同時却下（3項）

「同時申請1／2」と「2／2」は、1セットであり、いずれかに却下事由があれば、両方とも却下される。

> （合併の登記）
> **第79条** 吸収合併による変更の登記又は新設合併による設立の登記においては、合併をした旨並びに吸収合併により消滅する会社（以下「吸収合併消滅会社」という。）又は新設合併により消滅する会社（以下「新設合併消滅会社」という。）の商号及び本店をも登記しなければならない。

本条の概要

本条は、吸収合併による「株式会社」の変更の登記又は新設合併による「株式会社」の設立の登記における登記記録に記録すべき事項を定めるものである。

第79条

解 説

1．合併とは何か
(1) 吸収合併
① 吸収合併の定義

　吸収合併とは「会社が他の会社とする合併であって、合併により消滅する会社の権利義務の全部を合併後存続する会社に承継させるもの」をいう（会2条27号）。この場合の「他の会社」とは、同一企業グループ内の他の会社を含む。現実の合併の多くが、親子会社間や兄弟会社間の合併である。いきなり第三者と合併すると、人事制度、コンピュータシステムなどの統合に苦労するだけでなく、企業文化の差から、様々な軋轢が生じやすいためである。

　吸収合併で存続する会社を「甲」、消滅する会社を「乙」とすると、この吸収合併の定義は、「乙が甲とする合併であって、合併により消滅する乙の権利義務の全部を合併後存続する甲に承継させるもの」ということになる。

　「承継させる」という表現から、「乙が甲とする合併」であり、権利義務の全部を承継させる側が主語になることにご注意いただきたい。すなわち、吸収合併するのは乙であって甲ではなく、甲は吸収合併を受ける相手方である。

　「乙の権利義務の全部」とは、乙の積極・消極財産をも含む権利義務の全部という意味であって、乙の貸借対照表上の「資産」と「負債」が主だったところだが、乙の会計帳簿に計上されていない簿外資産も簿外負債も含まれる。

　「承継させる」とは、個人の相続と同様に、包括的に移転させる（包括承継）という意味であって、単なる事業財産の譲渡（特定承継）とは区別される。事業の譲渡は個別の財産の移転が集合しただけであるのに対し、吸収合併は組織法上の行為であり、債務が移転する場合も個別の債権者の承諾を得る必要はなく、「異議があれば述べよ」という公告と

催告による債権者保護手続という集団的処理がなされる包括承継である。

「合併により消滅」とは、権利義務全部を承継させて乙は解散して消滅するという意味だが、相続の場合に、人の死が原因で財産の包括承継が生じるように、合併でも会社の解散消滅が先にあって、残された現実の財産を承継させるととらえると分かりやすい。こう考えれば、乙の役員や法人に属する許認可も引き継がれないこと、貸借対照表も消えて資本金の額も引き継がれないことを容易に理解することができるからである。

② **合併対価の柔軟化と無対価**

吸収合併の定義では、権利義務の全部を承継させた見返りの対価のことが含まれていない。対価が交付されない場合（無対価）もあり、対価の存在は合併の必須の要素とはされていない。

会社法749条1項2号に、要旨で「合併消滅会社の株主又は社員に対してその株式又は持分に代わる金銭等を交付するときは」とあるが、この「**金銭等**（金銭その他の財産のこと。会151条）」のことを一般に**合併対価**（会施182条2項）という。「交付するときは」とあるため、交付しないこと、すなわち無対価であることも会社法自体が肯定している。

会社法749条1項2号には、合併対価の例として、**株式等**（株式、社債及び新株予約権をいう。会107条2項2号ホ。新株予約権付社債も含むと解する。）だけでなく株式等以外の財産（現金など）が挙げられている。これを「（合併）**対価の柔軟化**」という。合併対価が株式に限定されず、多様化したという意味である。社債や新株予約権が交付されたときは、合併消滅会社の株主は合併存続会社の社債権者や新株予約権者になり、現金など株式等以外の財産のみが交付されたときは、合併存続会社とは無関係になることはいうまでもない。現金の場合は、キャッシュアウト・マージャー（合併）ということがある。

なお、この対価の柔軟化は、吸収型再編（吸収合併、吸収分割、株式交換）に限られ、新設型再編（新設合併、新設分割、株式移転）や組織変更による株式会社の設立ではあり得ない。会社設立行為だから、新会社には既存財産がないという前提である。新会社でも、社債や新株予約権、

第79条

新株予約権付社債の発行は可能だが、既存財産が対価にならないため、対価の柔軟化とはいわない。

　もっとも、吸収型再編でも、実際に対価とされるのは、株式又は現金であり、あとは無対価の3つのケースがほとんどである。

③　時価合併と簿価合併

　旧商法時代は、合併対価は株式に限られていたため、乙が甲に権利義務の全部を承継させ、合併対価として甲の株式が発行されることをもって、あたかも現物出資類似行為とみる見解と、合併は複数の会社が1つに統合することだと説く人格合一説とがあった。契約取引とみるか合同行為とみるかの差だといってもよいが、会社法の定義は現物出資説に近いといえる。

　現物出資説を合併存続会社（甲）からみると株式発行行為（合併対価割当行為）だから、この視点から、また、会計処理の面（財産の受入れの方法）から、吸収合併をとらえると次のようになる。

a）甲と乙の主要株主が第三者関係にある場合（第三者間合併型）

　甲が合併消滅会社乙の株主に合併株式を割り当てることは、第三者割当増資に類似した関係となる。その際に甲に出資される乙の財産の引継ぎの方法（会計処理）については、乙における帳簿価額（簿価）ではなく、時価でなされるのが原則である。

　純粋の第三者との合併取引は、一種の企業買収（経営支配権の取得）であり、財産に関しても、第三者から購入する場合と同じく、時価での受入れとなる（計2条3項31号の「**支配取得**」）。合併消滅会社の経営支配権の移転（取得）があったからである。

　例外その1は、支配取得する側（甲）があえて合併消滅会社になる「**逆取得**」である。この場合は、合併消滅会社（甲）の経営支配権が継続したままだから、合併消滅会社がそのまま継続したのと同じく、財産は簿価での移転となる。

　例外その2は、「**共同支配企業の形成**」といわれるものである。合弁事業を目的とした合併などは、一方の経営支配が消滅せず、共同での支

配が継続するため、やはり簿価での移転となる。

　このように、純粋の第三者企業との吸収合併での財産の受入れ方法につき、時価受入れか合併消滅会社の簿価での受入れかは一方の支配が完成するかどうか（経営支配権の消滅があるかどうか）によって決まる。

　時価での受入れの場合は、合併存続会社が交付する対価の時価（企業価値）と消滅会社から受け入れる財産の時価との間に評価差額が生じることが多く、その差額については「（差額）のれん」というもので調整する。単なる差額調整勘定であり、それ以上でもそれ以下でもない。

b）甲と乙が同一企業グループ内にある場合（共通支配下の取引）

　同一企業グループ内の他社との合併取引は、経営支配の移転もなく、同一支配下の内部での取引であり、簿価での受入れとなる。これを「共通支配下（関係）」の取引という（計2条3項32号参照）。共通の支配者（企業集団の頂点）の下の企業集団内の企業同士の合併という意味である。

　ⅰ）甲と乙の株主が完全に一致する場合（完全兄弟会社間合併型）

　共通支配下関係にある兄弟会社同士の合併が典型例だが、甲が乙の株主（甲の株主と同じ。）に合併対価を割り当てることは結果的に株主割当ても同様である。したがって、合併比率を問う必要がないから、合併比率1：0の無対価合併も許容される。合併比率1：1で株式を割り当てると同時に株式の併合により合併前の株式数に戻したのと同じであり、合併対価の交付を省略しただけである（任意無対価）。

　ⅱ）乙の株主が甲のみの場合（完全親子会社間合併型）

　共通支配下関係にある甲が100％子会社である乙を合併により吸収する場合だが、対価を割り当てると自己が自己に割り当てることになり、これは禁じられている（会749条1項3号かっこ書）。乙は甲の社外事業部門も同様であり、企業結合とも言い難いからである。結果的に、強制的無対価合併となる。

④　債務超過と合併

　旧商法時代は合併消滅会社が時価基準でも債務超過の場合は合併が認められないとされていた。資本充実原則違反だという根拠である。会社

第79条

法の下では、いかなる意味での債務超過でも合併は肯定されている（相澤ほか・論点解説672頁）。債務超過でも株式価値がマイナスになることはなく、企業価値があるわけだから、会社法下の解釈が正当である。ただし、合併することができるかという問題（合併比率算定の問題）と財産の受入れを簿価でするか時価でするか（会計処理の問題）は別次元の問題であるから、時価ではプラスでも簿価で受け入れる合併の結果として、合併会社の純資産額が形式上減少することもある。

(2) 新設合併

新設合併とは「2以上の会社がする合併であって、合併により消滅する会社の権利義務の全部を合併により設立する会社に承継させるもの」をいう（会2条28号）。吸収合併との差は、合併当事者全てが解散して消滅し、新会社の設立行為になることだが、これでは、会社の歴史も消え、課税上も不利益が多いことなどから、新設合併は実例が極めて少ない。

(3) 合併手続の流れ

① 一般的な流れ

合併契約を締結した後（会748条、749条、751条、753条、755条）、株式会社では関係書類の事前備置・閲覧（会782条、794条、803条）、効力発生日の前日又は設立登記申請日までに株主総会等の機関決定（会783条1項、784条、793条1項、795条1項、796条、802条1項、804条、813条）や債権者保護手続（会789条、793条2項、799条、802条2項、810条、813条2項）等の必要な手続を済ませ、効力発生日又は新会社設立予定日の到来（会750条、752条、754条、756条）を待って、吸収合併による変更又は新設合併による設立登記と合併消滅会社の解散登記（会921条、922条、930条）をすることになる。債権者保護手続で1か月以上の期間が必要であるため、早くても2か月程度の期間が必要である。

② 合併手続の特徴

合併に限らないが、会社法の手続の特徴は、効力発生日あるいは設立登記までに全手続が済んでいればよく、その順序を問わないというものである。債権者保護手続も所定の期間を行えばよく、開始時期を問うも

のではない。

新設型再編に関する会社法806条3項には「株主総会の決議の日から2週間以内に、その株主に対し、新設合併等をする旨並びに他の新設合併消滅会社、………及び設立会社の商号及び住所を通知しなければならない。」とあるが、これも、株主総会後に通知せよという規定ではなく、手続の遅延を防止するために通知の期限を設けただけで、株主総会前に通知することに問題はない（相澤哲＝細川充「新会社法の解説(15)組織再編行為（下）」商事1753号39頁（2005年））。

③　新設型再編の株主総会開催時期

新設型再編の株主総会の承認決議の日は反対株主の株式買取請求期間の満了前に限るとの見解があるが（前掲相澤＝細川39頁）、設立登記時期を規定する会社法922条1項1号、924条1項1号、925条によれば、「株主総会の決議の日」や「反対株主の株式買取請求期間満了日」などの日の「いずれか遅い日」から2週間以内に「設立の登記をしなければならない。」とあるため、会社法自体が株主総会等の開催日は買取請求期間後でも可能であると規定している（金子登志雄「新設型再編における株主総会の決議の日と反対株主の株式買取請求期間との前後関係」登情587号14頁以下（2010年））。

2．吸収合併・新設合併における「合併の個数」

例えば、甲を合併存続会社として、甲・乙・丙の3社合併は、「乙が甲に対してする合併」と「丙が甲に対してする合併」の2個の合併となり、乙と丙の間には合併当事者関係が存在しない。

したがって、旧商法時代のような「平成〇年〇月〇日大阪市………乙及び福岡市………丙を合併」などと、省エネでまとめて登記することは許されないとされた（平20・6・25民商1774号通知）。現在では会社履歴区の「吸収合併」という項目のところに、「平成〇年〇月〇日大阪市………乙を合併」と「平成〇年〇月〇日福岡市………丙を合併」の2枠で別々に登記される。乙と甲の合併で株式数が増加し、丙と甲との合併

で株式数が増加した場合も、同様に2つに分けて登記しなければならない。ただし、登記の申請自体は、甲の変更登記の添付書面に乙と丙の2社分を添付して、従来どおり、まとめて申請することができる（2セット4連件にする必要はなく、3連件で申請することができる。）。合併公告も同様にまとめた内容で差し支えない。

合併消滅会社である乙及び丙では「平成○年○月○日東京都………甲に合併し解散」と記録され、乙においては丙、丙においては乙の記載は一切生じない。

以上に対して、新設合併の場合は、設立会社甲の登記記録区に「大阪市………乙及び福岡市………丙の合併により設立」と合併当事者が明記され合併したことが記録される（規77条1項）。設立行為だから、原因年月日は登記されない。新設合併の消滅会社の登記記録でも、「平成○年○月○日福岡市………丙と合併して東京都………甲を設立し解散」の振合いで、合併契約の相手方を明記して合併事項が記録される（法71条1項）。

3．合併登記の諸問題

(1) 合併と同一商号

合併存続会社甲と合併消滅会社乙が同一住所で同一登記所管轄内に存在するとき、甲が合併と同時に乙に商号変更するケースがあるが、合併による解散と同時に商号を変更するので、同一住所・商号の登記を禁じる本法27条に反しない。

(2) 合併新株の枠外発行の可否

公開会社の発行可能株式総数は発行済株式の総数の4倍以内でなければならないが（会113条3項）、吸収合併の場合には、発行可能株式総数の枠内だけでなく枠外での合併新株の発行が行われると同時に、その増加した発行済株式の総数を基準に4倍の上限まで発行可能株式総数を拡大することも差し支えない（平20・9・30民商2664号回答）。そうでないと、小規模公開会社が合併存続会社として大規模の会社を吸収合併する際

に、支障が生じるからである。株式交換の場合も同様である。

(3) 吸収合併の効力発生

　全手続が完了し、効力発生日が到来すると、登記とは無関係に、合併消滅会社は解散し、その権利義務の全部を合併存続会社が承継する（会750条1項）。合併消滅会社の株式や新株予約権も消滅し、合併契約に従い、権利者は存続会社の株主や新株予約権者あるいは社債権者等となる（同3〜5項）。合併対価として現金などの資産のみを交付された者は、合併存続会社とは無関係となる。

　しかし、合併及び解散の登記前には合併消滅会社が存在する外観が残っており、それを奇貨として不動産等の資産を第三者に売却してしまうというおそれもある。この場合は、第三者が保護され、合併存続会社は合併消滅会社が解散したことを第三者に対抗できない（会750条2項）。第三者の善意・悪意を問わないため、早期に登記申請する必要がある。なお、合併による包括承継であるため、二重譲渡による対抗関係とは相違する（民177条参照）。

(4) 吸収合併と増減資、異種同時再編

　吸収合併の効力発生と同時に増資する、減資する、会社分割や株式交換・株式移転を行うなどということも可能であり、実際によく行われている。これら全てそれぞれの手続が同時に生じたと考えれば済む。利害関係者の保護は、専ら事前開示事項の問題であり、十分に情報を開示している限り、各利害関係者に想定外の結果が生じることにはならない。

(5) 吸収合併と登録免許税

　資本金の額を増加しない吸収合併の登録免許税は、登免別表1、24(1)ツであるため（資本金を「増加」していないので、「ヘ」ではない。）、3万円である。商号・目的変更等が同時に生じた場合にも、併せて3万円にすぎないため、要注意である（昭58・11・29民四6780号回答）。

4．組織再編一般に関する各種届出・許認可事項

　私的独占の禁止及び公正取引の確保に関する法律、金融商品取引法、

第80条

各種の行政法規、様々に存在するため、会社に確認して対応することになる。

> **第80条** 吸収合併による変更の登記の申請書には、次の書面を添付しなければならない。
> 一 吸収合併契約書
> 二 会社法第796条第1項本文又は第2項本文に規定する場合には、当該場合に該当することを証する書面（同条第3項の規定により吸収合併に反対する旨を通知した株主がある場合にあつては、同項の規定により株主総会の決議による承認を受けなければならない場合に該当しないことを証する書面を含む。）
> 三 会社法第799条第2項の規定による公告及び催告（同条第3項の規定により公告を官報のほか時事に関する事項を掲載する日刊新聞紙又は電子公告によつてした場合にあつては、これらの方法による公告）をしたこと並びに異議を述べた債権者があるときは、当該債権者に対し弁済し若しくは相当の担保を提供し若しくは当該債権者に弁済を受けさせることを目的として相当の財産を信託したこと又は当該吸収合併をしても当該債権者を害するおそれがないことを証する書面
> 四 資本金の額が会社法第445条第5項の規定に従つて計上されたことを証する書面
> 五 吸収合併消滅会社の登記事項証明書。ただし、当該登記所の管轄区域内に吸収合併消滅会社の本店がある場合を除く。
> 六 吸収合併消滅会社が株式会社であるときは、会社法第783条第1項から第4項までの規定による吸収合併契約の承認その他の手続があつたことを証する書面（同法第784条第1項本文に規定する場合にあつては、当該場合に該当することを証する書面及び取締役の過半数の一致があつたことを証する書面又は取締役会の議

事録）
七　吸収合併消滅会社が持分会社であるときは、総社員の同意（定款に別段の定めがある場合にあつては、その定めによる手続）があつたことを証する書面
八　吸収合併消滅会社において会社法第789条第2項（第3号を除き、同法第793条第2項において準用する場合を含む。）の規定による公告及び催告（同法第789条第3項（同法第793条第2項において準用する場合を含む。）の規定により公告を官報のほか時事に関する事項を掲載する日刊新聞紙又は電子公告によつてした株式会社又は合同会社にあつては、これらの方法による公告）をしたこと並びに異議を述べた債権者があるときは、当該債権者に対し弁済し若しくは相当の担保を提供し若しくは当該債権者に弁済を受けさせることを目的として相当の財産を信託したこと又は当該吸収合併をしても当該債権者を害するおそれがないことを証する書面
九　吸収合併消滅会社が株券発行会社であるときは、第59条第1項第2号に掲げる書面
十　吸収合併消滅会社が新株予約権を発行しているときは、第59条第2項第2号に掲げる書面

本条の概要

　本条は、株式会社が吸収合併存続会社になつた場合の合併による変更の登記の申請に関する通則的な添付書面（法46条）以外の添付書面について定めるものである。

解　説

1．吸収合併の添付書面概観

　株式会社が存続する場合の添付書面としては、

第80条

　　イ．存続会社側が準備する書面として、合併契約の承認に関する書面、債権者保護手続書面、資本金計上証明書
　　ロ．消滅会社側で準備する書面として、合併契約の承認に関する書面、債権者保護手続書面、株券等提出手続書面、登記事項証明書
　　ハ．存続会社と消滅会社で共通のものとして吸収合併契約書
　以上が主だったものである。申請代理人への委任状も当然に必要である。株主リストの要否にも要注意である。

2．吸収合併契約書（1号）
(1)　吸収合併契約の記載事項一般
　会社法では、組織再編を純粋に事業財産等の直接の取込み・間接的取込み（株式交換・株式移転）及びそれに対する対価の支払の問題に純化させたため、吸収合併においては、会社法749条により、合併当事者に関する事項のほかは、交付する合併対価（条文上は「金銭等」）及びその割当てに関する事項（新株予約権に対するものを含む。）と効力発生日だけが必要的記載事項になった。
(2)　効力発生日の変更
　効力発生日は、合併当事者の合意により、変更することができる（会790条1項、793条2項）。吸収合併契約の内容の一部変更となるが、業務執行機関の決定と代表者間の合意でよい。
　効力発生日の変更は、所定の時期までに、合併消滅会社において定款所定の公告方法で公告しなければならない（会790条2項、793条2項）。変更があった場合には、合併存続会社において取締役の過半数の一致があったことを証する書面又は取締役会の議事録（法46条）及び効力発生日の変更に係る当事会社の変更契約書も添付しなければならないが（平成18・3・31民商782号通達第5部第2、2(1)5頁）、変更の公告だけでなく合併消滅会社が機関決定した旨の証明書は不要である。添付を要求する規定がないためである。

(3) 吸収合併と定款・役員変更

　吸収合併契約書に任意に合併に伴う定款変更事項や役員変更事項を記載することは差し支えない。ただし、株主総会に付議する場合には、合併の承認議案とは別議案とするのが本来の方法である（相澤ほか・論点解説680頁）。

(4) 株式対価と資本金及び準備金

　合併対価が株式の場合には、合併存続会社の資本金及び準備金の額に関する事項が合併契約の必要的記載事項である（会749条1項2号）。自己株式のみが対価とされた場合を含む。合併では、募集株式の場合と相違し、自己株式の交付の場合でも資本金や準備金の額を増加することができるからである。なお、法文上「準備金」としか記載されていないため、増加する資本準備金の額にとどまらず、増加する利益準備金0円などと利益準備金についても記載する例も多い。

(5) 合併対価の割当事項

① 算定方式の記載が無難

　会社法749条1項3号の割当事項としては、「甲は合併新株○○○株を発行し、効力発生時点の乙の株主に対して、乙の株式1株に対して甲株式○○株を割り当てる。」という例が多いが、合併消滅会社の自己株式や合併存続会社自身には割り当てられないため（会749条1項3号かっこ書）、効力発生日までに、この自己株式等が増減する可能性がある場合は、「甲は合併新株○○○株を発行し」という記載は省略し算定方式の記載にとどめるのが通例である。また、「合併新株○○○株を発行し」とした場合は、自己株式を対価とすることができないという不都合がある。発行とは新株のことだからである。対価を新株式何株と自己株式何株にするかは、割当ての時までに決定し、登記の委任状等に、その内訳を記載すれば足りる。

② 端数処理問題

　合併株式の割当比率次第で、合併消滅会社の株主の個々に1株未満の端数が生じることもあるが、中小企業の合併実務では、会社法234条の

第80条

端数処理手続を避けるため、事前に、株式分割・併合、株式の移動等を行うことも少なくない。合併比率1：0.3で端数が生じるときは、合併存続会社で1株を10株に分割すれば、合併比率は1：3に変わり端数が生じなくなる（金子登志雄『親子兄弟会社の組織再編の実務〔第2版〕』175頁（中央経済社、2014年））。

個々の株主の端数に対してのみ金銭処理し、端数問題を回避することは、株主平等原則に反する（株主全員が同意すれば肯定される余地はある。）。

(6) 割当日（効力発生日前日最終時）問題

「効力発生日前日最終の乙の株主」に合併対価を割り当てると合併契約に記載する例が多く、通常の場合はこれで支障がないが、厳密にいうと、これでは前日を割当日にしたのだから基準日の設定公告が必要ではないかという点と、合併に反対した株主の買取請求は効力発生日に生じるため（会786条6項）、前日最終の株主に、この反対株主が含まれることになるとの指摘がある（後者につき、森・濱田松本法律事務所編『組織再編〔第2版〕』151頁（中央経済社、2010年））。前者については、真意は「前日最終＝効力発生日午前0時」という趣旨だと説明することもできるが、後者は鋭い指摘である。そこで、最近は、反対株主の買取請求が予測される株主数の多い会社にあっては、「効力発生時の株主（甲及び乙並びに買取請求を行使した株主を除く。）」などと記載することもある。

(7) 合併消滅会社が種類株式発行会社又は持分会社のとき

合併対価は、吸収合併消滅株式会社の株主の有する株式の数に応じて平等に割り当てなければならないが、吸収合併消滅株式会社が種類株式発行会社であるときは、株式の種類ごとに異なる取扱いを行うことも可能である（会749条2項・3項）。吸収合併消滅「持分会社」の社員に対しては、定款に別段の定めがある場合を除き総社員の同意をもって合併契約を承認しているため（会793条1項1号）、平等原則の対象外となる。

3．合併存続会社での合併契約の承認に関する書面

合併存続会社では、効力発生日の前日までに、株主総会の特別決議に

よって、吸収合併契約の承認を受けなければならないが（会795条１項、783条１項、309条２項12号）、簡易合併又は略式合併に該当する場合は、株主総会の決議を省略することができる。これについては、項を改めて説明する。

　合併存続会社が種類株式発行会社で、合併対価として譲渡制限株式が選択された際は、会社法795条４項に基づく種類株主総会の要否に要注意である。

４．簡易又は略式合併に該当することを証する書面（２号）
⑴　簡易・略式合併とは

　合併存続会社の純資産額の２割以下の影響しかない小規模の合併や、子会社が合併存続会社で親会社（特別支配会社）が合併消滅会社となる場合には、一定の条件で合併存続会社での株主総会の決議を省略して業務執行機関（取締役の過半数の一致又は取締役会。本条６号参照）の決定にすることができる。

　前者の小規模な合併を簡易合併といい（会796条２項本文に規定する場合）、後者を略式合併（会796条１項本文に規定する場合）という（合併消滅会社側の株主総会決議の省略は本条６号である）。

　略式合併でいう合併相手の**特別支配会社**とは、総株主の議決権の10分の９以上を有する親会社（その完全子会社が有する場合を含む。）のことである（会468条１項）。これでは、株主総会を開催しても可決することは明らかだから、株主総会を開催するまでもないとして、会社法によって初めて認められた制度である。本来であれば、株主総会の特別決議（会309条２項）の要件を満たすだけの比率で十分であるはずだが、確実を期して、この比率にしたものである。

　簡易合併は、株主総会の開催が容易ではない上場会社が100％子会社を吸収合併する場合など、実例は非常に多い。この場合、合併消滅会社となる子会社では略式合併が可能だが、それは本条６号であり、本号でいう略式合併は、子会社が合併存続会社になるケースである。

第80条

　簡易合併も略式合併も自社の株主総会の決議を省略することができるだけで、合併相手の株主総会の決議を省略する効果はない。簡易合併や略式合併の要件を満たした場合でも、株主総会で決議することは差し支えない。

(2) 簡易・略式合併の障害
① 簡易・略式合併ができない場合
　合併存続会社が非公開会社であり合併対価として譲渡制限株式を交付することになる場合は、簡易・略式合併は認められない（会796条1項ただし書、同2項本文ただし書）。非公開会社では、募集株式の発行等の際に必ず株主総会が開催されること（会199条2項）との平仄をはかったものである。

　また、この合併により合併差損が発生し合併存続会社の純資産額が減少する場合は、合併存続会社の株主の意思を問うべきだから、簡易合併は認められない（会796条2項本文ただし書）。会社法施行規則195条3項により合併存続会社が連結配当規制適用会社（計2条3項51号）で一定の条件を満たした場合は例外だが、そのような会社はまれである。

　この合併差損には、会社法施行規則195条に、合併直後と直前に「貸借対照表の作成があったものとする場合」とあるため、吸収合併に伴い合併存続会社が有する合併消滅会社の株式の消滅損（いわゆる抱き合わせ株式消滅損）も含まれる。親会社が合併存続会社となり子会社を吸収合併する際の特別の要注意事項だが、計算の知識も必要のため、説明は省略する（東京司法書士協同組合編、金子登志雄『事例で学ぶ会社法実務【会社の計算編】』164頁以下（中央経済社、2014年）参照）。

　吸収合併の際は、株主に①吸収合併をする旨、②消滅会社の商号及び住所、③消滅会社の資産に存続会社の株式が含まれている場合にあっては、その株式に関する事項を通知又は公告しなければならないが（会797条3項・4項）、その通知又は公告の日から2週間以内に一定数の株主から合併に反対である旨の通知があったときは、簡易合併はできず株主総会の承認決議を経なければならない（会796条3項）。

この一定数の株主とは、合併につき株主総会が開催されたとしたら、合併承認決議を否決するに必要な議決権数を保有する株主数が原則である（会施197条）。少しでも反対があった場合には、合併登記申請の添付書面として、簡易合併の支障にならない旨の証明が必要である。その証明は、本条2号により簡易合併に該当することを証する書面に含まれている。

略式合併には、このような制度はない。その代わり、簡易合併では認められない反対株主の買取請求権が認められている（会797条1項）。吸収合併への差止請求権もある（会796条の2）。

② 簡易・略式合併と特別利害関係

簡易・略式合併は同一企業グループ内で行われることが多いため、合併存続会社の代表取締役も合併消滅会社の代表取締役も同一人物だということが多い。合併当事者が取締役会設置会社であるとき、この代表取締役は、会社法369条2項の「特別の利害関係を有する取締役」に該当しないかという小論点がある。該当するという前提で対応することが無難だが、私見は、株主への通知、反対株主の株式買取請求権、事前開示手続などで株主の意向を確認する手続が保証されている組織再編では該当しないというものである。いずれにしろ、登記審査上は、これを理由に受理されないということはない。

(3) 簡易・略式合併に該当することを証する書面

① 簡易合併に該当することを証する書面

会社法796条2項に従って、交付する合併対価の総額が合併存続会社の純資産額の5分の1（20％）以下であることを証明することになる。受け入れた純資産額ではなく、合併存続会社が交付した合併対価が合併存続会社の純資産額の2割以下であるかどうかが基準である。

合併対価が株式のときは、株式数に1株当たりの簿価純資産額を乗じて得た額でよく、その他の対価も合併存続会社における帳簿価額でよい。

分母となる純資産額は会社法施行規則196条により原則として合併契約時点の純資産額であり、分子の合併対価の価額は合併効力発生時だとされているが、この正確な数字が分からないことが多い。しかし、簡易

第80条

合併に該当するかどうか（純資産額の5分の1以下かどうか）を示すことが目的であるから、旧商法時代には、分子には「多くとも金〇〇〇万円」、分母には「少なくとも金〇〇〇万円」などと、「多くとも・少なくとも」と挿入し概算額を記載することが多かった。現時点でも、この方式は有効だが、抵抗があるなら、単位を百万円や億の単位に上げればよいであろう。

簡易合併に該当することを証する書面については、法務省ＨＰに詳細な書式例があるので、参考にしていただきたいが、登記実務では、そこまで詳細に記載せずとも（分母につき「会社法施行規則第196条に定める合併契約時点の当社純資産額／金〇〇〇万円」とするだけでも）、登記の受理に影響はない。

簡易合併に該当する旨の証明内容には、会社法796条3項の規定により吸収合併に反対する旨を通知した株主がある場合にあっては、同項の規定により株主総会の決議による承認を受けなければならない場合に該当しないことも記載する必要がある。また、そのような株主がいなかった場合にも、その旨を記載しないと登記所には、反対株主があったのか、なかったのか判明しないため、反対がなかった旨を記載するか、申請書の添付書面の部分にその旨を記載すべきである（債権者保護手続で債権者から異議がなかった場合と同様の方法）。

② 略式合併に該当することを証する書面

合併相手が自社の総株主の議決権の10分の9以上を有する親会社（その完全子会社と有する場合を含む。）であることを証明すればよいから、専ら株主名簿又はそれに準じた書面が利用されている。後者については、本法63条の「株式の全部について株券を発行していないことを証する書面」と同様の内容だから、本書254頁を参照していただきたい。

5．債権者保護手続書面（3号・8号）

(1) 公告と催告手続が必要

いわゆる合併公告や催告のことだが、吸収合併には債権者保護手続が

常に必要である。会社法789条2項（合併消滅会社）及び799条2項（合併存続会社）によると、公告及び催告内容は、
- イ．吸収合併をする旨
- ロ．合併相手会社の商号及び住所
- ハ．合併当事者である株式会社の計算書類に関する事項として法務省令（会施188条、199条）で定めるもの
- ニ．債権者が一定の期間内に異議を述べることができる旨。この期間は、1か月を下ることができない。

の4点である。

株式会社が単独で合併を公告・催告する場合も、相手会社が株式会社である限り、相手会社の最終貸借対照表に触れなければならない。その他は、債権者保護手続という意味では資本金の額の減少と同様であるため、本法70条に記した部分を参照されたい（本書281頁2部分）。

なお、吸収合併存続会社が株式会社で、合名会社又は合資会社が吸収合併消滅会社になるとき、消滅会社では各別の催告をしたことを証する書面を省略することはできない（会793条2項）。

(2) **特例有限会社が合併存続会社になるとき**

特例有限会社のままでは合併存続会社になれないが（整備法37条）、合併の効力発生までに株式会社に移行すれば、合併も可能である。その際の株主総会の特別決議は特例有限会社としての決議要件である（整備法14条3項）。

注意点1は、合併公告に移行後の株式会社の商号を明記しなければならないことである（会789条2項2号参照）。

注意点2は、株式会社に移行して合併する限り、それが特例有限会社時代のものであっても最終貸借対照表に触れなければならないことである。

注意点3は、特例有限会社時代に任意に決算公告をしておけば、その決算公告の掲載場所を示すだけでよく、同時公告方式を避けられるかということだが、法定の決算公告ではないため、現時点では、これが認め

第80条

られるかは不明である。最終貸借対照表を開示することに変わりはないため、肯定されるべきである。

　なお、移行を条件に合併が可能だとしても、移行の登記申請と同時に合併の効力を発生させることができるか（連件申請が可能か）については、肯定してよいと考えるが、否定する見解もあるため、管轄登記所と相談の上、対処されたい。

6．資本金計上証明書（4号）

　吸収合併で資本金の額を増加させる場合には（資本金が増加しない合併では不要）、会社計算規則35条又は同36条に従って計上させねばならないが、その証明書が、本号でいう「資本金の額が会社法第445条第5項の規定に従って計上されたことを証する書面」である。書式例は法務省のＨＰに掲載されているので、それを参照いただきたい。

　簡単に会社計算規則35条と同36条につき、説明すると、以下のとおりである。

　会社計算規則35条は、現物出資（募集株式の発行）の発想に立ち、出資の結果、合併存続会社の株主資本（資本金等）がどう増減するかという規定である。吸収合併による資本金増加額は、この株主資本等変動額（合併消滅会社からみた出資額と思って差し支えない。）の範囲内であれば、資本金の額への計上額を問うものではない。出資額の2分の1以上を資本金に計上する必要はない（会445条5項）。株式を発行しながら、資本金や資本準備金の増加額を０円にし、全額ともその他資本剰余金に計上することもできる。

　会社計算規則36条は原則である同35条の例外として、人格合一説の発想に立ち、合併対価の全部が合併存続会社の発行株式（持分会社であれば持分）で、受け入れる帳簿価額そのままに合併することが適切なときは、貸借対照表を合算させる会計処理を認めるものである。この場合の資本金計上額は合併消滅会社の資本金額であり固定された額である。

　念のため、会社計算規則36条2項は、100％子会社同士の無対価合併

についての規定である。株式の交付を省略しただけだが、実際に株式を交付していないので、資本金の額に変動は生じない。

なお、吸収合併で資本金の額を増加する場合には、登録免許税法施行規則12条5項の証明書の添付が必要となる（本書310頁(4)部分参照）。

7．吸収合併消滅会社の登記事項証明書（5号）

本書195頁(2)部分を参照されたい。

8．吸収合併消滅会社の合併契約の承認に関する書面（6号・7号）

登記申請会社になれない合併消滅会社の合併契約の承認に関する書面は、ここに規定されている。

合併消滅株式会社でも、株主総会の特別決議によって、吸収合併契約の承認を受けなければならないのが原則だが（会783条1項、309条2項12号）、合併対価が持分等（会施185条参照）や譲渡制限株式等（会施186条参照）のときは、組織変更に準じて総株主の同意や公開会社の非公開化に準じて特殊決議が必要となるので要注意である（会783条2項・3項・4項、309条3項2号、324条3項2号）。

なお、合併対価が持分あるいは譲渡制限株式だからといって合併存続会社が持分会社あるいは非公開会社だとは限らない。財産として（例えば、子会社として）持分会社の持分や非公開会社の株式を保有しており、それを合併対価として交付する場合もあるためである。また、合併消滅会社の略式合併を証する書面については、合併存続会社の部分を参照されたい。

9．株券等提出手続関係書面（9号・10号）

これについては、本法59条の部分を参照されたい（本書234頁(3)部分及び237頁(2)部分）。

第81条　新設合併による設立の登記の申請書には、次の書面を添付しなければならない。
一　新設合併契約書
二　定款
三　第47条第2項第6号から第8号まで及び第10号から第12号までに掲げる書面
四　前条第4号に掲げる書面
五　新設合併消滅会社の登記事項証明書。ただし、当該登記所の管轄区域内に新設合併消滅会社の本店がある場合を除く。
六　新設合併消滅会社が株式会社であるときは、会社法第804条第1項及び第3項の規定による新設合併契約の承認その他の手続があつたことを証する書面
七　新設合併消滅会社が持分会社であるときは、総社員の同意（定款に別段の定めがある場合にあつては、その定めによる手続）があつたことを証する書面
八　新設合併消滅会社において会社法第810条第2項（第3号を除き、同法第813条第2項において準用する場合を含む。）の規定による公告及び催告（同法第810条第3項（同法第813条第2項において準用する場合を含む。）の規定により公告を官報のほか時事に関する事項を掲載する日刊新聞紙又は電子公告によつてした株式会社又は合同会社にあつては、これらの方法による公告）をしたこと並びに異議を述べた債権者があるときは、当該債権者に対し弁済し若しくは相当の担保を提供し若しくは当該債権者に弁済を受けさせることを目的として相当の財産を信託したこと又は当該新設合併をしても当該債権者を害するおそれがないことを証する書面
九　新設合併消滅会社が株券発行会社であるときは、第59条第1項第2号に掲げる書面

十　新設合併消滅会社が新株予約権を発行しているときは、第59条第2項第2号に掲げる書面

本条の概要

本条は、新設合併で株式会社を設立する場合の設立登記申請に関する通則的な添付書面（法47条）以外の添付書面について定めるものである。

解　説

1．新設合併の添付書面概観

株式会社が新設合併設立会社となる場合の添付書面としては、

イ．設立会社側が準備する書面として、通常の設立と同様に、定款、設立時役員等や代表取締役の選任（定）書面、必要により会計監査人の選任書面、各就任の承諾を証する書面、資本金計上証明書、必要により株主名簿管理人との契約を証する書面、会計監査人等の資格者であることの証明書（法人であれば登記事項証明書）

ロ．消滅会社側で準備する書面として、新設合併契約書、新設合併契約の承認に関する書面、債権者保護手続書面、株券等提出手続書面、登記事項証明書

以上が主だったものである。申請代理人への委任状も当然に必要である。株主リストの要否にも要注意である。

2．新設合併契約書（1号）

合併契約書への記載事項は会社法753条に規定されているが、通常の株式会社設立定款と同様の内容と合併消滅会社の株主や社員、新株予約権者（新株予約権付社債権者を含む。）に対する対価の割当てに関する事項が中心である。

新会社設立行為で、設立会社には既存財産は存在しないため、対価の柔軟化はなされていない。新株予約権者に対しては、新設会社の新株予

第81条

約権又は「金銭」を交付することができるが、この金銭も既存財産ではなく、新設会社が金銭支払債務を負う関係だと考えられる。
　一部の合併消滅会社（の株主・社員）に対して無対価にすることは可能である（非対価交付消滅会社という。計2条3項47号、47条2項）。

3．新設合併契約書以外の添付書面
(1)　定款及び本法47条2項の一部に掲げる書面（2号・3号）
　定款（公証人の認証は不要）をはじめとして、決定した会社の機関や役員、株主名簿管理人等に関する必要な書類の提出を求めるものである。本法47条の該当箇所を参照されたい。
(2)　資本金計上証明書（4号）
　会社計算規則45条から48条までのいずれかの規定に従って計上されたことを証するものだが、書式例は法務省のHPを参照されたい。新会社の設立だから、資本金0円でも必要だと解するが、合併契約書の援用が可能であろう。登録免許税法施行規則12条3項に関する証明書も必要である（本書310頁(4)部分参照）。
(3)　合併消滅会社の登記事項証明書（5号）
　添付方法につき、本書195頁(2)部分を参照されたい。
(4)　新設合併消滅会社の合併契約の承認を証する書面（6号・7号）
　吸収合併消滅会社に準じるため本書333頁8部分を参照されたい。また、新設型再編では、「本店所在場所や株主名簿管理人の決定」と「設立時代表取締役の選定」の方法が論点だが、新設分割での解説に譲る（本書360頁(2)(3)部分）。
(5)　債権者保護手続書面（8号）
　新設合併には債権者保護手続が常に必要である。会社法810条2項によると、合併公告及び催告の内容に設立会社の商号及び住所が含まれるほかは、吸収合併に準じた内容である。その他は、債権者保護という意味では資本金の額の減少と同様であるため、本法70条に記した部分を参照されたい（本書281頁2部分）。

(6) 株券等提出手続関係書面（9号・10号）

9号（株券提出）は本書234頁(3)部分、10号（新株予約権提出）は本書237頁(2)部分を参照されたい。

第82条 合併による解散の登記の申請については、吸収合併後存続する会社（以下「吸収合併存続会社」という。）又は新設合併により設立する会社（以下「新設合併設立会社」という。）を代表すべき者が吸収合併消滅会社又は新設合併消滅会社を代表する。
2 本店の所在地における前項の登記の申請は、当該登記所の管轄区域内に吸収合併存続会社又は新設合併設立会社の本店がないときは、その本店の所在地を管轄する登記所を経由してしなければならない。
3 本店の所在地における第1項の登記の申請と第80条又は前条の登記の申請とは、同時にしなければならない。
4 申請書の添付書面に関する規定並びに第20条第1項及び第2項の規定は、本店の所在地における第1項の登記の申請については、適用しない。

【本条の概要】

本条は、合併による解散の登記の申請については、吸収合併存続会社又は新設合併設立会社を代表すべき者が合併消滅会社を代表することを定めるほか、いわゆる合併の同時申請・経由申請等につき定めるものである。

【解　説】

1．合併による解散の登記の申請とその添付書面（1項・4項）

合併による解散は清算手続が不要であり、直ちに会社が消滅する。し

第82条

たがって、解散の登記の申請については、吸収合併存続会社又は新設合併設立会社を代表すべき者が合併消滅会社を代表することになる（1項）。解散会社の合併契約の承認議事録等は合併申請の添付書面となり（法80条、81条）、合併解散の登記申請には委任状を含め一切の添付書面が不要である（4項）。

2．同時経由申請（2項・3項）

合併の登記の申請においては、
① 合併による変更又は設立の登記申請
② 合併による解散の登記申請
を同時にしなければならない（本条3項）。これを同時申請といい、実務上は、①につき「同時申請1／2（2分の1）」、②につき、「同時申請2／2（2分の2）」あるいは単純に①につき「1／2」、②につき「2／2」と申請書の余白にメモ書きし、2申請中の1つ目、2つ目で表すのが一般的な慣例である。甲乙丙3社の吸収合併なら、甲の「1／3」から丙の「3／3」までの3申請となる。この場合、「1／3」の甲の申請には、「乙を合併」、「丙を合併」という具合に合併消滅会社分までまとめて記録するように申請し、全部の添付書面を甲の「1／3」の申請に添付することで足り、「甲＝乙」、「甲＝丙」と、個別に分けて2セット4連件の申請にする必要はない。

同時に申請するという意味は、合併存続会社と合併消滅会社の管轄法務局が相違しても、同じ法務局に連件で申請しなければならないという意味を含む。例えば、合併存続会社甲の本店所在地が東京法務局管轄で、合併消滅会社乙が大阪法務局、丙が名古屋法務局管轄であったとした場合、甲の「1／3」から丙の「3／3」までの3申請の全部を東京法務局に同時に連件で提出する。

新設合併でも同様であり、合併設立会社の本店所在地が東京法務局管轄で、合併消滅会社1社が大阪法務局管轄、もう1社が名古屋法務局管轄であったとした場合、①合併による設立登記申請も（東京法務局）、②

合併による解散の登記申請（大阪法務局）、③合併による解散の登記申請（名古屋法務局）もともに合併設立会社の管轄法務局である東京法務局に同時に連件で申請する。

　申請された東京法務局で、①と②③の全部の申請を審査し、特に問題がなければ①につき登記し（この点で法51条以下の管轄外本店移転と相違する。）、②③の申請書に登記をした日を記載し、②③の申請分だけを合併消滅会社のそれぞれの管轄である大阪法務局と名古屋法務局に送付し、送付された管轄法務局にて合併消滅会社の登記記録に合併による解散の旨を記入し、登記記録を閉鎖する（本条2項、次条2項、規80条1項3号）。これは経由申請という。

> **第83条**　吸収合併存続会社又は新設合併設立会社の本店の所在地を管轄する登記所においては、前条第3項の登記の申請のいずれかにつき第24条各号のいずれかに掲げる事由があるときは、これらの申請を共に却下しなければならない。
> 2　吸収合併存続会社又は新設合併設立会社の本店の所在地を管轄する登記所においては、前条第2項の場合において、吸収合併による変更の登記又は新設合併による設立の登記をしたときは、遅滞なく、その登記の日を同項の登記の申請書に記載し、これを吸収合併消滅会社又は新設合併消滅会社の本店の所在地を管轄する登記所に送付しなければならない。

本条の概要

　本条は、吸収合併による変更の登記又は新設合併による設立の登記と合併による解散の登記が同時申請された場合に、いずれかに却下事由があれば、両方とも却下されること、また、吸収合併による変更の登記又は新設合併による設立の登記をしたときは、遅滞なく、合併消滅会社の

第83条

本店の所在地を管轄する登記所に解散の登記の申請書を送付しなければならない旨を定めるものである。

> 解　説

1．同時却下（1項）

　合併存続会社と合併消滅会社の登記申請は、同一登記所に同時に連件で申請することになるが（法82条）、このうち一方に却下事由があれば、両方とも却下される。これは、新設合併でも同じである。
　ただし、却下されるのは無効部分だけで、同時に一括申請された吸収合併と無関係に効力を生じるものまで却下されるわけではない。

2．解散申請書を管轄登記所に送付（2項）

　東京都千代田区の「株式会社甲」を合併存続会社、大阪市中央区の「株式会社乙」を合併消滅会社とする吸収合併の登記申請が効力発生日である平成X年4月1日の2日後の4月3日に東京法務局に同時に連件申請され、いずれも却下事由がないとすると、前者の登記記録の「会社履歴区」に「吸収合併」という項目の下に「平成X年4月1日大阪市中央区………株式会社乙を合併／平成X年4月3日登記」と記録される（法79条）。
　甲と乙によって、東京に「株式会社丙」を新設合併により設立したときは、新たに設立会社丙の登記記録が起こされ、その「登記記録区」に「東京都千代田区………株式会社甲及び大阪市中央区………株式会社乙の合併により設立／平成X年4月3日登記」と記録される（規77条1項）。設立行為だから、原因年月日は登記されない。また、登記事項（会911条3項）、新株予約権を発行した場合には新株予約権の登記事項、会社法人等番号（法7条）、会社成立の年月日（準60条1項）が記録される。
　吸収合併の例で、この登記が終わったのが4月10日だとすると、東京法務局では、遅滞なく、「同時申請2／2」の乙の解散登記申請書に「平成X年4月3日に登記した」旨を記載し、乙を管轄する大阪法務局に送

付する。

　これが大阪法務局に到着し、受け付けられたのが4月12日だとすると、乙の登記記録区に「平成X年4月1日東京都千代田区………株式会社甲に合併し解散／平成X年4月12日登記／平成X年4月12日閉鎖」と記録され、登記記録が閉鎖される（規80条1項3号）。登記日は管轄の大阪法務局での受付日であって、東京法務局に申請された平成X年4月3日ではない。したがって、4月10日に東京法務局から合併の登記が終わったことを知らされても、直ちに大阪法務局で乙の閉鎖事項証明書を取得することはできない。

3．吸収合併等と本店移転

　組織再編の機会に本店移転する例も少なくない。東京法務局管轄内の株式会社甲が大阪法務局管轄内の株式会社乙を吸収合併し、同時に大阪に本店移転するなどである。これについては、本書174頁②部分を参照されたい。

（会社分割の登記）
第84条　吸収分割をする会社がその事業に関して有する権利義務の全部又は一部を当該会社から承継する会社（以下「吸収分割承継会社」という。）がする吸収分割による変更の登記又は新設分割による設立の登記においては、分割をした旨並びに吸収分割をする会社（以下「吸収分割会社」という。）又は新設分割をする会社（以下「新設分割会社」という。）の商号及び本店をも登記しなければならない。
2　吸収分割会社又は新設分割会社がする吸収分割又は新設分割による変更の登記においては、分割をした旨並びに吸収分割承継会社又は新設分割により設立する会社（以下「新設分割設立会社」という。）の商号及び本店をも登記しなければならない。

第84条

> 本条の概要

　本条は、1項において、吸収分割承継株式会社の変更の登記又は新設分割設立株式会社の設立の登記の登記事項を定めると同時に、2項において、分割会社の変更登記事項を定めるものである。

> 解　説

１．会社分割とは何か
(1)　吸収分割と新設分割
　会社分割には、会社の設立行為になるかどうかで、吸収分割と新設分割の2つがある。吸収分割は、「株式会社又は合同会社がその事業に関して有する権利義務の全部又は一部を分割後他の会社に承継させること」（会2条29号）、新設分割は、「1又は2以上の株式会社又は合同会社がその事業に関して有する権利義務の全部又は一部を分割により設立する会社に承継させること」をいう（会2条30号）。
　会社分割の受け手側（吸収分割承継会社又は新設分割設立会社）は4種類の会社（合名会社・合資会社・合同会社・株式会社）のいずれでもよいが、分割する側は株式会社と合同会社に限られる。特例有限会社は、吸収分割承継会社にはなれないとされているが（整備法37条）、効力発生までに株式会社に移行することを条件とすれば可能である（本書331頁(2)部分参照）。
(2)　分社型会社分割と分割型会社分割
①　人的分割の廃止
　旧商法時代は会社分割の対価は株式に限られ、対価を分割会社自身に交付するものを「分社型」あるいは「物的」会社分割と呼び、対価を分割会社の株主に直接交付するものを「分割型」あるいは「人的」会社分割と呼んでいた（旧商373条、374条第2項2号、374条ノ16、374条ノ17第2項2号）。「人的」という意味は、株主が対価の割当先になるという意味である（合併及び株式交換は「人的」組織再編の典型例である。）。

会社法では、人的会社分割が完全に廃止され、その代わりに、いったんは分割会社（株式会社に限られる。）が対価を受領するが、受領と同時に株主に分配する2段階のものを分割型会社分割として再構成した。ただし、対価は受け手側の株式又は持分、分配方法は剰余金の（現物）配当又は全部取得条項付種類株式の取得の対価としてに限られる（会758条8号、760条7号、763条1項12号、765条1項8号）。剰余金の分配可能額規制と配当の際に剰余金の一部を準備金に計上する義務はないとされている（会792条、812条）。

② **分割型会社分割は2つの行為**

分割型会社分割は「①分社型会社分割」と「②剰余金の配当等」の2つの行為が同時に行われることであって、併せて1つの行為ではない。①だけ簡易分割として取締役（会）で決定し（会784条2項、805条）、②は現物配当としては株主総会の特別決議で決定することもある（会309条2項10号）。また、株主総会で決議する場合も、①と②を同じ総会で決議する必要もない（会施183条2号、192条2号、205条2号）。

③ **分割型会社分割と譲渡制限株式**

会社分割の対価が譲渡制限株式であるときは、分割型会社分割で株主に分配するに当たり、別途、吸収分割承継会社あるいは新設分割設立会社での譲渡承認手続が必要だとされている（相澤哲＝細川充「新会社法の解説⑭組織再編行為（上）」商事1752号10頁（2005年））。形式的解釈すぎる気もしないではないが、要注意である。

(3) **会社分割の内容**

① **会社分割の個数**

会社分割の受け手となる会社を「甲」、権利義務を分割する会社を「乙」とすると、会社分割の定義では、乙が主語になることにご注意いただきたい。すなわち、会社分割するのは乙であって甲ではない。乙と丙が共同して甲に対して吸収分割する場合も、「乙による分割」と「丙による分割」の2つである。共同して1個と数えるのは、新会社の設立となる共同新設分割の場合である。

第84条

　また、乙がA事業とB事業を分割する場合も、受け手側が2社であれば、2個の行為となる。

② 　承継させる権利義務

　「乙の事業に関して有する権利義務の全部又は一部」とは、乙の事業用の積極・消極財産の全部又は一部という意味だが、承継させる権利義務につき、「〇〇事業に関して有する権利義務の一切」などとした場合には、その事業に関して有する簿外資産も簿外負債も含まれるので要注意である。

　旧商法時代と相違し（旧商373条、374条ノ16）、承継させるのは権利義務であって「営業」ではないから、所有する子会社株式や他社株式のみ、不動産のみの会社分割なども行われている。

　権利義務の全部を分割した場合（「**抜け殻方式**」という。）は合併に近いが、合併では事業を承継させた側の会社が解散消滅するのに対し、会社分割では分割会社が解散消滅することなく存続し続けるという特徴がある。

③ 　権利義務の承継方法

　「分割後他の会社に承継させる」とは、乙が権利義務を分割し、「乙1」と「乙2」に分け、その「乙2」を甲に吸収合併させたと考えていただきたい。

　乙が「乙2」を新設分割で子会社として設立し、それを甲に現物出資したと考えれば、会社計算規則35条の出資型の会計処理を原則とする吸収合併に近い。分社型会社分割の会計処理はこの考え方である。

　乙が法人を「乙1」と「乙2」に分割し兄弟会社の関係にし、続いて、甲とこの「乙2」が合同（貸借対照表を合体）したと考えれば、この吸収合併は例外的に会社計算規則36条の会計処理がなされる吸収合併に近い。会社計算規則38条の分割型会社分割の会計処理はこの考え方である。この場合、「乙2」の資本金額は甲に引き継がれるから、その分、もとの乙は資本金の額の減少手続が必要となる。

第84条

〈分割会社〉　　　　　　　　　　　　　　　　　　　　〈承継会社〉

| 乙 | ⇒ 分割行為 | 乙1 | 乙2 | 吸収行為 ⇒ | 甲 |

④　会社分割は包括承継か

　「承継させる」とは、原則として、合併の場合と同様に包括承継させるという意味であって、個別の財産の移転が集合した特定承継である事業譲渡とは異なり、組織法上の行為の1つとして集団的画一的処理がなされる。ただし、同じ包括承継でも合併とは相違して、吸収分割会社が存続し続ける吸収分割の場合は二重に権利義務を他に分割や譲渡することもできるため、権利の対抗関係の面では、取引法に近い扱いがなされることもある。

　個別論点としては、吸収分割で承継対象になっている不動産を効力発生日前に売却した場合に、合併と同様に売主地位を承継するのか、二重譲渡の対抗関係とみるか、また、承継対象に譲渡制限株式が加わっていた場合に、発行会社の譲渡承認が必要かどうか、などがある。

2．会社分割のとらえ方と利用法
(1)　会社分割のとらえ方と会計処理
①　権利義務の受け手側は吸収合併に準じる

　会社分割は権利義務の受け手からみると、吸収合併と同様に、権利義務を受けることに変わりがない。対価の柔軟化や無対価の可否、債務超過事業の承継の点も吸収合併と同様である。したがって、権利義務の受け手からみた会計処理（資本金等の増加問題）は吸収合併と吸収分割に大きな差はない。

②　分割側は事業譲渡に準じる

　会社分割は、分割会社の側からみると、分割会社が解散消滅せず存続し続け、対価も分割会社自身が受領するため、あたかも、事業譲渡の組織再編版だといえ、合併や株式交換・株式移転と異なり株主に対する分

第5節　株式会社の登記　345

割対価の割当て（割当比率等）という問題は生じない。分割対価が持分会社の持分であっても、譲渡制限株式であっても、株主総会の決議要件に影響することはない。

(2) 準備会社方式と第2会社方式の利用法

上場会社（乙）が持株会社化をはかるときは、会社分割を使うことが多い。100％子会社として「乙準備会社」を設立しておき、全事業を乙準備会社に吸収分割し、同時に乙を「乙ホールディングス」、乙準備会社を「乙」に商号変更するわけである。新設分割で行われることもあるが、設立行為である新設分割は、予定した日に確実に登記が申請されるかという不安もあるため、安全な準備会社方式の吸収分割を利用することが多い。

会社分割は、会社再生スキームとしても用いられる。不良事業だけを分割会社に残し、優良事業を新設分割し子会社（第2会社）を設立し、分割会社を特別清算に向かわせる方式である。その分割した子会社株式を売却して債権者に少しでも返済し、優良事業を生き残らせる方法だが、これを一般に第2会社方式という。

(3) 残存債権者保護と詐害会社分割

会社分割が分社型でなされると、分割側では事業譲渡と同様に、分割会社の残された債権者（残存債権者）は、会社分割に異議を出せない。債務者が交代したわけでもないからである。

しかし、第2会社方式が悪用され優良事業や優良資産を第2会社へ承継させ、不良事業や不良資産・負債だけが分割会社に残された場合は、債権回収の見込みが大きく減少するため、平成27年5月に施行された改正会社法により、民法424条の詐害行為取消権に準じた残存債権者の保護手続が規定された。会社法759条及び同764条における4項から7項の新設である。会社分割後の保護であり、登記と関係することは少ないが、会社分割の手続に関与する場合は、要注意事項の1つである。これは、以下の無対価吸収分割でもいえることである。

(4) 無対価吸収分割の問題点

　同一企業グループ内で行う吸収分割は、無対価の場合が少なくない。無対価では、財産の無償譲渡と同様に分割会社の財産が減少するが、完全親子会社間や兄弟会社間であれば、グループ自体の損得に影響がないからである。しかし、分割会社の残存債権者等の利害には影響がある。

　いま、親会社をＰ、その100％子会社をＡとＢとする。

a) 親会社Ｐが100％子会社Ａ（又はＢ）に無対価吸収分割

　Ｐが純資産額１億円の財産をＡに吸収分割し無対価だった場合、Ｐから見ればＡの株式価値が１億円分向上しただけだから、不利益はない。しかし、会計処理では、Ｐの有するＡ株式の帳簿価額を増加させないため、形式上はＰの純資産額や分配可能額が減少し、Ｐの残存債権者や株主の利害に影響する。よって、Ｐに十分な財産や剰余金が残らない場合には、避けるべきである。特に、準備会社方式で無対価の場合は、分割により移転する財産額が大きいため、リスクが大きいといえる。１株でも株式を発行すれば済むことである。

b) 100％子会社Ａが親会社Ｐに無対価吸収分割

　Ａが純資産額１億円の財産をＰに吸収分割した場合に親会社株式を交付されると子会社が親会社株式を保有することになるため、これを避けて無対価で実行されることがある（会135条３項参照）。しかし、Ａの財産の減少が生じるため、Ａの残存債権者にとっては不利益である。Ａに十分な財産のない場合やＰが最終的な責任を負う意思がない場合は、避けるべきである。

c) 100％子会社Ａが兄弟会社のＢに無対価吸収分割

　Ａが純資産額１億円の財産をＢに吸収分割した場合に、共通の親会社Ｐからみれば、ＡとＢの合計財産額に変動がないため、損得はないが、Ａの残存債権者からみれば、Ａの財産の減少に異議を出したいところである。したがって、残存債権者を害しない範囲で実行するしかない。

第84条

3．会社分割の手続の外観と登記

(1) 会社分割手続の一般的な流れ

　吸収分割契約を締結（会757条、758条、760条）又は新設分割計画を作成（会762条、763条、765条）した後、株式会社では関係書類の事前備置・閲覧（会782条、794条、803条）、効力発生日の前日又は設立登記申請日までに株主総会等の機関決定（会783条1項、784条、793条1項、795条1項、796条、802条1項、804条、813条）や債権者保護手続（会789条、793条2項、799条、802条2項、810条、813条2項）等の必要な手続を済ませ、効力発生日又は新会社設立予定日の到来（会759条、761条、764条、766条）を待って、吸収分割による変更又は新設分割による設立登記と分割会社の変更登記（会923条、924条、930条）をすることになる。債権者保護手続が必要な場合は、1か月以上の期間が必要だから、早くても2か月程度の期間が必要である。

(2) 変更登記と設立登記（1項）

　吸収分割による承継の場合は、単なる変更登記であるから、「分割をした旨並びに分割会社の商号及び本店」につき、会社履歴区の「会社分割」という項目の下に「平成〇年〇月〇日〇県〇市〇町〇丁目〇番〇号乙株式会社から分割」と記録される。もちろん、吸収分割によって、発行済株式の総数や資本金の額に変更があったら、それも併せて同時に登記する。

　乙と丙から吸収分割された場合は、「乙及び丙から分割」などと、省エネでまとめて記録してはならず、乙の吸収分割と丙の吸収分割をそれぞれ個別に記録しなければならない（平20・6・25民商1774号通知）。2つの内容を一括して申請すること自体は可能である。

　これは、合併の登記でも同様だったが、取締役としてAB2名の就任を1枚の登記申請書で一括して申請することはできても、その申請内容は、A就任とB就任の2つの申請だから、役員区に別枠で記録される関係と同様であり、特別な申請方法というわけではない。

　以上に対して、「共同」新設分割の場合は、これで1つの設立登記で

あるから、分割会社の個数と無関係に、「分割をした旨並びに分割会社の商号及び本店」につき、登記記録区に「○県○市○町○丁目○番○号乙株式会社及び△県△市△町△丁目△番△号丙株式会社から分割により設立」と記録する。設立登記のため原因年月日は記録されない。また、組織変更ではないから、新設分割会社の本店住所も記載される。あとは通常の設立登記と同じである。

(3) **分割会社の登記記録（2項）**

分割会社における変更登記は、吸収分割も新設分割も無関係に、「分割をした旨並びに吸収分割承継会社又は新設分割設立会社の商号及び本店」を登記するだけである。具体的には、会社履歴区の「会社分割」の項目に「平成○年○月○日△県△市△町△丁目△番△号甲株式会社に分割」と記録される。

乙が2つの事業をそれぞれ同一登記所管内の別々の会社に吸収分割した際も、乙での登記は「甲に分割」「丙に分割」と別枠で登記され、「甲及び丙に分割」としてはならない。

4．会社分割と商号譲渡人の債務に関する免責の登記

優良事業の生き残りをはかる第2会社方式などの際に、吸収分割承継会社あるいは新設分割設立会社では、免責の登記をしたいというニーズがあるが、可能である。

なお、東京法務局から当該事業譲渡が売買、現物出資、会社分割のいずれに基づくものであるか、また会社法22条1項の適用又は類推適用がされるべきものと考えられる事情（屋号の使用継続等）については要しないという注記付で、「当会社は平成○年○月○日事業の譲渡を受けたが、譲渡会社である○○会社の債務についてはその責めに応じない。」という記載例が発せられているが、記載「例」の1つであって、これと異なる実例も多い（佐々木大介「会社分割による屋号の承継と免責の登記」神崎ほか・300問389頁以下、鈴木龍介「免責の登記」登情593号8頁以下（2011年））。

第85条　吸収分割承継会社がする吸収分割による変更の登記の申請書には、次の書面を添付しなければならない。
一　吸収分割契約書
二　会社法第796条第１項本文又は第２項本文に規定する場合には、当該場合に該当することを証する書面（同条第３項の規定により吸収分割に反対する旨を通知した株主がある場合にあつては、同項の規定により株主総会の決議による承認を受けなければならない場合に該当しないことを証する書面を含む。）
三　会社法第799条第２項の規定による公告及び催告（同条第３項の規定により公告を官報のほか時事に関する事項を掲載する日刊新聞紙又は電子公告によつてした場合にあつては、これらの方法による公告）をしたこと並びに異議を述べた債権者があるときは、当該債権者に対し弁済し若しくは相当の担保を提供し若しくは当該債権者に弁済を受けさせることを目的として相当の財産を信託したこと又は当該吸収分割をしても当該債権者を害するおそれがないことを証する書面
四　資本金の額が会社法第445条第５項の規定に従つて計上されたことを証する書面
五　吸収分割会社の登記事項証明書。ただし、当該登記所の管轄区域内に吸収分割会社の本店がある場合を除く。
六　吸収分割会社が株式会社であるときは、会社法第783条第１項の規定による吸収分割契約の承認があつたことを証する書面（同法第784条第１項本文又は第２項に規定する場合にあつては、当該場合に該当することを証する書面及び取締役の過半数の一致があつたことを証する書面又は取締役会の議事録）
七　吸収分割会社が合同会社であるときは、総社員の同意（定款に別段の定めがある場合にあつては、その定めによる手続）があつたことを証する書面（当該合同会社がその事業に関して有する権

利義務の一部を他の会社に承継させる場合にあつては、社員の過半数の一致があつたことを証する書面）
八　吸収分割会社において会社法第789条第２項（第３号を除き、同法第793条第２項において準用する場合を含む。）の規定による公告及び催告（同法第789条第３項（同法第793条第２項において準用する場合を含む。以下この号において同じ。）の規定により公告を官報のほか時事に関する事項を掲載する日刊新聞紙又は電子公告によつてした場合にあつては、これらの方法による公告（同法第789条第３項の規定により各別の催告をすることを要しない場合以外の場合にあつては、当該公告及び催告））をしたこと並びに異議を述べた債権者があるときは、当該債権者に対し弁済し若しくは相当の担保を提供し若しくは当該債権者に弁済を受けさせることを目的として相当の財産を信託したこと又は当該吸収分割をしても当該債権者を害するおそれがないことを証する書面
九　吸収分割会社が新株予約権を発行している場合であつて、会社法第758条第５号に規定する場合には、第59条第２項第２号に掲げる書面

「本条の概要」

　本条は、株式会社（清算株式会社を除く。会474条）が吸収分割承継会社になった場合の吸収分割による変更登記申請に関する通則的な添付書面（法46条）以外の添付書面について定めるものである。

「解　説」

１．吸収分割の添付書面概観
　株式会社が吸収分割承継会社となる場合の添付書面としては、
　イ．承継会社側が準備する書面として、吸収分割契約の承認に関する書面、債権者保護手続書面、資本金計上証明書

第85条

　　ロ．分割会社側で準備する書面として、吸収分割契約の承認に関する書面、債権者保護手続書面、新株予約権証券提出手続書面、登記事項証明書
　　ハ．承継会社と分割会社で共通のものとして吸収分割契約書
　以上が主だったものである。申請代理人への委任状も当然に必要である。株主リストの要否にも要注意である。

２．吸収分割契約書（１号）
(1) 吸収分割契約の記載事項

　吸収分割契約においては、会社法758条により、当事者に関する事項、承継する資産、債務、雇用契約その他の権利義務のほかは、交付する金銭等（分割対価）及び新株予約権に関する割当てに関する事項と効力発生日並びに分割型にするときはその旨が必要的記載事項である。対価の交付先は分割会社自身であるため、対価の割当てに関する事項については記載事項ではない。

　承継する権利義務については、明細書を作って契約書の一部として添付するのが通常である。この明細書は承継されるものとされないものを区別する内容だから、後日、疑義の生じないように詳細な内容にすべきだが、同一企業グループ企業間の吸収分割では疑義が生じてもその都度の協議による解決が可能であるため、概括的な内容となっていることも少なくない。

　事業が承継される場合は、その事業に従事している労働者が承継対象となっているかどうかは労働者にとって極めて重要な事項であるため、「会社分割に伴う労働契約の承継等に関する法律」（平成12年５月31日法律第103号）という特別法が存在する（新設分割も対象とされている。）。

　なお、単なる財産の承継ではなく、承継する事業とした場合には、その事業が分割会社の定款の事業目的に記載されているか、記載されていなくとも明らかに付帯事項といえるのかを審査する登記官もいるため、要注意である。

その他は吸収合併契約に準じるため、本書324頁以下を参照されたい。
(2) 吸収分割契約書の通数
　東京都の乙社が札幌市、仙台市、名古屋市、大阪市、広島市、福岡市の６つの販売会社に、それぞれ地域の事業を吸収分割する際に、１通の契約書に、この６つの吸収分割を記載することができる。しかし、６つの登記所に申請する際に、１通の契約書では同時に一斉に吸収分割の登記を申請することができないという不都合が生じるため、それぞれの吸収分割に対応して６つの契約書を作成するなりの工夫が必要である。

２．分割承継会社での吸収分割契約の承認に関する書面（２号）
　権利義務を承継し対価を交付するという意味で吸収合併存続会社に準じるため、本法80条の該当箇所を参照されたい。簡易合併・略式合併に関しては本書327頁４部分である。

３．債権者保護手続書面（３号・８号）
(1) 分割承継会社の債権者保護
　吸収分割承継会社では債権者保護手続が常に必要である。会社法789条２項（分割会社）及び同799条２項（承継会社）によると、公告及び催告内容は、
　　イ．吸収分割をする旨
　　ロ．吸収分割相手会社の商号及び住所
　　ハ．吸収分割当事者である株式会社の計算書類に関する事項として法務省令（会施188条・199条）で定めるもの
　　ニ．債権者が一定の期間内に異議を述べることができる旨。この期間は、１か月を下ることができない。
の４点である。その他は、債権者保護という意味では資本金の額の減少と同様であるため、本書281頁２部分を参照されたい。
(2) 分割会社の債権者保護
　分割会社についての債権者保護手続については、必要としない場合も

あり、基準は次のようになっている（会789条1項2号）。これは新設分割でも同じである（会810条1項2号）。

第1基準：分割型会社分割に該当する場合には、分割会社の純資産額が減少するので、常に全債権者の保護手続が必要である。

第2基準：分社型会社分割で、債務が吸収分割承継会社に免責的に移転する債権者で分割会社に権利行使できない債権者には、その保護手続が必要である。債権者からみれば、債務者が交代したわけだから、当然のことである。

第3基準：分社型会社分割で、分割会社に権利行使できる債権者には、その保護手続が不要である。

この「分割会社に権利行使できる債権者」には、債務が承継会社（新設分割では設立会社）に移転しない債権者（残存債権者）だけでなく、債務が承継会社（又は設立会社）に移転する債権者であっても、分割会社が併存的債務引受（重畳的債務引受）又は連帯保証した場合の債権者も含む。債権者からみれば、従前どおり分割会社に請求することができるので、その保護手続は必要とされていない（平13・4・19民商1090号回答）。

この併存的債務引受により債権者保護手続を回避する事例は少なくない。

(3) 公告・催告文と権利義務内容の表記

公告・催告文案では、分割契約書の内容を受けて「甲は乙の〇〇事業に関する権利義務を承継し………」と記載することが多いが、これは公告・催告の必要的記載事項とはされていない。実例としては、承継する事業内容を記載せずに、単に「乙の事業（の一部）に関する権利義務（の一部）を承継」とするもの、「分割契約書記載の権利義務を承継」とするものなど様々存在する。任意的記載事項であることから、いずれも合法であるが、分割契約書との整合性には配慮すべきである。

(4) 併存的債務引受と連帯保証

併存的債務引受契約は、債権者に不利ではないから債務者と引受人との間で契約することができる。吸収分割でいうと、吸収分割承継会社が

新債務者となり、分割会社が引受人になる場合であり、逆ではない。

　連帯保証は債権者と保証人（分割会社）との契約である。債権者数が多ければ事実上困難であり、登記の添付書面として、この連帯保証契約書面が必要だとされているので（松井・ハンドブック３版562頁）、避けるべきである。

(5)　ダブル公告と不法行為債権者

　官報公告と定款に定める官報以外の公告方法の２つに公告するときは（ダブル公告、本書285頁(2)部分参照）、債権者に対する各別の催告を不要とする効果があるのが原則だが、会社分割に関しては、不法行為によって生じた分割会社の債権者に対しては、各別の催告が避けられないとされている（会789条３項かっこ書、810条３項かっこ書）。ダブル公告によって、不法行為債権者が気付かないうちに、他社の債権者に代える動きを防止するためである。

　もっとも、分割対象の債務に不法行為債務が存在するかどうかを分割会社自身も把握することができない場合もあるため、実務では、分社型の吸収分割契約書に、あえて不法行為債務は承継させないと定め、一切の催告を省略することが多い。不法行為債務を承継させた場合には、ダブル公告によった場合でも、登記の添付書面として、その催告をしたことを証する書面が必要であることはいうまでもない。

４．資本金計上証明書（４号）

　株主資本が増加する場合で、株主資本のうちの資本金の額が増加する場合には、会社計算規則37条又は同38条に従って計上させねばならないが、その証明書が、本条４号でいう「資本金の額が会社法第445条第５項の規定に従って計上されたことを証する書面」である（資本金の額を増加しないことが吸収分割契約書から判明する際は、本書の添付は不要である。）。書式例は法務省のＨＰに掲載されているので、それを参照いただきたい。

　また、吸収合併に関する本書332頁６部分も参照されたい。会社計算

第85条

規則37条は同35条に準じ、同38条は同36条の裏返しであり貸借対照表を２つに分けた分割型吸収分割の会計処理についての規定である（分割型吸収分割も分社型吸収分割行為を含んでいるため同37条の適用が原則であることに注意）。

5．分割会社の吸収分割契約の承認に関する書面（6号・7号）
(1)　分割会社の議事録等と簡易分割

添付書面の通則規定である本法46条は、登記申請会社（吸収分割承継会社）について適用され、分割会社の議事録等は、ここに規定されている。

吸収分割株式会社でも、効力発生日の前日までに、株主総会の決議によって、吸収分割契約の承認を受けなければならないが（会783条１項）、吸収分割は吸収合併や株式交換と相違し、人的な組織再編ではなく（対価が株主等の会社の構成員に直接割り当てる組織再編ではなく）、対価の受領者は会社自身であるため、対価の全部又は一部が持分等であっても、吸収分割会社が種類株式発行会社であっても、株主総会の決議要件に変動は生じない。種類株主総会を必要とする場合も少ないであろう。

会社分割では分割会社にとっての簡易分割がある。権利義務を受ける側では純資産額の20％以下の純資産額の受入れが基準であったが、権利義務を承継させる側では、「総」資産額の５分の１（20％）以下の「総」資産額を承継させるかどうかが基準である（会784条２項）。

分割会社の簡易分割は、会社法制定時から反対株主の買取請求権もなく（会785条３項ただし書。現在は全ての簡易手続で反対株主の買取請求権は否定されている。）、株主総会の開催が容易でない上場会社にとって使いやすく頻繁に行われている。Ａ事業とＢ事業を営む上場会社が持株会社化をはかるため、100％子会社として設立していた準備会社ＡにＡ事業を分割するとともに、Ｂ事業を準備会社Ｂに分割する場合、一方の分割だけが簡易分割の要件を満たすこともある。

(2)　合同会社が分割会社の場合（7号）

本条７号に規定されているとおりである。

6．その他の添付書面（5号・9号）

　本条5号の分割会社の登記事項証明書の添付の方法については、本書195頁(2)部分を参照されたい。

　9号は、吸収分割承継会社の新株予約権を割り当てた場合だが、本書237頁(2)部分を参照されたい。

第86条　新設分割による設立の登記の申請書には、次の書面を添付しなければならない。

一　新設分割計画書

二　定款

三　第47条第2項第6号から第8号まで及び第10号から第12号までに掲げる書面

四　前条第4号に掲げる書面

五　新設分割会社の登記事項証明書。ただし、当該登記所の管轄区域内に新設分割会社の本店がある場合を除く。

六　新設分割会社が株式会社であるときは、会社法第804条第1項の規定による新設分割計画の承認があつたことを証する書面（同法第805条に規定する場合にあつては、当該場合に該当することを証する書面及び取締役の過半数の一致があつたことを証する書面又は取締役会の議事録）

七　新設分割会社が合同会社であるときは、総社員の同意（定款に別段の定めがある場合にあつては、その定めによる手続）があつたことを証する書面（当該合同会社がその事業に関して有する権利義務の一部を他の会社に承継させる場合にあつては、社員の過半数の一致があつたことを証する書面）

八　新設分割会社において会社法第810条第2項（第3号を除き、同法第813条第2項において準用する場合を含む。）の規定による公告及び催告（同法第810条第3項（同法第813条第2項において

第86条

　　準用する場合を含む。以下この号において同じ。）の規定により公
　　告を官報のほか時事に関する事項を掲載する日刊新聞紙又は電
　　子公告によつてした場合にあつては、これらの方法による公告
　　（同法第810条第３項の規定により各別の催告をすることを要しない
　　場合以外の場合にあつては、当該公告及び催告））をしたこと並び
　　に異議を述べた債権者があるときは、当該債権者に対し弁済し
　　若しくは相当の担保を提供し若しくは当該債権者に弁済を受け
　　させることを目的として相当の財産を信託したこと又は当該新
　　設分割をしても当該債権者を害するおそれがないことを証する
　　書面
　九　新設分割会社が新株予約権を発行している場合であつて、会
　　社法第763条第１項第10号に規定する場合には、第59条第２項
　　第２号に掲げる書面

本条の概要

　本条は、新設分割で株式会社を設立した場合の設立登記申請に関する通則的な添付書面（法47条）以外の添付書面について定めるものである。

解　説

１．新設分割の添付書面概観

　株式会社が新設分割設立会社となる場合の添付書面としては、
　イ．設立会社側が準備する書面として、通常の設立と同様に、定款、設立時役員等や代表取締役の選任（定）書面、必要により会計監査人の選任書面、各就任の承諾を証する書面、資本金計上証明書、必要により株主名簿管理人との契約を証する書面、会計監査人等の資格証明書
　ロ．分割会社側で準備する書面として、新設分割計画書、新設分割計画の承認に関する書面、債権者保護手続書面、新株予約権証券提出

手続書面、登記事項証明書

以上が主だったものである。申請代理人への委任状も当然に必要である。株主リストの要否にも要注意である。

新設分割の株主総会開催時期については、本書319頁③部分を参照されたい。

2．新設分割計画書（1号）

1つの新設分割計画書に、「当会社は、新設分割により、次のＡＢＣ3社（以下、設立各社という）を設立する。」などと、複数の新設分割を記載することは可能である。まとめて1つの新設分割ではなく、複数の個々の新設分割だから、後記の簡易分割に該当するかどうかなどの判断は、個別になされる。

計画書への記載事項は通常の株式会社設立事項（定款内容の決定と設立時の役員等など）のほか、分割会社や新株予約権者（新株予約権付社債権者を含む。）に対する対価の割当てに関する事項、承継する資産・債務・雇用契約その他の権利義務が中心である。設立段階から新株予約権の発行が認められていること、分割型新設分割の場合はその旨を記載しなければならないことが通常の設立と相違するところである（会763条）。

新会社設立行為であるから、必ず株式を発行しなければならず、社債や新株予約権を同時に発行することはできるが、既存財産は存在しないため、対価の柔軟化はなされていない。

3．定款及び本法47条2項の一部に掲げる書面（2号・3号）と登録免許税

定款については公証人の認証は不要である。その他は本法47条の該当箇所を参照されたい。なお、新設分割による設立登記の登録免許税の最低額は3万円であり（登免別表1、24(1)ト）、純粋の設立である15万円ではない。新株予約権の発行が含まれていても設立登記のため、これに含まれる。

第86条

4．資本金計上証明書（4号）

　資本金の額が会社計算規則49条（分社型新設分割）、同50条（分割型新設分割）、同51条（共同新設分割）のいずれかに従って計上されているかを証するものだが、書式例は法務省のＨＰに掲載されているので、それを参照いただきたい。

　基本は、分割会社が簿価で権利義務を出資し、その簿価純資産額の範囲内で、資本金・資本準備金・その他資本剰余金を決めるものである（計49条）。債権者保護手続がなされない場合にも、全額をその他資本剰余金に計上することもできる。新設会社で既存の債権者も不在であり、支障が生じないためだと思われる。

5．新設分割会社の分割計画承認議事録等（6号・7号）

(1) 分割会社の議事録等と簡易分割

　吸収分割会社に記したところに準じるため本書356頁(1)部分を参照されたい。新設分割会社の簡易分割は会社法805条である。

(2) 本店所在場所や株主名簿管理人の決定

　旧商法時代は、これらの決定は、設立前に新設分割設立会社の取締役会で決定すべきものとされていたが、会社法では設立時取締役と設立後の取締役が明確に区別され、設立時取締役は法の定めた権限しか有しないとされた。また、設立前には設立時取締役会も存在しないというのが会社法の立場である。したがって、本店の住所をどこにするか（東京都23区を含む市町村単位までは「本店所在地」として定款で定める。）、株主名簿管理人を誰にするか等の決定は、設立時取締役の権限とされていないため、設立発起人ともいうべき新設分割会社が決定しなければならない。

　この決定に当たり、現在の登記実務は添付書面の原則規定である本法46条を根拠に、各当事会社における取締役会の議事録又は取締役の過半数の一致があったことを証する書面を添付するものとして取り扱っているが（小川ほか・通達準拠393頁、394頁。松井・ハンドブック3版572頁）、本法46条の適用範囲かについては疑問である（本書133頁(2)部分参照）。

したがって、純粋の設立と同様に（法47条3項参照）、新設分割会社の議事録までは登記には不要であり、会社の代表者による決定文書で足りるとも考えられるが、実務では、安全策を採用し、新設分割計画内又は定款の附則に、最初の本店所在場所や株主名簿管理人を定めるなどの方法を採用することが多い（会29条参照）。

なお、債権者異議申述公告に設立会社の本店住所が記載事項とされているため、その時までには決定しなければならない（会810条2項参照）。株主名簿代理人との契約名義人は誰かという小論点については、設立を条件に設立時代表取締役との契約で登記上も受理されている。

(3) 設立時代表取締役の選定

新設分割設立会社が取締役会設置会社のときは、会社法814条1項が同47条の適用を否定していないため、設立時取締役の互選で設立時代表取締役を選定することになる。問題は、非取締役会設置会社である。登記実務では会社法47条の類推適用を否定しているため、定款（の附則）で設立時代表取締役は設立時取締役の互選によって選定する旨の規定がない場合は、設立時取締役の互選で設立時代表取締役を選定することができない。そこで、新設分割計画内で定めるか、定款の附則で設立時代表取締役を定めるのが安全である。

(4) 合同会社が分割会社の場合（7号）

本条7号に規定されているとおりである。

6．債権者保護手続書面（8号）

会社法810条2項によると、公告及び催告内容は、

イ．新設分割をする旨

ロ．他の分割会社（注：共同新設分割の際）及び設立会社の商号及び住所

ハ．新設分割会社である株式会社の計算書類に関する事項として法務省令（会施208条）で定めるもの

ニ．債権者が一定の期間内に異議を述べることができる旨。この期間

第87条

は、1か月を下ることができない。
の4点である。

　その他は、債権者保護という意味では資本金の額の減少と同様であるため、本書281頁2部分を参照されたい。なお、新設分割においては、債権者保護手続を必要としない場合もあり、これについては、吸収分割会社の場合に準じるため、本書353頁(2)部分を参照されたい。併存的債務引受けを利用すれば短期間に新設分割手続を終了させることができる。

7．その他の添付書面（5号・9号）

　本条5号の新設分割会社の登記事項証明書については、本書195頁(2)部分を参照されたい。分割した権利義務の元となる事業が分割会社の事業目的に記載されているかどうかを問題にする登記官も存在するため注意を要する。

　9号は新設分割で分割会社が発行する新株予約権に設立会社の発行する新株予約権を割り当てた場合だが、本書237頁(2)部分を参照されたい。

第87条　本店の所在地における吸収分割会社又は新設分割会社がする吸収分割又は新設分割による変更の登記の申請は、当該登記所の管轄区域内に吸収分割承継会社又は新設分割設立会社の本店がないときは、その本店の所在地を管轄する登記所を経由してしなければならない。

2　本店の所在地における前項の登記の申請と第85条又は前条の登記の申請とは、同時にしなければならない。

3　第1項の登記の申請書には、登記所において作成した吸収分割会社又は新設分割会社の代表取締役（指名委員会等設置会社にあつては、代表執行役）の印鑑の証明書を添付しなければならない。この場合においては、第18条の書面を除き、他の書面の添付を要しない。

> **本条の概要**

　本条は、吸収分割会社又は新設分割会社がする吸収分割又は新設分割による変更の登記申請は、吸収分割承継会社又は新設分割設立会社における変更又は設立の登記申請と同時かつ経由申請にてしなければならない旨を定めるものだが、合併と相違し、分割会社は存続し続けるため、併せて分割会社からの委任状の添付や、委任状への押印についての印鑑照合の必要性から印鑑証明書の添付についても定めるものである。

> **解　説**

１．同時経由申請（１項・２項）
(1)　同時経由申請の方法

　会社分割は、登記の面からは、他の会社の権利義務の全部を承継する変更登記（吸収分割）又は設立登記（新設分割）として合併と同様に権利義務の受け手側を中心に規定され、分割会社の変更登記を基準に規定されてはいない。

　具体的には、権利義務の受け手側の登記を先順位にし、①吸収分割承継会社における吸収分割による変更又は新設分割設立会社における設立の登記申請と、②分割会社における変更の登記申請を同時にしなければならない（本条２項）。これを同時申請といい、実務上の方法は吸収合併に関する本書338頁２部分を参照されたい。

　分割会社で商号や目的を変更する場合、分割型会社分割で資本金の額の減少をなす場合などにおいて、これらは会社分割の内容ではないから、登記所の管轄を異にした場合は、「２／２」の申請と同時に行うことができない。分割会社を管轄する登記所で独自に行うことである。登記所の管轄を同一にした場合は、「２／２」で一括申請すれば、登録免許税が節約されることがある。

(2)　分割会社の商号変更

　準備会社方式を中心として、分割会社乙が同一住所の甲（多くが100％

第88条

子会社）に吸収分割し、承継会社甲を乙に、また分割会社乙を丙（極端な場合は甲）に商号変更することがある。

　①「1／2」甲の申請（「商号を甲から乙へ」、「☆から分割」）
　②「2／2」乙の申請（「商号を乙から丙へ」、「乙に分割」）

　一瞬、乙社が2社生じるが、同時に乙も商号変更し、その商号変更の事実が①の添付書面で判明するため、本法27条の「同一住所・同一商号」の禁止には抵触しない。上記の☆部分につき「乙から分割」と申請することも可能である。

　☆部分については「丙から分割」とすることもできる。同時申請とはいえ、受付番号では②が①に遅れ、乙が丙に商号変更したことについては、いまだ未登記なのに、①で「丙から分割」と登記することができる理由は、①の添付書面から乙の商号の事実が証明されているためである（前掲（183頁）野口ほか24頁以下）。

　ただし、甲と乙が異管轄の場合は「丙から分割」とする登記の受理は困難だということである（平成28年に東京法務局に私的に問い合わせた回答）。

2．分割会社の添付書面（3項）

　合併の場合と相違し、会社分割の場合は、「同時申請2／2」の申請人は分割会社自身であるため、経由元の管轄登記所が分割会社を管轄する登記所と異なる場合には、申請人の代表者印が登録されておらず、「2／2」申請が適正な申請かにつき判断することができない。そこで、本条3項で、添付書面として会社を代表して申請する代表者の届出印についての印鑑証明書の添付を要求したものである。

　第88条　吸収分割承継会社又は新設分割設立会社の本店の所在地を管轄する登記所においては、前条第2項の登記の申請のいずれかにつき第24条各号のいずれかに掲げる事由があるときは、これら

の申請を共に却下しなければならない。
2　吸収分割承継会社又は新設分割設立会社の本店の所在地を管轄する登記所においては、前条第１項の場合において、吸収分割による変更の登記又は新設分割による設立の登記をしたときは、遅滞なく、その登記の日を同項の登記の申請書に記載し、これを吸収分割会社又は新設分割会社の本店の所在地を管轄する登記所に送付しなければならない。

本条の概要

　本条は、吸収分割承継会社の吸収分割による変更の登記又は新設分割設立会社の新設分割による設立の登記と吸収分割会社又は新設分割会社の分割による変更の登記が同時申請された場合に、いずれかに却下事由があれば、両方とも却下されること、また、吸収分割による変更の登記又は新設分割による設立の登記をしたときは、遅滞なく、分割会社の本店の所在地を管轄する登記所に変更の登記の申請書を送付しなければならない旨を定めるものである。

解　説

　合併に関する本法83条を参照されたい。

（株式交換の登記）
第89条　株式交換をする株式会社の発行済株式の全部を取得する会社（以下「株式交換完全親会社」という。）がする株式交換による変更の登記の申請書には、次の書面を添付しなければならない。
　一　株式交換契約書
　二　会社法第796条第１項本文又は第２項本文に規定する場合には、当該場合に該当することを証する書面（同条第３項の規定

第89条

により株式交換に反対する旨を通知した株主がある場合にあつては、同項の規定により株主総会の決議による承認を受けなければならない場合に該当しないことを証する書面を含む。）

三　会社法第799条第2項の規定による公告及び催告（同条第3項の規定により公告を官報のほか時事に関する事項を掲載する日刊新聞紙又は電子公告によつてした場合にあつては、これらの方法による公告）をしたこと並びに異議を述べた債権者があるときは、当該債権者に対し弁済し若しくは相当の担保を提供し若しくは当該債権者に弁済を受けさせることを目的として相当の財産を信託したこと又は当該株式交換をしても当該債権者を害するおそれがないことを証する書面

四　資本金の額が会社法第445条第5項の規定に従つて計上されたことを証する書面

五　株式交換をする株式会社（以下「株式交換完全子会社」という。）の登記事項証明書。ただし、当該登記所の管轄区域内に株式交換完全子会社の本店がある場合を除く。

六　株式交換完全子会社において会社法第783条第1項から第4項までの規定による株式交換契約の承認その他の手続があつたことを証する書面（同法第784条第1項本文に規定する場合にあつては、当該場合に該当することを証する書面及び取締役の過半数の一致があつたことを証する書面又は取締役会の議事録）

七　株式交換完全子会社において会社法第789条第2項の規定による公告及び催告（同条第3項の規定により公告を官報のほか時事に関する事項を掲載する日刊新聞紙又は電子公告によつてした場合にあつては、これらの方法による公告）をしたこと並びに異議を述べた債権者があるときは、当該債権者に対し弁済し若しくは相当の担保を提供し若しくは当該債権者に弁済を受けさせることを目的として相当の財産を信託したこと又は当該株式交換をしても当該債権者を害するおそれがないことを証する書面

八　株式交換完全子会社が株券発行会社であるときは、第59条第1項第2号に掲げる書面
　　九　株式交換完全子会社が新株予約権を発行している場合であつて、会社法第768条第1項第4号に規定する場合には、第59条第2項第2号に掲げる書面

[本条の概要]

　本条は、株式会社が株式交換完全親会社になった場合の株式交換による変更登記申請に関する通則的な添付書面（法46条）以外の添付書面について定めるものである。

[解　説]

１．株式交換の登記の特徴
(1)　株式交換とは何か
　株式交換とは、「株式会社がその発行済株式の全部を他の株式会社又は合同会社に取得させること」をいうが（会2条31号）、本条は他の「株式会社」に取得させた場合の規定である。
　取得させる株式会社を株式交換完全子会社といい、取得の結果として100％親会社になる会社を株式交換完全親会社という（会767条）。「なった」会社ではなく、「なる」会社のことである。
　株式交換は、完全親子関係になる手法だが、株式交換完全子会社からみれば、株式の全部譲渡と同じく、会社の外に存在する株主に異動が生じるだけで、会社財産（貸借対照表）に変動が生じないのが原則であるから、同じ吸収型再編である吸収合併や吸収分割と相違し、「年月日大阪市………株式会社乙から株式交換」等の登記はなされず（規別表５会社履歴区参照）、単に、株式交換完全親会社で発行済株式の総数や資本金の額に変更が生じた場合に、登記の事由として株式交換を理由とするだけである。

第89条

　株式交換完全子会社では、原則として何らの登記も必要としない。具体的には、対価が新株式・新株予約権・新株予約権付社債であれば、株式交換完全親会社のみで登記がなされる。対価が株式交換完全親会社の自己株式や株式以外の財産又は無対価であれば、株式交換完全親会社でも株式交換完全子会社でも登記事項はない（対価が自己株式のみの事例は少なくない。）。

　例外として、株式交換完全子会社の株式ではなく新株予約権（以下、新株予約権付社債についても同じ。）に株式交換完全親会社の新株予約権が割り当てられた場合にのみ、株式交換完全親会社でも株式交換完全子会社でも新株予約権に関する登記が必要になるという関係である。新株予約権付社債に対してなしたときは、株式交換完全親会社が株式交換完全子会社の社債を承継することになる（会769条5項）。

　株式交換完全子会社の新株予約権をも割当て（引継ぎ）の対象にしているのは、株式交換完全子会社の新株予約権については合併（会750条4項）と異なり株式交換によって消滅するわけではないため、株式交換によって完全親子関係を創設した後に、株式交換完全子会社の新株予約権が行使されれば、この関係が崩れてしまうためである。

(2)　株式交換が行われる理由

　株式交換は、株式交換完全親会社の立場からすれば、現金の支払が不要の「株式で支払う企業買収」ということになり大きなメリットがある。合併したわけではないから、社風の相違による軋轢も生じにくい。完全子会社化した後に、当該株式交換完全子会社を売却することも容易である。旧株主に買戻しを求めることもできる。

　しかし、第三者間の未上場企業間ではほとんどなされない。株式交換完全親会社の株式が対価とされた場合でいえば、いままで株式交換完全子会社のオーナーだった者が株式交換の結果、株式交換完全親会社の少数株主に転落するだけでなく、受領した株式の売却市場もなく、容易に換金化することができず、得られるメリットが少ないからである。

　これに対して、株式交換完全親会社が上場会社であれば、少数株主に

なっても上場株式を取得することができ、いつでも、少しずつでも株式を売却することができるため（譲渡益に対する課税繰延措置もある。）、これはよくなされている。

　株式交換は、同一企業グループ内でも行われるが、これは、主として非完全子会社を完全支配下に置くためである。株式譲渡でも同じ結論を導くことができるが、株式譲渡では1人でも所有株式の処分に抵抗する者が現れれば、完全子会社化が不可能だが、株式交換によれば多数決で、これを実行できる。反対株主には買取請求という手続も保証されている（会785条）。

(3)　**株式交換は吸収合併の一部分**

　株式交換は相手会社を外部の完全子会社にすることにとどめて事業支配に関しては間接的支配とし、株主に関しては対価を割り当てる（あるいは無対価とする）人的な組織再編である点で、吸収合併の一部分だともいえる。将来の合併の準備として株式交換を利用することも多い。株式交換は、事業を直接取り込まない点で原則として債権者保護手続を不要とするが、対価の割当ての面では吸収合併と同様の手続が必要となる。

(4)　**株式交換の会計処理と無対価株式交換**

　株式交換は株式交換完全子会社の株主の立場からすれば、その有する株式交換完全子会社の株式を現物出資し、株式交換完全親会社から対価を取得する関係であって、株式交換完全親会社においては、出資型の会計処理だけがなされる。株式交換後も別々の会社であり、負債付事業を移転する要素がないため法人格（貸借対照表）の結合（合算）のような会計処理はなされない（計39条）。会社計算規則にも無対価についての規定が存在していない。

　しかし、会社法の規定からは無対価の場合が想定され（会768条1項2号に「株式交換完全子会社の株主に対してその株式に代わる金銭等を交付するときは」とある。）、法人税法にも無対価の規定が存在している（法人税法2条12号の16、同施行令4条の3第14号等）。100％子会社同士（兄弟会社同士）を無対価株式交換によって親子（子と孫）関係に再編したいと

第89条

いう実務のニーズもある。株式対価を交付すれば済むことだが、発行済株式の総数を含めて何も変更せずに現状のままグループを再編したいという場合には、会社のリスクで会計処理を行い、実行することも少なくないようである。登記も不要である。

(5) 株式交換完全子会社の自己株式処理

吸収合併では合併消滅会社の自己株式に対価を割り当てることができないが、株式交換では完全子会社の自己株式にも無対価の場合を除き対価を割り当てなければならない。株式交換完全子会社の発行済株式の全てを株式交換完全親会社に取得させなければならないからである（会768条1項3号かっこ書と会749条1項3号かっこ書を対比。会施23条2号）。

しかし、子会社は、相当の時期にその有する親会社株式を処分しなければならないため（会135条3項）、実務では、株式交換完全子会社の自己株式を事前に消却することが多い（会178条）。反対株主の買取請求がなされ、株式交換の効力発生日に株式交換完全子会社の自己株式になるものについても同様である（会786条6項、本書326頁(6)部分参照）。具体的な株式数が事前に判明せずとも、株式交換の効力発生時の自己株式全部を消却すると決議することによって、自己株式及びその数の特定には問題がないとされている。

2．株式交換の添付書面

(1) 概観

株式会社が株式交換完全親会社になる場合の添付書面としては、

　イ．株式交換完全親会社側が準備する書面として、株式交換契約の承認に関する書面、必要により債権者保護手続書面、資本金計上証明書

　ロ．株式交換完全子会社側で準備する書面として、株式交換契約の承認に関する書面、必要により債権者保護手続書面、株券等提出手続書面、登記事項証明書

　ハ．株式交換完全親会社と株式交換完全子会社で共通のものとして株

式交換契約書

以上が主だったものである。申請代理人への委任状も当然に必要である。株主リストの要否にも要注意である。

(2) **株式交換契約書（1号）**

会社法768条1項により、当事者に関する事項のほかは、交付する金銭等及び新株予約権に関する割当てに関する事項や効力発生日が必要的記載事項とされている。株主に対して対価を交付する人的組織再編として共通する吸収合併とほぼ同様だが（会749条参照）、株式交換完全子会社の新株予約権への割当対価として「金銭」が含まれていない。株式交換・株式移転では、当該組織再編後も会社自体は存続し続けるためである。

(3) **完全親会社の簡易又は略式株式交換に該当することを証する書面（2号）**

財産を受け入れて対価を交付するという意味で株式交換完全親会社は吸収合併存続会社と類似した関係にあり、簡易合併・略式合併に準じるため本書327頁4部分を参照されたい。

(4) **債権者保護手続書面（3号・7号）**

株式交換でも債権者保護手続が必要な場合がある。①主要な対価を株式以外にした場合（無対価は含まない。）と②新株予約権付社債が承継された場合であるが（会799条1項3号、789条1項3号）、②のケースは少ないといえる。①の場合は株式交換完全親会社だけに必要である。

債権者保護手続書面とは、資本金の額の減少と同様であるため、本法70条に記した部分を参照していただきたい（本書281頁2部分）。

(5) **資本金計上証明書（4号）と会社計算規則39条2項ただし書**

株主資本が増加し、資本金の額が増加する場合には、会社計算規則39条に従って計上させねばならないが、その証明書が、本号の資本金計上証明書（資本金の額を増加しないことが株式交換契約書から判明する際は不要）である。書式例は法務省のＨＰに掲載されているので、それを参照いただきたい。

会社計算規則39条の解釈で最も難解なのは、同条2項ただし書である。そこに「法第799条の規定による手続をとっている場合以外の場合にあっては」とあるとおり、この「ただし書」の内容は、債権者保護手続をしない場合である。

債権者保護手続がなされている場合は、いったん資本金・資本準備金に計上し、同時に減資したのと同様に、その他資本剰余金に計上する会計処理が可能だが（2項本文）、それがなされていない場合には、株主資本等変動額の全額を資本金又は資本準備金に計上し、例外として、対価に自己株式が加わっていた場合には、その自己株式処分差益に対応した分については、その他資本剰余金に計上することができるという内容である。純粋の株式の現物出資類似行為として募集株式の発行等の会社計算規則14条に準じた内容である。

この会社計算規則39条2項ただし書の「法第799条の規定による手続をとっている場合以外の場合」については、「任意に債権者保護手続をとれば」と解釈する見解もあるが（江頭・会社法6版934頁、川井信之編著『株式交換・株式移転の法務』94頁（中央経済社、2009年））、通説及び実務は会社法799条1項3号のとおりに、①主要な対価を株式以外にした場合と、②完全子会社の新株予約権付社債を承継する場合の2つの場合に限り、任意の債権者保護手続を否定している（小松岳志＝澁谷亮「商業登記実務のための会社法Q&A（20・完）」登情562号51頁（2008年）、相澤哲編著『Q&A会社法の実務論点20講』211頁（金融財政事情研究会、2009年））。

任意の債権者保護のニーズは、株式交換で全額を資本準備金に計上するのではなく（実務では増加資本金0円が多い。会445条5項）、その他資本剰余金に計上したいというものであろうが、そのためには、他の方法がある。準備金の額の減少手続である（会448条参照、同条3項によることも可能）。準備金の額の確定数字が不明の段階でも「株式交換によって増加した資本準備金の全額を減少」すれば特定に問題はなく、複数の著名上場会社の実例もある。

(6) その他の添付書面（5号・6号・8号・9号）

本条5号の登記事項証明書の添付の方法については本書195頁(2)部分、6号の株式交換承認決議等は同じ人的組織再編の吸収合併消滅会社に関する本書333頁8部分、8号の株券提出は本書234頁(3)部分、9号の新株予約権証券提出は本書237頁(2)部分を参照されたい。

（株式移転の登記）
第90条　株式移転による設立の登記の申請書には、次の書面を添付しなければならない。
一　株式移転計画書
二　定款
三　第47条第2項第6号から第8号まで及び第10号から第12号までに掲げる書面
四　前条第4号に掲げる書面
五　株式移転をする株式会社（以下「株式移転完全子会社」という。）の登記事項証明書。ただし、当該登記所の管轄区域内に株式移転完全子会社の本店がある場合を除く。
六　株式移転完全子会社において会社法第804条第1項及び第3項の規定による株式移転計画の承認その他の手続があつたことを証する書面
七　株式移転完全子会社において会社法第810条第2項の規定による公告及び催告（同条第3項の規定により公告を官報のほか時事に関する事項を掲載する日刊新聞紙又は電子公告によつてした場合にあつては、これらの方法による公告）をしたこと並びに異議を述べた債権者があるときは、当該債権者に対し弁済し若しくは相当の担保を提供し若しくは当該債権者に弁済を受けさせることを目的として相当の財産を信託したこと又は当該株式移転をしても当該債権者を害するおそれがないことを証する書面

第90条

> 八　株式移転完全子会社が株券発行会社であるときは、第59条第1項第2号に掲げる書面
> 九　株式移転完全子会社が新株予約権を発行している場合であつて、会社法第773条第1項第9号に規定する場合には、第59条第2項第2号に掲げる書面

【本条の概要】

　本条は、株式移転による設立登記につき、設立登記申請に関する通則的な添付書面（法47条）以外の添付書面について定めるものである。

【解　説】

１．株式移転の特徴
(1)　株式交換の新設型再編版である
　株式移転は、株式交換の新設型再編版だが、「１又は２以上の株式会社がその発行済株式の全部を新たに設立する株式会社に取得させること」（会２条32号）と定義されているように、株式移転を行う会社も新たに設立する会社もともに株式会社に限定されている。
(2)　共同株式移転が多い
　１社でも可能だが、共同株式移転により持株会社を創設する方法として採用されることが多い。株式移転後も法人としては別々のため、新設合併と相違し、社風の相違による軋轢などを回避することもできる。そのため、将来の対等合併の準備として行われることもある。株式交換と相違し、上下の関係にならないため、受け入れやすいからである。
(3)　株式移転の登記の特徴
　株式移転は会社の外にある株主に異動が生じるだけだから、登記については、純粋の設立登記と同様に、登記記録区に「設立／平成〇年〇月〇日登記」と記録されるのみである。登記記録をみただけでは、通常の設立と区別がつかない。登録免許税も通常の設立と同じく、最低額は15

万円であり（登免別表1、24(1)イ）、同じ新設型再編である新設合併や新設分割の最低額3万円（登免別表1、24(1)ホ・ト）と相違する。

　株式移転完全子会社では、原則として何らの登記も必要としない。株式移転完全子会社の新株予約権（以下、新株予約権付社債についても同じ。）に対して、株式移転で設立する株式移転設立完全親会社が発行する新株予約権が割り当てられた場合にのみ、新株予約権の消滅登記が必要である。

2．株式移転の添付書面
(1) 添付書面概観

　株式会社が株式移転設立完全親会社となる場合の添付書面としては、

- イ．株式移転設立完全親会社側が準備する書面として、通常の設立と同様に、定款、設立時役員等や代表取締役の選任（定）書面、必要により会計監査人の選任書面、各就任の承諾を証する書面、資本金計上証明書、必要により株主名簿管理人との契約を証する書面、会計監査人等の資格証明書
- ロ．株式移転完全子会社側で準備する書面として、株式移転計画書、株式移転計画の承認に関する書面、必要により債権者保護手続書面、株券等提出手続書面、登記事項証明書

以上が主だったものである。申請代理人への委任状も当然に必要である。株主リストの要否にも要注意である。

(2) 株式移転計画書（1号）

　株式移転計画書への記載事項は会社法746条1項に列挙されているが、通常の株式会社設立事項（定款内容の決定と設立時の役員等など）のほか、株式移転完全子会社の株主や新株予約権者（新株予約権付社債を含む。）に対する対価の割当てに関する事項が中心である。

　新会社設立行為であるから、必ず株式を発行しなければならず、社債等（社債や新株予約権（会746条1項7号ニ参照））を株式と同時に発行することはできるが、既存財産は存在しないため、対価の柔軟化はなされ

第90条

ていない。

(3) 定款及び本法47条2項の一部に掲げる書面（2号・3号）

定款（認証は不要）と決定した会社の機関や役員、株主名簿管理人等に関する必要な書類の提出を求めたものである。本法47条の該当箇所を参照されたい。

(4) 資本金計上証明書（4号）

資本金の額が会社計算規則52条に従って計上されているかを証するものだが、書式例は法務省のＨＰに掲載されているので、それを参照されたい。会社計算規則52条では、株主資本「等」変動額といわないが、これは株式移転の当事者に持分会社が含まれないためである。

債権者保護手続が不要な場合にも、その他資本剰余金を計上することができることが特徴的だが、新会社であり債権者が不在であること（弥永真生『コンメンタール会社計算規則・商法施行規則〔第2版〕』356頁（商事法務、2009年））、また、このようにしないと、設立後すぐに事業年度末日を迎えた場合に、株主に対する剰余金の配当（会453条）の原資に困るという問題も生じるためだと思われる。

もっとも、最近は、事業年度末日の翌日を株式移転の日にして、剰余金の配当は株式移転完全子会社の役割にすることが多いようである。

(5) 株式移転完全子会社の登記事項証明書（5号）

添付方法については、本書195頁(2)部分を参照されたい。

(6) 株式移転完全子会社の株主総会による承認決議が原則（6号）

株主に対価が直接交付される人的組織再編として吸収合併消滅会社に準じているため、本書333頁8部分を参照されたい。新設型再編として株主総会開催時期については本書319頁③部分、新設型再編特有の「本店所在場所や株主名簿管理人の決定」、「設立時代表取締役の選定」問題は、新設分割に関する本書360頁(2)(3)部分を参照されたい。

(7) 債権者保護手続書面（7号）

株式移転で債権者保護が必要となるのは、株式移転計画新株予約権（会773条1項9号イ）が新株予約権付社債に付された新株予約権である

場合に当該新株予約権付社債についての社債権者に対してのみである（会810条1項3号）。ケースとしては、非常に少ないであろうが、公告例や催告例については、債権者保護という意味では資本金の額の減少と同様であるため、本書281頁2部分を参照されたい。

(8) **株券等提出手続書面（8号・9号）**

本書234頁(3)部分及び237頁(2)部分を参照されたい。

（同時申請）

第91条　会社法第768条第1項第4号又は第773条第1項第9号に規定する場合において、本店の所在地における株式交換完全子会社又は株式移転完全子会社がする株式交換又は株式移転による新株予約権の変更の登記の申請は、当該登記所の管轄区域内に株式交換完全親会社又は株式移転により設立する株式会社（以下「株式移転設立完全親会社」という。）の本店がないときは、その本店の所在地を管轄する登記所を経由してしなければならない。

2　会社法第768条第1項第4号又は第773条第1項第9号に規定する場合には、本店の所在地における前項の登記の申請と第89条又は前条の登記の申請とは、同時にしなければならない。

3　第1項の登記の申請書には、登記所において作成した株式交換完全子会社又は株式移転完全子会社の代表取締役（指名委員会等設置会社にあつては、代表執行役）の印鑑の証明書を添付しなければならない。この場合においては、第18条の書面を除き、他の書面の添付を要しない。

本条の概要

株式交換完全子会社又は株式移転完全子会社の新株予約権の新株予約権者に対して当該新株予約権に代わる株式交換完全親会社又は株式移転

第92条

　設立完全親会社の新株予約権が割り当てられた場合には、株式交換完全親会社又は株式移転設立完全親会社では割り当てた新株予約権につき登記し、株式交換完全子会社又は株式移転完全子会社では新株予約権の消滅の登記をしなければならない。本条はその際の登記申請方法につき同時かつ経由申請を定めるとともに、株式交換完全子会社又は株式移転完全子会社からの委任状の添付や、委任状への押印についての印鑑証明書の添付についても定めるものである。

解　説

　同時経由申請の実務での方法については吸収合併に関する本法82条の本書338頁２部分を参照されたい。

　株式交換の場合、「１／２」の株式交換完全親会社の申請でも、「２／２」の完全子会社の申請でも、登記の事由は「株式交換（による変更）」だが、登記事項は、前者については、発行される新株予約権の内容であり、後者については、「平成〇年〇月〇日株式交換契約新株予約権消滅」となる。

　吸収合併との相違は、相手会社が解散消滅していないので、「２／２」の申請人が株式交換完全子会社又は株式移転完全子会社自身となり、印鑑証明書を添付することである（会社分割の分割会社の場合と同様）。

第92条　株式交換完全親会社又は株式移転設立完全親会社の本店の所在地を管轄する登記所においては、前条第２項の登記の申請のいずれかにつき第24条各号のいずれかに掲げる事由があるときは、これらの申請を共に却下しなければならない。

２　株式交換完全親会社又は株式移転設立完全親会社の本店の所在地を管轄する登記所においては、前条第１項の場合において、株式交換による変更の登記又は株式移転による設立の登記をしたときは、遅滞なく、その登記の日を同項の登記の申請書に記載し、

これを株式交換完全子会社又は株式移転完全子会社の本店の所在地を管轄する登記所に送付しなければならない。

本条の概要

　本条は、株式交換完全親会社又は株式移転設立完全親会社が新株予約権を株式交換完全子会社又は株式移転完全子会社の新株予約権の新株予約権者に割り当てた場合には、株式交換完全子会社又は株式移転完全子会社でも変更の登記が必要となり、同時申請の関係になるため、いずれかに却下事由があれば、両方とも却下されること、また、経由申請になるため、株式交換完全親会社の変更の登記又は株式移転設立完全親会社の設立の登記をしたときは、遅滞なく、株式交換完全子会社又は株式移転完全子会社の本店の所在地を管轄する登記所に変更の登記の申請書を送付しなければならない旨を定めたものである。

解　説

　合併に関する本法83条を参照されたい。

第93条

第6節　合名会社の登記

> （添付書面の通則）
> 第93条　登記すべき事項につき総社員の同意又はある社員若しくは清算人の一致を要するときは、申請書にその同意又は一致があつたことを証する書面を添付しなければならない。
> ....
> 第111条（準用規定）で合資会社に準用
> 第118条（準用規定）で合同会社に準用

本条の概要

　合名会社・合資会社・合同会社を総称して持分会社というが（会575条1項）、本条及び111条、118条は、持分会社が何らかの意思決定をし、それが登記事項のときは、登記申請に当たり、その意思決定があつたことを証する書面を添付しなければならないとする添付書面の通則を規定したものである。

解　説

1．持分会社の意思決定書面の添付
(1)　法定の会議体は不存在

　持分会社では、社員数が少なく社員相互に信頼関係にあるという前提に立つため、会議を開催し、議論し、会議体形式の多数決で決する必要はなく、その意思決定方法は、総社員の同意又はある社員の一致が原則となる。その際の多数決も、多くを出資した人が多くのリスクを負うのだから議決権も多くするという株式会社の持分複数主義（資本多数決）によるのではなく、1人1票の頭数の多数決である（持分単一主義）。

　なお、会議体と非会議体の差については、本法46条で詳細に触れてい

るので参照されたい（本書134頁以下）。相違点の中心は、議論の場である会議の開催どころか協議さえ不要であり、一定の事項に社員の何人が同意したかである。

(2) 総社員の同意を要する場合

会社法の規定で、持分会社３社共通の総社員の同意を要する主たる事項は、次のとおり、定款の変更や組織再編等の社員個々にとっても無関心ではいられない重要事項の決定である。

　イ．総社員の同意による退社（法定退社事由、会607条１項２号）
　ロ．定款の変更（会637条）
　ハ．解散の決定（会641条３号）
　ニ．組織変更の決定（会781条１項）
　ホ．合併消滅会社になる決定（会793条１項、813条１項１号）
　ヘ．吸収合併存続会社、吸収分割承継会社、株式交換完全親会社になる決定（会802条１項）

(3) ある社員の一致を要する場合

「ある社員の一致」という場合は、①当該社員を除く他の社員全員の一致と、②社員の（頭数の）過半数の同意という意味の両者を含んだ概念と思われる。

① 当該社員を除く他の社員全員の一致を要する場合

会社法585条１項には、「社員は、他の社員の全員の承諾がなければ、その持分の全部又は一部を他人に譲渡することができない。」とあるが、業務を執行しない有限責任社員の持分譲渡については、業務を執行する社員（以下、「業務執行社員」という。）の全員の承諾だとされている（会585条２項）。

業務執行社員の解任も、原則として「他の社員の一致」である（会591条５項）。非業務執行社員を含めた他の社員の「全員」の一致という意味だと思われる。また、業務執行社員の競業の承認は、「当該社員以外の社員の全員の承認」を要するとされている（会594条１項）。

ここで、ある社員が退社する際は「総社員の同意」とし、「他の社

第93条

の一致」あるいは「他の社員全員の承諾」などと規定しなかった理由に疑問が生じるが、法定退社事由の「総社員の同意」は、共同事業を営もうとする全員の共同契約の一部解除という「全員の決定」という視点から規定し、当事者である当該社員と他の社員との関係という視点で規定しなかったものにすぎないと思われる。なお、会社継続の場合は、会社法642条1項が「社員の全部又は一部の同意（注：不同意の社員は退社する。同条2項）によって、持分会社を継続することができる。」と規定し、「総社員の同意又はある社員の一致によって」と規定していないが、特別の意味合いはないと考える。

② ある社員の過半数の同意を要する場合

　ある社員の過半数の同意を要する場合という意味では、会社法590条2項が規定する業務（執行）の決定が典型例である。この場合の「ある社員（の一致）」とは、定款で業務執行社員を定めた場合には、業務執行社員のことである（会591条1項）。社員が清算人を選任する場合も同様である（会647条1項3号）。

　業務（執行）の決定とは、重要な事業活動の決定のほか、本店所在場所をどこにするか、支店を置くか、置くとしてどこにするかなどの決定が例である。ただし、支配人の選解任は、原則として、非業務執行社員を含めた（頭数の）過半数の同意だとされている（会591条2項）。支配人のような業務執行に従事する者の選解任は、全社員にとっても重要な関心ごとだからである。

　資本金の額の決定も、業務の決定である（松井・ハンドブック3版616頁）。持分会社には、株式会社のような出資額の2分の1以上を資本金の額にせよという規制もないため（会445条2項参照）、出資された額を資本金と資本剰余金に自由に振り分けられる（計44条参照）。設立の段階から、資本金の額0円と決定することも可能である。

③ ある清算人の一致を要する場合

　清算持分会社の業務執行は清算人の役割だが（会650条1項）、清算人が2人以上ある場合には、清算持分会社の業務は、定款に別段の定めが

ある場合を除き、清算人の過半数をもって決定するとされている（会650条2項。例外は3項で事業の全部又は一部の譲渡）。

2．定款自治と「証する書面」
(1) 定款自治
　持分会社の意思決定の方法は以上が原則だが、定款で定めれば、定款の変更であっても、総社員の同意によらないとすることができ、株式会社に関する会社法309条2項のような最低限の制限は規定されていない。極論すれば、持分会社の内部規律においては、定款自治が万能だともいえる。意思決定方法についても、定款で社員総会決議による旨を定めることができる。また、出資の額の多寡により議決権の個数を定めることも可能である。

(2) 添付書面として「証する書面」
　持分会社の意思決定は、原則として、社員（又は業務執行社員）の個々の同意の数を問題にするが、個々の同意書自体を登記申請の添付書面とする必要はなく、「同意又は一致があつたことを証する書面」で足りる。その決定方式は問わないから、社員総会議事録形式の書面もこれに該当する。

（設立の登記）

第94条　設立の登記の申請書には、次の書面を添付しなければならない。

一　定款

二　合名会社を代表する社員が法人であるときは、次に掲げる書面

　イ　当該法人の登記事項証明書。ただし、当該登記所の管轄区域内に当該法人の本店又は主たる事務所がある場合を除く。

　ロ　当該社員の職務を行うべき者の選任に関する書面

第94条

> 　　ハ　当該社員の職務を行うべき者が就任を承諾したことを証する書面
> 　三　合名会社の社員（前号に規定する社員を除く。）が法人であるときは、同号イに掲げる書面。ただし、同号イただし書に規定する場合を除く。
>
> ....
> 第111条（準用規定）で合資会社に準用
> 第118条（準用規定）で合同会社に準用

本条の概要

　本条及び111条、118条をまとめて解説するが、持分会社の設立登記の際には、定款だけでなく、持分会社の代表社員等に法人がなった場合に必要な書面を定めるものである。

解　説

１．持分会社の定款と設立登記事項

(1)　持分会社の定款記載事項（１号）

　定款の絶対的記載事項は会社法576条１項に規定されており、以下のとおりである。

　　１号から３号：目的、商号、本店の所在地
　　４号：社員の氏名又は名称及び住所
　　５号：社員が無限責任社員又は有限責任社員のいずれであるかの別
　　６号：社員の出資の目的（有限責任社員にあっては、金銭等に限る。）及びその価額又は評価の標準

　５号については、合名会社は社員の全部が無限責任社員であること、合資会社では一部が無限責任社員で、残りが有限責任社員であること、合同会社では社員の全部が有限責任社員であることを記載し、又は記録しなければならない（会576条２項・３項・４項）。

4号には「社員の氏名又は名称及び住所」とあり、社員自体が定款記載事項とされており、株式会社と大きな差である。社員は合資会社を除き、1人でもよい（会641条4号）。また、ここに「名称」とあるため、法人も無限責任社員になれることが明らかである（会598条参照）。

6号によると無限責任社員の出資の目的は金銭等（金銭その他の財産をいう。会151条1項）に限らないから、信用や労務の出資も可能である。個人で無限責任を負うため、出資財産が何かはそう重要ではないからである。定款には、その出資の目的と評価額を記載することになる。

定款記載事項である目的、商号、本店所在地については、株式会社の設立に関する本法47条の該当箇所を参照されたい。また、登記事項である公告方法についての取扱いも株式会社と同様であるため（会911条3項27号から29号、912条8号から10号、913条10号から12号、914条9号から11号）、同じく本法47条の該当箇所を参照されたい。

(2) **定款に社員の氏名又は名称及び住所を記載する意味**

持分会社では社員の氏名・住所が定款の記載事項のため、定款が社員名簿を兼ね、しかもその記載が対抗要件どころか（会130条参照）、社員であることの効力要件である。会社法604条2項にも「持分会社の社員の加入は、当該社員に係る定款の変更をした時に、その効力を生ずる。」とある。

また、社員は原則として業務執行権を有するから（会590条1項）、定款で業務執行社員を定めた機能がある。

原則として、社員資格については問わないが、民法上の組合や有限責任事業組合は法人格がないため社員になれない（相澤ほか・論点解説561頁）。必要であれば、組合員自体を社員にする等の方法を採用することになる。

代表社員については「持分会社は、定款又は定款の定めに基づく社員の互選によって、業務を執行する社員の中から持分会社を代表する社員を定めることができる。」とされており（会599条3項）、定款から離れて総社員の同意で代表社員を定めるとの規定は存在しない（会349条3項対比）。

第94条

　実際にも、定款で業務執行社員や代表社員を直接定める例が多い。持分会社の定款の変更には原則として総社員の同意を要するから（会637条）、持分会社の定款は、業務執行権の所在まで含めた総社員の同意書の機能をも有していることになる。

(3) 定款認証は不要

　持分会社では、定款認証の手続が不要である。司法書士が代理して電子定款を作成した場合に、社員となろうとする者からの電子定款作成の委任状についても、設立登記申請に添付する必要はないとされている。

(4) 持分会社の設立登記事項

　持分会社の設立登記事項は、会社法912条（合名会社）、同913条（合資会社）、同914条（合同会社）に規定されているが、目的、商号、本店、公告方法など共通の登記事項を別にすると、当然ながら、各社の定款内容と同じく、社員に関する事項の登記事項が会社の種別によって大きく異なる。

　第1に、合資会社では社員が無限責任社員と有限責任社員の2種類であり、しかも有限責任社員は債権者に直接責任を負うから「有限責任社員の出資の目的及びその価額並びに既に履行した出資の価額」（会913条7号）が登記事項とされている。例えば、「住所／有限責任社員○○○」の下に「金100万円　内金50万円履行」あるいは「金100万円　全部履行」などと記録する（平18・4・26民商1110号依命通知参照）。

　社員が無限責任社員1種類の合名会社では、単に「住所／社員○○○」でよい。無限責任社員と断る必要もなく、単に「社員」で登記されるだけでなく、無限責任を負うため、出資の目的や履行済みの額を公示する意味もない。間接有限責任社員だけで構成される合同会社にあっても、全額の出資がなされているため、社員個々の出資額を公示する意味もない。

　第2に、合名・合資会社では、社員であることが登記事項だが、合同会社では、社員のうち業務執行社員のみが登記事項とされている。合同会社の社員は株式会社の株主と同じく間接有限責任社員であるため、業

務執行に関与しない社員は公示する意味がないということだと思われる。

社員であること、業務執行社員であることは、株式会社の取締役と相違し、選任され委任された地位ではないため、「就任」ではないから、登記申請に当たり押印して提出する書面は原則的に存在しない。

第3に、合名・合資会社では社員に住所が記録され、代表社員には記録されないのに対し、合同会社では業務執行社員に住所が記載されず、代表社員のみに住所が記録される。これは、旧商法時代からの延長による登記記録の記録方法（合名・合資会社）と会社法下の新登記記録の記録方法（合同会社）の差であろう。会社法下では、仮に各自代表であっても、業務執行者と代表者を別枠に登記し、代表者に住所を記録する方法を採用しているからである。参考までに、特例有限会社の取締役の登記記録は前者であり取締役に住所が付され、通常の株式会社は後者で代表取締役だけに住所が付される。

その他、合同会社のみが資本金の額を登記事項としている。合名・合資会社でも、貸借対照表がある限り、資本金の額という概念がないわけではないが（計76条3項1号）、会社債権者に対して社員自身も直接責任を負担するため、公示する意味がないためである。

(5) **代表社員が法人であるときの職務執行者の登記（2号）**

① **法人社員特有の職務執行者**

法人が業務執行社員になった場合は、当該法人は、職務執行者を選任し、その者の氏名及び住所を他の社員に通知しなければならないが（会598条1項）、この職務執行者も当該法人が代表社員になった場合は登記事項となる。

「代表する社員が法人であるときは、当該社員の職務を行うべき者の氏名及び住所」は持分会社3社共通の登記事項である（会912条7号、913条9号、914条8号）。法人の代表者自身が職務執行者になることも可能だが、この場合でも、別途、職務執行者として選任し、その者が就任承諾をするという手続（会598条1項）が必要であるとして、登記実務上取り扱われている（松井・ハンドブック3版618頁）。

第94条

　職務執行者は、当該法人社員の役員や従業員に限るわけではなく、第三者を職務執行者として選任してもよい。

　法人社員1社につき、職務執行者は1人に限らない。複数の場合は、それぞれ別枠に登記される（平18・4・26民商1110号依命通知）。これは、理論よりも、代表者事項証明書の発行という事務処理のためである。

　実例は少ないだろうが、合名・合資会社で社員全員が代表権を有する場合には、社員あるいは無限責任社員・有限責任社員の枠に職務執行者が登記される（会社法下では、合資会社の有限責任社員も代表社員になれることに注意）。

　法人が持分会社の社員区（社員に関する事項）に記録されるときは、当該法人の登記事項証明書が添付書面になるが、その添付の方法については、本書195頁(2)部分を参照されたい。

　職務執行者の選任に関する書面と職務執行者が就任を承諾したことを証する書面も添付書面として必要である。就任承諾の宛先は、担当する持分会社ではなく選任母体になった法人宛でなければならない。それでも、職務執行者は担当する持分会社に対しては、忠実義務を負う（会598条2項）。

② 職務執行者に関する取締役会設置会社の選任機関

　平18・3・31民商782号通達第4部第2、2(3)81頁には、職務執行者の選任方法につき、「当該法人が株式会社である場合には、取締役が選任したことを証する書面（取締役会設置会社にあっては取締役会の議事録、委員会設置会社にあっては執行役が選任したことを証する書面。会社法第348条第1項、第2項、第362条第4項第3号、第418条）」とある。職務執行者の選任は支配人の選任に準じて取締役会で決議すべきであり（会362条4項3号）、代表取締役が決定してはならないという理由である（小川ほか・通達準拠291頁）。

　しかし、支配人は自社の重要な使用人であるのに対し、職務執行者は子会社あるいは投資先の経営従事者であるため、必ずしも重要な使用人とは限らない。それにもかかわらず、極大の上場会社が極小の合同会社

の代表社員になった場合も、職務執行者を選任するために、わざわざ上場会社の取締役会の決議まで必要とするのかという強い疑問があるが、登記実務は頑なである。

　そこで、実務では、上場会社と極小の合同会社の間に、中間株式会社を設け、その会社に合同会社の持分を持たせ、職務執行者の選任を担当させることもある。この方法以外にも、取締役会議事録を省略する方法として、定款で職務執行者を定められないかという問題提起があるが、定款の任的記載事項としては消極に考える。持分会社の社員が複数である場合を想定するまでもなく、職務執行者は代表社員の職務執行者であって、持分会社が選任して持分会社に対して就任を承諾する独立した持分会社の機関とはいえないからである。

　なお、「有限責任事業組合契約の組合員が取締役会設置会社である場合における当該組合員の職務を行うべき者の選任に関する書面」については、職務執行者が会社法362条4項3号の重要な使用人に当たらない場合があることを認めている（平20・12・19民商3279号通達）。

(6)　**代表社員以外の法人社員には登記事項証明書が必要（3号）**

　添付の方法は本書195頁(2)部分を参照されたい。

2．出資履行価額を証する書面ほか

　持分会社も、社員各自が出資をし合い共同事業を営む営利社団だから、社員各自は出資義務を負う。

　特に、合資会社の有限責任社員については、「出資の目的及びその価額並びに既に履行した出資の価額」が登記事項であるため（会913条7号）、設立の登記の申請書には、有限責任社員が既に履行した出資の価額を証する書面を添付しなければならない（法110条）。例えば、「住所／有限責任社員〇〇〇／金100万円／全部履行」と登記するためには（平18・4・26民商1110号依命通知参照）、金100万円が履行済みであることを証明しなければならない。

　債権者に社員としても直接責任を負うから現実に出資する前から社員

第95条

だが、「社員が金銭を出資の目的とした場合において、その出資をすることを怠ったときは、当該社員は、その利息を支払うほか、損害の賠償をしなければならない。」、「社員が債権を出資の目的とした場合において、当該債権の債務者が弁済期に弁済をしなかったときは、当該社員は、その弁済をする責任を負う。この場合においては、当該社員は、その利息を支払うほか、損害の賠償をしなければならない。」（会582条）とされている。

これに対して、株式会社と同じ間接有限責任社員だけで構成される合同会社にあっては、設立の登記の申請書には、法令に別段の定めがある場合を除き、会社法578条に規定する出資に係る払込み及び給付があったことを証する書面を添付しなければならない（法117条）。「資本金の額」も登記事項である（会914条5号）。

しかし、いずれも、株式会社の設立と相違して、払込取扱場所についての規定も現物出資に関する検査役の調査の規定もないため（会33条、34条2項、64条参照）、代表社員による払込金受領書、領収証、現物の引継書で足りる。もちろん、金銭出資の場合は、代表社員名義の預金通帳の写しや取引明細表を合綴したものも有効である。代表社員からの委任があれば、その職務執行者の受領も登記上肯定されている（松井・ハンドブック3版625頁）。

合同会社に限定だが、商業登記規則61条9項の資本金計上証明書についても、会社計算規則44条1項2号の設立費用控除の規定が当分の間ゼロ円とされ凍結中であり（計附則11条）、出資財産が金銭のみであれば、その範囲内の資本金の額であることが登記所にも判明するため、添付する必要はないとされている（平19・1・17民商91号通達）。

（準用規定）
第95条　第47条第1項及び第48条から第53条までの規定は、合名会社の登記について準用する。

> 本条の概要

　本条で準用する本法47条1項は「設立の登記は、会社を代表すべき者の申請によつてする。」、本法48条から53条までは支店での登記と本店移転に関する規定である。したがって、設立の登記は、会社を代表すべき者の申請によってすること、支店所在地での登記や本店移転に関する登記は株式会社と同様である旨を規定するものである。これらの規定は合資会社でも（法111条）、合同会社でも（法118条）独自に準用されている。

> 解　説

1．設立登記の申請
(1)　設立登記の申請人
　本条、111条、118条は、本法47条1項を準用し、「設立の登記は、会社を代表すべき者の申請によってする。」ことになる。
　代表社員が法人である場合は、申請書の申請人欄に、「申請人である当該持分会社の住所と当該持分会社の商号」、「代表社員である法人の住所と当該法人の名称」、「職務執行者の住所と氏名」を記載して申請することになる（法17条2項1号）。法人の代表者の住所氏名の記載は不要である。
(2)　法人が代表社員の印鑑届
　「登記の申請書に押印すべき者は、あらかじめ、その印鑑を登記所に提出しなければならない。」とあるため（法20条1項）、印鑑届を提出すると同時に申請するのが実務慣行である。
　法人社員が代表社員になった場合の印鑑提出者は職務執行者であり（規9条1項4号）、それに対して、当該法人の代表者が当該職務を行うべき者の印鑑に相違ないことを保証した書面及び当該書面の印鑑につき登記所の作成した証明書で作成後3か月以内のものを添付する方法が通常だが（規9条5項5号）、当該法人の代表者自身が職務執行者になった場合は商業登記規則9条5項4号に規定されているのでご確認いただき

第96条

たい。記載例に関しては法務省のＨＰに存在するが、資格者の欄は「代表社員」であり（松井・ハンドブック３版630頁は「職務執行者」となっているが、「代表社員」が正当だと考える。）、氏名の欄に、「代表社員である法人の住所／法人の名称／職務執行者○○○」と記載する。生年月日は、職務執行者の生年月日であり、法人の成立年月日ではない。職務執行者は代表社員１法人に１人とは限らないが、印鑑届は１人単位であり、複数人が同一印鑑を届け出ることはできない。

(3) 設立登記の登録免許税

設立登記の登録免許税に関しては、合名・合資会社は６万円、合同会社は資本金の額の1000分の７（最低額６万円）である（登免別表１、24(1)ロ・ハ）。

２．持分会社の支店と本店に関する登記

持分会社３社とも株式会社に関する本法48条から53条までを準用しているため、支店での登記と本店移転に関する登記は、株式会社の登記に準じることになる。本法48条から53条を参照されたい。

（社員の加入又は退社等による変更の登記）

第96条　合名会社の社員の加入又は退社による変更の登記の申請書には、その事実を証する書面（法人である社員の加入の場合にあつては、第94条第２号又は第３号に掲げる書面を含む。）を添付しなければならない。

２　合名会社の社員が法人であるときは、その商号若しくは名称又は本店若しくは主たる事務所の変更の登記の申請書には、第94条第２号イに掲げる書面を添付しなければならない。ただし、同号イただし書に規定する場合は、この限りでない。

....

第111条（準用規定）で合資会社に準用

第118条（準用規定）で合同会社に準用

> 本条の概要

　本条、111条、118条は、持分会社設立後の社員の加入、退社等があった場合に、その事実を証する書面について規定し、加入社員が法人である場合は当該法人の登記事項証明書や職務執行者の選任を証する書面及び就任の承諾をしたことを証する書面の添付を求めるものである。また、法人である社員が、その商号若しくは名称又は本店若しくは主たる事務所の変更の登記の申請書には、当該法人の登記事項証明書の添付を求めるものである。

> 解　説

1．持分会社の社員区

(1) 社員区の比較

　合名・合資・合同会社3社の社員区の登記記録の基本形は次のとおりである。合名会社及び合資会社では旧商法時代からの沿革的理由もあって、全社員が登記事項だが、合同会社だけは、業務執行社員でない社員は登記事項とされていない（会912条5号、913条5号、914条6号対比）。

◆社員区基本図表◆

〈合名会社甲の社員区〉

横浜市・・・ 社　　員　　A
千葉市・・・ 社　　員　　B
代表社員　　A

〈合資会社乙の社員区〉

横浜市・・・ 無限責任社員　　A
千葉市・・・ 有限責任社員　　B 金何万円　全部履行
代表社員　　A

〈合同会社丙の社員区〉

業務執行社員　　A
業務執行社員　　B
横浜市・・・ 代表社員　　A

　上記のとおり、合同会社では代表社員に住所が記録される株式会社型

だが、合名・合資会社の社員区の登記記録は特例有限会社型であって、代表社員ではない社員に住所が記載される。氏名に旧姓併記ができることは持分会社でも同様である（規88条の2）。

(2) 合名・合資会社の業務執行社員

　持分会社の業務執行（例えば、本店移転場所の決定や支店の設置の決定）は、業務執行社員を定款で定めた場合において、業務執行社員が2人以上あるときは、持分会社の業務は、定款に別段の定めがある場合を除き、業務執行社員の過半数をもって決定するとされているが（会591条1項）、合名・合資会社の登記記録では、業務執行社員かどうかが判明しない。

　会社法585条2項には「業務を執行しない有限責任社員は、業務を執行する社員の全員の承諾があるときは」とあるが、この場合も、合資会社の登記記録からは判明しない。

　したがって、合名・合資会社の業務執行社員の一致を証する書面では、同意書だけでなく、業務執行社員であることを証するため、定款の添付が必要となることもある（規82条、90条）。

(3) 合同会社の業務執行権喪失の登記

　合同会社では、業務執行社員であることが登記事項である。したがって、「平成〇年〇月〇日業務執行権付与」、「平成〇年〇月〇日業務執行権喪失」という登記が存在する。

(4) 代表社員は就任又は退任の登記

　代表社員は、「定款又は定款の定めに基づく社員の互選によって、業務を執行する社員の中から持分会社を代表する社員を定めることができる。」（会599条3項）。定款の定めに基づく社員の互選によって、業務執行社員の中から定められた場合は、業務執行社員と代表社員の地位は分化しているので、就任や辞任ができることは明らかである。

　定款で定められた場合も、登記記録上は独立枠に登記されるので、就任と辞任という名目での登記がなされるが、業務執行社員と代表社員の地位は分化していない一体の地位なので、この就任及び辞任には原則として総社員の同意と定款の変更が必要である。

2．加入又は退任の事実を証する書面（1項）

(1) 社員の加入（増員）の事実を証する書面
① 社員の新規加入

　新たに持分会社の社員になるには、入社の申込みと会社の承諾が必要だが、この入社につき、本法は「加入」という表現をしている。

　さいたま市居住の個人Ｃが、合名会社甲（以下、本書393頁の図表の会社甲、乙、丙を前提とする。）の無限責任社員として加入すると「平成〇年〇月〇日加入」という登記原因で上記の登記記録に追加記入される。

　Ｃが合資会社乙の無限責任社員あるいは有限責任社員に加入する場合も同様である。ただし、有限責任社員として加入した場合は「出資の目的及びその価額並びに既に履行した出資の価額」についても登記しなければならない。

　Ｃが、合同会社丙の社員として加入し、業務執行社員にならず出資額の全部を資本金の額に計上しなければ、社員として定款に記載されるだけで、登記事項は生じないが、業務執行社員になった場合は、同じく「平成〇年〇月〇日加入」という登記原因で業務執行社員として登記される。業務執行社員にあっても、加入であって「就任」ではないことにご注意いただきたい。

　加入と同時にＣが定款に従い上記会社のいずれかの代表社員になると、代表社員については「平成〇年〇月〇日就任」であって、加入ではない。代表社員は、「定款又は定款の定めに基づく社員の互選によって」定められる地位だからである（会599条3項）。

　社員として加入するに当たっては、Ｃの申込みと会社の承諾が必要だが、会社の承諾の方法については、会社法604条2項に「持分会社の社員の加入は、当該社員に係る定款の変更をした時に、その効力を生ずる。」とあるため、定款の変更と同じく原則として総社員（ここではＡＢ）の同意が必要であり、かつ、この同意は定款を変更する意思を含んでいなければならないことになる。

　ただし、この承諾の要件につき、「社員の入社には代表社員のみの同

第96条

意・承認あるをもって足る。」と定款に定めてある場合には、それに従うことで足りる（昭37・4・16民四64号回答）。

したがって、加入の登記申請の添付書面としては、原則として、①加入の申込みを証する書面、②加入を承諾した総社員の同意、③定款の変更に対する総社員の同意の3つが必要だが、③には②が、あるいは②には③が含まれていると解釈することができる。

実務上は、この①②③をまとめて「総社員の同意書」の書面に加入の承認と定款の変更事項を記載し、ＡＢＣが記名押印する例が多い。ただし、Ｃの記名押印は①の事実についての記名押印であり、定款の変更は既存社員ＡＢの権限である。定款の変更をしてはじめてＣは社員になるのであって、定款の変更については同意権者にはなれないからである。

この場合、登記の申請に当たり、定款の添付は要しない。総社員の同意で定款を変更したことが明らかであり、それをもって無効又は取消しの原因が存しないことが証明されるため、商業登記規則82条等を適用する必要もないからである。

なお、Ｃが合同会社に加入する場合の加入の効力発生時期だが、この定款の変更をした時にその出資に係る払込み又は給付の全部又は一部を履行していないときは、当該払込み又は給付を完了した時に、合同会社の社員となるとされている（会604条3項）。このため、合同会社の社員の加入による変更の登記の申請書には、会社法604条3項に規定する出資に係る払込み又は給付があったことを証する書面を添付しなければならない（法119条）。資本金の額の増加による変更登記が必要の場合もある。合資会社の有限責任社員が加入した際も出資の履行を証する書面が必要だが（法112条）、間接有限責任ではなく、設立時までに全額を払い込む必要がないため、会社法604条3項のような規定は存在しない。

② **加入社員が法人で代表社員になった場合の登記記録**

Ｃが業務執行社員となった場合には、当該法人は、当該業務執行社員の職務を行うべき者（職務執行者）を選任し、その者の氏名及び住所を他の社員に通知しなければならない（会598条1項）。

Cが業務執行社員になっただけでは、職務執行者につき登記する必要はないが、代表社員になった場合には、登記が必要である。

Cが株式会社で代表社員となり職務執行者として千葉市のPを選任した場合は、Pの氏名と住所が下記の形式で記録される。

◆法人社員の社員区◆

〈合名会社甲の社員区〉	〈合資会社乙の社員区〉	〈合同会社丙の社員区〉
さいたま市・・・ 社　　員　　C株式会社	さいたま市・・・ 無限責任社員 　　　　C株式会社	業務執行社員 　　　　C株式会社
代表社員　C株式会社 千葉市・・・ 職務執行者　　P	代表社員　C株式会社 千葉市・・・ 職務執行者　　P	さいたま市・・・ 代表社員　C株式会社 千葉市・・・ 職務執行者　　P

この法人社員の記載法は、合名・合資会社が各自代表であったら、代表社員欄はなく、社員の部分に職務執行者事項が加わることになる。

加入の登記申請にあたっては、当該法人の登記事項証明書が添付書面になるが、その添付の方法については、本書195頁(2)部分を参照されたい。

職務執行者の選任に関する書面と職務執行者が就任を承諾したことを証する書面も添付書面として必要である。就任承諾の宛先は、担当する持分会社ではなく選任母体になった法人宛でなければならない。

(2) 社員の退社（減員）

社員に加わったCが、今度は退社し社員でなくなることもある。この退社には、任意退社と法定退社の2つがある。

任意退社は予告してするのが原則だが、「各社員は、やむを得ない事由があるときは、いつでも退社することができる。」とされている（会606条）。本件のCが任意退社すると、「平成○年○月○日退社」という登記原因になる。

法定退社原因については、会社法607条1項に記載されており、次のとおりである（下記のかっこ内は登記原因である。）。

第96条

1号：定款で定めた事由の発生（「平成〇年〇月〇日退社」）
2号：総社員の同意（「平成〇年〇月〇日退社」）
3号：死亡（「平成〇年〇月〇日死亡」）
4号：合併解散（「平成〇年〇月〇日合併」）
5号：破産手続開始の決定（「平成〇年〇月〇日破産手続開始決定」）
6号：4号・5号以外の解散（「平成〇年〇月〇日解散」）
7号：後見開始の審判を受けたこと（「平成〇年〇月〇日後見開始」）
8号：除名

　8号の除名については「除名の訴え」が必要であり（会859条以下、611条5項）、本書では扱わない。その他として持分の差押債権者による退社もある（会609条）。

　退社と定款の変更との関係については、「持分会社は、当該社員が退社した時に、当該社員に係る定款の定めを廃止する定款の変更をしたものとみなす。」とされているため（会610条）、定款の変更手続は不要である。退社した社員は、その出資の種類を問わず、原則として、その持分の払戻しを受けることができるが（会611条）、退社の登記をする前に生じた持分会社の債務について、従前の責任の範囲内でこれを弁済する責任を負う（会612条1項）。ただし、登記後2年以内に請求又は請求の予告をしない持分会社の債権者に対しては、当該登記後2年を経過した時に、この責任は消滅する（会612条2項）。

(3) 持分譲渡（退社と加入）及び社員間の譲渡
① 持分譲渡による社員の異動

　持分会社の社員は、他の社員の全員の承諾があれば、その持分の全部又は一部を他人に譲渡することができる（会585条1項）。業務を執行しない有限責任社員の場合は、業務を執行する社員の全員の承諾があれば、その持分の全部又は一部を他人に譲渡することができる（会585条2項）。

　持分の一部譲渡であれば、譲渡人は社員として継続するため、原則として、その者に関しては登記事項が生じないが、合資会社の有限責任社

員の持分の一部譲渡の場合は、「出資の価額並びに既に履行した出資の価額」の減少の登記が必要となる。登記原因は「年月日持分の一部譲渡」である。また、有限責任社員でなくとも、定款記載事項の「社員の出資の価額」に変動が生じるため、定款の変更が必要である。

持分の全部譲渡の場合は、譲渡社員は「年月日退社」で、譲受人は「年月日加入」の登記が原則だが、既存の合資会社の有限責任社員が譲受人の場合は、「出資の価額並びに既に履行した出資の価額」の増加の登記が必要となる。登記原因は「年月日持分の譲受」である（以上、平18・4・26民商1110号依命通知）。ただし、無限責任社員の持分の譲受けの場合には、有限責任社員が無限責任社員に責任変更すると取り扱われているようである（松井・ハンドブック3版651頁）。

持分全部を社員でない者に譲渡した場合、すなわち社員が交代した場合の手続に当たり、実務上は、総社員の同意書の中に、「①持分譲渡の事実、②加入の事実、③社員加入に関する定款の変更の事実」の全部をまとめて記載し、譲渡社員、譲受社員、残りの社員の全員が記名押印することが多い。しかし、①は本条1項の「退社の事実を証する書面」であるため、譲渡社員の押印は不要である。他の社員全員の同意があれば、それで十分だからである。①は持分全部譲渡契約書でもよいとされている。②は「加入の事実を証する書面」であるため加入者の記名押印が必要である。加入申込書の機能を有するためである。加入の承諾について譲渡社員を除く他の社員全員の記名押印も必要である。③の定款の変更については、退社した譲渡社員の記名押印も、加入者の記名押印も不要だが、他の社員（退社後加入前の総社員）の同意を表すため全員の記名押印は必要である。

② 持分全部譲渡と総社員の同意と定款の変更の関係

社員の持分の全部譲渡に関連して、「総社員の同意」や「定款の変更」との関係は実に不明確である。Q&A方式で、次のとおり整理してみた。なお、既存社員はABの2名とする。

Q：会社法604条2項に、「持分会社の社員の加入は、当該社員に係る定

款の変更をした時に、その効力を生ずる。」とあるが、Cが新たに加わるときは、ABが総社員となり、定款を変更するのか。総社員はABCの3名か。

A：会社（AB）とCとの加入契約であるため、いまだ社員でないCは、ここでいう総社員に含まれない。株式会社でいえば、Cは株式引受人のような立場であり、定款上も社員とされてはじめて総社員の一員となる。

Q：社員の加入は定款の変更事項であり、それには総社員の同意が必要であると会社法637条に規定されているのだから、会社法604条2項は無意味ではないか。

A：会社法637条は「定款変更」につき規定し、会社法604条2項は、「加入の効力発生時期」を規定したものだから、無意味とまではいえない。

Q：会社法585条1項に「社員は、他の社員の全員の承諾がなければ、その持分の全部又は一部を他人に譲渡することができない。」とあるが、Bが持分全部を社員でないCに譲渡したとき、Bが退社するとの規定はどこにあるのか。

A：定款の必要的記載事項の1つとして「社員の出資」とあるとおり（会576条1項6号）、持分会社は、各社員が出資をして共同の事業を営むことを約して設立された社団であるから（民667条参照）、持分の全部を譲渡したら、社員でなくなるのは当然の前提である。法定退社事由の1つである会社法607条1項2号の「総社員の同意」による退社原因の1つであるともいえるし、後記のとおり会社法585条3項も根拠になる。なお、Bに退社の意思があり、他の社員の全員（A）がこれを承諾すれば（会585条1項）、総社員の同意があったことになる。

Q：Bの持分譲渡による退社は、会社法606条の任意退社とは考えられないか。

A：任意退社であれば、他の社員の承諾は不要である。

Q：Bの持分全部を譲り受けたCが社員に加入する定款の変更についての規定はどこにあるのか。

A：原則規定の会社法637条である。退社したBを除く総社員（A）の同意でCを定款に定め、その定めた時に加入の効力が生じる（会604条2項）。このことは、持分の譲渡を規定した会社法585条3項に、業務を執行しない有限責任社員の持分譲渡につき、「第637条の規定にかかわらず………持分の譲渡による定款の変更は」とあることから、「持分の譲渡＝社員の退社及び社員の加入」が定款変更事由であることは明らかである。

Q：業務を執行しない有限責任社員の場合は、業務を執行する社員の全員の承諾があれば、その持分の全部又は一部を他人に譲渡することができるが（会585条2項）、この場合の加入に関する定款の変更も、業務を執行する社員の全員の承諾で足りるということか。

A：そのとおりである。「譲渡の承認」と「定款の変更」を別々の問題と考えれば、後者には原則として総社員の同意を要するということになるが、会社法585条2項が譲渡の承認だけの効力だとしたら、会社法585条2項の存在意義がない。そこで、会社法585条3項が「第637条の規定にかかわらず………定款の変更は、業務を執行する社員の全員の同意によってすることができる。」と規定したものである。持分会社は定款自治を重視した会社だから、譲渡の承認による社員の加入も定款の変更を通じてなされるという前提があり、譲渡の承認と定款の変更は一体のものと考えられるから、「譲渡の承認」も「定款の変更」も、業務を執行する社員の全員の承諾に委ねたものである。平18・3・31民商782号通達第4部第3、1(1)83頁もこれを認めている。

③ 社員1名の社員外への持分譲渡

社員1名で持分全部譲渡の場合は、加入に関する定款変更を誰が決定するのかという問題がある。企業買収の場合である。しかし、「持分会社は、当該社員が退社した時に、当該社員に係る定款の定めを廃止する定款の変更をしたものとみなす。」（会610条）や、「持分会社の社員の加入は、当該社員に係る定款の変更をした時に、その効力を生ずる。」とする会社法604条2項は他に社員が残存している通常のケースを前提と

第96条

した規定であり、本件のように社員全員が交代した場合には、一般承継の会社法608条2項・3項に準じて、旧社員に係る定款の定めを廃止し、新社員に係る定款の定めを設けたものとみなして差し支えないと考える。形式上は、総社員の同意書に持分譲渡の事実と新定款の内容を定め、新旧社員が押印したものが登記の添付書面として使われることになろう。

(4) 相続及び合併による社員の地位の承継

① 一般承継の肯定

　持分会社の社員の死亡や法人社員の合併による消滅は法定退社事由だが（会607条3号・4号）、当該社員の相続人その他の一般承継人が当該社員の持分を承継する旨を定款で定めることができる（会608条1項）。

　旧商法時代には、定款の定めがなくとも合資会社の有限責任社員の地位は一般承継され（旧商161条1項）、無限責任社員の地位の承継には定款の定めが必要だと解釈されていたが、無限責任社員か有限責任社員かによって扱いを異にする理由もないため、会社法では、定款に定めることによって社員の地位の承継を認めている（ただし、清算持分会社の場合は、定款の定めがなくとも一般承継される。会675条）。当然ながら、業務執行の能力を要求される定款で選ばれた業務執行社員の地位や代表社員の地位までも、社員の地位とともに当然には承継されるものではない。

　合併承継の場合は承継人が1法人だから問題は生じないが、相続で相続人が複数人存在した場合に、特定の相続人だけに相続させることができるかという論点がある。これにつき、登記実務上は、合名・合資会社の無限責任や、出資未履行の部分を残した合資会社の有限責任社員は、持分会社の債務を弁済する責任を承継し（会580条1項）、相続と同時に、その責任は承継されており、遺産分割の対象にならないから、相続放棄した者を除く相続人全員が定款の定めに基づき社員となり、あとは持分譲渡によって、特定の相続人を社員として残すしかないと解されている（昭34・1・14民甲2723号回答、昭38・5・14民甲1357号回答）。

　もっとも、合資会社の有限責任社員でも出資の全部を履行済みの場合や全部出資済みの合同会社の社員の地位の承継については、それ以上に

持分会社の債務の弁済責任を負わないため、異なる解釈も可能だと思うが、議論は十分に煮詰められていないようである。

　一般承継での入社は、持分を承継した時に、当該持分を有する社員となり、定款の変更をしたものとみなされる（会608条2項・3項）。出資未履行分は相続人が連帯して当該出資に係る払込み又は給付の履行をする責任を負い、承継した持分についての権利を行使する者一人を定めなければ、当該持分についての権利を行使することができないが、持分会社が当該権利を行使することに同意した場合は、この限りでないとされている（会608条2項・3項）。

　合併承継の場合はその旨を証する書面が必要である。相続承継の場合には、複雑な相続もあり、相続を証する書面の準備も容易でないことが多いが、やはり相続を証する書面が必要である。

　なお、合資会社の有限責任社員が死亡し、相続人複数が入社した場合の出資履行の部分は「金100万円の内持分何分の1　全部履行」の振合いで記録する。合資会社の無限責任社員が死亡し、有限責任社員がその持分を承継した場合は、責任変更が生じ、当然に無限責任社員に変わるという取扱いのようである（松井・ハンドブック3版677頁）。

② 　相続人一部の承継の可否

　実務上、相続人のうち一部の希望者だけに相続承継を認めることができるかが議論されている。

　定款の定めとして、「他の社員の承諾を条件とした上、一般承継人の意思に基づき持分を承継できると定めることも、可能である。」とされているが（松井・ハンドブック3版604頁、611頁）、これは、定款の効力の発生に条件を付けることを認めただけで、承継を希望した相続人の一部の承継を認める趣旨ではないであろう。希望した者と希望しない者に差を付けるのは、一般承継の当然承継の原則に馴染まないからである。

　一方、「社員Aが死亡した場合は、その長男が持分を承継する。」という定款の定めは有効だとされ、登記も受理されているようである。しかし、これは、社員Aの死亡を条件にその長男が社員に任意加入すること

を定款に定めたものであり、一般承継である相続承継とは相違するのではないだろうか。

いずれにしろ、一身専属権的な社員たる地位の承継と、共同相続の対象となる持分の財産権的な部分の承継問題が複雑に絡み、安易に結論を出せる問題ではないが、少なくとも、相続人の一部に持分（財産権）の全部の承継を肯定するのは、共同相続の原則を理由とする限り困難であるため、定款自治の範囲で、この任意加入の定款の定めを工夫するか、あるいは、死亡退社により社員が欠けたことにならない限り、あえて死亡退社にし、その払戻請求権を相続した特定人による任意加入にするなりの対応を検討するしかないと考える。

(5) 登録免許税

株式会社の役員区の変更と同様に、持分会社の社員区の変更も、登録免許税額は、申請1件につき3万円（合名会社、合資会社及び資本金の額が1億円以下の合同会社については1万円）である（登免別表1、24(1)カ）。

3．加入と出資と増加資本金額

出資の問題については、本法94条解説内の本書389頁2部分を参照されたい。

持分会社は、出資額の範囲で、自由に資本金と資本剰余金に振り分けられる（計30条）。出資額の2分の1以上を資本金の額に計上しなければならないという制約は株式会社だけである。

資本金の額に計上した場合は、合同会社では資本金の額の増加の登記が必要となる。それには、それを決定した業務執行社員の過半数の同意があったことを証する書面と商業登記規則92条で準用する61条9項の資本金の額が法令に従って計上されたことを証する書面を添付しなければならない。ただし、会計計算規則30条1項1号ハの増資費用控除の規定が当分の間ゼロ円とされ凍結中であり（計算附則11条）、出資財産が金銭のみのときは、その範囲内の資本金の額であることが登記所にも判明するため、添付する必要はないとされている（平19・1・17民商91号通達）。

なお、加入とは逆に退社した場合は、持分の払戻しの問題となる（会611条）。現物出資した場合も金銭での払戻しが中心となる。

4．法人社員の名称・本店変更等（2項）

株式会社の登記でいえば、取締役や代表取締役が氏名や住所を変更した場合である。これについては、個人の場合に準じて「年月日○○株式会社の商号変更」、「年月日本店移転」、両者をまとめて「年月日○○株式会社の商号変更及び本店移転」などの振合いで記録することになる。

申請に当たっては、当該法人の登記事項証明書が添付書面になるが、その添付の方法については、本書195頁(2)部分を参照されたい。

（合名会社を代表する社員の職務を行うべき者の変更の登記）
第97条　合名会社を代表する社員が法人である場合の当該社員の職務を行うべき者の就任による変更の登記の申請書には、第94条第2号に掲げる書面を添付しなければならない。ただし、同号イただし書に規定する場合は、同号イに掲げる書面については、この限りでない。
2　前項に規定する社員の職務を行うべき者の退任による変更の登記の申請書には、これを証する書面を添付しなければならない。
....
第111条（準用規定）で合資会社に準用
第118条（準用規定）で合同会社に準用

[本条の概要]

代表社員が法人である場合は職務執行者についても登記しなければならないが、本条1項は、職務執行者の変更登記には、当該法人の登記事項証明書、職務執行者の選任に関する書面、その就任を承諾したことを

第97条

証する書面を添付書面として要求するものである。2項は、職務執行者が退任した場合は、退任を証する書面を添付書面として要求するものである。

> 解　説

1．職務執行者の変更登記
① 職務執行者の登記記録例
　持分会社を「代表する社員が法人であるときは、当該社員の職務を行うべき者の氏名及び住所」は持分会社3社共通の登記事項である（会912条7号、913条9号、914条8号）。

◆法人社員が代表社員の基本登記例◆

代表社員　　　　A株式会社 横浜市〇〇区〇〇町〇丁目〇番〇号 　職務執行者　甲	平成〇年〇月〇日就任
	平成〇年〇月〇日登記

　合名会社の代表社員をA株式会社とし、職務執行者が横浜市の甲だとすると、代表社員の登記記録は上記のようなものである（ただし、合同会社の場合は、代表社員の住所が加わる。）。
　必ず職務執行者の住所・氏名が記録されるが、これは、職務執行者の登記でも、代表社員と職務執行者の2つの登記でもないことにご注意いただきたい。代表社員の登記の1個であり、その登記事項に職務執行者が記載事項として含まれているだけである。
　したがって、この職務執行者の部分に変更が生じても、それは、代表社員の変更の登記であって、独立した職務執行者の変更の登記ではない。
　以下、上記の基本登記例を前提に具体例で説明する。
a）職務執行者を横浜市の甲から千葉市の乙に変更（交代）した場合
　上記の同枠内に「代表社員A株式会社／千葉市………職務執行者乙」が挿入され、「代表社員A株式会社／横浜市………職務執行者甲」の全部に抹消線が引かれる。登記原因は「平成〇年〇月〇日変更」である。

406　第3章　登記手続

同じ枠内での変更である点は代表社員自体に変更がないためである。
　「甲辞任、乙就任」とはしない。この枠は代表社員Ａ株式会社の枠であって、職務執行者が独自に有する枠ではないからである。松井・ハンドブック３版673頁には、登記の事由として「職務執行者の変更」とあるが、「職務執行者の変更に伴う代表社員の変更」ということである。
　なお、甲が職務執行者を辞任又は死亡しても、法人が代表社員であるときの登記には必ず職務執行者の登記が必要だから、職務執行者が１人のときは後任の職務執行者乙が選任された日をもって変更原因が発生するのであり、それまでは甲の退任は登記することができないと解する。
　この職務執行者の変更の登記申請の際には、代表社員の商号等には一切の変更がないのだから、当該法人の登記事項証明書の添付を省略してもよさそうだが、本条１項によると、添付が必要である。就任ごとに新たな変更登記だということであろう。この添付の方法については、本書195頁(2)部分を参照されたい。以下、ｂ）からｅ）でも同様である。

ｂ）職務執行者甲だけでなく乙を追加した場合
　代表社員Ａ株式会社の枠に、職務執行者の住所・氏名を連記するのが本来であろうが、代表者事項証明書を個々に作成する登記情報システムの都合（印鑑証明書の発行にも影響する。）から、新たに別枠を設け、「代表社員Ａ株式会社／千葉市………／職務執行者乙」を登記する。登記原因は「平成〇年〇月〇日職務執行者就任」とする。

ｃ）職務執行者が複数（甲乙）のところ甲が辞任した場合
　甲の枠を抹消する。登記原因は「平成〇年〇月〇日職務執行者辞任」とする。この場合は、職務執行者がゼロにならないので、辞任の登記が可能である。

ｄ）職務執行者の氏名・住所移転等
　代表社員Ａ株式会社の変更登記であるから、全部に抹消線を引き、新たに同枠変更後の内容を記録する。登記原因は「平成〇年〇月〇日変更」であって、氏名の変更でも住所の移転でもない。

第97条

e）代表社員の名称等の変更と職務執行者の変更

登記原因を「平成○年○月○日Ａ株式会社の商号変更等」の振合いで一括して変更を申請することができる。同枠に変更登記がなされる。

② 代表社員の権限と職務執行者の権限

代表社員は「社員」と「業務執行者」の２つの地位を有するが、業務執行の権限を行使する後者については、職務執行者の役割である。具体的には、持分会社の設立手続、定款の変更についての同意、持分譲渡の承認は、社員としての立場だから代表社員の法人代表者が権利行使するが、持分会社の登記申請は持分会社の代表社員の権限だから、職務執行者が申請人になる。

職務執行者は代表社員の職務執行者である以前に業務執行社員の職務執行者だから、業務執行社員としての権限行使、例えば、会社法585条３項に「その持分の譲渡による定款の変更は、業務を執行する社員の全員の同意によってすることができる。」とあるが、これは業務執行社員の立場での権限だから、職務執行者の権限となる（小川ほか・通達準拠286頁参照）。

2．職務執行者の選任書面と就任承諾証明書（1項）

平18・3・31民商782号通達第４部第２、２(3)81頁には、「当該法人が株式会社である場合には、取締役が選任したことを証する書面（取締役会設置会社にあっては取締役会の議事録、委員会設置会社（注：現在の指名委員会等設置会社）にあっては執行役が選任したことを証する書面）」とある。職務執行者の選任は支配人の選任に準じて（会362条４項３号）取締役会で決議すべきであり、代表取締役が決定してはならないという理由である（小川ほか・通達準拠291頁）。この問題点については、本書388頁②部分を参照されたい。

選任された職務執行者の就任承諾の宛先は、担当する持分会社ではなく選任母体になった法人宛でなければならない。それでも、職務執行者は担当する持分会社に対しては、忠実義務を負う（会598条２項、593条

2項)。

3．職務執行者の退任を証する書面（2項）

　代表社員に複数の職務執行者が存在し、その一部が退任した場合は辞任届（選任母体宛である。）や死亡を証する書面、あるいは解任を証する書面ということになるが、職務執行者が1人のときは、後任の就任日が代表社員の変更年月日になるため、前任者が退任したことをもって後任の選任をしたことを証する書面や後任の就任の承諾をしたことを証する書面が前任者の退任を証する書面となるため、代表社員の登記事項証明書も添付書面になる。

（解散の登記）
第98条　解散の登記において登記すべき事項は、解散の旨並びにその事由及び年月日とする。
2　定款で定めた解散の事由の発生による解散の登記の申請書には、その事由の発生を証する書面を添付しなければならない。
3　清算持分会社を代表する清算人の申請に係る解散の登記の申請書には、その資格を証する書面を添付しなければならない。ただし、当該清算持分会社を代表する清算人が会社法第647条第1項第1号の規定により清算持分会社の清算人となつたもの（同法第655条第4項に規定する場合にあつては、同項の規定により清算持分会社を代表する清算人となつたもの）であるときは、この限りでない。
....
第111条（準用規定）で合資会社に準用
第118条（準用規定）で合同会社に準用

第98条

> 本条の概要

　本条は、1項が解散の登記事項一般について、2項が会社法641条2号の「定款で定めた解散の事由の発生による解散の登記の申請書」の添付書面、3項が「代表する清算人の申請に係る解散の登記の申請書」に関する添付書面につき規定するものである。

> 解　説

1．登記すべき事項と定款で定めた解散の事由の発生（1項・2項）

　持分会社の解散とは事業を営む持分会社が事業活動をやめることであり、原則として、以後は清算を目的とした清算持分会社になり（会645条）、会社の運営者も清算人に変わるが、この解説については、本法99条に譲る。

　また、解散の事由及び登記事項については株式会社に準じるため本法71条の解説を参照されたい（本書287頁以下）。定款で定めた解散の事由の発生については、本書292頁2部分を参照されたい。

2．清算人の資格を証する書面（3項）

　本項は、解散の登記を申請するのは、法定清算の場合は、代表社員ではなく清算人（清算人が複数で代表清算人を定めた場合は代表清算人）となるから、その資格を証する書面の添付が必要であるという当然の規定である。具体的には、清算人を定めた定款（会647条1項2号）、清算人を選任した社員（業務執行社員を定款で定めた際は業務執行社員）の過半数の同意（会647条1項3号）や清算人の就任承諾を証する書面などである。ただし、解散時の代表社員が自動的に法定代表清算人となる場合は除かれる（本項ただし書）。

　しかし、現実には、解散の登記と清算人及び代表清算人選任の登記は、一括して申請されることがほとんどであるため、（代表）清算人の資格を証する書面が問題となることは少ないといえる。

(清算人の登記)

第99条　次の各号に掲げる者が清算持分会社の清算人となつた場合の清算人の登記の申請書には、当該各号に定める書面を添付しなければならない。

　一　会社法第647条第1項第1号に掲げる者
　　　定款
　二　会社法第647条第1項第2号に掲げる者
　　　定款及び就任を承諾したことを証する書面
　三　会社法第647条第1項第3号に掲げる者
　　　就任を承諾したことを証する書面
　四　裁判所が選任した者
　　　その選任及び会社法第928条第2項第2号に掲げる事項を証する書面

2　第94条（第2号に係る部分に限る。）の規定は、清算持分会社を代表する清算人（前項第1号又は第4号に掲げる者に限る。）が法人である場合の同項の登記について準用する。

3　第94条（第2号又は第3号に係る部分に限る。）の規定は、清算持分会社の清算人（第1項第2号又は第3号に掲げる者に限る。）が法人である場合の同項の登記について準用する。

第111条（準用規定）で合資会社に準用
第118条（準用規定）で合同会社に準用

本条の概要

本条は清算人の登記に関する添付書面について規定するものである。

第99条

> **解　説**

1．合名・合資会社の任意清算と法定清算

　合同会社の清算手続は株式会社に準じ、解散決議、解散公告等の手続、残余財産の分配、清算の結了と進むのが通常だが、合名・合資会社に限っては、定款で定めた存続期間の満了、定款で定めた解散の事由の発生、総社員の同意という3つの解散事由の場合に限り、清算人によらずに財産処分の方法を定めることができる。これを「**任意清算**」という（会668条以下）。

　しかし、この任意清算手続には、清算人の選任も必要としないという簡便さはあっても（会668条2項）、債権者に対して、この任意清算に異議がないかとの債権者保護手続（公告かつ催告で期間も1か月以上）が必要であり（会670条）、法定清算手続に比し煩雑である。合名・合資会社の法定清算では、いわゆる解散公告も必要なく、短期間で清算結了まで終えることができるからである。法定清算に関する会社法660条及び同661条は合同会社についての規定であるにすぎない。現に、1月31日に総社員の同意で合名会社を解散し、清算人を選任し、翌月7日には「合名会社解散・清算人選任・清算結了登記申請書」で一括して登記した経験がある。

　合名・合資会社においては、社員が債権者に対して直接責任を負い、この責任は解散の登記後であっても5年間は消滅しないなどの会社法673条の規定も存在するため、このようなことが可能である。

　以下、法定清算を前提とする。

2．持分会社の清算人の登記と添付書面（1項）

(1) 清算人に就任する順序と定款の添付

　法定清算の場合を前提とするが、持分会社が解散すると、清算を目的として「清算人」が業務執行機関として（会650条1項・2項）、事業の収束をはかる清算会社に移行する（ただし、事業の全部又は一部の譲渡は

会社法650条3項により社員の過半数で決定する。）。

　清算人になる順序は、社員が欠けた場合や会社の解散命令、設立無効など特殊な場合を除くと、会社法647条1項と2項が規定しているが、株式会社の場合に準じるため、本法73条に関する本書298頁(3)部分を参照されたい。

(2) 清算人及び代表清算人の登記

　清算持分会社の代表については、会社法655条に規定があり、「清算人は、清算持分会社を代表する。ただし、他に清算持分会社を代表する清算人その他清算持分会社を代表する者を定めた場合は、この限りでない。」（会655条1項）からはじまり、各自代表の原則（同2項）、原則として定款又は定款の定めに基づく清算人の互選で代表清算人を定められる点も（同3項）、事業会社時代の代表社員の定め方と同様である。相違点は、「業務を執行する社員が清算人となる場合において、持分会社を代表する社員を定めていたときは、当該持分会社を代表する社員が清算持分会社を代表する清算人となる。」（同4項）、裁判所が「清算人を選任する場合には、その清算人の中から清算持分会社を代表する清算人を定めることができる。」（同5項）などの規定が存在することである。

　この裁判所の選任する清算人及び代表清算人の登記は嘱託登記ではなく、会社の申請によってなされることにも注意すべきであり、会社法928条3項の「清算人が選任されたときは、2週間以内に、その本店の所在地において、………登記しなければならない。」が適用される。

　清算人に関する登記事項は、会社法928条2項・3項が規定しており、「①清算人の氏名又は名称及び住所、②清算持分会社を代表する清算人の氏名又は名称（清算持分会社を代表しない清算人がある場合に限る。）、③清算持分会社を代表する清算人が法人であるときは、清算人の職務を行うべき者の氏名及び住所」である。合同会社にあっても、清算人に住所が記載され、代表清算人には住所が記載されないことに注意すべきである。

　また、社員が法人で他に代表清算人がいないときは（例えば、各自代

第100条

表)、清算人の部分に職務執行者の氏名及び住所が記録される点も要注意である。

　なお、最初の清算人に関する登記は、変更登記に関する原則である会社法915条とは別に規定された独立の登記だとされ、就任年月日は登記されない(昭41・8・24民甲2441号回答、松井・ハンドブック3版512頁)。もっとも、清算持分会社として始まった解散の日が登記されており、それで判明する。

2．法人社員が清算人のときの添付書面（2項・3項）

本法94条の該当箇所を参照されたい。

3．解散の登記との同時申請義務はない

本法73条の解説に準じるため、本書300頁を参照されたい。

（清算人に関する変更の登記）

第100条　清算持分会社の清算人が法人であるときは、その商号若しくは名称又は本店若しくは主たる事務所の変更の登記の申請書には、第94条第2号イに掲げる書面を添付しなければならない。ただし、同号イただし書に規定する場合は、この限りでない。

2　裁判所が選任した清算人に関する会社法第928条第2項第2号に掲げる事項の変更の登記の申請書には、変更の事由を証する書面を添付しなければならない。

3　清算人の退任による変更の登記の申請書には、退任を証する書面を添付しなければならない。

....

第111条（準用規定）で合資会社に準用

第118条（準用規定）で合同会社に準用

> 本条の概要

　本条は選任以外のことで清算人の登記に変更事項が生じた場合の添付書面について規定するものである。

> 解　説

1．清算人が法人であるときの商号・本店移転等の変更（１項）
　清算人が個人の場合に準じて「年月日○○株式会社の商号変更」、「年月日本店移転」、両者をまとめて「年月日○○株式会社の商号変更及び本店移転」などの振合いで記録することになる。
　申請に当たっては、当該法人の登記事項証明書が添付書面になるが、その添付の方法については、本書195頁(2)部分を参照されたい。

2．その他の添付書面
　本条２項及び３項については、本法74条の解説を参照されたい。

（清算持分会社を代表する清算人の職務を行うべき者の変更の登記）
第101条　第97の規定は、清算持分会社を代表する清算人が法人である場合の当該清算人の職務を行うべき者の就任又は退任による変更の登記について準用する。
....
第111条（準用規定）で合資会社に準用
第118条（準用規定）で合同会社に準用

　代表清算人が法人である場合の職務執行者の変更について規定したものだが、本法97条の解説を参考されたい。

> (清算結了の登記)
> **第102条** 清算結了の登記の申請書には、会社法第667条の規定による清算に係る計算の承認があつたことを証する書面（同法第668条第1項の財産の処分の方法を定めた場合にあつては、その財産の処分が完了したことを証する総社員が作成した書面）を添付しなければならない。
>
> 第111条（準用規定）で合資会社に準用

本条の概要

本条は合名会社の清算の結了登記に関する添付書面を定めるものである。本法111条で合資会社に準用されているが、任意清算手続のない合同会社については、本法121条で独自に規定されている。

解説

法定清算手続あるいは任意清算手続が無事に終了し、資産も負債もゼロになった場合は、清算の結了の登記を申請するが、その際には、会社法667条の清算に関する承認があったことを証する書面を添付しなければならない。

> (継続の登記)
> **第103条** 合名会社の設立の無効又は取消しの訴えに係る請求を認容する判決が確定した場合において、会社法第845条の規定により合名会社を継続したときは、継続の登記の申請書には、その判決の謄本を添付しなければならない。

第111条（準用規定）で合資会社に準用
第118条（準用規定）で合同会社に準用

本条の概要

持分会社でも会社法845条の場合は会社の継続が可能であり、本条は、その際の添付書面について定めるものである。

解説

会社法642条によると、会社法641条1号から3号までの事由（定款で定めた存続期間の満了、定款で定めた解散の事由の発生、総社員の同意）によって解散した場合には、法定清算手続による清算が結了するまで、社員の社員の全部又は一部の同意によって、持分会社を継続することができ、この場合には、持分会社を継続することについて同意しなかった社員は、持分会社が継続することとなった日に、退社するとされている（会642条）。

解散の登記並びに清算人及び清算持分会社を代表する清算人に関する登記は登記官の職権により抹消される（規85条1項）。

会社法845条によると、持分会社の設立の無効又は取消しの訴えに係る請求を認容する判決が確定した場合において、その無効又は取消しの原因が一部の社員のみにあるときは、他の社員の全員の同意によって、当該持分会社を継続することができる。この場合においては、当該原因がある社員は、退社したものとみなすとされている。この場合は、判決の謄本を添付書面として会社継続を登記申請することになる。

継続の登記をしたときは、設立の無効又は取消しの登記並びに清算人及び清算持分会社を代表する清算人に関する登記は登記官の職権により抹消される（規85条2項）。

第104条

> (持分会社の種類の変更の登記)
> 第104条　合名会社が会社法第638条第1項の規定により合資会社又は合同会社となつた場合の合資会社又は合同会社についてする登記においては、会社成立の年月日、合名会社の商号並びに持分会社の種類を変更した旨及びその年月日をも登記しなければならない。
> ···
> 第113条第3項で合資会社に準用
> 第122条第3項で合同会社に準用

本条の概要

　合名会社・合資会社・合同会社という3種類の持分会社は、定款の変更により他の種類の持分会社になれるが、これを「持分会社の種類の変更」という（会638条）。本条は合名会社が合資会社又は合同会社に種類を変更する際の登記の方法について規定したものである。

解　説

　合名会社・合資会社・合同会社はいずれも持分会社として共通の性格を有するため、相互に他の持分会社に会社の種類を変更することができる（会638条）。ただし、登記の面では、合名会社登記簿、合資会社登記簿、合同会社登記簿と別に管理されているため（法6条）、組織変更と同じく「設立」と「解散」の登記になる。

　したがって、種類変更後の設立登記においては、種類変更後の会社の設立事項のほか、会社成立の年月日、種類変更前の商号並びに持分会社の種類を変更した旨及びその年月日をも登記しなければならない（本条）。会社成立の年月日は法人としての成立年月日であり、種類変更による設立の年月日ではない。

また、「種類変更前の商号並びに持分会社の種類を変更した旨及びその年月日」は、登記記録を起こした事由であるから登記記録区に記録される（規88条）。

　Ａ合資会社をＢ合名会社に種類変更した場合でいえば、Ｂ合名会社の登記記録区では「平成〇年〇月〇日Ａ合資会社を種類変更し設立」とする。形式上の解散となるＡ合資会社の登記記録区は本条の問題ではないが、一般の解散と同様に「平成〇年〇月〇日〇県〇市〇町〇丁目〇番〇号Ｂ合名会社に種類変更し解散」と記録され、登記記録が閉鎖される（規89条、80条）。

　なお、設立の登記の形式を採用するため、この種類変更と同時に新たに社員が加入しても、加入年月日は登記されず、新たに代表社員を定めても、その就任年月日が登記されることはない。ただし、加入の事実を証する書面や代表社員を定めた書面については添付が必要である。

第105条　合名会社が会社法第638条第１項第１号又は第２号の規定により合資会社となつた場合の合資会社についてする登記の申請書には、次の書面を添付しなければならない。
　一　定款
　二　有限責任社員が既に履行した出資の価額を証する書面
　三　有限責任社員を加入させたときは、その加入を証する書面（法人である社員の加入の場合にあつては、第94条第２号又は第３号に掲げる書面を含む。）
２　合名会社が会社法第638条第１項第３号の規定により合同会社となつた場合の合同会社についてする登記の申請書には、次の書面を添付しなければならない。
　一　定款
　二　会社法第640条第１項の規定による出資に係る払込み及び給付が完了したことを証する書面

第105条

> 本条の概要

　本条は合名会社が合資会社あるいは合同会社に種類変更する際の添付書面につき定めたものである。

> 解　説

1．総社員の同意による定款の変更

　合名会社が合資会社に種類を変更するには、「有限責任社員を加入させる定款の変更」又は「その社員の一部を有限責任社員とする定款の変更」が必要であり、合同会社に種類変更するには「その社員の全部を有限責任社員とする定款の変更」が必要である（会638条1項）。

　定款の変更でも、登記上は設立になるため、設立定款の作成に近く大幅な変更となる。登記申請には、この定款変更に係る総社員の同意書と定款が添付書面となる（法93条、105条1項1号・2項1号）。

2．合資会社又は合同会社に変更する場合の特有の添付書面
(1)　合名会社が合資会社に種類変更する場合の添付書面

　合名会社が合資会社に種類を変更する際に、無限責任社員の一部を有限責任社員としたときは、有限責任社員が既に履行した出資の価額を証する書面を、新たに有限責任社員を加入させたときは、その加入を証する書面（法人である社員の加入の場合にあっては、法94条2号又は3号に掲げる書面を含む。）を添付しなければならない。

　なお、加入を証する書面が添付されても、設立登記になるため、加入年月日は登記されない。
(2)　合名会社が合同会社に種類変更する場合の添付書面

　合同会社は、間接有限責任社員で構成されるため、種類変更前の合名会社の社員が種類変更後の定款に定める「社員の出資の目的及びその価額」の全額を履行していなければならない。履行していない場合は、会社法640条1項により、全額が履行済みになるまで種類変更の効力が生

じない。よって、本条2項2号は、会社法640条1項の規定による出資に係る払込み及び給付が完了したことを証する書面の添付を要求している。代表社員による払込金受領書、領収証、現物の引継書などのことである。

その他、合同会社は、社員のうち業務執行社員のみが登記事項とされていることと資本金の額が登記事項とされているという特徴がある。このうち、業務執行社員については定款（あるいは定款に従い総社員の同意）で定められるであろうから（会590条1項、591条）、定款を添付し、資本金の額については資本金計上証明書の添付が必要となる（規92条、61条9項）。

資本金計上証明書については、種類変更後の合同会社の代表社員が会社計算規則30条1項に従って作成することになる。

第106条　合名会社が会社法第638条第1項の規定により合資会社又は合同会社となつた場合の合名会社についての登記の申請と前条第1項又は第2項の登記の申請とは、同時にしなければならない。
2　申請書の添付書面に関する規定は、合名会社についての前項の登記の申請については、適用しない。
3　登記官は、第1項の登記の申請のいずれかにつき第24条各号のいずれかに掲げる事由があるときは、これらの申請を共に却下しなければならない。
....
第113条第3項で合資会社に準用
第122条第3項で合同会社に準用

本条の概要

本条は合名会社が合資会社あるいは合同会社に種類変更する際の登記

第107条

申請方法につき定めたものであるが、合資会社及び合同会社にも準用されている。

> [解 説]

　種類変更前持分会社の解散の登記申請と種類変更後の持分会社の設立は同時申請で、解散の登記には添付書面が不要で、同時申請の1つに本法24条各号のいずれかに掲げる却下事由があるときは、これらの申請を共に却下しなければならないというもので、本法78条の組織変更と同様である。本書312頁以下を参照されたい。

　種類変更の登録免許税は、種類変更後の設立会社が合名・合資会社のときは通常の設立と同様に6万円（登免別表1、24(1)ロ）、設立会社が合同会社のときは種類変更前の合名・合資会社の資本金額を900万円として計算し、その範囲までは1000分の1.5だが、それを超える額については1000分の7、これで計算した額が3万円未満の場合は最低額の3万円である（登免別表1、24(1)ホ、登免規12条1項3号）。

（組織変更の登記）

第107条　合名会社が組織変更をした場合の組織変更後の株式会社についてする登記の申請書には、次の書面を添付しなければならない。

一　組織変更計画書

二　定款

三　組織変更後の株式会社の取締役（組織変更後の株式会社が監査役設置会社（監査役の監査の範囲を会計に関するものに限定する旨の定款の定めがある株式会社を含む。）である場合にあつては取締役及び監査役、組織変更後の株式会社が監査等委員会設置会社である場合にあつては監査等委員である取締役及びそれ以外の取締役）が就任を承諾したことを証する書面

四　組織変更後の株式会社の会計参与又は会計監査人を定めたときは、第54条第2項各号に掲げる書面
　　五　第47条第2項第6号に掲げる書面
　　六　会社法第781条第2項において準用する同法第779条第2項（第2号を除く。）の規定による公告及び催告をしたこと並びに異議を述べた債権者があるときは、当該債権者に対し弁済し若しくは相当の担保を提供し若しくは当該債権者に弁済を受けさせることを目的として相当の財産を信託したこと又は当該組織変更をしても当該債権者を害するおそれがないことを証する書面
2　第76条及び第78条の規定は、前項に規定する場合について準用する。

第114条（組織変更の登記）で合資会社に準用
第123条（組織変更の登記）で合同会社に準用
　第107条の規定は、合同会社が組織変更をした場合について準用する。この場合において、同条第1項第6号中「公告及び催告」とあるのは、「公告及び催告（同法第781条第2項において準用する同法第779条第3項の規定により公告を官報のほか時事に関する事項を掲載する日刊新聞紙又は電子公告によつてした場合にあつては、これらの方法による公告）」と読み替えるものとするとされている。

本条の概要

　本条（合名会社）、114条（合資会社）、123条（合同会社）は、それぞれの持分会社が組織変更し株式会社になる場合の添付書面を定める規定である。本条では合資会社・合同会社を含めて解説する。

第107条

解 説

1．組織変更の手続

　持分会社（合名会社、合資会社及び合同会社の3種類の会社のいずれか）が組織変更し株式会社になるためには、組織変更計画を作成した後（会743条、746条）、効力発生日の前日までに総社員の同意（会781条1項）や債権者保護手続（会781条2項、779条）を済ませ、効力発生日の到来（会747条、781条2項、780条）を待って、株式会社の設立登記と持分会社の解散登記（会920条、930条3項）をすることになる。本法107条、114条、123条は、その際の添付書面について規定するものである

2．組織変更の添付書面
(1)　総社員の同意があったことを証する書面

　組織変更をする持分会社は、効力発生日の前日までに、組織変更計画について当該持分会社の総社員の同意を得なければならない。ただし、定款に別段の定めがある場合は、この限りでない（会781条1項）。

(2)　組織変更計画書及び定款並びに役員等（1項1号〜5号）

　通常、組織変更計画書の一部として定款が合綴されており、それを添付することになる。組織変更による設立は純粋のゼロからの設立ではないので、この定款には公証人の認証は不要である（会30条参照）。

　持分会社の組織変更計画の記載事項は会社法746条1項に記載されているが、株式会社設立手続とほぼ同様である。ただし、登記が効力要件ではなく、取締役も「設立時」取締役とはされていない。

　取締役については、商業登記規則61条4項かっこ書により、非取締役会設置会社になる場合であっても個人の印鑑証明書は不要だが、就任承諾書と本人確認書面の添付は必要である（本条1項3号、規61条7項）。代表取締役を選定した場合も、その選定を証する書面や就任の承諾を証する書面が必要になることもある。

　組織変更計画は、総社員の同意によって決定するため、株式の割当て

は、出資の価額等に対応する必要もなく、適宜に決定することができると解する。必要な場合には、社員の一部に対して無対価ということも可能であろう。

債権者保護手続が効力発生日までに終了していない場合は組織変更計画が失効するため（会747条5項）、その場合は、効力発生日の前日までに、効力発生日を延期し、変更後の効力発生日を公告しなければならない（会781条2項、780条）。この決定は、業務執行機関の決定でよい（会590条1項・2項、591条）。公告掲載場所も、官報とは限らず、定款に定める公告方法による。

(3) **代表取締役や本店所在場所、株主名簿管理人の決定時期**

組織変更による設立は登記が効力要件とされていない。したがって、効力発生日を4月1日にして取締役会設置会社に組織を変更しても、同日以降に取締役会を開催して代表取締役を選定することが可能であり、登記を効力要件とする新設合併や新設分割あるいは特例有限会社の株式会社への移行のように定款の附則や新設分割計画で代表取締役を定めるなどの技巧を採用する必要はない（会362条3項、前掲（343頁）相澤＝細川15頁、相澤ほか・論点解説654頁）。

この場合の代表取締役の選定が4月3日になったとしても、4月3日以降に組織変更の登記を申請するだけである。設立の登記の形式だから、取締役会の設定日も、取締役や代表取締役の就任年月日も登記されない。

本条1項5号の「第47条第2項第6号に掲げる書面」とは、「株主名簿管理人を置いたときは、その者との契約を証する書面」のことだが、株主名簿管理人の決定や契約の締結も効力発生日後で問題ないと解する。

(4) **債権者保護手続書面**（1項6号、法123条）

組織変更をする持分会社の債権者は、当該持分会社に対し、組織変更について異議を述べることができる（会781条2項、779条）。そのため、組織変更する持分会社は、官報での公告と、知れている債権者に向けた各別の催告をしなければならない。

第107条

　公告・催告の必要的記載事項は、次の2点である（会781条2項、779条2項）。株式会社ではないので最終の貸借対照表に触れる必要がない点と、組織変更後の株式会社名を明記しなくて済む点が特徴である。

　イ．組織変更をする旨
　ロ．債権者が一定の期間内に異議を述べることができる旨。この一定の期間は、1か月を下ることができない。

　組織変更をする合同会社の定款で定める公告方法が時事に関する事項を掲載する日刊新聞紙又は電子公告になっているときは、合同会社では、ダブル公告が可能である（会781条2項、779条3項）。合名会社及び合資会社は、原則どおり各別の催告が必要である。無限の直接責任を負う社員が存在しなくなることは債権者にとって重大な関心ごとだからである。

　その他、債権者保護という意味では資本金の額の減少と同様であるため、本法70条に記した部分を参照していただきたい（本書281頁2部分）。

(5)　資本金計上証明書と登録免許税の証明書

　商業登記規則61条9項により資本金計上証明書が添付書面となる。株式会社では資本金の額が登記事項だから、組織変更の際も、それを決めねばならないが、会社計算規則の規定により、組織変更の直前の持分会社の資本金の額と同額だとされている（計34条1号）。組織変更というのは会社の実態を変えてはいけないものだからである。

　持分会社の中で、唯一、合同会社は資本金の額が登記事項であるから（会914条5号）、登記記録から組織変更の直前の合同会社の資本金の額を確認することができるため、本書面の添付を要しないものとされている（平18・3・31民商782号通達第5部第1、2(4)98頁）。

　合名・合資会社については、「当会社の持分会社における資本金の額は金〇〇〇円であったことを証明する。」と代表者作成の書面を添付することになる。

　その他、組織変更では解散を伴うため、登録免許税法施行規則12条4項の証明書が必要である（本書310頁(4)部分参照）。

2．本法76条と78条の準用

　本法76条の準用とは、組織変更後の株式会社についてする登記においては、会社成立の年月日、持分会社の商号並びに組織変更をした旨及びその年月日をも登記しなければならないということで、本法78条の準用は、持分会社の解散の登記申請と株式会社の設立は同時申請で、解散の登記には添付書面が不要で、同時申請の１つに本法24条各号のいずれかに掲げる却下事由があるときは、これらの申請を共に却下しなければならないというものである。詳細は、本法76条と78条を参照されたい。

（合併の登記）

第108条　吸収合併による変更の登記の申請書には、次の書面を添付しなければならない。

一　吸収合併契約書

二　第80条第５号から第10号までに掲げる書面

三　会社法第802条第２項において準用する同法第799条第２項（第３号を除く。）の規定による公告及び催告（同法第802条第２項において準用する同法第799条第３項の規定により公告を官報のほか時事に関する事項を掲載する日刊新聞紙又は電子公告によってした場合にあつては、これらの方法による公告）をしたこと並びに異議を述べた債権者があるときは、当該債権者に対し弁済し若しくは相当の担保を提供し若しくは当該債権者に弁済を受けさせることを目的として相当の財産を信託したこと又は当該吸収合併をしても当該債権者を害するおそれがないことを証する書面

四　法人が吸収合併存続会社の社員となるときは、第94条第２号又は第３号に掲げる書面

２　新設合併による設立の登記の申請書には、次の書面を添付しなければならない。

第108条

　　一　新設合併契約書
　　二　定款
　　三　第81条第5号及び第7号から第10号までに掲げる書面
　　四　新設合併消滅会社が株式会社であるときは、総株主の同意があつたことを証する書面
　　五　法人が新設合併設立会社の社員となるときは、第94条第2号又は第3号に掲げる書面
3　第79条、第82条及び第83条の規定は、合名会社の登記について準用する。

....

第115条（合併の登記）
1　第108条の規定は、合資会社の登記について準用する。
2　第110条の規定（注：有限責任社員が既に履行した出資の価額を証する書面を添付しなければならない。）は、吸収合併による変更の登記及び新設合併による設立の登記について準用する。

第124条（合併の登記）
　第108条の規定は、合同会社の登記について準用する。この場合において、同条第1項第4号及び第2項第5号中「社員」とあるのは、「業務を執行する社員」と読み替えるものとする。

本条の概要

　本条（合名会社）、115条（合資会社）、124条（合同会社）は、それぞれの持分会社が合併存続会社あるいは新設合併設立会社になった場合の添付書面を定める規定である。本条では合資会社・合同会社を含めて解説する。

解　説

1．吸収合併の添付書面（1項）

(1) 吸収合併の添付書面概観

持分会社が存続する場合の添付書面としては、

イ．存続会社側が準備する書面として、合併契約の承認に関する書面、債権者保護手続書面、法人社員加入手続書面、合併存続会社が合資会社であるときは有限責任社員の出資履行価額証明書、合併存続会社が合同会社であるときは資本金計上証明書

ロ．消滅会社側で準備する書面として、合併契約の承認に関する書面、債権者保護手続書面、登記事項証明書、合併消滅会社が株式会社であるときは株券等提出手続書面

ハ．合併存続会社と合併消滅会社で共通のものとして吸収合併契約書

以上が主だったものである。申請代理人への委任状も当然に必要である。

(2) 吸収合併契約書（1項1号）

吸収合併存続会社が持分会社であるときの吸収合併契約書の必要的記載事項については、会社法751条1項に規定されているが、株式会社が合併存続会社となった場合との主要な相違点は、合併対価の中心が持分会社の持分になることと、持分会社では新株予約権を発行することができないため、新株予約権を合併対価にすることができないことである。ただし、保有中の他社の新株予約権を対価として交付することは可能である。合併消滅株式会社の新株予約権に対しては、金銭のみしか交付することができない。

合併対価が各持分会社の持分の際の「出資の価額」をどう記載するかについては、本法77条の本書309頁(2)部分を参照されたい。

(3) 本法80条5号から10号までに掲げる書面（1項2号）

本法80条5号から10号までに掲げる書面とは、吸収合併消滅会社に関する書面のことである。詳細は本法80条の該当箇所を参照されたい。

第108条

(4) 存続会社の債権者保護手続書面（1項3号）

　合併公告や催告のことだが、合名・合資会社にあっても、合併存続会社のときはダブル公告（本書285頁）も可能である（会802条2項、799条）。

　公告・催告の必要的記載事項については、株式会社ではないので、最終の貸借対照表に触れる必要はないが、合併消滅株式会社と連名の場合には消滅株式会社が自社の貸借対照表に触れる必要がある。

　その他については、債権者保護という意味では資本金の額の減少と同様であるため、本法70条に記した部分を参照されたい（本書281頁2部分）。また、株式会社が吸収合併存続会社になる本法80条以下も参照されたい。

(5) 法人社員加入手続書面（1項4号、法124条）

　添付の方法については本書311頁6部分を参照されたい。

(6) 合資会社では有限責任社員の出資履行価額証明書

　本書389頁2部分を参照されたい。

(7) 合同会社では資本金計上証明書

　合併存続会社が合同会社で資本金の額を増加させるときは、資本金計上証明書と登録免許税法施行規則12条5項の証明書の添付も必要である（規92条、61条9項）。これらについては、本書332頁6部分や310頁(4)部分を参照されたい。

3．新設合併の添付書面（2項）

(1) 新設合併契約書及び定款（2項1号・2号）

　新設合併契約書への記載事項は通常の持分会社設立定款と同様の内容と合併消滅会社の株主や社員、新株予約権者（新株予約権付社債権者を含む。）に対する対価の割当てに関する事項が中心である（会755条）。

　新会社設立行為であるから、必ず持分を持った社員が必要であり、社債を同時に発行することはできるが（持分会社だから新株予約権は発行することができない。）、既存財産は存在しないため、対価の柔軟化はなされていない。

その他、新設合併契約に関する事項は本法81条の該当箇所を参照されたい。

(2) **本法81条5号及び7号から10号までに掲げる書面（2項3号）**
　本法81条の該当箇所を参照されたい。

(3) **消滅会社が株式会社であるときは、総株主の同意証明書（2項4号）**
　株式会社が組織変更で持分会社になる場合と同様だからである（会804条2項）。総株主の同意については本書136頁(1)部分を参照されたい。

(4) **法人社員加入手続書面（2項5号、法124条）**
　本書311頁6部分を参照されたい。

(5) **合資会社では有限責任社員の出資履行価額証明書**
　本書389頁2部分を参照されたい。

(6) **合同会社では資本金計上証明書と登録免許税証明書**
　新設合併設立会社が合同会社のときは、資本金計上証明書と登録免許税法施行規則12条3項の証明書の添付も必要である。本書332頁6部分及び本書310頁(4)部分を参照されたい。

　合名会社・合資会社を設立した場合には、単純に登免別表1、24(1)ロであり6万円となる。

4．株式会社に関する本法79条、82条及び83条の準用（3項）

　登記事項、同時経由申請など、株式会社が吸収合併存続会社又は新設合併設立会社になった場合の規定を準用するというものである。各該当箇所を参照されたい。

（会社分割の登記）
第109条　吸収分割承継会社がする吸収分割による変更の登記の申請書には、次の書面を添付しなければならない。
　一　吸収分割契約書
　二　第85条第5号から第8号までに掲げる書面

第109条

　　三　会社法第802条第2項において準用する同法第799条第2項（第3号を除く。）の規定による公告及び催告（同法第802条第2項において準用する同法第799条第3項の規定により公告を官報のほか時事に関する事項を掲載する日刊新聞紙又は電子公告によつてした場合にあつては、これらの方法による公告）をしたこと並びに異議を述べた債権者があるときは、当該債権者に対し弁済し若しくは相当の担保を提供し若しくは当該債権者に弁済を受けさせることを目的として相当の財産を信託したこと又は当該吸収分割をしても当該債権者を害するおそれがないことを証する書面
　　四　法人が吸収分割承継会社の社員となるときは、第94条第2号又は第3号に掲げる書面
  2　新設分割による設立の登記の申請書には、次の書面を添付しなければならない。
　　一　新設分割計画書
　　二　定款
　　三　第86条第5号から第8号までに掲げる書面
　　四　法人が新設分割設立会社の社員となるときは、第94条第2号又は第3号に掲げる書面
  3　第84条、第87条及び第88条の規定は、合名会社の登記について準用する。

第116条（会社分割の登記）
  1　第109条の規定は、合資会社の登記について準用する。
  2　第110条の規定（注：有限責任社員が既に履行した出資の価額を証する書面を添付しなければならない。）は、吸収分割承継会社がする吸収分割による変更の登記及び新設分割による設立の登記について準用する。

第125条（会社分割の登記）

> 第109条の規定は、合同会社の登記について準用する。この場合において、同条第１項第４号及び第２項第４号中「社員」とあるのは、「業務を執行する社員」と読み替えるものとする。

本条の概要

　会社分割は株式会社と合同会社しかできないが（会２条29号・30号）、権利義務の受け手の会社（吸収分割承継会社と新設分割設立会社）であれば、合名・合資会社もなることができる。本条、116条、125条は持分会社が受け手会社になった場合の添付書面について規定するものである。

解　説

１．吸収分割の添付書面
(1)　添付書面概観
　持分会社が吸収分割承継会社となる場合の添付書面としては、
　イ．承継会社側が準備する書面として、吸収分割契約の承認に関する書面、債権者保護手続書面、法人社員加入手続書面、吸収分割承継会社が合資会社であるときは有限責任社員の出資履行価額証明書、吸収分割承継会社が合同会社のときは資本金計上証明書
　ロ．分割会社側で準備する書面として、吸収分割契約の承認に関する書面、債権者保護手続書面、登記事項証明書
　ハ．吸収分割の承継会社と分割会社で共通のものとして吸収分割契約書
　以上が主だったものである。申請代理人への委任状も当然に必要である。
(2)　吸収分割契約書（１項１号）
　持分会社に権利義務を承継させる吸収分割契約書の記載事項は会社法760条１項各号に規定されているが、当事者に関する事項、承継する資産、債務、雇用契約その他の権利義務のほかは、交付する金銭等（分割

第109条

対価のこと）及び新株予約権に関する割当てに関する事項と効力発生日並びに分割型にするときはその旨が必要的記載事項である。

　分割対価としての新株予約権が抜けているのは、持分会社では発行することができないからである。その他に関する契約の問題点は株式会社が吸収分割承継会社となる本法84条以下を参照されたい。

(3)　吸収分割契約の承認に関する書面

　吸収分割会社が吸収分割承継持分会社の社員となる場合には、吸収分割承継持分会社の総社員の同意があったことを証する書面を、その余りの場合には社員の過半数の一致があったことを証する書面を添付しなければならない（会802条1項、法93条、110条、118条）。

(4)　本法85条5号から8号までに掲げる書面（1項2号）

　吸収分割会社（株式会社又は合同会社）で準備する添付書面である。本法85条を参照されたい。

(5)　吸収分割承継会社の債権者保護手続書面（1項3号）

　合名・合資会社にあっても、吸収分割承継会社として継続するためダブル公告（本書285頁）も可能である（会802条2項、799条）。

　公告や催告に当たり、株式会社ではないので最終の貸借対照表に触れる必要はないが、吸収分割株式会社と連名の場合には吸収分割株式会社が自社の貸借対照表に触れる必要がある。

　その他については、債権者保護という意味では資本金の額の減少と同様であるため、本法70条に記した部分を参照していただきたい（本書281頁2部分）。

(6)　法人社員加入手続書面（1項4号）

　本書311頁6部分を参照されたい。

(7)　合資会社では有限責任社員の出資履行価額証明書

　本書389頁2部分を参照されたい。

(8)　合同会社では資本金計上証明書

　本法85条の解説内の「4．資本金計上証明書」を参照されたい（本書355頁）。

２．新設分割の添付書面

(1) 添付書面概観

持分会社が新設分割設立会社となる場合の添付書面としては、

イ．設立会社側が準備する書面として、通常の設立と同様に、定款、法人が社員となるときの法人社員加入手続書面、設立会社が合資会社であるときは有限責任社員の出資履行価額証明書、設立会社が合同会社であるときの資本金計上証明書

ロ．分割会社側で準備する書面として、新設分割計画書、新設分割計画の承認があったことを証する書面、債権者保護手続書面、登記事項証明書

以上が主だったものである。申請代理人への委任状も当然に必要である。

(2) 新設分割計画書及び定款（２項１号・２号）

新設分割計画への記載事項は会社法765条１項に列挙されているが、通常の持分会社設立定款と同様の内容と分割会社（株式会社と合同会社に限られる。）に対する対価の割当てに関する事項が中心である。新会社設立行為であるから、必ず持分を持った社員が必要であり、社債を同時に発行することはできるが（持分会社だから新株予約権は発行することができない。）、既存財産は存在しないため、対価の柔軟化はなされていない。

その他、新設分割計画に関する事項は本法86条の該当箇所を参照されたい。

(3) 本法86条５号から８号までに掲げる書面（２項３号）

新設分割会社（株式会社又は合同会社）で準備する添付書面に関する規定である。本法86条を参照されたい。

(4) 法人社員加入手続書面（２項４号）

本書311頁６部分を参照されたい。

(5) 合資会社の設立では有限責任社員の出資履行価額証明書

本書389頁２部分を参照されたい。なお、無限責任社員と有限責任社員を必要とする合資会社の設立は、共同新設分割に限られよう。

第109条

(6) 合同会社の設立では**資本金計上証明書**

　本法86条の解説内の「４．資本金計上証明書」を参照されたい（本書360頁）。

３．株式会社に関する本法84条、87条及び88条の準用（３項）

　登記事項、同時・経由申請など、株式会社が吸収分割承継会社又は新設分割設立会社になった場合の規定を準用するというものである。各該当箇所を参照されたい。

第7節　合資会社の登記

> (設立の登記)
> 第110条　設立の登記の申請書には、有限責任社員が既に履行した出資の価額を証する書面を添付しなければならない。

　合資会社には、合名会社と相違して有限責任社員が存在するため、本条の規定が存在するが。本条に関しては、本法94条解説内の本書389頁2部分を参照されたい。

> (準用規定)
> 第111条　第47条第1項、第48条から第53条まで、第93条、第94条及び第96条から第103条までの規定は、合資会社の登記について準用する。

　本法47条1項は「設立の登記は、会社を代表すべき者の申請によつてする。」とする株式会社の規定、48条から53条までは、支店所在地での登記や本店移転に関する株式会社の規定、93条、94条及び96条から103条までの規定は、持分会社の種類の変更を除いた合名会社に関する設立及び変更の登記に関する規定である。合名会社に関する規定の中で、合資会社についても解説しているため、93条以下を参照されたい。

> (出資履行の登記)
> 第112条　有限責任社員の出資の履行による変更の登記の申請書には、その履行があつたことを証する書面を添付しなければならない。

第113条

　本法110条と相違し、会社成立後についての規定である。やはり、本法94条解説内の本書389頁2部分を参照されたい。

> （持分会社の種類の変更の登記）
> 第113条　合資会社が会社法第638条第2項第1号又は第639条第1項の規定により合名会社となつた場合の合名会社についてする登記の申請書には、定款を添付しなければならない。
> 2　合資会社が会社法第638条第2項第2号又は第639条第2項の規定により合同会社となつた場合の合同会社についてする登記の申請書には、次の書面を添付しなければならない。
> 　一　定款
> 　二　会社法第638条第2項第2号の規定により合同会社となつた場合には、同法第640条第1項の規定による出資に係る払込み及び給付が完了したことを証する書面
> 3　第104条及び第106条の規定は、前2項の場合について準用する。

本条の概要

　本条は無限責任社員と有限責任社員で構成される合資会社が無限責任社員のみの合名会社あるいは有限責任社員のみの合同会社に種類変更する場合の添付書面及び同時申請等につき規定するものであるが、会社法639条の有限責任社員が欠けた場合の合名会社への法律上当然の種類変更（以下、「みなし種類変更」という。）、無限責任社員が欠けた場合の合同会社への「みなし種類変更」についても併せて規定している。

解　説

1．合資会社による合名会社への種類変更
(1)　総社員の同意による定款の変更
　合資会社が合名会社に種類を変更するには、「その社員の全部を無限責任社員とする定款の変更」が必要である（会638条2項1号）。登記申請には、この総社員の同意書と定款が添付書面となる（法105条1項1号・2項1号）。

(2)　みなし定款変更と総社員の同意による定款の変更
　持分会社の社員が退社した時は、その時に、当該社員に係る定款の定めを廃止する定款の変更をしたものとみなされる（会610条）。例えば、合資会社Aに無限責任社員甲と有限責任社員乙・丙がいた場合に、丙が退社すると、A社の定款から有限責任社員丙の部分が削除されたのとみなされる。

　乙と丙の2人が退社し、当該合資会社Aの社員が無限責任社員甲のみとなった場合には、当該合資会社Aは、合名会社となる定款の変更をしたものとみなされる（会639条1項）。

　しかし、これだけでは、合名会社の商号も定まっていないため登記することができない。総社員の同意によって定款を変更し合名会社の商号等の必要事項を決定してから、登記申請に臨むことになる。

2．合資会社による合同会社への種類変更
(1)　総社員の同意による定款の変更
　合資会社が合同会社に種類を変更するには、「その社員の全部を有限責任社員とする定款の変更」が必要である（会638条2項2号）。登記の申請には、この総社員の同意書と定款が添付書面となる（法105条1項1号・2項1号）。また、会社法640条1項による出資に係る払込み及び給付が完了したことを証する書面と資本金計上証明書が必要である。その他については、本書420頁の「(2)合名会社が合同会社に種類変更する場

第113条

合の添付書面」を参照されたい。

(2) みなし定款変更と総社員の同意による定款の変更

　合資会社Aに無限責任社員甲と有限責任社員乙・丙がいた場合に、甲が退社すると、A社の定款から無限責任社員甲が削除されたとみなされる（会610条）。

　甲が退社し（同時に他の無限責任社員が加入せず）、当該合資会社Aの社員が有限責任社員乙・丙のみとなった場合には、当該合資会社Aは、合同会社となる定款の変更をしたものとみなされる（会639条2項）。

　この場合に、社員乙又は丙がその出資に係る払込み又は給付の全部又は一部を履行していないときは、当該定款の変更をしたものとみなされた日から1か月以内に、当該払込み又は給付を完了しなければならない（ただし、当該期間内に、合名会社又は合資会社となる定款の変更をした場合は、この限りでない。）とされているため（会640条2項）、出資の未履行があっても、合同会社に種類変更したという効果に影響しない。したがって、出資に係る払込み及び給付が完了したことを証する書面の添付も、この場合には、不要である（本条2項2号、平18・3・31民商782号通達第4部第5、2(2)90頁）。

　しかし、これだけでは、合同会社の商号も定まっておらず登記することができないため、総社員の同意によって定款を変更し合同会社の商号等の必要事項を決定してから、登記申請に臨むことになる。

　なお、未履行分の出資は合同会社に変更された後になされるため、合同会社の資本金あるいは資本剰余金として計上され、資本金の額に計上した場合には、その登記が必要になると解する（松井・ハンドブック3版695頁）。

　その他については、本書420頁の「(2)合名会社が合同会社に種類変更する場合の添付書面」を参照されたい。

(3) みなし種類変更日は退社時か、総社員の同意日か

　会社法639条2項のみなし種類の変更日につき、条文の文言どおり「当該合資会社の社員が有限責任社員のみとなった」日なのか、種類変更後

の合同会社の商号等を定款に定めた総社員の同意の日なのかという小論点があるが、これは明らかに前説が正当である。後説は、無限責任社員が欠けた時期から合同会社の商号が決まるまでの間、無限責任社員が存在しない合資会社を肯定することになり妥当ではない（小川ほか・通達準拠322頁も同旨）。

(4) **退社に伴う持分の払戻し時期と資本金額**

　退社した無限責任社員と持分会社との間の計算は、退社の時における持分会社の財産の状況に従ってしなければならないが（会611条2項）、実際の払戻しの手続は、みなし種類変更により合同会社になった後である。

　ここで退社した無限責任社員の出資の額の全部又は一部が合資会社の資本金の額として計上されていた場合に、合同会社は、退社した無限責任社員の資本金分を控除した資本金額を引き継ぐのか、退社前の資本金額で引き継ぐのかという論点がある。

　前説は、退社時に退社員の氏名も定款から削除されているものとみなされるのだから（会610条）、資本金の額も合資会社の段階で当然に減少したとみなされ、持分払戻返還債務として会社が預かっているだけだと主張するのに対し、後説は、資本金の額はそのまま合同会社に引き継がれ、合同会社の資本金の額と同様に手続を経ない限り、資本金の額は減少しないものだと考える立場である。後説の場合は、合同会社として資本金の額の減少の手続が必要となる。

　無限責任社員の死亡退社の場合も任意退社の場合も私見は前説だが、いずれにしろ、この問題以前に、そもそも合資会社の貸借対照表で資本金と資本剰余金の額が明白に区別されて計上されていたのかという疑問がある。合資会社では社員が会社債権者に直接責任を負うため、資本金の額をいつでも資本剰余金に振り替えることも社員に払い戻すことも自由である（計30条2項2号・4号、会624条）。このような会社にあっては、資本金の額として計上されていても、単に出資総額の意味合いしかない場合も少なくない。したがって、理論は別として、現実には前説で対応

第114条

することが多いのではなかろうか。

(5) 無限責任社員の退社の登記の必要性

　種類の変更の登記は設立と解散の登記だから、種類の変更と同時に登記事項である社員が退社しても、登記しないのが原則だが（加入の場合には加入年月日は登記されないが設立の登記に社員として登記されるのが原則である。）、みなし種類変更の場合には、みなし種類変更であることを明白にするため、退社の登記が必要だとされている（松井・ハンドブック3版696頁）。無限責任社員のいない合資会社として解散・消滅するわけである。

　そこで、①無限責任社員甲の退社の登記、②合同会社の設立の登記、③合資会社の解散の登記の3つが必要になるが、①の登記の申請人は合同会社の代表社員である（松井・ハンドブック3版701頁）。したがって、①から③までの3連件の登記申請にせず、「1／2（合同会社の設立）、2／2（合資会社の解散及び無限責任社員の退社）」という2連件登記が適当だと考える。

(6) みなし種類変更と合資会社の継続

　種類変更したとみなされた後に、定款を変更し合資会社に戻ることは可能である。ただし、みなし種類変更の登記を先行させる必要がある。

3．本法104条と106条の準用

　本法104条は種類変更の登記の方法、106条は同時申請と添付書面につき定めたものである。それぞれ本書418頁以下、本書421頁以下を参照されたい。

（組織変更の登記）

第114条　第107条の規定は、合資会社が組織変更をした場合について準用する。

本法107条で合資会社についても解説したので、107条（本書422頁以下）を参照されたい。

> **（合併の登記）**
> **第115条**　第108条の規定は、合資会社の登記について準用する。
> 2　第110条の規定は、吸収合併による変更の登記及び新設合併による設立の登記について準用する。

本法108条で合資会社についても解説したので、108条（本書427頁以下）を参照されたい。

> **（会社分割の登記）**
> **第116条**　第109条の規定は、合資会社の登記について準用する。
> 2　第110条の規定は、吸収分割承継会社がする吸収分割による変更の登記及び新設分割による設立の登記について準用する。

本法109条で合資会社についても解説したので、109条（本書431頁以下）を参照されたい。

第8節　合同会社の登記

> （設立の登記）
> 第117条　設立の登記の申請書には、法令に別段の定めがある場合を除き、会社法第578条に規定する出資に係る払込み及び給付があつたことを証する書面を添付しなければならない。

　合同会社は株式会社と同様に間接有限責任社員のみで構成されるため、設立登記の申請に当たり、出資に係る払込み及び給付があったことを証する書面が必要である旨を規定したものである。本法94条解説内の本書389頁2部分を参照されたい。

> （準用規定）
> 第118条　第47条第1項、第48条から第53条まで、第93条、第94条、第96条から第101条まで及び第103条の規定は、合同会社の登記について準用する。

　本法47条1項は「設立の登記は、会社を代表すべき者の申請によつてする。」とする株式会社の規定、48条から53条までは、支店所在地での登記や本店移転に関する株式会社の規定、93条、94条、96条から101条まで及び103条の規定は、持分会社の種類の変更を除いた合名会社に関する設立及び変更の登記に関する規定である。合名会社に関する規定の中で、合同会社についても解説しているため、本法93条以下を参照されたい。

> （社員の加入による変更の登記）
> 第119条　社員の加入による変更の登記の申請書には、会社法第604条第３項に規定する出資に係る払込み又は給付があつたことを証する書面を添付しなければならない。

　本法117条と相違し、会社成立後の規定だが、同じく本法94条解説内の本書389頁２部分を参照されたい。

> （資本金の額の減少による変更の登記）
> 第120条　資本金の額の減少による変更の登記の申請書には、会社法第627条第２項の規定による公告及び催告（同条第３項の規定により公告を官報のほか時事に関する事項を掲載する日刊新聞紙又は電子公告によつてした場合にあつては、これらの方法による公告）をしたこと並びに異議を述べた債権者があるときは、当該債権者に対し弁済し若しくは相当の担保を提供し若しくは当該債権者に弁済を受けさせることを目的として相当の財産を信託したこと又は当該資本金の額の減少をしても当該債権者を害するおそれがないことを証する書面を添付しなければならない。

本条の概要

　合同会社は資本金の額が登記事項とされ、その減少の登記の申請の際は、債権者保護手続書面の添付が必要である。ただし、合同会社の資本金の額の減少は、一定の場合に限られている。

第120条

> **解　説**

1．持分会社の社員別の資本金額
(1)　持分会社の計算の基本知識

　持分会社の社員資本は、株式会社の株主資本と同様に、資本金、資本剰余金、利益剰余金の3つで成り立つが、持分会社では資本剰余金・利益剰余金が準備金とその他の剰余金に細分化されておらず、持分会社には準備金という概念がない（計76条3項）。また、持分会社には剰余金の配当という概念がない。利益の配当であり、資本剰余金からの配当は許されない。

(2)　持分会社の社員別の資本金等

　株式制度を採用し持分複数主義の株式会社においては、例えば、Aが1株50万円で数年前に資本金額50万円で設立した株式会社が、その後、利益剰余金が50万円となり、現在の1株の価値が100万円になっていたとすれば、Bが新たに公正な価額を出資して株主になるためには、最低限100万円を出資しなければならない。その出資額を資本金50万円、資本剰余金50万円に配分した結果、資本金額がABの合計で100万円になっても、1株50万円で出資した旧株主Aと100万円で出資した新株主Bとは、1株保有者として対等である。このような制度では、資本金についても、株主の誰がいくら出資したかを問う必要はなく、株主の会社に対する権利は株式数の持分比率で表される。

　これに対して、持分単一主義の持分会社においては、上記の例でいうと、出資の価額50万円の社員Aと出資の価額100万円の社員Bとして定款に表記されるため、資本金額についても、社員個々に計算され、資本金額100万円中の50万円が社員Aの資本金額で、50万円が社員Bの資本金額だと計算する。

　このことは、持分会社の資本金の額の増加について規定する会社計算規則30条1項1号イに、「<u>当該社員が履行した出資</u>により持分会社に対し払込み又は給付がされた財産の価額」を基準に資本金額の増加がなさ

れ、持分会社の資本金の額の減少について規定する会社計算規則30条2項1号に「当該退社する社員の出資につき資本金の額に計上されていた額」が減少すると規定していることからも明らかである。

このように、持分会社は、各社員の寄合い所帯であり、共同事業を営むとしても、サイフは社員別に管理される共同事務所型の計算を行う会社である。

ただし、会社債権者からすれば、そのようなことは無関係である。そこで、合同会社の資本金の額の減少に当たっては、社員別の計算問題と対債権者との関係による会社全体の計算問題の2つの視点で考えなければならない。

【勘定図：社員別勘定と会社全体勘定】

Aの勘定		Bの勘定		会社の勘定	
資本金	50万円	資本金	50万円	100万円	資本金
資本剰余金	—	資本剰余金	50万円	50万円	資本剰余金
利益剰余金	50万円	利益剰余金	—	50万円	利益剰余金

(間に「＋」と「＝」)

2．合同会社の資本金の額の減少

資本金の額を減少することができるのは、損失のてん補のため、出資の払戻しのため、持分の払戻しのためという3つの場合に限られる（計30条2項）。

(1) 損失のてん補のため

持分会社は、損失のてん補のために、その資本金の額を減少することができる（会620条1項）。減少した資本金の額は、資本剰余金に計上されるため（計31条1項4号）、剰余金（資本剰余金と利益剰余金）の合計額が増加する。

会社法620条1項の損失の額とは、てん補の限度額のことであり（計162条）、株式会社における「欠損の額」と同様に、マイナスの剰余金（資

第120条

本剰余金と利益剰余金の合計額）を計算し、このマイナスの額が資本金額を上回っていた場合（債務超過状態）は、資本金の額までしか減少することができない。資本金の額をマイナスにすることはできないからである。

　損失のてん補が目的でも、単に勘定科目の計数を振り替えただけだから、会社の純資産額（計76条3項）には影響がないが、資本金の額の減少行為であることに変わりがないから、上記のいずれの場合も、会627条の債権者保護手続が必要である（計30条2項5号かっこ書）。

(2)　出資の払戻しのため

① 　出資の払戻しの制限

　出資の払戻しとは、出資した額（資本）の現実の払戻しだから、会社に利益剰余金が十分に存在しても、それを対象とした払戻しをすることはできない。持分の払戻しとの相違点は、依然として社員であり続けるかどうかである。

　合同会社は、社員の出資の払戻しのために、資本金の額の減少を認めている（会626条1項）。その際に、減少する資本金の額は、会社法632条2項に規定する出資払戻額から出資の払戻しをする日における「剰余金額」を控除して得た額を超えてはならないとされている（会626条2項）。

　ここでいう「剰余金額」とは、出資の払戻しを目的とした社員の資本剰余金のことである（会626条4項、計164条3号イ）。社員別の資本剰余金をマイナスにするような出資の払戻しはすることができないため、その不足分までしか資本金の額を減少することができないという意味である。

　ただし、この出資の払戻しは、株式会社でいえば自己株式の取得に類似した行為であって、株式会社でいう分配可能額と同様の規制が合同会社にも存在する。欠損（会631条、計165条）になるような出資の払戻しを認めるべきではないからである。会社法632条2項の規制だが、そこでいう「剰余金額」とは、この会社全体の剰余金のことである（会632条2項、626条4項、計164条3号ロ）。

以上のように、当該社員の社員別の剰余金額と会社全体の剰余金額という両面からの制約があり、これは後記する持分の払戻し目的の場合も同様である。

　なお、出資の払戻しをするためには、出資の価額につき定款の変更も必要であり、それをしない限り、払戻しは認められない（会632条1項・2項）。

② 会社法626条1項と同632条2項の剰余金額

　会社法626条4項によると、剰余金額とは「資産の額－（負債の額＋資本金の額＋会社計算規則164条に計上した額）」（①式）とあるが、会社計算規則164条に計上した額とは、同条に「資産の額－（負債の額＋資本金の額＋会社計算規則164条3号に掲げる額）」（②式）だとある。ここで、②式を①式に代入すると、資産・負債・資本金の額は相殺されて消えるため、結果的に、剰余金の額とは「会社計算規則164条3号に掲げる額」ということになる。

　会社計算規則164条3号に掲げる額のうち、同164条3号イに、会社法626条2項（出資の払戻し目的の減資）の剰余金額は、出資の払戻しをする日における当該社員の資本剰余金だと規定され、会社計算規則164条3号ハには、会社法632条2項（出資の払戻しの制限）と同法634条1項の剰余金額は、「払戻しの日の資本剰余金と利益剰余金の合計額」又は「当該社員の資本剰余金」のいずれか少ない額とある。

　なぜ、このように同じ剰余金額でありながら2つに分けて規定されているのかいうと、会社計算規則164条3号イは資本金の減少額の制限であり、同号ハは出資の払戻し額の制限であり、基準が相違するためである。

(3) 持分の払戻しのため

　合同会社は、持分の払戻しのために、その資本金の額を減少することができる（会626条1項）。持分の払戻しのために減少する資本金の額は、会社法635条1項に規定する持分払戻額から持分の払戻しをする日における剰余金額を控除して得た額を超えてはならない（会626条3項）。

第120条

　出資の払戻しの場合と同じく、①「資本金の額の減少の制限」（社員別勘定の問題）と②「持分の払戻しの制限」（会社全体の計算の問題）の２つがある。前者は払戻しをする社員の持分である資本金計上額と「資本剰余金計上額及び利益剰余金計上額の合計額」であり（後２者につき計164条３号ロ）であり、後者は払戻し時点の社員資本（会社全体）の資本剰余金と利益剰余金の合計額である（計164条３号ホ）。

３．２種類の債権者保護手続
①　資本金の額の減少手続一般
　合同会社も持分会社の１つであるため、債権者保護手続の際に最終の貸借対照表を示す必要はない。それ以外は、株式会社の資本金の額の減少と同様であるため、本法70条に記した部分を参照していただきたい（本書281頁２部分）。ダブル公告（本書285頁）も可能である。
②　剰余金額を超える持分の払戻し手続
　資本金の額の減少をしない場合でも、合同会社が持分の払戻しにより社員に対して交付する金銭等の帳簿価額（持分払戻額）が当該持分の払戻しをする日における剰余金額（社員資本の資本剰余金の額と利益剰余金の額の合計額。計164条３号ホ）を超える場合には（株式会社でいえば分配可能額違反の払戻し）、当該合同会社の債権者は、当該合同会社に対し、持分の払戻しについて異議を述べることができる（会635条１項）。その範囲内であれば、退社する社員の剰余金額を超えても、債権者は異議を述べることはできない。

　この場合には、官報への公告・知れている債権者への各別の催告内容は、「当該剰余金額を超える持分の払戻しの内容」と「債権者が一定の期間内に異議を述べることができる旨」の２つだが、この期間は、「１か月（持分払戻額が当該合同会社の純資産額として法務省令で定める方法により算定される額を超える場合にあっては、２か月）を下ることができない。」とされている（同２項）。

　この２か月の期間が適用されるのは、清算に準じた場合だからであり

（会660条1項参照）、純資産額以上に払い戻して当該合同会社を債務超過にする場合だけでなく、払戻しの前から当該合同会社が簿価債務超過であった場合を含む。

　剰余金額を超える持分の払戻し手続でもダブル公告は原則として可能だが、持分払戻額が当該合同会社の純資産額を超える場合は、各別の催告を省略することはできないとされている（会635条3項ただし書）。また、純資産額を超える場合は、「当該持分の払戻しをしても当該債権者を害するおそれがない」との抗弁もできない（同）。

4．添付書面

　資本金の額の減少を決定した業務執行社員の過半数の一致があったことを証する書面（法118条、法93条）と本法による債権者保護手続書面のほか、次の書面が必要である。

　イ．出資の払戻しによる場合は、出資の価額につき定款を変更した総社員の同意書
　ロ．持分の払戻しによる場合は、退社の事実を証する書面（法118条、96条1項）
　ハ．資本金計上証明書（規92条、61条9項）

　資本金計上証明書は、株式会社の資本金の額の減少の場合は不要とされているが（平18・3・31民商782号通達第2部第4、2(3)68頁）、合同会社の場合は、損失のてん補のため、出資の払戻しのため、退社に伴う払戻しのためという理由の存在を証するため、本書面の添付が必要である。代表者の証明書で差し支えないとされている。

（清算結了の登記）
第121条　清算結了の登記の申請書には、会社法第667条の規定による清算に係る計算の承認があつたことを証する書面を添付しなければならない。

第122条

合名会社に関する本法102条を参照されたい。

（持分会社の種類の変更の登記）

第122条 合同会社が会社法第638条第３項第１号の規定により合名会社となつた場合の合名会社についてする登記の申請書には、定款を添付しなければならない。

２　合同会社が会社法第638条第３項第２号又は第３号の規定により合資会社となつた場合の合資会社についてする登記の申請書には、次の書面を添付しなければならない。

一　定款
二　有限責任社員が既に履行した出資の価額を証する書面
三　無限責任社員を加入させたときは、その加入を証する書面
　　（法人である社員の加入の場合にあつては、第94条第２号又は第３号に掲げる書面を含む。）

３　第104条及び第106条の規定は、前２項の場合について準用する。

【本条の概要】

本条は合同会社が合名会社あるいは合資会社に種類変更する場合の添付書面や登記申請の方法について定めたものである。

【解説】

１．総社員の同意による定款の変更

合同会社が合名会社に種類を変更するには、「その社員の全部を無限責任社員とする定款の変更」が必要であり、合資会社に種類変更するには「無限責任社員を加入させる定款の変更」又は「その社員の一部を無限責任社員とする定款の変更」が必要である（会638条３項）。登記申請には、この総社員の同意書と定款が添付書面となる（本条１項・２項１号）。

２．合名会社又は合資会社に変更する場合の特有の添付書面

⑴ 合同会社が合名会社に種類変更する場合の添付書面

社員が間接有限責任社員だけの合同会社では、非業務執行社員は登記事項ではないが、合名会社では登記事項となる。これは定款記載事項のため、定款の添付で足りる。

⑵ 合同会社が合資会社に種類変更する場合の添付書面

合資会社では社員が無限責任社員と有限責任社員の２種類であり、その責任の種別と、「有限責任社員の出資の目的及びその価額並びに既に履行した出資の価額」（会913条７号）が登記事項とされている。

したがって、出資の履行価額についても証明が必要である。合同会社の社員は間接有限責任社員であり、全額出資済みであるが、その出資の価額については登記所には不明のため、本書の添付が必要となる。

次に、合資会社では無限責任社員が必須であるから、合同会社を合資会社に種類変更するためには、新たに無限責任社員を加入させるか、有限責任社員の一部を無限責任社員とする定款の変更が必要である。

その際に、新たに無限責任社員を加入させたときは、その加入を証する書面（法人である社員の加入の場合にあっては、94条２号又は３号に掲げる書面を含む。）を添付しなければならない。

社員の加入を証する書面については、本書395頁の「⑴社員の加入（増員）の事実を証する書面」が必要であり、その加入社員が法人であるときは、本書311頁６部分を参照されたい。

新たに社員が加入し資本金の額が増加しても、合資会社では資本金の額が登記事項ではないため、資本金計上証明書の添付は不要である。

３．本法104条と106条の準用

本法104条は種類変更の登記の方法、106条は同時申請と添付書面につき定めたものである。それぞれ本書418頁以下、本書421頁以下を参照されたい。

第125条

> （組織変更の登記）
> **第123条** 第107条の規定は、合同会社が組織変更をした場合について準用する。この場合において、同条第1項第6号中「公告及び催告」とあるのは、「公告及び催告（同法第781条第2項において準用する同法第779条第3項の規定により公告を官報のほか時事に関する事項を掲載する日刊新聞紙又は電子公告によつてした場合にあつては、これらの方法による公告）」と読み替えるものとする。

本法107条で解説済みのため、107条（本書422頁以下）を参照されたい。

> （合併の登記）
> **第124条** 第108条の規定は、合同会社の登記について準用する。この場合において、同条第1項第4号及び第2項第5号中「社員」とあるのは、「業務を執行する社員」と読み替えるものとする。

本法108条で解説済みのため、108条（本書427頁以下）を参照されたい。

> （会社分割の登記）
> **第125条** 第109条の規定は、合同会社の登記について準用する。この場合において、同条第1項第4号及び第2項第4号中「社員」とあるのは、「業務を執行する社員」と読み替えるものとする。

本法109条で解説済みのため、109条（本書431頁以下）を参照されたい。

(株式交換の登記)
第126条 株式交換完全親会社がする株式交換による変更の登記の申請書には、次の書面を添付しなければならない。
一 株式交換契約書
二 第89条第5号から第8号までに掲げる書面
三 会社法第802条第2項において準用する同法第799条第2項（第3号を除く。）の規定による公告及び催告（同法第802条第2項において準用する同法第799条第3項の規定により公告を官報のほか時事に関する事項を掲載する日刊新聞紙又は電子公告によってした場合にあつては、これらの方法による公告）をしたこと並びに異議を述べた債権者があるときは、当該債権者に対し弁済し若しくは相当の担保を提供し若しくは当該債権者に弁済を受けさせることを目的として相当の財産を信託したこと又は当該株式交換をしても当該債権者を害するおそれがないことを証する書面
四 法人が株式交換完全親会社の業務を執行する社員となるときは、第94条第2号又は第3号に掲げる書面
2 第91条及び第92条の規定は、合同会社の登記について準用する。

本条の概要

本条は合同会社が株式交換完全親会社になった場合の株式交換による変更登記申請に関する通則的な添付書面以外の添付書面について規定したものである。

解　説

1．株式交換契約書（1項1号）

株式交換一般については、本法89条以下を参照いただくとして、合同

第126条

会社に発行済株式の全部を取得させる株式交換契約の記載事項は会社法770条1項各号に規定されているが、合同会社は新株予約権を発行することができないため、対価に加わっていない。したがって、完全子会社の新株予約権付社債の承継ということもあり得ないことと、完全親会社持分を対価とした場合に資本金の額が増加することもあることに注意しなければならない。

　会社法770条1項2号によると、「当該社員の氏名又は名称及び住所並びに出資の価額」を株式交換契約に記載しなければならないが（定款記載事項でもある。会576条1項）、問題は完全子会社が株式会社の場合に株主個々の出資の価額をどう決めるのかである。これについては本法77条解説内の本書309頁(2)部分を参照されたい。

2．株式交換完全親合同会社の総社員の同意

　対価が株式交換完全親合同会社の持分である場合（会770条1項2号に規定する場合）には、新たな社員が加わる場合であるから、定款に別段の定めがある場合を除き、総社員の同意が必要であり（会802条1項）、この同意があったことを証する書面が添付書面となる（法118条、93条）。それ以外は、定款に別段の定めがある場合を除き、業務執行社員の過半数で決する（会591条1項、590条2項）。簡易株式交換・略式株式交換という制度は株式会社特有のものであり、合同会社には存在しない。

3．本法89条5号から8号までに掲げる完全子会社に関する書面

　完全子会社で準備する添付書面のことである。本法89条を参照されたい。

　なお、完全子会社で債権者保護手続が必要になるのは、新株予約権付社債を完全親会社に承継させた場合だけだが（会789条1項3号）、完全親会社が合同会社のときは対価として新株予約権を発行することができない。株式交換であって会社が消滅する合併ではないから、完全子会社の新株予約権に対して金銭を交付する旨の規定もない。結果として、完

全親会社が合同会社のときは完全子会社で債権者保護手続がなされることはないため、本法89条7号に掲げる書面を本法で規定していることは無意味である。

　規定として存在することは肯定されながら、効力のない規定であるため、空振り規定の典型例である。

4．完全親会社の債権者保護手続書面

　完全親会社が合同会社のときは、完全子会社の新株予約権付社債を承継することがあり得ないから、完全親会社で債権者保護手続が必要になるのは、親会社の持分以外を対価とした場合である（会802条2項）。社債や現金を対価にした場合が想定される。

　この場合の債権者異議申述公告や催告に当たっては、計算書類に触れる必要はなく、①株式交換をする旨、②完全子会社の商号及び住所、③債権者が一定の期間内に異議を述べることができる旨（この一定の期間は、1か月を下ることができない。）の3点を示してすることになる。

　その他は、債権者保護という意味では資本金の額の減少と同様であるため、本法70条に記した部分を参照されたい（本書281頁以下）。

5．法人社員加入手続書面（1項4号）

　本書311頁6部分を参照されたい。

6．資本金計上証明書

　本法89条の該当箇所を参照されたい（本書371頁以下）。

7．本法91条及び92条の準用規定は空振り規定（2項）

　完全子会社の新株予約権付社債が承継されることはあり得ず、同時経由申請もあり得ない。本条2項は空振り規定である。

第127条

第9節　外国会社の登記

(管轄の特例)
第127条　日本に営業所を設けていない外国会社の日本における代表者（日本に住所を有するものに限る。第130条第1項を除き、以下この節において同じ。）の住所地は、第1条の3及び第24条第1号の規定の適用については、営業所の所在地とみなす。

本条の概要

　本条は、日本に営業所を設けていない外国会社について、外国会社の登記の事務をつかさどる登記所の管轄の特例を規定するものである。

解　説

1．日本における営業所の設置義務の廃止

　通信販売やインターネット取引の普及に伴い、外国会社に営業所設置を義務づける合理性が失われ、また、他の先進諸国に比較して過度な参入障壁になっているとの批判があったことから、平成14年の商法改正により、日本において取引を継続してしようとする外国会社に対する営業所の設置義務が廃止され、外国会社は、日本における代表者を定め、外国会社の登記をすれば足りることとされた（旧商479条1項、旧有限会社法76条）。会社法においても、この点については、実質的な改正はなく、同様の規制が定められている（会817条1項）。よって、外国会社は、日本における営業所を設置することなく、日本において継続して取引をすることができ、日本における営業所を設置するか否かは、各外国会社の判断に委ねられている（始関正光「平成14年改正商法の解説〔XI・完〕」商事1650号15頁（2002年））。

2．日本に営業所を設けていない場合の外国会社の登記の管轄

そこで、本条は、日本に営業所を設けていない外国会社において、外国会社の登記の管轄を定める規定（法1条の3）及び管轄相違を事由とする登記申請の却下に関する規定（法24条1号）については、その外国会社の日本における代表者の住所地をその外国会社の営業所の所在地とみなして適用するものと定め、日本における代表者の住所地を管轄する登記所がその外国会社に関する登記をつかさどることとしている。

なお、外国会社が日本に営業所を設けていない場合において、その日本における代表者（日本に住所を有するものに限る。）が複数定められているときは、それら全ての日本における代表者の住所地を管轄する登記所において、それぞれ外国会社の登記をしなければならない（始関正光編著『Q＆A平成14年改正商法』（商事法務、2003年）317頁。ただし、複数の日本における代表者の住所地が同一の登記所の管轄区域内に属するときは、その登記所において、まとめて1件の外国会社の登記を申請すれば足りる。

（申請人）
第128条　外国会社の登記の申請については、日本における代表者が外国会社を代表する。

本条の概要

本条は、外国会社の登記の申請については、登記の申請人を明確にするとの趣旨から、外国会社を代表する者は、日本における代表者に限る旨を規定するものである。外国会社の設立準拠法に基づく本来の代表者は、外国会社の登記の申請については、外国会社を代表することはできない。

第128条

> **解　説**

1．外国会社
(1)　外国会社の定義

　会社法施行以前の商法においては、外国会社の定義について明文の規定はなく、専ら解釈によっていたため、外国会社に関する規制がいかなる外国会社に適用されるかが必ずしも明確ではなかったが、会社法では、外国会社とは、「外国の法令に準拠して設立された法人その他の外国の団体であって、会社と同種のもの又は会社に類似するもの」と定義された（会2条2号）。

　まず、「外国の法令に準拠して設立された」という要件から、内国会社と外国会社の区別は、設立準拠法によることが明らかにされた。

　次に、法人のみならず、「その他の外国の団体」を含むことから、設立準拠法において法人格を認められていない外国の団体も、外国会社に該当し得る。なお、会社法施行以前の判例においても、ドイツの合名会社について、同様の見解がとられていた（大判明38・4・17民録11輯506頁）。

　さらに、会社法上、会社とは、「株式会社、合名会社、合資会社又は合同会社」をいう（会2条1号）ので、外国会社は、これらのいずれかと同種のもの又はこれらのいずれかに類似するものである必要がある。よって、外国の公益法人、外国相互会社（保険業法2条10項）などは、外国会社には該当しない。

　なお、「類似するもの」とは、一般的に、「同種のもの」より広い概念であると解されるが、いかなる外国の団体が「会社」に類似するかを決定することは、必ずしも容易ではない。例えば、外国の法令に準拠して設立された外国のある団体が「会社」に類似するか、あるいは、その他の内国の団体に類似する（「会社」には類似しない）かは、その外国の団体の主な性質と「会社」又はその他の内国の団体のそれとをそれぞれ比較検討し、相対的に判断せざるを得ないものと思われる。この点に関して、アメリカ合衆国の各州法に基づき設立されたパートナーシップ又は

リミテッドパートナーシップについて、私法上は、それぞれ合名会社又は合資会社に類似し、外国会社に該当するとする見解がある（江頭・会社法6版969頁）。

(2) **外国会社の権利能力**

設立準拠法において法人格を認められた外国会社は、我が国において、当然に認許され（民35条1項）、外国人が享有することのできない権利及び法律又は条約中に特別の規定がある権利を除き、日本において成立する同種の会社と同一の権利能力が認められる（民35条2項）。

なお、国、国の行政区画及び外国会社以外の外国法人は、法律又は条約の規定により認許されるものを除き、認許されない（民35条1項）ので、外国の公益法人は、原則として、認許されず、外国法人の登記をすることもできない（民37条1項）。法律又は条約の規定により認許される外国法人としては、外国相互会社（保険業193条）や国際連合（国際連合の特権及び免除に関する条約1条）、世界貿易機関（世界貿易機関を設立するマラケシュ協定8条1項）などの国際法人が挙げられる。

(3) **日本における継続取引**

外国会社は、日本において取引を継続してしようとするときは、日本における代表者を定める（会817条1項前段）とともに、外国会社の登記をしなければならない（会933条1項）。外国会社は、外国会社の登記をするまでは、日本において取引を継続してすることができず（会818条1項）、その登記前に継続取引をした者は、取引の相手方に対して、その外国会社と連帯して、その取引によって生じた債務を弁済する責任を負う（会818条2項）。なお、その場合でも、その取引の私法上の効力には、何ら影響を与えるものではないので、その取引が有効に行われている以上、その外国会社も取引の相手方も、その取引の効力を否認してその責任を免れることはできない（江頭憲治郎＝門口正人編集代表『会社法大系(1)』450頁〔相澤哲〕（青林書院、2008年））。

「日本において取引を継続してする」とは、一般的には、日本において継続的・反復的に営業を行う場合をいい、単発的な取引を行う場合を

第128条

含まないと解されている（前掲（459頁）始関『Q＆A平成14年改正商法』315頁）。また、取引回数よりも、継続的事業活動の一環か否かの観点から判断すべきものであると解されている（江頭・会社法6版973頁）。

具体的には、日本における営業所を設置しない外国会社がインターネットを利用して日本の顧客に対して継続的・反復的に商取引を行う場合も継続取引に該当するとされる（前掲（459頁）始関『Q＆A平成14年改正商法』315頁）。また、製品について明確に日本向けの宣伝活動等を行っている場合には継続取引に該当し得るとされる（江頭・会社法6版973頁）。

一方、日本において債券の発行等の資金調達をするだけであれば、継続取引に該当しないとされる（江頭・会社法6版973頁）。また、外国会社が持分会社の社員となることは、この取引を継続して行うことに当然に該当するものではないとされる（小川ほか・通達準拠457頁）。なお、外国会社が内国持分会社の社員となる場合には、入社行為それ自体は継続取引に当たらないとしても、定款によって業務執行権及び代表権を有する社員が他に定められない限り、当該外国会社が業務執行権及び代表権を有することになるから（会590条1項、599条1項）、実際には当該持分会社が事業を行う限りは継続取引を行うものとして外国会社の登記が必要になるとの見解がある（奥島孝康ほか編『新基本法コンメンタール会社法3』332頁〔上田純子〕（日本評論社、2009年））が、この場合、当該外国会社は、あくまで当該持分会社の業務執行社員及び代表社員として職務を執行しているのであり、当該外国会社自体が日本において取引を継続してするわけではないため、外国会社の登記は不要であると考える。登記実務においても、日本において登記されていない外国会社を唯一の社員とする合同会社の設立は受理されている。

継続取引については、擬似外国会社に関する解説（後記(4)②）についても参照されたい。

(4) 擬似外国会社

① 擬似外国会社の意義

　擬似外国会社とは、日本に本店を置き、又は日本において事業を行うことを主たる目的とする外国会社をいう（会821条1項）。

　日本に本店を置く外国会社とは、外国会社の営業の統括地としてその外国会社が実際に定めている場所が日本に存在することを意味する。また、日本において事業を行うことを主たる目的とする外国会社とは、会社法821条の規定が外国会社を利用した日本の会社法制の潜脱を防止する趣旨のものであることを踏まえると、日本における事業がその存立に必要不可欠であることを前提として設立された外国会社であり、専ら日本において事業を行うことを目的として設立された会社等がこれに当たるとされる。

　擬似外国会社に当たるか否かは、最終的には具体的な事実関係を踏まえて個別に判断されるが、次のような会社は、一般的には擬似外国会社には当たらないとされる（平18・3・31民商782号通達第6部第1、2(2) 125頁）。

ア　設立の時点において、専ら日本において事業を行う目的があるとは認められない場合

　　目的とは、客観的な概念ではなく、主観的な概念であり、日本国内における事業と日本国外における事業の規模とを単純に比較して判断されるものではない。また、目的の有無は、会社法821条の規定が外国会社を利用した日本の会社法制の潜脱を防止する趣旨のものであることを踏まえると、当該外国会社の設立時において判断されるべきものである。

　　次に掲げる場合のいずれかに該当するような外国会社は、一般的には、日本において事業を行うことを主たる目的とするという要件を満たさない。

　（ア）　当初は外国における事業を中心としていたが、後に日本における事業規模が拡大し、現在は、その事業の大半が日本に移行して

第128条

いる場合
- （イ）　現在は日本においてのみ事業活動を行っているが、将来は、他の国における事業活動をも予定している場合
- （ウ）　日本に加えて他の国でも事業を行うために設立されたが、他の国での事業が不成功に終わり、現在のところ日本においてだけ事業を継続している場合

イ　事業の態様から見て、専ら日本において事業を行うことを目的としているとは認められない場合

　事業の場所は、営業所や従業員の所在地で決定されるものではなく、顧客や仕入先の所在地、取引場所、取引の方式、資金調達場所等を考慮して実質的・総合的に判断される。

　次に掲げる場合のいずれかに該当するような外国会社は、日本のみならず、外国においても事業を行うことを目的としていると認められ、一般的には、専ら日本において事業を行うことを目的とするという要件を満たさない。

- （ア）　日本における商品の販売又は役務の提供による売上げが当該外国会社の売上げの100パーセントを占めるが、その取引商品若しくは原材料の相当部分を日本国外の取引先（当該外国会社の日本国外の関連会社を含む。）から調達する場合又は役務の提供のために必要な行為の相当部分を日本国外において行う場合
- （イ）　日本において、取引商品若しくはその原材料の100パーセントを調達し、又は役務の提供のために必要な行為の100パーセントを行うが、日本国外においても営業活動が行われる結果、日本国外における商品の販売又は役務の提供による売上げが当該外国会社の売上げのうち相当部分を占める場合
- （ウ）　日本における商品の販売又は役務の提供による売上げが当該外国会社の売上げの100パーセントを占めると同時に、日本国内において、その取引商品若しくは原材料の調達又は役務の提供のために必要な行為の100パーセントが行われるが、その営業資金を

調達するために、日本国外で借入れや社債の発行等を行う場合
- （エ）　日本における商品の販売又は役務の提供による売上げが当該外国会社の売上げの100パーセントを占めると同時に、日本国内において、その取引商品若しくは原材料の調達又は役務の提供のために必要な行為の100パーセントが行われるが、日本国外において事業を行っている他の会社を実質的に支配しており、当該外国会社が日本国外で事業を行っていると評価することができる場合
- （オ）　日本国外に役員が在住し、又は日本国外において役員会が開催されている場合

② 擬似外国会社の継続取引禁止

　擬似外国会社は、日本において取引を継続してすることができず（会821条1項）、これに違反して取引をした者は、取引の相手方に対して、その外国会社と連帯して、その取引によって生じた債務を弁済する責任を負う（会821条2項）。なお、後述のとおり、擬似外国会社であっても、法人格が認められるので、その取引の効力は、擬似外国会社に帰属する。一方、擬似外国会社に該当しても、日本において継続した取引に当たらない取引をすることはでき、次に掲げるような行為をすることは差し支えないとされる（平18・3・31民商782号通達第6部第1、2(3)126頁）。

ア　取引に当たるとはいえない市場調査又は情報収集の域を超えない活動をすること

イ　1回限りの個別的取引を行い、又は複数回の取引であっても、それぞれが個別的な取引であり継続性のないものを行うこと

ウ　日本における流動化スキームの一環として、日本において事業を行うことを主たる目的として設立された外国会社が当初の契約に基づき資産の譲受け、金銭の授受その他の取引を行う場合において、次のような方法により、外国会社がいわゆるプログラム形式で継続的に資産を取得し、融資を受け、又はコマーシャル・ペーパーを発行すること

　　（ア）　特定の当事者間（外国会社、オリジネータ、融資をする金融機関、コマーシャル・ペーパーの引受人、対象資産の賃貸人等）において、

第128条

取得する資産の範囲、コマーシャル・ペーパーの発行の総額、金利に関する事項（金利スワップ契約を含む。）、発行手続等を定めた基本契約を締結し、その後の資産の取得やコマーシャル・ペーパーの発行等を当該基本契約の履行の一環として行う方法（実質的に１個の契約が締結されたと認められる場合）

（イ）　同時に複数のオリジネータ等と基本契約を締結する方法（１個の集団的な基本契約が締結されたと認められる場合）

③　擬似外国会社の登記

　会社法施行以前の商法では、擬似外国会社は、日本法で定める手続に従って再設立の手続をしない限り法人格が認められないため、外国会社の登記をすることはできなかった。仮に擬似外国会社が外国会社の登記をしたとしても、その登記は無効であり、そのような不実の登記については、過料が課されるのみならず、公正証書原本等不実記載罪等が成立するおそれもあった。

　会社法では、擬似外国会社も設立準拠法において法人格を認められる限り、我が国においても法人格が認められ（民35条１項）、外国会社の登記をすることができる（会933条）こととされ、不実の登記として罰則を課されるおそれもなくなった（前掲（461頁）江頭＝門口編集代表462頁）。ただし、たとえ擬似外国会社が外国会社の登記をしたとしても、会社法821条の適用があることに変わりはないので、その擬似外国会社は、日本において取引を継続してすることはできない。

　なお、外国会社の登記の申請の受理に当たっては、その外国会社が擬似外国会社に当たるか否かを審査する必要はないとされている（平18・３・31民商782号通達第６部第１、２(4)127頁）。

２．日本における代表者

(1)　**日本における代表者の資格**

　日本における代表者は、外国会社と日本国内の取引相手との間の紛争処理等のため、我が国の会社法の規定により、定めることが義務付けら

れるものである。

　会社法は、日本における代表者の資格について何ら規定していないので、外国会社の設立準拠法上、代表者や支配人などの一定の地位にある者である必要はなく、日本における営業の主任者とする意図で選任された者であれば足りると解されている（前掲（461頁）江頭＝門口編集代表448頁）。逆に、外国会社の設立準拠法により認められる限り、設立準拠法上の代表者が日本における代表者を兼任することは可能である。

　また、外国会社は、日本における代表者をわざわざ本国から派遣して常駐させる必要はなく、日本の弁護士等との契約の下に、その弁護士等に紛争解決等の権限を与え、これを代表者として定めれば足りるとされている（前掲（459頁）始関314頁）。

　さらに、日本における代表者の国籍にも制限はないので、外国人でも日本における代表者となることができる。

(2)　日本における代表者の住所

　日本における代表者のうち一人以上は、日本に住所を有する者でなければならない（会817条1項後段）。日本における代表者を複数定める場合においては、日本に住所を有する者が一人以上いる限り、その者に加えて、日本に住所を有しない者を日本における代表者とすることも可能である。

　この点、平成14年改正商法においては、全ての日本における代表者が日本に住所を有する者であることを要求していたが、内国会社の代表者の取扱いとの平仄を合わせるため、会社法では、日本における代表者のうち一人以上が日本に住所を有していれば足りるとされた。

　かつては、我が国には、国際裁判管轄に関する明文の規定がなく、民事訴訟法に規定する裁判籍のいずれかが日本国内にあるときは、原則として、日本の裁判所に管轄権があるものと解されていたので、外国会社を被告とする訴えについて、民事訴訟法4条5項により、外国会社の普通裁判籍が日本国内にあるようにするため、日本における代表者が日本に住所を有することを要求していると説明されてきたが、平成23年の民

事訴訟法の改正により、日本の裁判所の管轄権に関する明文の規定（民訴3条の3第4号、5号等）が置かれたため、日本における代表者の住所地は、それらの規定により、日本の裁判所の管轄権が認められる場合において、日本のどの裁判所の管轄に属するかという国内での管轄分配を決定する要素にすぎないことになったものと思われる。

なお、内国会社の代表者のうち、少なくとも1名は日本に住所を有しなければならないとされてきた登記先例（昭59・9・26民四4974号回答、昭60・3・11民四1480号回答）は、平成27年3月16日付で廃止されたが、外国会社の日本における代表者については、会社法817条1項後段の規定は変更されていないため、従前どおり、そのうち一人以上は、日本に住所を有する者でなければならない。

(3) 日本における代表者の権限

外国会社の日本における代表者は、その外国会社の日本における業務に関する一切の裁判上又は裁判外の行為をする権限を有する（会817条2項）。外国会社が複数の日本における営業所を設置した場合でも、日本における代表者は、その全ての営業所の業務について代表権を有する。

なお、外国会社は、日本における代表者のほか、その設立準拠法に基づき、営業所ごとに包括的な代理権を持つ支配人を選任した場合には、支配人選任の登記をすることができるとされている（昭42・10・12民甲2135号通達）。

日本における代表者の権限に加えた制限は、善意の第三者に対抗することができない（会817条3項）。共同代表の定めをした場合でも、その外国会社内部の規定にすぎず、その定めについて登記することもできない。

(4) 日本における代表者の選任方法、任期

会社法は、日本における代表者の選任方法や任期については、何ら規定していない。判例では、外国会社の設立準拠法によるものとされている（福岡地判大7・5・14新聞1476号20頁）。また、任期についても、同様と解されている（商登法逐条解説589頁）。

3．外国会社の登記の申請人

(1) 申請人

　外国会社には、日本における代表者のほか、設立準拠法に基づく本来の代表者が存在し、その代表者は、日本においても、原則として、その外国会社を代表する権限を有する。しかし、商業登記法は、登記の申請人を明確にするとの趣旨から、外国会社の登記の申請については、設立準拠法に基づく本来の代表者の代表権を制限し、その申請人を日本における代表者に限定している。

　先例においても、日本における営業所廃止の登記を申請する場合において、外国会社の登記簿上の日本における代表者が所在不明であるときでも、設立準拠法に基づく本来の代表者が申請人となることはできず、新たに日本における代表者を選任し、その者から日本における代表者の変更の登記及び営業所廃止の登記を申請すべきであるとされている（昭44・1・14民甲32号回答）。

　ただし、日本における代表者が複数定められている場合において、日本に住所を有しない日本における代表者がいるときは、日本に住所を有しない日本における代表者は、外国会社の登記の申請人になることができない（法127条かっこ書参照。なお、筧ほか・詳解2版(下)430頁においては、「登記実務は、外国に住所を有する日本における代表者も登記申請人になることができるとしている。」とするが、法127条かっこ書の文理上、そのように解することは難しいと思われる。）。

　なお、外国会社の登記とは、初めて日本における代表者を定めたときにする日本における代表者選任又は営業所設置の登記（会933条1項）のほか、外国会社の登記の登記事項に変更が生じたときにする変更の登記（会933条4項、915条1項）、全ての日本における代表者の退任の登記（会820条3項）その他の外国会社に関する全ての登記（裁判所の嘱託による登記を除く。）を含む。

(2) 印鑑の提出

　日本における代表者は、外国会社の登記の申請人となるため、あらか

じめ、その登記の申請書に押印する印鑑を登記所に提出しなければならない（法20条１項）。

　外国会社が異なる登記所の管轄区域内に複数の日本における営業所を設置した場合、又は、日本に営業所を設けず、かつ、異なる登記所の管轄区域内に住所を有する複数の日本における代表者を定めた場合、複数の日本における営業所又は日本における代表者には主従の関係はなく、また、外国会社については、内国会社の支店に関する商業登記法20条３項のような規定もないため、それぞれの登記所において印鑑を提出する必要がある（根村良和「外国会社が日本に複数の営業所を設置する場合の登記申請の方法」商事1500号79頁（1998年））。

　なお、日本における代表者が外国人である場合には、申請書（代理人によって登記を申請するには、委任状）に記名押印することに代えて、これに署名すれば足り（外国人ノ署名捺印及無資力証明ニ関スル法律１条）、登記所に印鑑を提出することを要しないとされている。ただし、あらかじめ登記所に印鑑を提出していない外国人である日本における代表者が外国会社の登記を申請する場合には、その登記の申請書（代理人によって登記を申請するには、委任状）の署名が本人のものであることの本国官憲（当該国の領事及び日本における権限ある官憲を含む。以下、本条に関する解説において同じ。）の証明書（いわゆるサイン証明書）の添付が必要となる（平28・6・28民商100号通達）。

　また、外国人である日本における代表者が印鑑を提出する場合において、その外国人が市区町村に印鑑登録をしていないときは、市区町村長の作成した印鑑証明書（規９条５項１号）に代えて、本国官憲の作成に係るサイン証明書を添付することができる（同通達）。

　これらのサイン証明書を作成する本国官憲とは、外国会社の本国（設立準拠法国）でなく、日本における代表者の本国（国籍の属する国）の官憲であるとされている（登研352号105頁）。

　外国人の署名につき本国官憲の作成したサイン証明書の添付をもって、市町村長の作成した印鑑証明書の添付に代えることができる場合に

おいて、当該外国人の本国の法制上の理由等の真にやむを得ない事情から、当該署名が本人のものであることの本国官憲の作成したサイン証明書を取得することができないときは、その旨の登記の申請書に押印すべき者の作成した上申書及び当該署名が本人のものであることの日本の公証人又は当該外国人が現に居住している国の官憲の作成したサイン証明書の添付をもって、市町村長の作成した印鑑証明書に代えることができる（同通達）。

（外国会社の登記）
第129条　会社法第933条第1項の規定による外国会社の登記の申請書には、次の書面を添付しなければならない。
一　本店の存在を認めるに足りる書面
二　日本における代表者の資格を証する書面
三　外国会社の定款その他外国会社の性質を識別するに足りる書面
四　会社法第939条第2項の規定による公告方法についての定めがあるときは、これを証する書面
2　前項の書類は、外国会社の本国の管轄官庁又は日本における領事その他権限がある官憲の認証を受けたものでなければならない。
3　第1項の登記の申請書に他の登記所の登記事項証明書で日本における代表者を定めた旨又は日本に営業所を設けた旨の記載があるものを添付したときは、同項の書面の添付を要しない。

本条の概要

本条は、外国会社の登記の添付書面について規定するものである。
1項では、外国会社の登記に特有の添付書面が規定されている。
2項では、1項に列挙された書面については、外国会社の本国の管轄

第129条

官庁等の認証を受けなければならない旨が規定されている。

　3項では、外国会社が異なる登記所の管轄区域内に複数の日本における営業所を設置した場合等において、ある登記所で外国会社の登記をしたときは、その旨の記載があるその登記所の登記事項証明書を添付すれば、それ以降に外国会社の登記を申請する登記所での申請書には、1項の書面の添付を要しない旨が規定されている。

解説

1．外国会社の登記の添付書面（1項）
(1)　外国会社の登記

　外国会社が日本において取引を継続してしようとする場合において、初めて日本における代表者を定めたときは、3週間以内に、外国会社の登記をしなければならない（会933条1項）。

　外国会社は、外国会社の登記をするまでは、日本において取引を継続してすることができず（会818条1項）、その登記前に継続取引をした者は、取引の相手方に対して、その外国会社と連帯して、その取引によって生じた債務を弁済する責任を負う（会818条2項）とともに、外国会社の登記の登録免許税の額に相当する過料の制裁を受ける（会979条2項）。

(2)　登記申請書

　外国会社の登記の申請書には、内国会社と同様の事項（法17条2項）のほか、申請する登記所の管轄区域内にある日本における代表者の住所又は日本における営業所を記載しなければならない（法17条3項）。ただし、登記を申請する登記所の管轄区域内に複数の日本における代表者の住所地又は日本における営業所の所在地がある場合は、そのうちの1つの住所又は営業所を記載すれば足りる。

　また、外国において生じた事項の登記を申請するには、申請書にその通知書が日本における代表者に到達した年月日を記載しなければならない（規93条）。

さらに、外国会社の登記の申請書には、日本における代表者又はその代理人が記名押印しなければならない（法17条2項）が、日本における代表者が外国人である場合には、申請書に記名押印することに代えて、これに署名すれば足りる（本書469頁(2)参照）。

なお、登記の申請書及びその添付書面中、日付の記載として西暦を用いても差し支えないが、登記簿に日付を記入するときは、全て元号を用いることとされている（昭54・7・5民三3884号通知）。

(3) 登記すべき事項

① 日本における同種の会社又は最も類似する会社の設立登記の登記事項

外国会社の登記においては、日本における同種の会社又は最も類似する会社の種類に従い、株式会社、合名会社、合資会社又は合同会社の設立の登記において登記すべき事項（会911条3項、912条～914条）に相当する事項を登記しなければならない（会933条2項）。

なお、日本における同種の会社又は最も類似する会社の登記事項であっても、その外国会社について、その設立準拠法や定款等の規定においては、それに相当する事項がそもそも存在しない場合には、登記することは不可能であるので、登記する必要はない（亀田哲『外国会社と登記』16頁（商事法務研究会、1998年））。

これらの事項のうち、外国会社の登記において、特に留意すべき事項は、以下のとおりである。

ⅰ) 商号

外国会社の商号は、通常、その本国の文字、すなわち外国文字で定められているが、日本において外国会社の登記をする場合は、その外国文字のまま登記することは認められておらず、原則として、その発音をカタカナに引き直して登記することとされている（外国文字の発音をカタカナに引き直すべきことに直接言及した先例はないようであるが、昭21・6・7民甲306号回答、昭24・12・1民甲2806号回答等は、そのことを当然の前提としている。）。

なお、漢字を使用する国の外国会社がその商号に漢字を使用している場合において、その漢字がいわゆる正字であるときは、カタカナに引き直すことなく、そのまま登記することも可能であるとされている。その漢字がいわゆる誤字・俗字である場合や簡体字や繁体字である場合は、正字に引き直して登記されるのが原則であるが、文字によっては、そのまま登記することができるものもあるようである。

　また、内国会社と同様に、法務大臣の指定するローマ字その他の符号を外国会社の商号の登記に使用することができる（規50条、平成14年法務省告示315号）。商号の登記に用いることができる符号は、ローマ字（大文字及び小文字）、アラビヤ数字、「＆」（アンパサンド）、「'」（アポストロフィー）、「,」（コンマ）、「－」（ハイフン）、「．」（ピリオド）及び「・」（中点）である。ローマ字を用いて複数の単語を表記する場合に限り、それらの単語の間を区切るためにスペースを用いることもできる。これらの符号は、スペースを含め、全て全角文字で登記される。

　なお、外国会社には、その商号中に「ABC（Europe）Co. Ltd.」や「XYZ（Singapore）Pte. Ltd.」など「（　）」（括弧）を含むものがあるが、登記実務においては、「（　）」を用いることはできないこととされている（昭54・2・9民四837号回答）ので、「（　）」を除いて登記せざるを得ない。

　外国会社の商号に種類を表す部分（「Inc.」、「PLC」、「AG」、「SA」など）が含まれている場合には、その部分を含めて全ての部分をその商号の発音どおりにカタカナを用いて登記することとされている（平5・11・5民四6928号通知）。ただし、本国において漢字で表記される場合（「股份有限公司」、「有限公司」など）には、そのまま登記することもできる。

　外国会社の商号のうち、業種を表す部分（「Bank」、「Insurance」など）も、その発音をカタカナに引き直して登記することになるが、その業種を示す日本語訳（「（銀行）」、「（保険）」など）を商号の末尾に括弧書きで付加することもできるとされている（昭54・11・13民四5758号通達）。

　なお、会社法施行により、内国会社と同様に、外国会社についても、類似商号の規制は廃止されている。

ⅱ）本店の所在場所

　外国会社の主たる営業所の所在場所を登記する。その所在場所が外国文字で表示されている場合には、原則として、その発音をカタカナに引き直して登記すること、漢字使用国の外国会社については、その漢字のまま表示することができることなどは、上記ⅰ）の商号の登記と同様である。なお、所在場所の表示の一部にローマ字が符号として使用されている場合（部屋番号を表す「A—101」など）は、そのまま登記することができる（昭43・1・26民甲1号回答）。

　また、国、州、市などの行政区画を表す部分については、その訳語で表示して差し支えないとされている。なお、国の名称については、外務省の作成に係る国名表に準拠して表示するのが相当であるとされている。

ⅲ）日本における営業所、支店の所在場所

　日本における営業所は、外国会社の登記における登記すべき事項としては、支店とみなされ（会933条3項）、外国会社登記簿の登記記録のうち、支店区に記録される。

　なお、外国会社が異なる登記所の管轄区域内に複数の日本における営業所を設置した場合、それぞれの登記所において、他の登記所の管轄区域内にある営業所を含めて、全ての日本における営業所を登記する必要がある（本書483頁③参照）。

　また、登記すべき従たる営業所（支店）は、内国会社の支店と同様に、外国にある営業所を含めて、全ての営業所であるとされている（登研98号46頁）が、外国会社の登記が日本において継続取引をする外国会社を監督することを主な目的としていることに鑑みれば、日本以外の国にある営業所を登記させる意義は少ないのではないかと思われる。また、例えば、世界各国に進出している多国籍企業について、その全ての営業所を把握し、そのそれぞれについて内国会社の支店に相当するか否かを検討することは、実務上は、相当困難であると思われる。

ⅳ）目的

　会社法施行により、内国会社の目的については、その具体性の審査を

要しないこととされたため、外国会社の登記における目的についても、具体性については審査されないこととなったが、目的の明確性及び適法性については、従前どおり、審査の対象となる。

ただし、外国の法令に基づき設立される外国会社においては、その設立準拠法における事業目的の概念が我が国の会社法における目的とは相当異なる場合も多い。例えば、アメリカ合衆国の各州法に基づき設立される外国会社の定款においては、「当州法に基づき設立される会社が目的とし得るあらゆる合法的な行為及び活動に従事すること」といった極めて抽象的な表現の目的が記載されていることが多い。また、これとは逆に、かつての香港の会社法に基づき設立された外国会社のように、実際に行うか否かにかかわらず、会社が行う可能性がある、ありとあらゆる業務や活動を数十項目にわたり羅列している事例もある。

しかし、このような事業目的は、我が国の会社法が登記することを要求している「目的」とはいえず、仮に外国会社の定款等にこのような記載があった場合であっても、その外国会社が現に行っている事業又は近い将来行う予定である事業を内国会社の目的と同程度に個別的かつ具体的に登記するのが相当であるとされている。

また、支店設置・子会社設立、資金の借入れ、社債の発行、担保の設定など、会社の一般的な権能又は事業目的を達成するための手段にすぎない活動についても、外国会社の登記における「目的」として登記すべきではないとされている（亀田哲『外国会社と登記〔全訂版〕』52頁（商事法務、2012年））。

登記すべき目的の範囲は、その外国会社が日本において行う事業に限定されない。また、「日本における〇〇業」といった事業目的を登記することは、擬似外国会社と判断されるおそれもあるため、適当ではないと思われる。

ⅴ）役員又は社員に関する事項

外国会社には、その設立準拠法に基づき、役員又は社員が定められているが、このうち、日本における同種の会社又は最も類似する会社の登

記事項（取締役、監査役、執行役など）に相当するものを登記しなければならない。

　これらの役員等のうち、その外国会社を代表する権限を有する者については、その住所も登記すべきである。なお、外国会社の本国における登記・登録制度においては、役員等の住所として、その役員等の勤務場所である Business Address（Service Address ともいう。）を登記することが認められている場合もあるが、日本の登記制度における「住所」は、その役員等の「生活の本拠」である（民22条）と考えられるため、Business Address を住所として登記することは不適切であると思われる。

　これらの役員等の氏名、住所の表示については、外国文字で表示されている場合には、原則として、その発音をカタカナに引き直して登記すること、漢字使用国の役員等については、その漢字のまま表示することができること、住所の表示の一部にローマ字が符号として使用されている場合は、そのまま登記することができること、国、州、市などの行政区画を表す部分については、その訳語で表示して差し支えないこと、国の名称については、外務省の作成に係る国名表に準拠して表示するのが相当であることなどは、上記ⅰ）商号、ⅱ）本店の所在場所の登記と同様である。

　役員等の資格の表示については、実務上、①その発音をカタカナに引き直して登記する方法、②その資格の訳語をもって登記する方法、③日本における同種の会社又は最も類似する会社の役員等の資格で登記する方法がある。

　まず、①の方法は、例えば、「Director」を「ディレクター」、「Officer」を「オフィサー」などと表記して登記する方法である。なお、役員等の資格に外国文字を使用することはできないが、漢字使用国の外国会社の役員等については、日本において登記上使用することができる文字である限り、「理事」、「董事」など、その漢字のまま登記することも可能である。この方法のメリットは、その役員等が設立準拠法上のいかなる資格を有するのかが比較的わかりやすいことである。一方、デメリットと

第129条

しては、その資格が日本における同種の会社又は最も類似する会社における、いかなる役員等に相当するのかが不明確であること、また、設立準拠法によりその資格が多種多様になってしまうことが挙げられる。さらに、英語表記による資格であればまだしも、あまり馴染みのない言語、例えば、ベトナム語やアラビア語による表記である場合は、それが役員等の資格を表すものであることすら、わかりにくいものと思われる。

次に、②の方法は、例えば、「President」を「社長」、「Secretary」を「秘書役」などと日本語訳をもって登記する方法である。しかし、この方法は、上記①の方法のデメリットに加えて、定訳があるとは限らないため、その表記が設立準拠法上のいかなる資格の訳語であるのかが不明確になる可能性もある。

最後に、③の方法は、例えば、「Director」や「董事」を、日本の株式会社の「取締役」として登記する方法である。これは、上記②の方法による訳語ではなく、仮にその外国語の一般的な訳語が「取締役」でなくとも、その性質が日本における株式会社の取締役に相当する場合は、「取締役」という表記をもって登記する方法である。この方法のメリットは、その外国会社の役員等が、日本における同種の会社又は最も類似する会社における、いかなる役員等に相当するのかが一目瞭然であることである。一方、デメリットとしては、外国会社の役員等は、設立準拠法により、その権限等が定められるところ、日本における会社の役員等の資格をもって登記することにより、日本における会社の役員等と同じ権限を有しているものと誤解を与える可能性があることが挙げられる。もっとも、この点は、そもそも申請人が表記を選択することができない、他の全ての登記事項（例えば、「発行可能株式総数」や「資本金の額」）についても同様のことが当てはまるため、決定的なデメリットとはいえないと思われる。

以上の検討を総合すると、役員等の資格の表示については、原則として、上記③の方法を採用するのが無難ではないかと思われる。なお、上記のいずれの方法においても、この登記すべき資格は、外国会社の設立

準拠法において規定された法律上の資格であって、その外国会社内部の役職にすぎないものは該当しないと思われる。

ⅵ）その他の事項

上記の事項のほかにも、日本における同種の会社又は最も類似する会社の登記事項は数多く規定されているが、その外国会社に関する様々な事項がそれらの登記事項に相当するものであるか否かを判断することが容易ではない場合もある。また、仮に登記すべき事項に相当するとしても、それをどのように登記すべきかについては、登記実務上の取扱いが確立していないことが多い。例えば、株式会社と同種又はこれに最も類似する外国会社について、株式譲渡制限に関する規定、株券発行会社である旨、種類株式に関する事項、新株予約権に関する事項、取締役会設置会社等である旨などについては、実務上、非常に悩ましい問題である。その外国会社の設立準拠法や定款等の規定を精査し、我が国の会社法や登記実務と比較しながら、個別具体的に検討し、総合的に判断せざるを得ないものと思われる。

② 外国会社特有の登記事項

ⅰ）外国会社の設立の準拠法（会933条2項1号）

その外国会社が準拠している外国の法令である。その外国会社の性質、組織等を調査する手がかりとして、また、外国会社の本店の所在地法と設立準拠法が異なる場合を考慮して、登記事項とされたといわれている。よって、設立準拠法を特定できるように、例えば、「アメリカ合衆国デラウェア州一般会社法」のように具体的な法令名を登記すべきである。

この設立準拠法は、外国会社が設立当時に準拠していた法令ではなく、現在準拠している法令を登記すべきとされている（亀田哲『外国会社と登記』54頁（商事法務研究会、1998年））。よって、外国会社の登記後、Domestication（国内法人化、州内法人化）やConversion（組織変更）等により設立準拠法が従前の法令とは別のものに変更された場合には、外国会社の登記における設立準拠法についても、変更の登記が必要になる

第129条

ものと思われる。

ii）日本における代表者の氏名及び住所（会933条2項2号）

　日本における代表者のうち1人以上は、日本に住所を有する者でなければならない（会817条1項）。

　日本における代表者が複数定められている場合においては、外国に住所を有する者を含めて、全ての日本における代表者の氏名及び住所を登記しなければならない（登研737号183頁）。

　日本における代表者が外国人である場合の氏名の表示については、前掲①ⅴ）役員又は社員に関する事項の解説を、外国の住所の表示については、前掲①ⅱ）本店の所在場所の解説を、日本における代表者の資格、権限、選任方法、任期等については、本書466頁2を参照されたい。

iii）日本における同種の会社又は最も類似する会社が株式会社であるときは、準拠法の規定による公告をする方法（会933条2項3号）

　日本における同種の会社又は最も類似する会社が株式会社である外国会社については、設立準拠法の規定による「公告をする方法」を登記しなければならない。これは、会社法939条2項の規定に基づき、全ての種類の外国会社が定める日本における「公告方法」とは異なるものである。

　なお、会社法施行前においては、原則として、株式会社についてのみ、公告方法が登記事項とされていたので、外国会社のうち、株式会社と同種又はこれに最も類似するものについては、設立準拠法の規定による公告をする方法を登記することとされていた（旧商479条2項）。本号はこれを引き継いだものと思われる。一方、会社法においては、全ての種類の会社について、公告方法が登記事項とされた（会911条3項27号〜29号、912条8号〜10号、913条10号〜12号、914条9号〜11号）ため、全ての外国会社は、会社法933条2項の規定に基づき、これらの公告方法に相当するものを登記しなければならないはずである。よって、株式会社と同種の会社又はこれに最も類似する外国会社については、登記すべき事項が重複するようにも思われるが、この公告方法に相当するものと、本号に

定める設立準拠法の規定による公告をする方法との関係については、はっきりしない。

ⅳ）日本における同種の会社又は最も類似する会社が株式会社である場合において、貸借対照表に相当するものを電磁的方法により開示するときは、そのウェブページのＵＲＬ（会933条２項４号）

　外国会社の登記をした外国会社のうち、日本における同種の会社又は最も類似する会社が株式会社であるものは、株式会社における定時株主総会での計算書類等の承認と同種の手続又はこれに類似する手続の終結後遅滞なく、貸借対照表に相当するもの又はその要旨を日本において公告しなければならない（会819条１項・２項）。この公告義務は、平成14年商法改正により、日本において継続取引を行う外国会社の日本における営業所の設置義務が廃止されたことに伴い、日本国内の債権者の保護のための措置の１つとして導入されたものである。

　この公告は、会社法939条２項の規定に基づき外国会社が定める日本における公告方法により行う。

　上記の外国会社のうち、その公告方法が官報に掲載する方法又は時事に関する事項を掲載する日刊新聞紙に掲載する方法であるものは、株式会社と同様に、貸借対照表に相当するものの内容である情報を電磁的方法により提供する措置をとることができる（会819条３項）。

　本号は、外国会社がこの措置をとる場合に、貸借対照表に相当するものの内容である情報を掲載するウェブページのＵＲＬを外国会社の登記に係る登記事項とするものである。

　なお、このＵＲＬは、株式会社と同様に、原則として、貸借対照表に相当するものの内容である情報が実際に閲覧できるページのものであるが、貸借対照表に相当するものの内容である情報が掲載されたページへのリンクがわかりやすく設定されていれば、そのリンクの一覧のページ又はその外国会社のウェブページのトップページのものでもよいと解されている。また、その外国会社以外の事業者が開設したウェブサイトのＵＲＬであっても差し支えない（中川晃「平成14年４月・５月施行商法等

第129条

改正に伴う商業・法人登記事務の取扱いについて(下)」登研658号143頁（2002年））。

ⅴ）公告方法についての定めがあるときは、その定め（会933条2項5号）

ⅵ）電子公告を公告方法とするときは、ウェブページのＵＲＬ等（会933条2項6号）

ⅶ）公告方法の定めがないときは、官報に掲載する方法を公告方法とする旨（会933条2項7号）

　外国会社は、公告方法として、官報に掲載する方法、時事に関する事項を掲載する日刊新聞紙に掲載する方法又は電子公告のいずれかを定めることができ、公告方法の定めがない外国会社の公告方法は、官報に掲載する方法とされる（会939条2項・4項）。本号は、内国会社と同様に、外国会社の公告方法に関する事項を外国会社の登記に係る登記事項とするものである。

　なお、会社法上、外国会社が行うこととされている公告は、全ての日本における代表者が退任しようとする場合にとるべき債権者保護手続の一環としての公告（会820条1項。本書493頁2参照）と、上記ⅳ）で述べた日本における同種の会社又は最も類似する会社が株式会社である外国会社が行うべき貸借対照表に相当するもの又はその要旨の公告（会819条1項）の2つである。このうち、前者については、その方法が官報に限られているため、結局、会社法939条2項の規定に基づく公告方法により外国会社が行う公告は、会社法上、後者の公告のみである。よって、一見、持分会社と同種又はこれに最も類似する外国会社については、会社法上、この公告方法を定めさせる実質的な意義は少ないのではないかと思われるが、会社法以外の法律により外国会社に公告する義務が課されている場合において、その公告の方法については特段の定めがないときには、その公告は、会社法に基づき定められた公告方法によることとされているため、全ての外国会社において公告方法を定めることとされている（落合誠一編『会社法コンメンタール(21)』7頁〔山本憲光〕（商事法務、2011年））。また、後者の貸借対照表に相当するもの又はその要旨の公告

については、その外国会社の公告方法が電子公告であっても、株式会社と同様、電子公告調査機関の調査を受けることを要しないとされており、外国会社については、電子公告調査機関の調査に関する規定の適用はない（前掲（461頁）江頭＝門口編集代表451頁〔相澤哲〕）。

③　複数の日本における営業所を設置した場合等の登記事項

　外国会社が異なる登記所の管轄区域内に複数の日本における営業所を設置した場合、又は、日本に営業所を設けず、かつ、異なる登記所の管轄区域内に住所を有する複数の日本における代表者を定めた場合、全ての登記所において、全ての登記事項（異なる登記所の管轄区域内にある営業所を含む。）を登記する必要がある。これは、複数の日本における営業所又は日本における代表者には主従の関係はなく、また、外国会社については、内国会社の支店における登記事項を商号、本店の所在場所及び支店の所在場所に限定する会社法930条2項のような規定もないためである。

　また、内国会社の支配人の登記は、本店の所在地を管轄する登記所においてすることとされている（会918条）が、外国会社については、支配人を選任したときは、その支配人を置いた営業所のみならず、全ての日本における営業所の所在地を管轄する登記所において、全ての支配人を登記しなければならない（会933条4項）。

(4)　申請人

　外国会社の登記の申請については、日本における代表者が外国会社を代表する（本書469頁3参照）。

(5)　添付書面

①　外国会社の登記に特有の添付書面

a）本店の存在を認めるに足りる書面等の概要

　外国会社の登記の申請書には、次の書面を添付しなければならない。

ⅰ）本店の存在を認めるに足りる書面（1項1号）

　これは、申請書に記載された所在場所に本店が存在することを証する書面である。例えば、定款、本国の管轄官庁の証明書などがこれに該当

第129条

する。

ⅱ）日本における代表者の資格を証する書面（1項2号）

これは、日本における代表者が適法に選任されたことを証する書面である。例えば、日本における代表者を選任した外国会社の取締役会議事録、任命書、就任契約書などがこれに該当する。

ⅲ）外国会社の定款その他外国会社の性質を識別するに足りる書面（1項3号）

これは、外国会社の性質、つまり、日本における同種の会社又は最も類似する会社が株式会社、合名会社、合資会社又は合同会社のいずれであるかを識別するため書面である。例えば、定款、業務方法書、本国の管轄官庁の証明書などがこれに該当する。

ⅳ）公告方法についての定めがあるときは、これを証する書面（1項4号）

会社法939条2項の規定に基づき外国会社が定める日本における公告方法を証する書面である。例えば、外国会社の取締役会議事録などがこれに該当する。

なお、公告方法の定めがない外国会社の公告方法は、官報に掲載する方法とされる（会939条4項）が、その場合は、本号の書面を添付する必要はない。また、後述のとおり、本項各号の書類として、宣誓供述書を利用するときは、「公告方法の定めがない」旨の記載は要しない（小川ほか・通達準拠455頁）。

b）宣誓供述書

ただし、実際には、上記のような書面に外国会社の登記における登記事項全てが記載されていることはほとんどなく、逆に不要な部分が多く翻訳の負担も大きい。また、これらの書面全てについて、外国会社の本国の管轄官庁等の認証を受けることは現実的ではない。一方、これらの書面は、外国会社の本国の管轄官庁等による認証を受けていれば、その形式を問わないこととされている（福岡地判大7・5・14新聞1476号20頁）。

そのため、実務上は、これらの書面から、外国会社の登記における登

記事項を抽出して記載した宣誓供述書と呼ばれる書面を日本における代表者又は本国の代表者が作成し、日本における領事又は本国の管轄官庁の認証を受けたものをもって、上記の添付書面とする取扱いが一般的である。つまり、宣誓供述書という書面は、あらかじめ存在するわけではなく、むしろ外国会社の登記のために新たに作成されるものである。また、その記載内容も、外国会社の登記のために必要かつ十分な範囲で取捨選択して作成される。

　この宣誓供述書の作成者ついては、登記事項の真実性を担保するため、その登記事項について証明する権限を有し、責任を負う者として、日本における代表者又は本国の代表者が作成すべきとされており、原則として、単なる従業員や代理人にすぎない者が作成した宣誓供述書を添付してされた登記申請は受理されないものとされている（平18・4・5民商873号通知）。ただし、その外国会社の設立準拠法において、従業員等が外国会社の登記における登記事項を証明する権限を有する場合には、その設立準拠法の訳文等をあわせて提出することにより受理される可能性がある。

ｃ）訳文

　添付書面が外国語で作成されている場合は、実務上、その翻訳文を添付しなければならない。翻訳文には、翻訳者を明らかにするために、翻訳者が記名押印する。なお、翻訳者の資格には制限はないため、日本における代表者や登記申請の代理人が作成した翻訳文でも差し支えない（登研23号28頁）。

② 通則による添付書面

　外国会社の登記の申請書には、①の書面のほか、代理人によって登記を申請するには、その権限を証する委任状を添付しなければならない（法18条）。また、官庁の許可を要する事項の登記を申請するには、官庁の許可書又はその認証がある謄本を添付しなければならない（法19条）。

(6) 登録免許税

　外国会社の登記の登録免許税は、日本における営業所を設置していな

第129条

い場合は、申請1件につき6万円（登免別表1、24(3)ロ）、日本における営業所を設置した場合は、営業所の数1か所につき9万円（登免別表1、24(3)イ）である。

(7) 登記の期間

　初めて日本における代表者を定めたときは、その選任の日から3週間以内に、外国会社の登記をしなければならない（会933条1項）。ただし、外国会社の登記において登記すべき事項が外国において生じたときは、登記の期間は、その通知が日本における代表者に到達した日から起算する（会933条5項）。

(8) 管轄登記所

　外国会社の登記は、外国会社が日本に営業所を設けていない場合は、その日本における代表者（日本に住所を有するものに限る。）の住所地において（会933条1項1号）、また、日本に営業所を設けた場合は、当該営業所の所在地において（会933条1項2号）、申請しなければならない。

(9) 登記の方法

　外国会社の登記は、外国会社登記簿（法6条9号）に記録される。外国会社登記簿は、日本に成立する会社でその外国会社と同種のもの又は最も類似するものの登記簿の種類に従い、株式会社登記簿、合名会社登記簿、合資会社登記簿又は合同会社登記簿と同様に区分された登記記録をもって編成される（規1条1項）。そして、その区分に応じて定められた登記すべき事項が記録される（規1条2項）。

　外国会社の登記は、その登記をするに最も適する登記簿の種類に従った登記記録になされ（規94条1項）、その登記すべき事項の記録は、これに最も適する区に記録される（規94条2項）。

　外国会社の登記すべき事項のうち、設立準拠法は商号区に、日本における代表者は社員区又は役員区に記録される（規95条）。

2．外国会社の本国の管轄官庁等による添付書面の認証（2項）

(1) 本国の管轄官庁等による認証の意義

　1項各号の書類は、外国会社の本国の管轄官庁又は日本における領事その他権限がある官憲の認証を受けたものでなければならないとされている。

　これは、日本において外国会社の登記をする外国会社の設立準拠法は、非常に多岐にわたるところ、登記官が外国の法令であるこれらの設立準拠法の全てを詳細に把握することは、事実上不可能であるため、登記官は、本国の管轄官庁等がいったん認証した書面に記載された事項を真実なものであると認め、原則として、株主総会議事録等を直接の資料として審査はしない制度を採用したものであると説明されている（前掲（476頁）亀田『外国会社と登記〔全訂版〕』67頁）。

(2) 本国の管轄官庁による認証

　外国会社の本国とは、その外国会社の本店の所在地国ではなく、設立準拠法国であるとされている（昭60・1・21民四207号回答）。

　また、管轄官庁とは、本来は、我が国の登記所又は登記官に相当する、外国会社の本国での登記・登録をつかさどる官庁がこれに該当すると思われる。ただし、1項各号の書類、特に、我が国の会社法に基づき定められる、日本における代表者の資格を証する書面（2号）や公告方法を証する書面（4号）について、これらの本国の管轄官庁の認証を受けられない場合も多いと思われる。

　一方、本国の公証人が認証文自体又はその他の書面によって、本国の管轄官庁として認証したものであることが形式上認められる限り、その公証人が認証した書面も本国の管轄官庁の認証を受けたものに該当するとされており（登研86号42頁）、実務上は、本国の公証人又は日本における領事の認証を受けることが一般的であると思われる。

　なお、日本は、いわゆる領事認証制度を採用していないため、本国の管轄官庁の認証を受けた書類、つまり、外国の公文書を日本の登記所に提出する場合でも、実務上、これらの書類について、その外国に駐在す

る日本の外交官や領事官の認証を受ける必要はなく、また、その領事認証を省略するための制度であるいわゆるハーグ条約（「外国公文書の認証を不要とする条約（ハーグ国際私法会議1961年10月5日採択）」。我が国は、1970年（昭和45年）に批准した（昭和45年6月5日条約第8号）。）に基づくアポスティーユ（Apostille）も不要とされている（登研617号148号）。

(3) 日本における領事による認証

　領事とは、外国に駐在し、その外国に在留する自国民の保護及び自国とその外国の友好関係の増進等を任務とする国家機関であり、通常、総領事、領事、副領事などの階級があるが、1項各号の書類を認証する権限を有する限り、その階級にかかわらず、商業登記法に規定される領事に該当するとされている（前掲（476頁）亀田『外国会社と登記〔全訂版〕』71頁）。

　ただし、本国の法令等により、日本における領事が書類を認証する権限を有しない国もある。また、日本における領事が認証業務を行っている国でも、その対象を日本に在留する自国民に限るものもある。これらの場合において、日本における領事による認証が受けられないときは、本国の管轄官庁による認証を受けざるを得ない。

　なお、通常、領事には、本国の法令等により、管轄区域が定められているが、ある外国会社の本国が日本において複数の領事を置き、日本における営業所の所在地等に従い、それぞれの領事に管轄区域を定めている場合において、管轄権を有しない領事の認証を受けた書面を添付して申請された外国会社の登記は、受理できないとされている（昭32・11・1民四電報回答）。

　また、領事の管轄区域に関して、代表者の居住国などの第三国にある外国会社の本国の領事等は、1項各号の書類を認証する権限を有しないものとされている。例えば、外国会社の代表者の居住国であるアメリカ合衆国に置かれている在米シンガポール大使館の領事による認証を受けた宣誓供述書を添付してされた、シンガポール会社法を設立準拠法とする外国会社の日本における営業所の設置の登記申請は受理されない。本

事例における在米シンガポール大使館領事は、「外国会社の本国の管轄官庁」、「日本における領事」又は「その他権限のある官憲」のいずれにも該当しないとされる。

さらに、認証の方法についても留意が必要である。一部の国の領事においては、宣誓供述書を①日本の公証人が認証し、②その公証人の署名が真正な署名に相違ないことを法務局長が証明し、③その法務局長の署名が真正な署名に相違ないことを外務省が認証し、④これらの署名が日本の公的機関によるものであることをその外国会社の本国の日本における領事が認証する方法を指示される場合がある。このような方法は、ある国の公文書を外国に提出する場合に、公文書作成国に駐在する提出先国の領事が、その公文書が正式に作成されたことを確認する、いわゆる領事認証の手続に準じたものであると思われるが、このような方法では、その外国会社の本国の日本における領事が宣誓供述書自体を認証しているとはいえないため、「権限がある官憲の認証を受けたもの」に該当せず、受理できない、とされている（東京法務局商業登記研究会編『商業法人登記速報集』229頁（日本法令、1996年））。

(4) その他権限がある官憲による認証

権限がある官憲とは、外国会社の本国の管轄官庁又は日本における領事以外の官憲であって、1項各号の書類を認証する権限を有するものである。この規定は、終戦後、我が国と国交が回復していない国を本国とする外国会社にとっては、外国会社の本国の管轄官庁又は日本における領事の認証を受けた書面を添付することが事実上困難であることを考慮して追加されたものであるとされている。具体的に、その他権限がある官憲としては、外国会社の本国の外交団や利益代表国の官憲等が該当するとされている。ただし、上記の立法経緯を考えると、今日においては、この「その他権限がある官憲」によって認証がなされる事例は、非常にまれであると思われる（前掲（476頁）亀田『外国会社と登記〔全訂版〕』69頁）。

第130条

3．他の登記所で登記した場合（3項）

　例えば、甲登記所の管轄区域内にＡ営業所を設けた外国会社が甲登記所において外国会社の登記をした後に、乙登記所の管轄区域内にＢ営業所を新たに設けた場合において、まず、甲登記所において、Ｂ営業所を設置した旨の変更の登記を申請し、その旨の記載がある甲登記所の登記事項証明書を取得した上で、引き続き、乙登記所において、この甲登記所の登記事項証明書を添付して、Ｂ営業所設置の登記を申請するときは、1項各号の書面の添付を要しない。

　なお、この場合でも、代理人によって登記を申請するには、申請書にその権限を証する委任状を添付しなければならない（法18条）。

　また、日本における代表者は、乙登記所においても印鑑を提出する必要がある（本書469頁(2)参照）。

（変更の登記）

第130条　日本における代表者の変更又は外国において生じた登記事項の変更についての登記の申請書には、その変更の事実を証する外国会社の本国の管轄官庁又は日本における領事その他権限がある官憲の認証を受けた書面を添付しなければならない。

2　日本における代表者の全員が退任しようとする場合には、その登記の申請書には、前項の書面のほか、会社法第820条第1項の規定による公告及び催告をしたこと並びに異議を述べた債権者があるときは、当該債権者に対し弁済し若しくは相当の担保を提供し若しくは当該債権者に弁済を受けさせることを目的として相当の財産を信託したこと又は退任をしても当該債権者を害するおそれがないことを証する書面を添付しなければならない。ただし、当該外国会社が同法第822条第1項の規定により清算の開始を命じられたときは、この限りでない。

3　前二項の登記の申請書に他の登記所において既に前二項の登記

をしたことを証する書面を添付したときは、前二項の書面の添付を要しない。

> [!NOTE]
> **本条の概要**

本条は、外国会社の登記をした外国会社の登記事項に変更が生じたときに行う変更の登記に関する添付書面について規定するものである。

1項では、外国会社に関する変更の登記のうち、日本における代表者の変更又は外国において生じた登記事項の変更による登記については、その変更の事実を証する書面に外国会社の本国の管轄官庁等の認証を受けなければならない旨が規定されている。

2項では、日本に住所を有する全ての日本における代表者の退任の登記については、1項の書面のほか、債権者保護手続として公告及び催告をしたことを証する書面等を添付しなければならない旨を規定している。

3項では、外国会社が異なる登記所の管轄区域内に複数の日本における営業所を設置し、それぞれの登記所において外国会社の登記をしている場合等において、ある登記所において1項又は2項の登記をしたときは、その旨の記載があるその登記所の登記事項証明書を添付すれば、それ以降に変更の登記を申請する登記所での申請書には、1項又は2項の書面の添付を要しない旨が規定されている。

> [!NOTE]
> **解　説**

1．外国会社の本国の管轄官庁等による変更の事実を証する書面の認証（1項）

外国会社の登記をした外国会社において、登記された事項に変更が生じたときは、3週間以内に、変更の登記をしなければならない（会933条4項、915条1項）。登記すべき事項の変更が外国において生じたときは、登記の期間は、その通知が日本における代表者に到達した日から起算する（会933条5項）。

第9節　外国会社の登記

第130条

　外国会社に関する変更の登記のうち、日本における代表者の変更又は外国において生じた登記事項の変更による登記については、その変更の事実を証する書面に外国会社の本国の管轄官庁又は日本における領事その他権限がある官憲の認証を受けなければならない。
　例えば、日本における代表者Ａが辞任により退任し、その後任として、日本における代表者Ｂが就任した場合において、Ａの退任を証する書面とＢの就任を証する書面とは、いずれも外国会社の本国の管轄官庁等の認証を受けなければならない。よって、Ａの退任を証する書面として、Ａ作成の辞任届が添付された場合に、その辞任届に外国会社の本国の管轄官庁等の認証を受けていないときは、Ａの退任による変更登記は受理されない（前掲（489頁）東京法務局商業登記研究会編261頁）。
　一方、例えば、日本に住所を有する日本における代表者がその住所を日本国内で移転した場合、日本における代表者の変更又は外国において生じた登記事項の変更のいずれにも当たらないため、外国会社の本国の管轄官庁等の認証を受けた書面の添付を要しない。なお、この場合、登記の期間は、原則どおり、住所移転の日から３週間以内であり、その登記の申請書にその通知書が日本における代表者に到達した年月日を記載する必要はない。
　外国会社に関する変更の登記の登録免許税は、申請件数１件につき9000円（登免別表１、24⑶ハ）である。
　そのほか、登記申請書の記載事項、登記事項につき留意すべき事項、申請人、外国会社の本国の管轄官庁等の認証を受けた書面として宣誓供述書が利用されることが多いこと、添付書面が外国語で作成されている場合は、その翻訳文を添付しなければならないこと、代理人によって登記を申請するには、その権限を証する委任状を添付しなければならないこと等については、本書472頁１を、外国会社の本国の管轄官庁等による認証の意義、主体、方法等については、本書487頁２を参照されたい。

2．日本に住所を有する全ての日本における代表者の退任（2項）
⑴　全ての日本における代表者の退任手続の概要

　外国会社の登記をした外国会社は、その日本に住所を有する日本における代表者の全員が退任しようとするときは、株式会社が資本金の額の減少等を行う場合（会449条2項等）と同様の債権者保護手続をとらなければならない（会820条1項）。なお、全ての日本における代表者が退任する場合でも、直ちに後任者が就任するときは、これには該当しない（筧ほか・詳解2版（下）419頁）。

　そして、日本における代表者の退任は、その債権者保護手続が終了した後にその登記をすることによって、その効力を生ずる（会820条3項）。

　この手続は、平成14年商法改正により、日本において継続取引を行う外国会社の日本における営業所の設置義務が廃止されたことに伴い、日本における代表者の退任という簡易な行為のみで外国会社が日本から撤退することもできることとなったため、日本国内の債権者の保護のための措置の1つとして導入されたものである。

⑵　債権者保護手続

　外国会社は、その債権者に対して、全ての日本における代表者が退任することについて異議があれば一定の期間（1か月以上）内にこれを述べることができる旨を官報に公告し、かつ、知れている債権者には、各別にこれを催告しなければならない（会820条1項）。

　各別の催告を行うべき知れている債権者の範囲は、原則として、株式会社が行う資本金の額の減少等における債権者保護手続（会449条2項等）と同様であるが、上記⑴のとおり、この手続が日本国内の債権者の保護を目的とするものであることから、日本国内の債権者に限られると解されている（前掲（459頁）始関326頁）。

　なお、株式会社が行う資本金の額の減少等における債権者保護手続（会449条3項等）とは異なり、官報のほか、その外国会社が日本における公告方法として定めた時事に関する事項を掲載する日刊新聞紙に掲載する方法又は電子公告により同様の公告を行うことによって、知れてい

第130条

る債権者への各別の催告を省略することはできない。

　また、その外国会社に知れている債権者が存在しない場合には、各別の催告をすることは要しないが、官報による公告を省略することはできない。

　債権者が一定期間内に異議を述べたときは、その外国会社は、その債権者に対して、弁済するか、相当の担保を提供するか、又はその債権者に弁済を受けさせることを目的として信託会社等に相当の財産を信託するかのいずれかの対応をしなければならない。

　ただし、全ての日本における代表者が退任をしてもその債権者を害するおそれがないときは、弁済等をする必要はない。「債権者を害するおそれがないとき」とは、例えば、その外国会社が世界的に著名な企業であって、営業成績が弁済期においても良好であることが見込まれ、外国からの送金等によって、弁済期に確実に弁済がされると想定される場合や、その債権者の債権につき既に十分な抵当権が設定されていて、その債権が弁済期において確実に回収できると想定される場合などであると解されている（前掲（459頁）始関326頁）。

　なお、外国会社が裁判所から取引継続禁止の命令（会827条1項）を受けたこと等に伴い、日本にある財産について清算開始を命じられた場合において、その外国会社の日本における代表者の全員が退任しようとするときは、上記の債権者保護手続は、不要とされている（会822条4項）。これは、裁判所の命令による日本にある外国会社の財産についての清算については、原則として、株式会社の清算に関する規定が準用されており（会822条3項）、裁判所が選任した清算人（会822条2項）がその清算手続の中で債権者に対して債権申出の公告及び各別の催告（会822条3項、499条）を行うこととされているためである。

(3)　全ての日本における代表者の退任の登記

① 登記の申請

　上記(2)の債権者保護手続が終了したときは、外国会社は、その日から3週間以内に、全ての日本における代表者の退任の登記を申請する。

② 登記すべき事項

登記すべき事項は、「全ての日本における代表者退任」である。日本における代表者の退任は、その登記が効力要件であるため（会820条3項）、変更年月日を記載することを要しない。

③ 添付書面

添付書面は、以下のとおりである。

ⅰ）全ての日本における代表者の退任を証する外国会社の本国の管轄官庁又は日本における領事その他権限がある官憲の認証を受けた書面（法130条1項）

ⅱ）債権者保護手続として公告及び催告をしたことを証する書面（法130条2項本文）

ⅲ）異議を述べた債権者があるときは、その債権者に対して弁済等をしたこと又は全ての日本における代表者が退任をしてもその債権者を害するおそれがないことを証する書面（法130条2項本文）

上記ⅱ）、ⅲ）の書面の具体的な内容は、株式会社が行う資本金の額の減少等による変更の登記の添付書面とほぼ同様である。

なお、上記(2)で述べたとおり、外国会社が裁判所から日本にある財産について清算開始を命じられた場合において、その外国会社の日本における代表者の全員が退任しようとするときは、債権者保護手続は不要とされている（会822条4項）ため、上記ⅱ）、ⅲ）の書面の添付は要しない（法130条2項ただし書）。

④ 登録免許税

全ての日本における代表者の退任の登記の登録免許税は、申請件数1件につき9000円（登免別表1、24(3)ハ）である。

⑤ 登記の方法

全ての日本における代表者の退任の登記は、外国会社登記簿（法6条9号）の登記記録区に記録され（規96条1項3号・6号）、その登記記録は閉鎖される（規96条2項）。

そのほか、登記申請書の記載事項、申請人、外国会社の本国の管轄官

第131条

庁等の認証を受けた書面として宣誓供述書が利用されることが多いこと、添付書面が外国語で作成されている場合は、その翻訳文を添付しなければならないこと、代理人によって登記を申請するには、その権限を証する委任状を添付しなければならないこと等については、本書472頁1を、外国会社の本国の管轄官庁等による認証の意義、主体、方法等については、本書487頁2を参照されたい。

３．他の登記所で登記した場合（3項）

例えば、甲登記所の管轄区域内にＡ営業所を、乙登記所の管轄区域内にＢ営業所を設けた外国会社がそれぞれの登記所において外国会社の登記をした後に、日本における代表者に変更が生じた場合において、まず、甲登記所において、日本における代表者の変更の登記を申請し、その変更の記載がある甲登記所の登記事項証明書を取得した上で、引き続き、乙登記所において、この甲登記所の登記事項証明書を添付して、日本における代表者の変更の登記を申請するときは、1項に定める変更の事実を証する書面の添付を要しない。

なお、この場合でも、代理人によって登記を申請するには、申請書にその権限を証する委任状を添付しなければならない（法18条）。

また、後任の日本における代表者は、それぞれ登記所において印鑑を提出する必要がある（本書469頁(2)参照）。

（準用規定）

第131条　第51条及び第52条の規定は、外国会社がすべての営業所を他の登記所の管轄区域内に移転した場合について準用する。

2　第51条及び第52条の規定は、外国会社がすべての営業所を閉鎖した場合（日本における代表者の全員が退任しようとするときを除く。）について準用する。この場合においては、これらの規定中「新所在地」とあるのは「日本における代表者（日本に住所を有す

るものに限る。）の住所地」と、「旧所在地」とあるのは「最後に閉鎖した営業所（営業所が複数あるときは、そのいずれか）の所在地」と読み替えるものとする。
3　第51条及び第52条の規定は、日本に営業所を設けていない外国会社の日本における代表者の全員がその住所を他の登記所の管轄区域内に移転した場合について準用する。
4　第51条及び第52条の規定は、日本に営業所を設けていない外国会社が他の登記所の管轄区域内に営業所を設けた場合について準用する。この場合においては、これらの規定中「新所在地」とあるのは「営業所の所在地」と、「旧所在地」とあるのは「日本における代表者（日本に住所を有するものに限る。）の住所地」と読み替えるものとする。

本条の概要

　本条は、外国会社が全ての営業所を他の登記所の管轄区域内に移転した場合等における登記の申請について、株式会社の本店を他の登記所の管轄区域内に移転した場合の規定を準用することについて規定するものである。

　平成14年商法改正により、全ての日本における代表者の退任の手続が定められたことに伴い、例えば、日本における営業所を他の登記所の管轄区域内に移転した旨の登記がなされ、旧所在地における登記記録が閉鎖されたにもかかわらず、新所在地における外国会社の登記を申請しないことにより、その趣旨の潜脱が行われることがないように、新所在地における登記の申請は、旧所在地を管轄する登記所を経由し、かつ、旧所在地における登記の申請と同時にしなければならないこととしたものである。

第131条

> **解 説**

1. 全ての営業所を他の登記所の管轄区域内に移転した場合（1項）
(1) 読替え後の条文（下線は読替え部分であることを示す。）

（日本における営業所移転の登記）

第51条　外国会社がすべての日本における営業所を他の登記所の管轄区域内に移転した場合の新所在地における登記の申請は、旧所在地を管轄する登記所を経由してしなければならない。第20条第1項又は第2項の規定により新所在地を管轄する登記所にする印鑑の提出も、同様とする。

2　前項の登記の申請と旧所在地における登記の申請とは、同時にしなければならない。

3　第1項の登記の申請書には、第18条の書面を除き、他の書面の添付を要しない。

第52条　旧所在地を管轄する登記所においては、前条第2項の登記の申請のいずれかにつき第24条各号のいずれかに掲げる事由があるときは、これらの申請を共に却下しなければならない。

2　旧所在地を管轄する登記所においては、前項の場合を除き、遅滞なく、前条第1項の登記の申請書及びその添付書面並びに同項の印鑑を新所在地を管轄する登記所に送付しなければならない。

3　新所在地を管轄する登記所においては、前項の申請書の送付を受けた場合において、前条第1項の登記をしたとき、又はその登記の申請を却下したときは、遅滞なく、その旨を旧所在地を管轄する登記所に通知しなければならない。

4　旧所在地を管轄する登記所においては、前項の規定により登記をした旨の通知を受けるまでは、登記をすることができない。

5　新所在地を管轄する登記所において前条第1項の登記の申請を却下したときは、旧所在地における登記の申請は、却下されたも

のとみなす。

(2) 登記の申請

日本に営業所を設けた外国会社が外国会社の登記をした後に、その登記所の管轄区域内に所在する全ての営業所を他の登記所の管轄区域内に移転したときは、旧所在地においては、3週間以内に移転の登記をし、新所在地においては、4週間以内に外国会社の登記をしなければならない（会935条2項本文）。

この場合、新所在地における外国会社の登記の申請は、旧所在地を管轄する登記所を経由し、かつ、旧所在地における営業所移転の登記の申請と同時にしなければならない（法131条1項、51条1項・2項）。

登記の期間は、その通知が日本における代表者に到達した日から起算する（会933条5項）。

(3) 登記の事由

申請書に記載すべき登記の事由は、「営業所移転」である。

(4) 登記すべき事項

① 旧所在地

営業所を移転した旨、その年月日及びその新所在地である。

② 新所在地

会社法933条2項の規定により外国会社の登記において登記すべき事項並びに営業所を移転した旨、その年月日及びその旧所在地である。

なお、商業登記規則97条1項において、同規則65条2項を準用していないため、現に存する役員及び日本における代表者の就任の年月日の登記は要しない。

また、既に登記がされている他の営業所の所在地を管轄する登記所の管轄区域内に営業所を移転したときは、営業所を移転した旨のみを登記すれば足りる（会935条2項ただし書）。

第131条

(5) 添付書類
① 旧所在地
以下の書面を添付しなければならない。
　ⅰ) 登記事項の変更が外国において生じた場合には、その変更の事実を証する外国会社の本国の管轄官庁又は日本における領事その他権限がある官憲の認証を受けた書面（法130条1項）
　ⅱ) 代理人によって登記を申請する場合には、その権限を証する委任状（法18条）

②新所在地
　代理人によって登記を申請する場合における、その権限を証する委任状（法18条）を除き、他の書面の添付を要しない（法131条1項、51条3項）。

(6) 登録免許税
　旧所在地及び新所在地において、それぞれ申請件数1件につき9000円（登免別表1、24(3)ハ）である。

(7) 登記の方法
　登記所の管轄区域内にある全ての営業所を他の登記所の管轄区域内に移転した場合において、営業所の旧所在地においてする移転の登記は、外国会社登記簿（法6条9号）の登記記録区に記録され（規96条1項1号）、その登記記録は閉鎖される（規96条2項）。

　営業所の新所在地においてする外国会社の登記は、その登記をするに最も適する登記簿の種類に従った登記記録になされ（規94条1項）、その登記すべき事項の記録は、これに最も適する区に記録される（規94条2項）。ただし、既に登記がされている他の営業所の所在地を管轄する登記所の管轄区域内に営業所を移転したときは、既にその外国会社に関する登記記録が存在するため、その営業所を移転したことを登記すれば足りる（会935条2項ただし書）。

(8) 印鑑の提出
　日本における代表者が営業所の新所在地を管轄する登記所に提出すべき印鑑の提出は、旧所在地を管轄する登記所を経由してしなければなら

ない（法131条１項、51条１項後段）。この場合において、新所在地を管轄する登記所に提出する印鑑が旧所在地を管轄する登記所に提出している印鑑と同一のものであるときは、市区町村長の作成した印鑑証明書（規９条５項１号）又は本国官憲の作成に係るサイン証明書の添付を省略できる（平14・12・27民商3239号通達）。

２．全ての営業所を閉鎖した場合（日本における代表者の全員が退任しようとするときを除く。）（２項）

(1) 読替え後の条文（下線は読替え部分であることを示す。）

（営業所閉鎖の登記）

第51条　外国会社が<u>すべての営業所を閉鎖した場合（日本における代表者の全員が退任しようとするときを除く。）</u>の<u>日本における代表者（日本に住所を有するものに限る。以下同じ。）の住所地</u>における登記の申請は、<u>最後に閉鎖した営業所（営業所が複数あるときは、そのいずれか。以下同じ。）</u>の所在地を管轄する登記所を経由してしなければならない。第20条第１項又は第２項の規定により<u>日本における代表者の住所地</u>を管轄する登記所にする印鑑の提出も、同様とする。

２　前項の登記の申請と<u>最後に閉鎖した営業所の所在地</u>における登記の申請とは、同時にしなければならない。

３　第１項の登記の申請書には、第18条の書面を除き、他の書面の添付を要しない。

第52条　<u>最後に閉鎖した営業所の所在地</u>を管轄する登記所においては、前条第２項の登記の申請のいずれかにつき第24条各号のいずれかに掲げる事由があるときは、これらの申請を共に却下しなければならない。

２　<u>最後に閉鎖した営業所の所在地</u>を管轄する登記所においては、前項の場合を除き、遅滞なく、前条第１項の登記の申請書及びそ

第131条

> の添付書面並びに同項の印鑑を日本における代表者の住所地を管轄する登記所に送付しなければならない。
> 3　日本における代表者の住所地を管轄する登記所においては、前項の申請書の送付を受けた場合において、前条第１項の登記をしたとき、又はその登記の申請を却下したときは、遅滞なく、その旨を最後に閉鎖した営業所の所在地を管轄する登記所に通知しなければならない。
> 4　最後に閉鎖した営業所の所在地を管轄する登記所においては、前項の規定により登記をした旨の通知を受けるまでは、登記をすることができない。
> 5　日本における代表者の住所地を管轄する登記所において前条第１項の登記の申請を却下したときは、最後に閉鎖した営業所の所在地における登記の申請は、却下されたものとみなす。

(2) 登記の申請

　日本に営業所を設けた外国会社が外国会社の登記をした後に、全ての営業所を閉鎖した場合には、その外国会社の日本における代表者の全員が退任しようとするときを除き、その営業所の所在地においては、３週間以内に営業所を閉鎖したことを登記し、日本における代表者の住所地においては、４週間以内に外国会社の登記をしなければならない（会936条２項本文）。

　この場合、日本における代表者の住所地における外国会社の登記の申請は、最後に閉鎖した営業所（営業所が複数あるときは、そのいずれか）の所在地を管轄する登記所を経由し、かつ、その営業所の所在地における営業所閉鎖の登記の申請とは、同時にしなければならない（法131条２項、51条１項・２項）。

　登記の期間は、その通知が日本における代表者に到達した日から起算する（会933条５項）。

(3) 登記の事由

申請書に記載すべき登記の事由は、「営業所閉鎖」である。

(4) 登記すべき事項

① 営業所の所在地

営業所を閉鎖した旨、その年月日及びその所在地である。

なお、同一管轄区域内に営業所が複数ある場合において、同時に全ての営業所を閉鎖するときは、登記記録区には全ての所在地を列挙する。

② 日本における代表者の住所地

会社法933条2項の規定により外国会社の登記において登記すべき事項並びに営業所を閉鎖した旨、その年月日及びその所在地である。

なお、商業登記規則97条1項において、同規則65条2項を準用していないため、現に存する役員及び日本における代表者の就任の年月日の登記は要しない。

また、閉鎖された営業所の所在地を管轄する登記所の管轄区域内に日本における代表者の住所地があるときは、営業所を閉鎖した旨のみを登記すれば足りる（会936条2項ただし書）。

(5) 添付書類

前掲1(5)と同様である。

(6) 登録免許税

閉鎖された営業所の所在地及び日本における代表者の住所地において、それぞれ申請件数1件につき9000円（登免別表1、24(3)ハ）である。ただし、閉鎖された営業所の所在地を管轄する登記所の管轄区域内に日本における代表者の住所地があるときは、申請件数1件につき9000円（登免別表一24号(三)ハ）である。

(7) 登記の方法

日本に営業所を設けた外国会社が外国会社の登記をした後に、全ての営業所を閉鎖した場合において、閉鎖された営業所の所在地においてする閉鎖の登記は、外国会社登記簿（法6条9号）の登記記録区に記録され（規96条1項2号）、その登記記録は閉鎖される（規96条2項）。

第131条

　　日本における代表者の住所地においてする外国会社の登記は、その登記をするに最も適する登記簿の種類に従った登記記録になされ（規94条1項）、その登記すべき事項の記録は、これに最も適する区に記録される（規94条2項）。ただし、閉鎖された営業所の所在地を管轄する登記所の管轄区域内に日本における代表者の住所地があるときは、既にその外国会社に関する登記記録が存在するため、全ての営業所を閉鎖したことを登記すれば足りる（会936条2項ただし書）。

(8) 印鑑の提出

　　前掲1(8)と同様である。

3．日本に営業所を設けていない外国会社の日本における代表者の全員がその住所を他の登記所の管轄区域内に移転した場合（3項）

(1) 読替え後の条文（下線は読替え部分であることを示す。）

　（日本における代表者の住所移転の登記）
　第51条　日本に営業所を設けていない外国会社の日本における代表者（日本に住所を有するものに限る。以下同じ。）の全員がその住所を他の登記所の管轄区域内に移転した場合の新住所地における登記の申請は、旧住所地を管轄する登記所を経由してしなければならない。第20条第1項又は第2項の規定により新住所地を管轄する登記所にする印鑑の提出も、同様とする。
　2　前項の登記の申請と旧住所地における登記の申請とは、同時にしなければならない。
　3　第1項の登記の申請書には、第18条の書面を除き、他の書面の添付を要しない。
　第52条　旧住所地を管轄する登記所においては、前条第2項の登記の申請のいずれかにつき第24条各号のいずれかに掲げる事由があるときは、これらの申請を共に却下しなければならない。
　2　旧住所地を管轄する登記所においては、前項の場合を除き、遅

滞なく、前条第１項の登記の申請書及びその添付書面並びに同項の印鑑を新住所地を管轄する登記所に送付しなければならない。
３　新住所地を管轄する登記所においては、前項の申請書の送付を受けた場合において、前条第１項の登記をしたとき、又はその登記の申請を却下したときは、遅滞なく、その旨を旧住所地を管轄する登記所に通知しなければならない。
４　旧住所地を管轄する登記所においては、前項の規定により登記をした旨の通知を受けるまでは、登記をすることができない。
５　新住所地を管轄する登記所において前条第１項の登記の申請を却下したときは、旧住所地における登記の申請は、却下されたものとみなす。

(2) 登記の申請

　日本に営業所を設けていない外国会社が外国会社の登記をした後に、その登記所の管轄区域内に住所を有する全ての日本における代表者がその住所を他の登記所の管轄区域内に移転したときは、旧住所地においては、３週間以内に移転の登記をし、新住所地においては、４週間以内に外国会社の登記をしなければならない（会935条１項本文）。

　この場合、新住所地における外国会社の登記の申請は、旧住所地を管轄する登記所を経由し、かつ、旧住所地における日本における代表者の住所移転の登記の申請と同時にしなければならない（法131条３項、51条１項・２項）。

　なお、日本に営業所を設けていない外国会社が日本における代表者の住所地を管轄する登記所において外国会社の登記をした後に、その日本における代表者が退任し、その後任の日本における代表者が選任された場合において、後任者の住所地が前任者の住所地と異なる登記所の管轄区域内に属するときは、本項に定める日本における代表者の住所移転の登記に準じて取り扱うものとされている（登情504号67頁）。

(3) 登記の事由

申請書に記載すべき登記の事由は、「日本における代表者の住所移転」である。

(4) 登記すべき事項

① 旧住所地

住所を移転した旨、その年月日、日本における代表者の氏名及び新住所である。

② 新住所地

会社法933条2項の規定により外国会社の登記において登記すべき事項並びに住所を移転した旨、その年月日、日本における代表者の氏名及び旧住所である。

なお、商業登記規則97条1項において、同規則65条2項を準用していないため、現に存する役員及び日本における代表者の就任の年月日の登記は要しない。

また、既に登記がされている他の日本における代表者の住所地を管轄する登記所の管轄区域内に住所を移転したときは、その住所を移転したことを登記すれば足りる（会935条1項ただし書）。

(5) 添付書類

旧住所地及び新住所地いずれにおいても、代理人によって登記を申請する場合における、その権限を証する委任状（法18条）を除き、他の書面の添付を要しない（法131条3項、51条3項）。日本に住所を有する日本における代表者の住所移転は、日本における代表者の変更又は外国において生じた登記事項の変更のいずれにも該当しないため、その変更の事実を証する外国会社の本国の管轄官庁又は日本における領事その他権限がある官憲の認証を受けた書面は要しない。

(6) 登録免許税

日本における代表者の旧住所地及び新住所地において、それぞれ申請件数1件につき9000円（登免別表1、24(3)ハ）である。

(7) 登記の方法

　日本に営業所を設置していない外国会社の日本における代表者がその住所を登記所の管轄区域外に移転した場合において、日本における代表者の旧住所地においてする移転の登記は、外国会社登記簿（法6条9号）の登記記録区に記録され（規96条1項4号）、その登記記録は閉鎖される（規96条2項）。

　日本における代表者の新住所地においてする外国会社の登記は、その登記をするに最も適する登記簿の種類に従った登記記録になされ（規94条1項）、その登記すべき事項の記録は、これに最も適する区に記録される（規94条2項）。ただし、既に登記がされている他の日本における代表者の住所地を管轄する登記所の管轄区域内に住所を移転したときは、既にその外国会社に関する登記記録が存在するため、その住所を移転したことを登記すれば足りる（会935条1項ただし書）。

(8) 印鑑の提出

　前掲1(8)と同様である。

4．日本に営業所を設けていない外国会社が他の登記所の管轄区域内に営業所を設けた場合（4項）

(1) 読替え後の条文（下線は読替え部分であることを示す。）

（営業所設置の登記）

第51条　日本に営業所を設けていない外国会社が他の<u>登記所の管轄区域内に営業所を設けた場合</u>の<u>営業所の所在地</u>における登記の申請は、<u>日本における代表者</u>（日本に住所を有するものに限る。以下同じ。）の住所地を管轄する登記所を経由してしなければならない。第20条第1項又は第2項の規定により<u>営業所の所在地</u>を管轄する登記所にする印鑑の提出も、同様とする。

2　前項の登記の申請と<u>日本における代表者の住所地</u>における登記の申請とは、同時にしなければならない。

> 3　第1項の登記の申請書には、第18条の書面を除き、他の書面の添付を要しない。
>
> **第52条**　日本における代表者の住所地を管轄する登記所においては、前条第2項の登記の申請のいずれかにつき第24条各号のいずれかに掲げる事由があるときは、これらの申請を共に却下しなければならない。
>
> 2　日本における代表者の住所地を管轄する登記所においては、前項の場合を除き、遅滞なく、前条第1項の登記の申請書及びその添付書面並びに同項の印鑑を営業所の所在地を管轄する登記所に送付しなければならない。
>
> 3　営業所の所在地を管轄する登記所においては、前項の申請書の送付を受けた場合において、前条第1項の登記をしたとき、又はその登記の申請を却下したときは、遅滞なく、その旨を日本における代表者の住所地を管轄する登記所に通知しなければならない。
>
> 4　日本における代表者の住所地を管轄する登記所においては、前項の規定により登記をした旨の通知を受けるまでは、登記をすることができない。
>
> 5　営業所の所在地を管轄する登記所において前条第1項の登記の申請を却下したときは、日本における代表者の住所地における登記の申請は、却下されたものとみなす。

(2)　登記の申請

　日本に営業所を設けていない外国会社が外国会社の登記をした後に、日本に営業所を設けたときは、日本における代表者の住所地においては、3週間以内に営業所を設けたことを登記し、その営業所の所在地においては、4週間以内に外国会社の登記をしなければならない（会936条1項本文）。

　この場合、営業所の所在地における外国会社の登記の申請は、日本における代表者の住所地を管轄する登記所を経由し、かつ、日本における

代表者の住所地における営業所設置の登記の申請と同時にしなければならない（法131条4項、51条1項・2項）。

登記の期間は、その通知が日本における代表者に到達した日から起算する（会933条5項）。

(3) 登記の事由

申請書に記載すべき登記の事由は、「営業所設置」である。

(4) 登記すべき事項

① 日本における代表者の住所地

営業所を設置した旨、その年月日及びその所在地である。

② 営業所の所在地

会社法933条2項の規定により外国会社の登記において登記すべき事項並びに営業所を設置した旨、その年月日及び日本における代表者の住所である。

なお、商業登記規則97条1項において、同規則65条2項を準用していないため、現に存する役員及び日本における代表者の就任の年月日の登記は要しない。

既に登記がされている日本における代表者の住所地を管轄する登記所の管轄区域内に営業所を設けたときは、その営業所を設けたことを登記すれば足りる（会936条1項ただし書）。

(5) 添付書類

前掲1(5)と同様である。

(6) 登録免許税

① 日本における代表者の住所地

申請件数1件につき9000円（登免別表1、24(3)ハ）である。

ただし、既に登記がされている日本における代表者の住所地を管轄する登記所の管轄区域内に営業所を設けたときは、1件につき6万円（登免別表1、24(3)ロ）である。

② 営業所の所在地

1件につき6万円（登免別表1、24(3)ロ）である。

第131条

ただし、同時に2か所目以降の営業所の設置の登記を申請する場合には、営業所の数1か所につき9万円（登免別表1、24(3)イ）が加算される（平14・12・17民商3239号通達第4、2、(5)カ(イ)）。

(7) 登記の方法

　日本に営業所を設置していない外国会社が登記所の管轄区域外に営業所を設置した場合において、外国会社の日本における代表者の住所地においてする営業所の設置の登記は、外国会社登記簿（法6条9号）の登記記録区に記録され（規96条1項5号）、その登記記録は閉鎖される（規96条2項）。

　日本における営業所の所在地においてする外国会社の登記は、その登記をするに最も適する登記簿の種類に従った登記記録になされ（規94条1項）、その登記すべき事項の記録は、これに最も適する区に記録される（規94条2項）。ただし、既に登記がされている日本における代表者の住所地を管轄する登記所の管轄区域内に営業所を設けたときは、既にその外国会社に関する登記記録が存在するため、その営業所を設けたことを登記すれば足りる（会936条1項ただし書）。

(8) 印鑑の提出

　前掲1(8)と同様である。

第10節　登記の更正及び抹消

（更正）
第132条　登記に錯誤又は遺漏があるときは、当事者は、その登記の更正を申請することができる。
2　更正の申請書には、錯誤又は遺漏があることを証する書面を添付しなければならない。ただし、氏、名又は住所の更正については、この限りでない。
第133条　登記官は、登記に錯誤又は遺漏があることを発見したときは、遅滞なく、登記をした者にその旨を通知しなければならない。ただし、その錯誤又は遺漏が登記官の過誤によるものであるときは、この限りでない。
2　前項ただし書の場合においては、登記官は、遅滞なく、監督法務局又は地方法務局の長の許可を得て、登記の更正をしなければならない。

本条の概要

　132条は、登記の当事者から登記の更正を申請する場合の手続について規定したものである。同条1項では当事者の申請による更正登記の事由について、2項では当事者の申請による更正登記の添付書面について定めている。
　133条は、登記官が登記に錯誤又は遺漏があることを発見したときの手続について規定したものである。同条1項では登記官が登記に錯誤又は遺漏があることを発見した場合の手続について、2項では職権更正の手続について規定している。

> **解　説**

1．更正の事由

　登記の更正の事由は、登記に錯誤又は遺漏があり、その原因については、当事者に故意又は過失があったかどうかは問わない。

(1) 登記に錯誤があるとき

　登記に錯誤があるとは、登記と実体関係が合致しないことをいう。実体関係に合致しないというのは、客観的に合致しないことであって、当事者の意図どおり登記がされていても、当事者の実体関係についての認識が誤っている場合には、登記に錯誤があることとなる（東京控決大正9・9・9評論9商492）。

　登記と実体関係が合致しない場合でも、登記に表示された実体関係が存在しないとき又は無効であるときには、登記の抹消の手続（法134条～）によるものであって、更正の手続によることはできない。したがって、登記したときに実体関係が存在していなかったこととなるような場合には、更正登記をすることができない。例えば、支店設置の登記をしたが、錯誤があることから支店設置の日を登記の日より後にするというような更正登記は認められない（法曹会決議大9・5・29法記30・8・24）。また、配当可能利益のうち700万円を資本に組み入れる決議を定時株主総会で行い、その変更の登記を完了した後に、臨時株主総会において、先の定時株主総会の決議にかかる資本に組み入れるべき配当可能利益が存在しなかったことを理由として、資本金を組み入れ前の金額にする決議を行って、当該臨時株主総会議事録を添付した更正登記をすることは認められない（平3・12・24民四6201号回答）。その他、登記に錯誤がある場合としては、募集株式の発行による変更登記によって資本金の額を誤って多く登記した場合において、単なる議事録や資本金の額の計上を証する書面の記載誤りに基づいて資本金の額の変更登記申請をしてしまった場合、その登記の申請書及び添付書面が錯誤によって作成されたことを証する会社代表者名の上申書及び錯誤により作成された添付書面に代え

て新たに作成された添付書面が添付されていれば、債権者保護手続を要する資本金の額の減少手続（会447条）を要することなく更正登記申請は受理される（平19・12・3民商2585号回答）。なお、本先例においては、当該更正登記の申請があった場合には、公正証書原本不実記載罪に該当する可能性があり、事案により司法官憲へ告発すべき場合があることの付言がなされている。

(2) 登記に遺漏があるとき

登記に遺漏があるとは、登記が不完全で、登記しなければならない登記事項が完全に登記されていないことをいう。例えば、株主名簿管理人を置いたときは、その氏名又は名称及び住所並びに営業所を登記しなければならないところ、そのうち営業所の登記がされなかったようなときである。

登記の懈怠は遺漏ではないとされている。遺漏は、あくまで登記がされたが、完全に登記されなかったことをいうのであり、そもそもの登記がされていないことは遺漏ではなく、懈怠であるといえる。例えば、取締役、代表取締役及び監査役の全員重任の場合、取締役及び代表取締役のみの登記が申請され、監査役の登記をしなかったときは、監査役の登記の遺漏ではなく、監査役の登記の懈怠と評価される。したがって、更正の手続ではなく、監査役の登記を追加して申請する必要がある。

登記が不完全であるとは、1つの登記における登記事項が不完全であることをいい、登記すべき事項が同時に発生した場合においても、それらの事項が1つの登記を構成せず、各別に登記することができる場合は該当しない。

2．添付書面

更正登記の申請には、錯誤又は遺漏があることを証する書面を添付しなければならない。錯誤又は遺漏があることを証する書面については法定されていないが、更正前の登記申請の内容又は添付書面の記載と更正登記の申請内容と添付書面とが矛盾するときには、後者の記載が真実で

あることが形式的に判断できるだけの資料となっている必要がある。例えば、更正前の登記の申請内容又はその添付書面の作成者が更正登記の申請についての添付書面を作成すること等が必要であり、具体的には、更正前の登記の際には取締役Aが作成したとする株主総会議事録を添付したのであれば、更正登記の申請にも取締役Aが作成した株主総会議事録を添付するのが原則となる。なお、更正前の登記の申請内容と添付書面によって、当該登記の錯誤又は遺漏があることが明らかであるときは、更正登記の申請に錯誤又は遺漏があったことを証する書面の添付を要さず、その旨を記載すれば足りる（規98条）。

　一定の者の氏名・住所を登記するときに、その氏名・住所について錯誤又は遺漏があった場合には、錯誤又は遺漏があることを証する書面は添付不要であるとされている。株式会社の取締役、監査役の氏名、代表取締役の住所、氏名を登記するときには、そもそも氏名、住所を確認すべき住民票等の資料の添付を要求していないからであるとされていたが、商業登記規則等の一部を改正する省令（平成27年法務省令5号）施行後の商業登記規則61条5項では、登記の真実性を確保するため、本人確認証明書としての住民票等を添付書類とすることとなったため、132条の取扱いについて今後何らかの変更がある可能性も考えられる。ただし、現時点では、132条のとおりの取扱いと考えられる。

3．申請人

　登記に錯誤又は遺漏があるときは、当事者は、その登記の更正を申請することができる。この当事者とは、商号の登記にあっては商号使用者であり、未成年者の登記にあっては未成年者、支配人の登記にあっては営業主、会社にあっては会社である。したがって、登記後、その更正の申請までの間に会社の代表者が変更しているような場合には、更正登記の申請時における会社の代表者が会社を代表して申請することとなる。また、会社の代表者が複数名いるような場合で、そのうち1人が会社を代表して登記をしたようなときには、他の代表者がその更正登記を申請

しても差し支えない（明38・6・19民刑550号回答）。

　132条は、当事者の申請による更正登記について規定しているが、登記の錯誤又は遺漏が登記官の過誤によるものである場合にも、当事者による更正の申請を否定する趣旨ではないので、当事者が更正の申請をすることができることに異論はない。一方、登記官が職権でした登記について、その更正登記を当事者が申請することができるか否かについては疑義がある。登記官が職権ですることとした趣旨が、当事者の申請を排除する趣旨である場合には、当事者は更正の申請をすることができないが、登記官も職権で登記することができ、当事者も登記の申請をすることができる場合には、当事者は登記の更正を申請することができるとされている（筧ほか・詳解2版(上)279頁）。

4．登録免許税
(1)　登録免許税額

　更正登記の登録免許税は、会社が更正登記を受ける場合には、本店所在地では1件につき2万円、支店の所在地では1件につき6000円である（登免別表1、24(1)ネ・(2)ロ）。ただし、清算に関する登記の更正については、本店の所在地でも支店の所在地でも6000円である（登免別表第1、24(4)ニ）。なお、株式会社の資本金の額等が課税標準の金額になっているものについて登記に錯誤があるため、その額を増加する場合には、更正により増加する額を基準に登録免許税が課される（昭34・1・16民甲12号回答）。また、外国会社の更正登記については1件につき6000円であり（登免別表1、24(3)ニ）、会社以外の者の更正登記については、更正登記の登録免許税は、本店の所在地においても支店の所在地においても1件につき6000円である（登免別表1、29(1)ホ・(2)ロ）。

　住居表示の実施による変更登記には登録免許税は課されないが、住居表示実施後、申請人の過誤で住居表示前の住所を表示して変更登記をした場合、その住所の更正登記については、登録免許税が課される（昭42・11・28民甲3434号回答）。

(2) 非課税となる場合

　登記の錯誤又は遺漏が登記官の過誤によるものであるときには、その更正登記については、登録免許税が課されない（登免5条2号・12号、登免令2条）。会社の本店所在地の登記官の過誤により、本店所在地における登記に錯誤が生じ、さらに支店所在地においても、本店所在地の作成した登記事項証明書を添付書面として登記の申請がなされ、登記に錯誤が生じたときには、本店所在地における更正登記のほか、支店所在地における更正登記についても、登録免許税は課されない（昭30・2・7民四34号回答）。本店所在地の登記官が誤った登記事項証明書を交付し、これに基づいてなされた支店所在地における登記を更正する場合も、登録免許税は課されない（昭44・7・23民甲1485号回答）。

5．更正登記の記録

　登記の更正をする場合には、更正すべき登記事項を抹消する記号を記録し、その登記によって抹消する記号が記録された登記事項があるときは、その登記を回復しなければならない（規99条1項）。登記の回復をするときは、登記の年月日の記録に代えて、「年月日更正により回復」と記録する（準63条）。また、登記の年月日の記録に代えて「年月日更正」と記録しなければならない。ただし、職権により更正する場合には、監督法務局又は地方法務局の長の許可を得た年月日が記録され、登記の年月日の記録に代えて、「年月日登記官の過誤につき更正」と記録しなければならない（規99条2項、準62条）。

　管轄外からの本店移転の登記後旧本店所在地においても旧本店所在地の閉鎖した登記記録を復活して更正又は抹消することは要せず、現在の本店所在地を管轄する登記所に登記を記録する（平19・12・14民商2721号回答）。

6．登記官による通知等

(1) 登記官による通知

　登記官が登記に錯誤又は遺漏があることを発見したときには、遅滞なく、登記をした者にその旨を通知しなければならない。本条の趣旨は、更正登記の申請の機会を与えるものであるから、この通知は、登記をした者に対して行われることとなる。なお、この通知には登記の種類、受付の年月日、錯誤又は遺漏の事項等が記載される（準64条、別記33号様式）。

(2) 職権更正の事由

　登記官の過誤による登記に錯誤又は遺漏があった場合とは、登記官が登記の申請内容どおりに登記簿へ記録しなかったことをいう。登記の申請内容の記載と添付書面との記載とが合致しない場合には、登記官は登記申請を却下しなければならないが（法24条9号）、却下事由を看過して登記がされてしまったような場合は、登記官が登記申請どおりに登記した以上、登記官の過誤によって登記に錯誤又は遺漏があった場合には該当せず、当事者の申請により更正登記を行わなければならない（福岡高判平2・9・26金法1286号30頁）。

7．職権更正の手続

　錯誤又は遺漏が登記官の過誤によるものであるときは、登記官は監督法務局又は地方法務局の長の許可を得て、登記の更正をしなければならない。

　その場合、登記官は自ら登記の更正を行うため、登記をした者に更正登記の申請の機会を与えることは不要で、通知の必要はない。

（抹消の申請）

第134条　登記が次の各号のいずれかに該当するときは、当事者は、その登記の抹消を申請することができる。

一　第24条第1号から第3号まで又は第5号に掲げる事由がある

第134条

> 　　こと。
> 　二　登記された事項につき無効の原因があること。ただし、訴えをもつてのみその無効を主張することができる場合を除く。
> 2　第132条第2項の規定は、前項第2号の場合に準用する。

本条の概要

　本条は、登記の当事者から登記の抹消を申請する場合の手続について規定したものである。

　1項では当事者の申請による抹消登記の事由について、2項では当事者の申請による抹消登記の添付書面について定めている。

解　説

1．登記の抹消の事由

　登記の抹消の事由は、商業登記法24条1号から3号まで又は5号に掲げる事由があることと、登記された事項につき無効の原因があること（ただし、訴えをもってのみその無効を主張することができる場合を除く。）である。

　登記の抹消の事由は限定列挙であり、法令に別段の規定がない限り、1項に規定する事由以外で登記を抹消することはできないと解されている（筧ほか・詳解2版（上）286頁）。したがって、商業登記法24条4号又は6号から16号までに掲げる却下事由があるのに、登記官がそれを看過して登記をしたときには、当該登記の抹消をすることはできないということになる。例えば、ある取締役が取締役としての職務として登記を行っていた場合で、後に当該取締役が取締役としての選任無効判決が確定した場合、その登記は抹消することはできない（大決昭13・3・16民集17巻419）。また、適法な合併手続によって設立された株式会社について、当該登記申請の添付書面に瑕疵が判明したときであっても、その登記を抹消することはできない（大判昭14・3・25）。

本条で規定する登記の抹消の事由は、以下のとおりである。

(1) **管轄外の登記をしたとき**

登記所が管轄権を有しない事件について、登記の申請を受理し、誤ってその登記をしたときは、その登記は無効である（法134条1項1号、24条1号）。

(2) **事件が登記すべき事項以外の登記を目的とするとき**

非登記事項について登記官が誤って登記したときは、その登記は無効と解される（法134条1項1号、24条2号）。

(3) **事件が既にその登記所に登記されているとき**

同一事項について、既に登記されているときは、同一登記所において後になされたその登記は無効と解される（法134条1項1号、24条3号）。

(4) **登記官が2以上の登記の申請を同時に受け取った場合又は2以上の登記の申請についてこれを受け取った時の前後が明らかでない場合に、当該申請に関する登記をすることにより他の申請に関する登記をすることができなくなるとき**

登記官は、複数の登記の申請について、同時に受け取った場合やその先後が不明な場合で、当該複数の登記申請が相容れないときは、それらの登記いずれの申請も却下しなければならない。このような場合に該当するときは、登記の抹消事由とされている（法134条1項1号、24条5号）。

(5) **登記された事項について無効の原因があること**

登記によって公示された実体関係に無効の原因があり、実体と登記が合致しないことをいう。この場合、取引の安全性が害されることとなる。また、故意又は過失によって不実の登記をしたときは、その登記が不実であることを善意の第三者に対抗することができないという不利益を被る可能性がある（商9条、会908条2項）。このような登記を放置することは、登記としての公示や当事者の不利益という観点からも速やかに是正される必要がある。

登記された事項について無効の原因のある場合として次の事例がある（法134条1項2号）。

第134条

① 定足数不足の取締役会の代表取締役解任決議に基づく代表取締役解任の登記（昭32・3・12民甲453号回答）
② 法定要件を欠く場合の解散に基づきなされた解散及び清算人選任の登記（大判昭2・5・4新聞2704号10頁）
③ 抵当権者である株式会社が抵当権の抹消登記完了前にした清算結了の登記（法曹会決議昭10・2・14法曹界雑誌13巻4号83頁）
④ 計算の承認未了のまま、不実の記載のある書面を添付してされた合名会社清算結了の登記（長野地飯田支判昭33・8・30下民9巻8号1717頁）
⑤ 同一人が同種の営業について同一営業所に2個以上の商号を登記した場合における最初の商号以外についてした商号登記（大決大13・6・13民集3巻280頁）
⑥ 総社員の同意を得ないでされた合名会社を合資会社に組織変更した場合の組織変更の登記（昭43・5・27民甲1694号回答）
⑦ 支店の実質を有しないものを支店とした場合の支店登記（大7・5・3民775号回答）

(6) **登記された事項について、訴えによらなければその無効を主張することができない場合**

判決によりその無効が確定するまでは、一応実体関係は存在し、無効原因があったとしてもその事項は有効なものとして取り扱われるから、実体関係と登記が合致していることとなり、この登記を抹消することはできない。

訴えによらなければその無効を主張することができない場合としては（会828条1項各号）、ⅰ）会社の設立無効、ⅱ）新株発行の無効、ⅲ）新株予約権発行の無効、ⅳ）資本金の額の減少の無効、ⅴ）合併等の無効などがある。

具体的には、資本金の額の減少について異議を申し出た債権者は、この者に対し弁済又は担保の提供をしないまま資本金の額の減少による変更の登記を申請した取締役に対し資本金の額の減少にかかる登記の抹消

を請求することはできないものとされている（大判昭8・4・15新聞3553号8頁）。また、合併に際し主務官庁の認可を受けていなかったという無効原因がある場合において、既になされた合併登記を抹消することはできないものとされている（昭34・6・25民甲1330号通達）。

　訴えによらなければその無効を主張することができない場合において、訴えによって無効の判決が確定したときには、登記された事項は無効となるが、この場合当事者は、本条によって登記の抹消を申請するのではなく、裁判所からその登記の嘱託がなされることになる（会937条）。

　同様に、登記された事項について訴えによらなければその取消しを主張できない場合、取消しがされない限りは、その事項は無効とはならないから、取消しがされるまでの間はその登記を抹消することはできない。例えば株主総会決議の取消しの場合、招集手続に瑕疵のあった株主総会決議に基づき定款を変更して本店を移転し、旧本店所在地の登記所でその旨の登記を完了したが、その後の株主総会で前の株主総会決議を取り消す旨の決議をしたとしても、株主総会決議の取消しの訴えによらない限り、会社から本店移転登記の抹消は申請できないとされている（昭36・1・24民四24号許可）。なお、株主総会決議等の場合は、決議取消しの判決が確定すると、裁判所の嘱託によって登記は抹消されることとなる（会937条1号ト、チ）。

2．抹消登記の添付書面（2項）

　抹消登記の申請には、無効の原因があることを証する書面を添付しなければならないが、当該書面の形式は法定されていない。

　商業登記法24条1号から3号及び5号にかかる却下事由に基づく登記の抹消の事由については、元の登記に抹消原因のあることがあることが明らかであるため、無効の原因があることを証する書面の添付を要しない。この場合には、抹消登記の申請にその旨を記載すれば足りる（規100条3項、98条）。

　具体的に「無効の原因があることを証する書面」として、以下の書面

を添付することになる。

ⅰ）判決の謄本

登記事項の基礎となっている法律関係について、これを無効とする民事判決が確定したときは、その判決書の謄本が当該書面に該当する。刑事判決についても、例えば議事録の偽造・登記の不実記載を原因に刑罰が課せられ判決が確定しているような場合は、その判決書の謄本が当該書面に該当する。

ⅱ）和解調書又は認諾調書等の謄本

当事者間で裁判上の和解、請求認諾等が調書に記載されると、確定判決と同一の効力を有することから（民訴266条）、その和解調書又は認諾調書等が当該書面に該当する。なお、総社員の同意なしに行われた合名会社から合資会社への組織変更についてのその無効確認の請求について、裁判上の和解又は認諾をすることはできないとしている（昭43・5・27民甲1694号回答）。その趣旨は、会社に関する法律関係は画一的に確定する必要があるから、裁判上の和解、請求の認諾等により特定の訴訟当事者間において、法律関係の有効・無効を確定することはできないからとされている。一方で、訴状、和解調書、認諾調書等の記載から総合的に判断し、組織変更を無効とする原因事実（例えば、総社員の同意書が偽造され、総社員の同意が存在しなかった事実等）が明らかとなる場合には、訴状と和解調書又は認諾調書等により組織変更を無効とする原因事実が認められることから、これらの謄本は抹消登記の添付書類となり得るともしている（同）。

ⅲ）仮処分の決定書

当事者間で、仮の地位を定める仮処分の決定がなされた場合にも、その仮処分の決定書が当該書面に該当する（昭39・7・20民甲2592号回答）。

ⅳ）私人の作成した書面

私人の作成した書面であっても、当該書面に該当する。当該書面は、無効の原因があることを証するに足る形式的な要件を備えていることを要し、その要件を備えているかどうかは無効の原因ごとに具体的に判断

することになる。

3．登録免許税

抹消登記の登録免許税は、会社の場合には、本店所在地では1件につき2万円、支店の所在地では1件につき6000円であり（登免別表1、24(1)ナ・(2)ロ）、清算に関する登記の抹消については、本店の所在地でも支店の所在地でも6000円である（登免別表1、24(4)ニ）。また、外国会社や会社以外の場合には、1件につき6000円である（登免別表1、24(3)ニ、29(1)ヘ・(2)ロ）。

4．抹消登記の記録

登記の抹消をする場合には、抹消すべき登記事項を抹消する記号を記録し、その登記により抹消する記号が記録された登記事項があるときは、その登記を回復しなければならない。ただし、抹消登記をすることで登記記録を閉鎖すべきときは、抹消すべき事項に抹消する記号を記録することを要しない（規100条1項）。登記の回復をするときは、登記の年月日の記録に代えて、「年月日抹消により回復」と記録する（準66条1項、63条）。

登記の抹消をする場合には、登記年月日の記録に代えて「年月日抹消」と記録しなければならない。なお、職権により抹消するときには（法137条、138条）、その旨を記録しなければならない（規100条2項、準66条2項）。

> （職権抹消）
> 第135条　登記官は、登記が前条第1項各号のいずれかに該当することを発見したときは、登記をした者に、1月をこえない一定の期間内に書面で異議を述べないときは登記を抹消すべき旨を通知しなければならない。

> 2 登記官は、登記をした者の住所又は居所が知れないときは、前項の通知に代え官報で公告しなければならない。
> 3 登記官は、官報のほか相当と認める新聞紙に同一の公告を掲載することができる。
>
> **第136条** 登記官は、異議を述べた者があるときは、その異議につき決定をしなければならない。
>
> **第137条** 登記官は、異議を述べた者がないとき、又は異議を却下したときは、登記を抹消しなければならない。
>
> **第138条** 前三条の規定は、本店及び支店の所在地において登記すべき事項の登記については、本店の所在地においてした登記にのみ適用する。ただし、支店の所在地における登記のみにつき抹消の事由があるときは、この限りでない。
> 2 前項本文の場合において、登記を抹消したときは、登記官は、遅滞なく、その旨を支店の所在地の登記所に通知しなければならない。
> 3 前項の通知を受けたときは、登記官は、遅滞なく、登記を抹消しなければならない。

本条の概要

　135条は、登記官の職権抹消の手続について規定したものである。同条1項では登記官が登記に抹消原因があることを発見した場合の手続について、2項では登記をした者の所在が不明な場合の手続について、3項では2項に関する公告特則について定めている。

　136条は、職権抹消手続における、当事者の異議申立の処理について規定している。登記官は、職権抹消についての異議申立催告に対して、当事者が異議を述べたときには、その異議を認容するか却下するかを決定しなければならないと定めている。

　137条は、職権抹消登記を行うべき場合について規定したものである。

当事者が異議申立催告によって異議を述べない場合又は異議を申し立てたが却下された場合には、登記官は登記を職権抹消しなければならないことを定めている。

　138条は、当事者が支店を有する場合における、職権抹消の取扱いについて規定している。同条１項では、職権抹消の手続が原則として本店所在地における登記に適用されることについて、同条２項では本店所在地において職権抹消を行った場合の支店の所在地への通知について、同条３項ではその通知を受けて行う支店の所在地の登記官の職権抹消手続について定めている。

解　説

１．職権抹消の事由と異議申立催告

(1)　職権抹消事由

　登記官が登記に抹消原因があることを発見した場合、登記をした者に、１か月を超えない一定の期間内に異議を述べないときには登記を抹消する旨を通知しなければならない。

　職権抹消は、商業登記法134条１項各号に掲げる事由がある場合であるが、「登記されたことにつき無効の原因があるとき（ただし、訴えをもってのみその無効を主張をすることができる場合を除く。）」については、申請抹消と異なり、その濫用のおそれもあるので、その適用に関しては慎重であることが要求されている（注釈商登法1053頁）。

　職権抹消事由に該当する事例としては、次のようなものがある。

① 　同一人が営業の種類及び営業所を同じくする２個の商号の登記をしている場合の双方（昭54・11・16民四5777号回答）
② 　設立登記を完了した株式会社の目的の一部に「税理士により税理士法第２条の業務を実施する事業」とあるとき（ただし、当該目的事項の登記のみ／昭48・１・８民四214号回答）
③ 　取締役でない者の代表取締役の登記（昭32・２・１民甲858号回答）

(2) 職権抹消事由の判断

　登記官は、登記簿に抹消の対象となるべき登記について、申請書又はその添付書面を再点検することなどにより、職権抹消事由を探知することになる。

　商業登記に関する法令以外の法令に、登記官の職務上、抹消事由があることを了知させる手続を規定したものがある場合には、その法令の手続に従って提供された資料によって、抹消事由を判断することは許されるものと解されている（「商登法逐条解説」625頁）。例えば、刑事訴訟法498条において、偽造し又は変造された物を返還する場合には、偽造又は変造の部分をその物に表示すべきこと、これらの物が公務所に属するときは、偽造変造の部分を公務所に通知して相当の処分をさせるべきことを定めており、この場合、登記官は、申請書及び添付書面以外の資料によって抹消事由を判断することが認められる（昭38・5・15民甲1344号通達）。

　株式払込金保管証明書を偽造してなされた会社設立登記について、私文書偽造同行使、公正証書原本不実記載同行使被告事件の有罪判決が確定し、検察官から登記簿の不実記載部分について相当の処分をするべき旨の通知があったような事案において、特段の処置の必要はないとされているものがある（昭38・12・2民甲3257号回答）。一方で、清算中の株式会社において、虚偽の事実の記載のある株主総会議事録を添付して会社継続及び代表取締役、取締役の各就任登記並びに商号変更の登記をした公正証書原本不実記載同行使等被告事件について有罪判決があった場合で、検察官から当該会社登記簿の不実記載の通知があったときには、商業登記法134条1項2号に該当することから、職権抹消登記をするのが相当であるとしている（昭44・3・18民甲438号回答）。

(3) 異議申立催告

　登記官は、登記に抹消事由があることを発見した場合、登記をした者に対し、1か月を超えない一定の期間内に書面で異議を述べないときには登記を抹消すべき旨を通知しなければならない。この通知は、商業登

記等事務手続準則別記37号様式によって行われる（法135条1項、準67条2項）。なお、異議を述べることができる期間は、通知が到達した時点から起算される。

2．催告の公告

登記をした者の住所又は居所が知れないときは、催告の通知に代え、官報によって催告を公告しなければならない。当該公告は、商業登記等事務手続準則別記38号様式によって行われる（法135条2項、準67条3項）。

3．官報以外の公告方法

登記官は、前項の官報による公告のほか、相当と認める新聞に催告の公告を掲載することができる（法135条3項）。この趣旨は、公告の徹底を期するためであるとされている。

4．異議申立とそれに対する決定

(1) 異議申立手続

異議申立の方法については法定されていないが、異議の内容及びその理由を明らかにして当事者が署名した書面によって行うべきものであると考えられている（「注釈商登法」1060頁）。異議申立書は、異議申立催告の通知等に定められた期間内又は期日までに到達することを要する。

(2) 登記官の決定手続

当事者から適法な異議申立があったときは、登記官は異議に対しての決定を行わなければならない。決定に際しては、監督法務局又は地方法務局長に内議することを要する（準67条4項）。

この決定には、異議に理由があるとしてこれを認容する決定と、異議に理由がないとしてこれを却下する決定とがあるが、前者の決定は、商業登記等事務手続準則別記40号様式による決定書によって、後者の決定は、商業登記等事務手続準則別記39号様式による決定書によって行わなければならない（準67条4項）。

決定書は2通作成し、1通を異議申立人に交付し、他の1通は、欄外に決定告知の年月日を記載の上押印し、日記番号の順に「審査請求書類等つづり込み帳」につづり込む（準67条5項）。あわせて、監督法務局又は地方法務局の長に対して、決定書の謄本を添えて決定の結果を報告しなければならない（準67条6項）。

(3) 決定の効果

異議に理由があるとして、これを認容する決定が行われた場合には、登記官は職権抹消手続を中止しなければならない。また、異議に理由がないとしてこれを却下する決定が行われた場合には、職権抹消手続を行わなければならない（法137条）。

却下決定に対して不服のある当事者は、監督法務局又は地方法務局の長に対し、審査請求することができる（法142条）。

5．職権抹消の要件

(1) 異議申立がなかった場合

登記官から異議申立催告がなされたが、定められた期間内又は時期までに当事者から異議の申立がなされなかった場合には、職権抹消が行われる。なお、異議申立は、期間内に法務局に到達することを要し、異議申立が定められた期間又は期日を過ぎていた場合には、職権抹消が行われることとなる。

(2) 却下決定がなされた場合

当事者から適法な異議申立があった場合、登記官は、商業登記法136条の規定に従って、その認容又は却下の決定を行い、却下決定をした場合には職権抹消を行うこととなる。

却下決定に対して不服のある当事者は、審査請求をすることができる（法142条）。審査請求があった場合であっても、審査請求事件は職権抹消とは別に処理されるため、登記官は当該登記を職権抹消することになる。

6．抹消登記の記録

　職権により登記を抹消するときには（法137条、138条）、「職権抹消」の旨を記録しなければならない（規100条2項、準66条2項）。なお、詳細は本書523頁4を参照。

7．本店所在地又は支店所在地においてした登記の職権抹消
(1) 本店所在地と支店所在地の職権抹消登記

　本店所在地と支店所在地の両方で職権抹消を要する場合であっても、商業登記法135条から137条の規定については、本店所在地でされた登記にのみ適用される。支店所在地における登記は、あくまで本店所在地の登記が写真的に反映されたものであるから、商業登記法135条から137条に規定される職権抹消手続における異議申立催告手続等の必要はない。

(2) 支店所在地のみの職権抹消登記

　支店所在地においてのみ職権抹消登記を要する場合には、商業登記法135条から137条の適用があり、異議申立催告手続を行わなければならない。

8．支店所在地の登記所への通知

　本店所在地において登記を職権抹消したときは、当該登記所の登記官は、遅滞なくその旨を支店所在地の登記所に通知しなければならない。

　当該通知には、商業登記等事務取扱手続準則別記41号様式による通知書に抹消に関する登記事項証明書を添付する（準67条7項）。

9．支店所在地における職権抹消

　支店所在地の登記所が前項の通知を受けたときには、登記官は遅滞なく当該登記を抹消しなければならない。支店所在地における職権抹消も本店所在地における抹消と同様の方法により抹消の記録がなされる（準66条、67条）。

第4章 雑　則

> （行政手続法の適用除外）
> 第139条　登記官の処分については、行政手続法（平成5年法律88号）第2章及び第3章の規定は、適用しない。

本条の概要

本条は、登記官の処分と行政手続法との関係について規定したものである。

商業登記手続における登記官の処分には、行政手続法のうち「第2章　申請に対する処分」及び「第3章　不利益処分」が適用されないことについて定めている。

解　説

「行政手続法」は、行政の行う処分や届出に関する手続などに関して、公正の確保と透明性の向上を図り、国民の権利保護を目的とする行政手続に関する一般法である。商業登記事務を取り扱う法務局も同法の適用を受ける行政機関に該当するため（行政手2条5号、国家行政組織法3条2項、法務省設置法18条）、行政手続法の適用を受けるのが原則である。

商業登記手続における登記官の処分については、商業登記法等で詳細に定められており、行政手続法により規律する必要がないことから、行政手続法のうち「申請に対する処分」（行政手2章）、「不利益処分」（行政手3章）に関しては適用されない。

「申請に対する処分」（行政手2章）には、申請に対する審査基準の策定及び公開・申請に対して拒否の処分をする際の理由の提示などを規定

し、申請に対する諾否の明確化を図っている。商業登記手続においては、登記官は却下事由に該当しない限り（法24条）、登記申請を受理するものとされており、行政手続法の目的が既に完遂されていることになる。

「不利益処分」（行政手3章）には、不利益処分を行う基準の策定及び公開、聴聞や弁明の機会の付与を規定し、被処分者が不明確な基準により、一方的に処分を受けることの防止を図っている。商業登記手続においては、登記官による職権抹消（法135条~138条）がこれに該当するが、申請人に対する通知や異議申述の機会が確保されている。

（行政機関の保有する情報の公開に関する法律の適用除外）
第140条　登記簿及びその附属書類については、行政機関の保有する情報の公開に関する法律（平成11年法律第42号）の規定は、適用しない。

本条の概要

本条は、商業登記法と「行政機関の保有する情報の公開に関する法律」（以下、「情報公開法」という。）との関係について規定したものである。商業登記簿及び附属書類については、情報公開法が適用されないことを定めている。

解説

情報公開法は、行政文書の開示請求などについて定めることにより、行政機関の保有する情報の公開を図り、適正な行政を推進することを目的としている。

商業登記事務を取り扱う法務局も同法の適用を受ける行政機関に該当する（情報公開法2条1項3号、国家行政組織法3条2項、法務省設置法18条）。ただし、商業登記は登記事項を公示することにより取引の安全を

図る制度であって（法1条）、そもそも商業登記簿は公開を前提としている。具体的には、登記事項証明書の交付請求（法10条）や附属書類の利害関係人による閲覧請求（法11条の2）の制度が整備されていることから、情報公開法の適用が排除されたものである。

> （行政機関の保有する個人情報の保護に関する法律の適用除外）
> 第141条　登記簿及びその附属書類に記録されている保有個人情報（行政機関の保有する個人情報の保護に関する法律（平成15年法律第58号）第2条第5項に規定する保有個人情報をいう。）については、同法第4章の規定は、適用しない。

本条の概要

本条は、商業登記法と「行政機関の保有する個人情報の保護に関する法律」（以下、「情報保護法」という。）の関係について規定したものである。

商業登記簿及び附属書類に記録されている個人情報には、情報保護法のうち、「第4章　開示、訂正及び利用停止」が適用されないことについて定めている。

解説

情報保護法は、行政機関における個人情報の利用が増加する中で、取扱いについて適正な方法を定めることにより、国民の利益を保護することを目的としている。

商業登記事務を取り扱う法務局も同法の適用を受ける行政機関に該当する（情報保護法2条1項3号、国家行政組織法3条2項、法務省設置法18条）。ただし、商業登記制度は登記事項を公示することにより、取引の安全を図る制度であって（法1条）、そもそも商業登記簿は公開を前提としている。誤った情報についての更正手続（法132条）も整備されて

いるため、同法の個人情報の開示、訂正及び利用停止に関する規定の適用が排除されている。

(審査請求)
第142条　登記官の処分に不服がある者又は登記官の不作為に係る処分を申請した者は、当該登記官を監督する法務局又は地方法務局の長に審査請求をすることができる。
第143条　審査請求は、登記官を経由してしなければならない。
(審査請求事件の処理)
第144条　登記官は、処分についての審査請求を理由があると認め、又は審査請求に係る不作為に係る処分をすべきものと認めるときは、相当の処分をしなければならない。
第145条　登記官は、前条に規定する場合を除き、審査請求の日から三日内に、意見を付して事件を第142条の法務局又は地方法務局の長に送付しなければならない。この場合において、当該法務局又は地方法務局の長は、当該意見を行政不服審査法（平成26年法律第68号）第11条第2項に規定する審理員に送付するものとする。
第146条　第142条の法務局又は地方法務局の長は、処分についての審査請求を理由があると認め、又は審査請求に係る不作為に係る処分をすべきものと認めるときは、登記官に相当の処分を命じ、その旨を審査請求人のほか登記上の利害関係人に通知しなければならない。
2　第142条の法務局又は地方法務局の長は、審査請求に係る不作為に係る処分についての申請を却下すべきものと認めるときは、登記官に当該申請を却下する処分を命じなければならない。
第146条の2　第142条の審査請求に関する行政不服審査法の規定の適用については、同法第29条第5項中「処分庁等」とあるのは「審

査庁」と、「弁明書の提出」とあるのは「商業登記法（昭和38年法律第125号）第145条に規定する意見の送付」と、同法第30条第1項中「弁明書」とあるのは「商業登記法第145条の意見」とする。

（行政不服審査法の適用除外）

第147条　行政不服審査法第13条、第15条第6項、第18条、第21条、第25条第2項から第7項まで、第29条第1項から第4項まで、第31条、第37条、第45条第3項、第46条、第47条、第49条第3項（審査請求に係る不作為が違法又は不当である旨の宣言に係る部分を除く。）から第5項まで及び第52条の規定は、第142条の審査請求については、適用しない。

本条の概要

142条から147条は、審査請求に関する諸手続等を規定したものである。

142条では、登記申請の受理・却下などの登記官の処分を不当とする者は審査請求をすることができることについて定めている。

143条では、審査請求は、登記官が所属する法務局長又は地方法務局の長（以下、「法務局長」という。）に直接審査請求を行うのではなく、登記官を経由して行わなければならないことについて定めている。

144条では、登記官は審査請求に理由があると判断したときには相当の処分をしなければならないことについて定めている。

145条では、登記官は、審査請求に理由がないと判断した場合、法務局長に審査請求事件を送付しなければならないことについて定めている。

146条では、法務局長は、審査請求に理由があると判断したときには、登記官に相当の処分を命じ、審査請求人等に通知しなければならないことについて定めている。

147条では、商業登記における審査請求に関し、行政不服審査法が適用されないことについて定めている。

第142条〜第147条

解説

1．審査請求の対象

　審査請求の対象となる登記官の処分は、ⅰ）登記申請を受理し登記したこと、ⅱ）登記申請を却下したこと、ⅲ）登記申請の不備の補正を命じたこと、ⅳ）職権による登記の抹消をしたこと、ⅴ）登記事項証明書などの交付請求を却下したこと、ⅵ）登記簿の附属書類の閲覧請求を却下したことなど、登記官のした全ての処分が該当する。

　登記をした処分についての審査請求は、登記官が職権で登記の更正又は抹消をすることが可能な場合に限り行うことができる（法133条2項、135条〜138条）。これは、登記をした処分に対する審査請求が認められた場合でも、登記官が職権で登記の更正又は抹消ができなければ、審査請求の目的を達成することができないためである（大決大13・11・14民集3巻499頁、最一小判昭60・2・21判時1149号91頁）。

　したがって、登記官が添付書面や申請方式の不備などを見過ごして登記をした場合には、審査請求をすることはできないということになる。また、実体関係が存在しないにも関わらず、虚偽の申請や添付書面を作成され、登記された場合も同様である。

2．審査請求権者

　審査請求をすることができる者は、登記官の処分を不当とする者であって、審査請求をすることについて、法律上の利益を有する者である。142条及び行政不服審査法には、この点について特に規定はされていないが、審査請求の趣旨は、違法な行政処分に対する救済であることから、登記官の処分について法律上の利益を有しない者にまで、審査請求を認める必要はなく、仮に審査請求がなされた場合であっても却下される。

　登記申請どおりになされた登記が不適法な場合、登記を申請した者は、更正又は抹消の登記を申請することができることから、審査請求について法律上の利益を有せず、当該更正又は抹消の登記申請が却下され

た場合に、審査請求をすることになる（東京地決大13・4・10新聞2269号17頁）。

　登記官の処分が、登記申請の却下、登記事項証明書などの交付又は登記簿の附属書類の閲覧請求の却下である場合には、当該申請人のみが審査請求について法律上の利益を有する。

3．審査庁
(1)　審査請求の名宛人
　登記官の処分に関する審査請求は、処分を行った登記官の監督法務局又は地方法務局の長（以下、「法務局長」という。）に対し行わなければならない。

　登記申請の受理、登記申請の却下などの処分は、登記官に固有に与えられた権限により行われている。監督法務局及び地方法務局の長は、登記官の上級行政庁ではないが、登記制度の運営を担当する機関の長として登記官を指定する権限を有していることから、登記官の処分に対する審査請求についての対応を行うこととなる（法務省設置法18条、法務局及び地方法務局組織規則32条、法4条）。

(2)　管轄外登記所への本店移転の場合
　管轄外の登記所への本店移転の場合、旧本店所在地の登記所で旧本店所在地の登記申請及び新本店所在地の登記申請の両方又はいずれか一方が却下されたときには、旧本店所在地の登記所の法務局長に対して審査請求をすることになる（法51条、52条）。一方、新本店所在地の登記所において新本店所在地の登記申請が却下されたときには、新本店所在地の法務局長に対して審査請求をすることになる。この場合、旧本店所在地の登記申請は却下されたものとみなされるが、却下の処分がなされたのは、新本店所在地の登記所であるため、旧本店所在地の法務局長に審査請求をすることはできない（法52条5項）。

(3)　別の登記所管轄の会社同士の組織再編行為の場合
　別の登記所の管轄に属する会社同士の合併や会社分割の場合、存続会

第148条

社等の本店所在地を管轄する登記所で、存続会社等の本店所在地における変更等の登記及び消滅会社等の本店所在地における解散等の登記申請の両方又はいずれか一方が却下されたときには、存続会社等の本店所在地を管轄する登記所の法務局長に対して審査請求することになる（法82条、83条、87条、88条）。一方、消滅会社等の本店所在地を管轄する登記所で、解散等の登記が却下されたときには、消滅会社等の本店所在地を管轄する登記所の法務局長に対して審査請求をすることになる。なお、株式交換又は株式移転の場合においても同様である（法91条、92条）。

> （省令への委任）
> **第148条**　この法律に定めるもののほか、登記簿の調製、登記申請書の様式及び添付書面その他この法律の施行に関し必要な事項は、法務省令で定める。

本条の概要

本条は、商業登記手続に関する細目について、商業登記法に定めるものを除き、法務省令である商業登記規則に定めることを規定したものである。

解　説

商業登記は、取引の安全を図るため、商法及び会社法等により規定された登記事項を登記簿に記録し、公示する制度である。登記簿に記録されている事項は、正確に法律関係を反映したものであり、一覧性に優れたものであることが要求される。また登記申請や登記事項証明書の交付申請を受け付けた登記官の処理も、迅速かつ画一的であることが必要となる。

商業登記法は、これらの要請に応えるため、登記申請の種類ごとに添

付書面を定めるなど、技術的な法律にならざるを得ないが、細目について法律で網羅的に規律することは困難であり、実務上の要請により取扱いを変更する必要がある場合に、即時に対応することができない。そこで商業登記法では、商業登記手続の大要を定めるにとどめ、細目については商業登記規則に規定することとしている。

　商業登記規則は、全4章、118条と附則から構成され、登記簿の編成、各種登記の手続的細目について規定している。

　商業登記規則のほか、商業登記事務の細目や指針を定めるものとして、「登記先例」がある。登記先例とは、登記に関する通達や回答等の総称である。登記先例には下級の行政機関等には拘束力を有するものの、直接国民や裁判所を拘束するものではないが、立法の背景や趣旨、制度の目的等の事情を考慮した上で発出されていることから、事実上の権威があり、実務に大きな影響を与える。

　現行の商業登記手続に影響を与える主な登記先例としては、「商業登記等事務取扱手続準則」（平成17年3月2日民商500号通達、平成27年9月30日民商121号通達）、「会社法の施行に伴う商業登記事務の取扱いについて」（平成18年3月31日民商782号通達、平成18年4月28日民商1139号通達）、「会社法の施行に伴う商業登記記録例について」（平成18年4月26日民商1110号依命通知）が発出されている。なお、平成26年の会社法一部改正に伴い、「会社法の一部を改正する法律等の施行に伴う商業・法人登記事務の取扱いについて」（平成27年2月6日民商13号通達）、「会社法の一部を改正する法律等の施行に伴う商業・法人登記記録例について」（平成27年2月6日民商14号依命通知）が発出されている。

〈編著者・著者紹介〉

■編著者紹介

神﨑　満治郎（こうざき　みつじろう）

〈主な著書等〉
- 『判例六法 Professional』（編集協力者、有斐閣）
- 『商業登記法入門』（有斐閣、2015年）
- 『商業登記・法人登記重要先例集』（有斐閣、2013年）
- 『新・法人登記入門』（テイハン、2011年）
- 『特例有限会社の登記Q＆A』（テイハン、2015年）
- 『実務解説 わかりやすい商業登記のポイント』（日本加除出版、2015年）
- 『5つの定款モデルで自由自在「合同会社」設立・運営のすべて』（中央経済社、2014年）
- 『合同会社の設立手続―合同会社の活用と選択肢付モデル定款の様式』（東京司法書士協同組合、2013年）
- 『完全マスター各種法人の登記Q＆A』（東京司法書士協同組合、2016年）
- 『一般社団・財団法人設立登記書式集（解説＋CD)』（株式会社リーガル）ほか

〈主な役職等〉
- 桐蔭横浜大学法学部客員教授
- 一般社団法人商業登記倶楽部代表理事・主宰者
- 公益社団法人成年後見センター・リーガルサポート理事
- 日本司法書士会連合会顧問
- 日本成年後見法学会理事

〈担当〉
- 1章（1条〜5条）、2章（6条〜13条）

金子　登志雄（かねこ　としお）
　司法書士（東京司法書士会）
　ESG法務研究会　代表司法書士
　　http://esg-hp.com/
〈主な著書等〉
・『募集株式と種類株式の実務（第2版）』（共著、中央経済社、2014年）
・『親子兄弟会社の組織再編の実務（第2版）』（中央経済社、2014年）
・『事例で学ぶ会社法実務【設立から再編まで】』（中央経済社、2014年）
・『組織再編の手続（第2版）』（中央経済社、2016年）ほか
〈担当〉
・3章5節（46条～92条）共著・6節～8節（93条～126条）

鈴木　龍介（すずき　りゅうすけ）
　司法書士（東京司法書士会／簡裁訴訟代理等関係業務認定）
　司法書士法人鈴木事務所　代表社員
　　http://www.suzukijimusho.com/
〈主な役職等〉
・日本司法書士会連合会　民事法改正対策部部委員
・リスクモンスター株式会社（東証二部上場）社外取締役（監査等委員）
・山形大学人文学部　非常勤講師
・千葉商科大学大学院　特別講師
・税務大学校　講師
〈主な著書等〉
・『動産・債権譲渡登記の実務（第2版）』（共著、金融財政事情研究会、2016年）
・『外国会社のためのインバウンド法務』（編著、商事法務、2016年）
・『議事録作成の実務と実践』（編著、レクシスネクシス・ジャパン、2016年）
・『会社法務書式集（第2版）』（共著、中央経済社、2016年）

〈編著者・著者紹介〉

- 『論点体系会社法　第6巻』（共著、第一法規、2012年）
- 『商業・法人登記300問』（編著、テイハン、2009年）

〈担当〉
- 3章1節～4節（14条～45条）・10節（132条～138条）、4章（139条～148条）

■著者紹介（50音順）

尾方　宏行（おがた　ひろゆき）

司法書士（福岡県司法書士会／簡裁訴訟代理等関係業務認定）

司法書士法人ライブ事務所　代表社員

〈主な役職等〉
- 日本司法書士会連合会　商業登記・企業法務対策部部委員

〈主な著書等〉
- 『平成26年改正　会社法　商業登記　理論・実務と書式』（共著、弁護士会館ブックセンター出版部、2015年）
- 『会社法定款事例集（第3版）』（共著、日本加除出版、2015年）
- 『モデル定款・規程集』（共著、新日本法規出版、2011年）
- 『商業登記全書　第4巻　新株予約権、計算』（共著、中央経済社、2008年）
- 『組織再編税制と株主資本の実務』（共著、清文社、2007年）
- 『Q＆A株主資本の実務』（共著、新日本法規出版、2006年）

〈担当〉
- 3章4節（43条～45条）・10節（132条～138条）

小野　絵里（おの　えり）

司法書士（福岡県司法書士会／簡裁訴訟代理等関係業務認定）

プラス事務所司法書士法人

http://plus-office.jp/

〈主な著書等〉

- 「太陽光発電事業と登記実務～担保を中心として～」(共著、登記情報621号)
- 「株式譲渡と株券交付」(登記情報603号)

〈担当〉

- 3章1節(14条～26条(17条を除く))

北詰　健太郎(きたづめ　けんたろう)

司法書士(大阪司法書士会／簡裁訴訟代理等関係業務認定)

司法書士法人 F & Partners　代表社員

　http://www.256.co.jp/

〈主な役職等〉

- 日本司法書士会連合会　民事法改正対策部部委員
- 同志社大学　非常勤講師

〈主な著書等〉

- 『少額債権の管理・保全・回収の実務』(共著、商事法務、2015年)
- 『株式交換・株式移転　実務必携』(共著、法令出版、2015年)
- 『会社分割実務必携』(共著、法令出版、2014年)
- 『実践一般社団法人・信託活用ハンドブック』(共著、清文社、2013年)

〈担当〉

- 4章(139条～148条)

喜屋武　力(きゃん　つとむ)

司法書士(沖縄県司法書士会／簡裁訴訟代理等関係業務認定)

きゃん司法書士事務所　代表

　http://kyan-jimusho.com/

〈主な役職等〉

- 沖縄県司法書士会　商業登記委員会委員長

〈主な著書等〉

・「個人破産と不動産登記の実務」（月報司法書士499号）
・「監査役の登記の落とし穴」（登記情報612号）

〈担当〉
・3章2節・3節（27条〜42条）

草薙　智和（くさなぎ　ともかず）
司法書士（東京司法書士会／簡裁訴訟代理等関係業務認定）・行政書士
東京共同司法書士法人　代表社員

〈主な役職等〉
・特定非営利活動法人　渉外司法書士協会　理事

〈主な著書等〉
・『事例式　民事渉外の実務　手続・書式』（共著、新日本法規出版、2002年）
・『わかりやすい会社法手続マニュアル』（共著、新日本法規出版、2003年）
・「誌上講義 続・渉外登記実務入門講座第3回『渉外商業登記入門』」（登記情報640号）
・「登記実務からの考察『外国会社の登記における登記すべき事項について』」（登記情報616号）
・「外国会社の登記における宣誓供述書」（市民と法69号）
・「短期集中講座『司法書士のための外為法入門(1)〜(3)』」（月報司法書士500号〜502号）

〈担当〉
・4章9節（127条〜131条）

幸先　裕明（こうさき　ひろあき）
司法書士（広島司法書士会）
島本総合司法書士法人
　http://sssh.jp/

〈主な著書等〉
- 「現金対価の吸収分割」（登記情報628号）
- 「『新設分割』と『設立＋吸収分割』」（登記情報611号）
- 「合併比率と端数」（登記情報596号）

〈担当〉
- 3章5節（46条～92条）共著

立花　宏（たちばな　ひろし）

司法書士（宮城県司法書士会／簡裁訴訟代理等関係業務認定）・行政書士

立花宏　司法書士・行政書士事務所　代表

〈主な著書等〉
- 「株主総会の実務」（月報司法書士528号）
- 「代表取締役の選定と取締役の任期」（登記情報608号）
- 「合資会社の唯一の無限責任社員の死亡退社による合同会社への種類変更」（登記情報642号）
- 「平成27年2月27日施行改正商業登記規則第61条第5項について」（登記情報645号）

〈担当〉
- 3章5節（46条～92条）共著

論点解説　商業登記法コンメンタール

平成29年2月13日　第1刷発行

　　　　　編著者　神﨑　満治郎
　　　　　　　　　金子　登志雄
　　　　　　　　　鈴木　龍介
　　　　　発行者　小田　徹
　　　　　印刷所　株式会社太平印刷社

〒160-8520　東京都新宿区南元町19
発　行　所　一般社団法人 金融財政事情研究会
　編集部　TEL 03(3355)1713　FAX 03(3355)3763
販　　売　株式会社きんざい
　販売受付　TEL 03(3358)2891　FAX 03(3358)0037
　　URL http://www.kinzai.jp/

・本書の内容の一部あるいは全部を無断で複写・複製・転訳載すること、および磁気または光記録媒体、コンピュータネットワーク上等へ入力することは、法律で認められた場合を除き、著作者および出版社の権利の侵害となります。
・落丁・乱丁本はお取替えいたします。定価はカバーに表示してあります。

ISBN978-4-322-13059-1